“十三五”普通高等教育会计专业规划教材

内部审计学

叶陈云　主　编

中国财经出版传媒集团
经济科学出版社
Economic Science Press

图书在版编目（CIP）数据

内部审计学/叶陈云主编. —北京：经济科学出版社，2017.11
“十三五”普通高等教育会计专业规划教材
ISBN 978 -7 -5141 -8734 -2

Ⅰ. ①内… Ⅱ. ①叶… Ⅲ. ①内部审计 - 高等学校 - 教材
Ⅳ. ①F239.45

中国版本图书馆 CIP 数据核字（2017）第 294226 号

责任编辑：边 江
责任校对：郑淑艳
版式设计：齐 杰
责任印制：邱 天

内部审计学
叶陈云 主 编
经济科学出版社出版、发行 新华书店经销
社址：北京市海淀区阜成路甲 28 号 邮编：100142
总编部电话：010 -88191217 发行部电话：010 -88191522
网址：www.esp.com.cn
电子邮件：esp@esp.com.cn
天猫网店：经济科学出版社旗舰店
网址：http：//jjkxcbs.tmall.com
固安华明印业有限公司印装
787 × 1092 16 开 19.75 印张 450000 字
2017 年 11 月第 1 版 2017 年 11 月第 1 次印刷
ISBN 978 -7 -5141 -8734 -2 定价：47.00 元
（图书出现印装问题，本社负责调换。电话：010 -88191510）

前　言

内部审计学是审计学科领域中的重要分支学科，也是现代公司治理的“四大基石”之一，同时还是各种类型的单位或企业组织内部控制的重要组成部分。无数中外的企业成功或失败的示例已经充分说明了企业事业单位的内部审计制度及其活动是否健全与完善对企业的经营管理质量与风险防控水平的确有着重要的影响和制约作用。

从企业组织的内部审计演化历程来看，国内外内部审计发展已经经历了传统的财务收支审计阶段，如今正在向新型的管理审计、效益审计、风险导向审计模式转变的历史进程之中。在这些转变过程中，对于现代企业的管理者而言，最重要的各种内容之一就是要高度重视组织内部审计的独立性、客观性，需要从组织结构变革、人员合理配备、业务模式优化等方面进行全单位的规范化与透明化，需要全面发挥内部审计的确认和咨询功能，扩充内部审计的价值增值的新功能，进一步提高我国企业特别是上市公司产权结构与公司权益制衡的治理水平，为我国企业市场化改革做出更多坚实且积极的贡献。

我国的内部审计学科无论是在理论还是在实践上都还处于比较滞后的状态之中，不能充分满足我国企业管理层在经营管理方面对先进的内部审计理论的迫切需要。内部审计工作如何应对经济社会的形势新变化，开创审计工作新局面，更好的促进企业健康发展，将是我们深入研究的重大课题。因此，本教材的作者为了积极顺应上述发展趋势与企业提高管理水平和内部控制的客观要求，针对国内外内部审计市场化与现代化的新发展潮流及我国企业发展实践中积累的成功经验，结合内部审计发展的客观环境，采用更多图表、二维码等新颖、活泼的编写方式，编制了新版内部审计学以便能够充分反映新的经济背景下内部审计新思想、新理念、新实践和新变化。

本版教材以最新的《国际内部审计专业实务框架》和《中国内部审计准则》的核心内容为指导原则和编写依据，共分十章全面阐述企业内部审计的基础概念、基本理论与基本方法，介绍了目前我国企业监督管理实践中正在采用与应用的内部审计理论和内部审计技术。

本版教材是由哈尔滨商业大学会计学院的副教授叶陈云博士担任主编，

负责全书的框架设计和部分章节编写、总体检查和复核工作，李兆华教授、张凤元副教授担任副主编，负责对书稿内容进行审阅与订正，孟丽荣博士参与部分章节编写与讨论工作。具体编写分工是第一至第八章由叶陈云编写，第九章由孟丽荣负责编写；第十章由张凤元负责编写。本版教材主要适用于各高校财务管理、会计学、审计学专业及其他财经类专业的本科生和具有一定专业基础的内部审计实务工作者学习参考之用，也可以供会计专硕、审计专硕等相关专业研究生、博士研究生借鉴与自我学习提高之用。

本版教材充分参考了国内外相关内部审计学方面的著作和论文的最新研究成果，在此，作者对参考了相关研究成果的各位专家作者表示由衷的敬意和万分的感谢。对教材中可能存在一些不完善和值得商榷的观点，敬请各位专家学者及各位同仁批评与指正。

2017 年 8 月 20 日

目　录

第Ⅰ篇　内部审计理论介绍

内部审计学

第Ⅱ篇　内部审计实务指南

第 I 篇

内部审计理论介绍

第一章

内部审计原理概述

导入案例

2017 年 12 月 20 日，位于上海市的一家互联网上市公司——龙腾集团有限公司，主营网上商城、互联网物流配送、互联网融资和网络游戏等主流业务，在全国二十六个省会城市均设立了分公司或子公司，历经十年的发展，截至 2016 年 12 月 31 日，该公司财务报表显示其累计资产规模已经达到人民币 2 000 亿元，累计负债为人民币 650 亿元，累计公司的所有者权益为 1 350 亿元，仅 2016 年当年净利润就达到人民币 90. 5 亿元，近十年时间里，该集团公司的主要业务均处在成长和发展之中，但是该集团公司的财务年报披露的信息却透露出，在这些年度的快速发展之中却暴露出了若干战略决策错误、内部管理失控和经营状况不良等迹象，同时，部分省市的子公司的财务状况也出现了融资困难、投资效率低下、生产经营成本过高等不利现象。

公司下属部分省市子公司的高管层感到很困惑，于是，在 2017 年底公司召开的年度总结会议上，他们纷纷询问总经理王杰，想知道为什么公司在经营发展形势前景看好的情况下，其财务状况反而却并不理想，如果这种情况持续下去，会不会严重影响集团公司在全国范围内的业务顺利开展，以及未来五年的重大战略决策的进一步推进呢？对此他们感到忧心忡忡。

其实，龙腾集团有限公司的董事长王杰对此也十分不解，他也想知道公司经营管理过程中是不是出现了什么问题？于是，他决定聘请他的大学同学——上海市长信会计事务所的合伙人程敏作为外部专家，来为自己的公司进行诊断，试图弄清公司出现财务管理危机的真实原因是什么。那么，同学们一定也想知道下述问题的答案吧？

1. 龙腾公司的高管层聘请外部专家对本公司财务收支情况进行诊断，并向其报告审计情况，这种行为究竟是属于什么行为呢？是不是审计行为呢？如果是，这是外部审计还是内部审计呢？

2. 如果龙腾公司设有审计部门，他们的董事长要求内部审计人员参与本单位的采购作业招标投标工作，参与与客户的合同签订活动，这种要求是否适当？为什么？

那么，想要得到上述问题的答案，就请同学们从本章教材所阐述的内容中寻找吧！

学习目标

通过本章内容的学习，可以达到如下目标：

1. 掌握内部审计的含义与特征。

2. 了解内部审计起源与发展的历史进程。

3. 理解内部审计的工作目标和工作对象。

4. 熟悉内部审计机构和人员的权责与要求。

5. 了解规范内部审计监督行为的相关规则。

学习内容

第一节 内部审计内涵与作用

一、内部审计内涵

（一）内部审计的含义

什么是内部审计呢？从管理控制层面来讲，内部审计是指某一单位或组织内部设立的、服务单位或组织特定目的的一种审计监督行为。它是服务于组织内部管理部门的一种相对独立的检查、监督和评价活动。也是人们用以区别于外部审计的又一种专业审计类型。

由于上述内部审计设立主体的相关单位或组织并不是只能特指一个特定的对象，可以是各种各样的组织或单位。因此，截至目前，审计领域内部的实务和理论工作者对于究竟什么是内部审计的含义其实并未达成一致性的认识。回顾内部审计概念的演变，基于不同的立场或利益取向，不同的内部审计行业组织曾经对内部审计的含义有过各种不同界定或解释。概括而言，主要有以下几种有代表性的观点，具体内容可见表1－1。

表1－1　关于内部审计的含义及其核心理解要点的不同解释

代表组织	年份	主要观点	核心要点
国际内部审计协会IIA	1947	是审查财务、会计和其他经营活动的客观评价活动	主体：组织管理客体：保护和建设
	1957/1971	建立在审查财务、会计和经营活动基础上的独立评价活动	衡量、评价其他控制有效性的管理控制
	1978	建立在以检查、评价组织为基础的独立评价活动，并为组织提供服务	检查与评价
	1990	组织内部建立的一种独立评价职能，目的是为该组织提供一种服务工作	审查和评价
	1993	协助该组织管理成员有效地履行其职责	必须明确服务对象
	2001/2004	一种独立、客观的保证和咨询活动。目的是为组织增加价值和提高组织运作效率，用专门方法评价和改进风险管理、治理控制效果	可以实现增值与提高运行效果

续表

代表组织	年份	主要观点	核心要点
美国内部审计协会	1973	是对公司组织中各类业务和控制进行独立评价，以确定是否遵循公认的方针和程序，是否符合规定的标准，是否有效地使用资源，是否正在实现组织的目标	检查、评价各项经济活动经济性、效率性和效果性
国家审计署 NAO	2003	独立监督和评价公司及所属单位财政收支、财务收支、经济活动的真实、合法和效益的行为，以促进加强经济管理和实现经济目标	监督与评价财政和财务资金流动行为
中国银监会 CCBS	2006	一种独立/客观的监督、评价和咨询活动，是银行业金融机构内部控制的重要组成部分。目的：用系统和规范方法，审查评价并改善金融机构经营活动、风险状况、内控和公司治理效果，促进金融机构稳健发展	目的：治理与改善过程：审查与评价
中国内部审计协会 CIIA	2013	一种独立、客观的确认和咨询活动，通过运用系统、规范方法，审查和评价组织业务活动、内部控制和风险管理适当性和有效性，促进组织完善治理、增加价值和实现目标	确认与鉴证活动内容更加丰富，方法更为高效
本书观点	2017	由本组织负责人领导，在内部设置专门审计机构和配备专职的审计人员，据有关法规、制度，采用一定程序和方法，对单位的财政、财务收支及各项经济活动的真实性、合法性和效益性进行检查和评价，提出报告并做出建议的一种经济监督活动	主体：内部机构 客体：财务收支 目标：评价问题/提出建议 内容：真实/合法/效益 性质：经济监督

（二）内部审计的特征

由于相对于外部审计，内部审计主要是为加强管理而进行的一项内部经济监督工作，它是由本部门、本单位内部的独立机构和人员对本部门、本单位的财政财务收支和其他经济活动进行的事前和事后的审查和评价。因此，内部审计既可用于对内部牵制制度的充分性和有效性进行检查、监督和评价，又可用于对会计及相关信息的真实、合法、完整，对资产的安全、完整，对企业自身经营业绩、经营合规性进行检查、监督和评价。

概括而言，内部审计具有以下五个方面的显著特征：

1. 审计地位具有相对独立性

一方面，如同独立性是外部注册会计师审计的灵魂一样，企业、民间团体和事业单位等组织的内部审计同外部审计一样，都必须具有独立性，在审计过程中必须根据国家法律法规及有关财务会计制度，独立地检查、评价公司及所属公司的财务收支及与此相关的经营管理活动；另一方面，由于内部审计机构是内设的机构，内部审计人员是公司的职工，这就使内部审计的独立性受到很大的制约；特别是在遇到国家利益与公司利益冲突的情况下，内部审计机构的独立决策可能会受到公司利益的限制。因此，内部审计的独立性只是一种自主监督与发表评价意见的程度相对有限，不能是完全独立，于是相对的独立性就成为了内部审计工作的首要特征。

2. 审计服务对象具有内向性

内部审计的目的在于促进公司经营管理和经济效益的提高，因而内部审计既是公司的审计监督者，也是根据公司管理要求提供专门咨询的服务者。因此，内部审计服务对象实际上具有明显的局部化、内向化与有限化特点，面向有限范围的对象（组织内部）服务是内部审计的基本特征。

3. 审查监督范围具有广泛性

内部审计主要是为公司经营管理服务的，这就决定了内部审计的范围必然要涉及公司经济活动的方方面面。内部审计既可进行内部财务审计和内部经济效益审计，又可进行事后审计和事前审计；既可进行防护性审计，又可进行建设性审计。

4. 审计程序体现相对简短性

内部审计的程序主要包括准备、实施、终结和后续审计等主要工作环节。由于内部审计机构对公司的情况比较熟悉，在具体实施审计过程中，各个阶段的工作都大为简化：一是准备阶段中的许多工作，往往可以结合日常工作进行，从而使准备工作量得以减少，时间也大为缩短。内部审计项目计划通常由内部审计机构根据上级部门和本公司的具体情况事先拟定，并报公司领导批准后就可以迅速实施。二是内部审计的实施过程，针对性比较强，许多资料和调查都依赖于内部审计人员的平时积累，也可节省实施时间。三是内部审计机构提出审计报告后，通常由所在部门出具审计意见书或做出审计决定，处理时间也相对于外部审计更短。四是被审计部门对审计意见书和审计决定如有异议，可以向内部审计机构负责人提出。

5. 审计实施与报告要求及时性

内部审计机构是公司内部的一个部门，内部审计人员是公司的职工，因而可根据需要随时对公司的问题进行审查。一是可以根据上级组织的统一安排或董事会决议等实际需要，简化审计程序，及时开展审计；二是可以通过日常了解，及时发现管理中存在的问题或问题的苗头，并且可以迅速与有关职能部门沟通或向公司最高管理者反映与报告，以便上级部门或决策层尽快采取措施，纠正已经出现和可能出现的问题，抑制或减少正在或即将发生的损失。

综上所述，随着内部审计实践活动的不断发展，内部审计的作用已经不再只是局限于财务收支的审查，它可以深入公司内部管理的各个方面，充分发挥参谋与助手作用、咨询建设作用、风险管理作用、保护作用、调节协调作用甚至对外提供咨询服务等方面，必将发挥着更加重要的微观经济价值。

二、内部审计作用

（一）内部审计职能

根据国际内部审计协会的《内部审计准则》和中国内部审计协会发布的《内部审计准则》的界定，内部审计的职能主要包括如下三个方面的内容：

1. 内部审计职能之一——确认服务

所谓确认是指内部审计主体为了对组织的风险管理、控制或治理过程进行独立评价而进行的客观地审查证据的行为。例如，对财务、绩效、合规性、系统安全和应尽责任的审查等，完成确认职能需要采用包括观察、检查、分析、评价等专门的审计方法与技术手段，本质上也就是内部审计师致力于发现经营问题与鉴定内部管理是否存在缺陷的一种监督职能或行为。因此，内部审计工作中，对具体审计对象的客观真实情况进行检查并认定即为组织内部提供确认真实状况的服务是内部审计最基本的职能。

2. 内部审计职能之二——咨询服务

所谓咨询是指有内部审计主体为审计对象的管理层提供建议以及相关的一种客户服务活动，这种服务的性质与范围是需要事前与客户协商确定，其根本目的是在内部审计师不承担管理层职责的前提下，能够增加价值创造能力并改进组织的治理、风险管理以及控制过程，如顾问、建议、协调、培训等。除了确认服务职能之外，为客户或组织管理层提供能够改进组织管理质量与水平的咨询服务职能是内部审计工作的重要扩展职能。

3. 内部审计职能之三——增加价值服务

内部审计师在提供确认和咨询服务的过程中，通过以下方式来增加价值：改进实现组织目标的机会，确认运营的改进，或者降低风险。内部审计的这一职能主要是为了通过整理、诊断内部不足及缺陷，最终提出完善组织管理与控制机制的制度化的建议，重新构建组织的运营控制体系与价值链，可以堵漏补缺，扬长避短，抑制旧有缺陷与不足，发现新的价值增长点、增值渠道和增值空间，比如通过改善现有销售渠道直接增加组织价值，或者分析市场变化情况发现未来公司新战略机会，从而发现价值增长空间并间接创造潜在价值。而增加价值这一职能正是组织内部审计未来得以健康发展和大有可为的主要途径。因此，内部审计增加价值的服务职能是内部审计工作最富有前途、最有现实意义的延伸职能。

从前文内部审计的含义与特征可知，内部审计机构在部门、单位内部专门执行审计监督的职能，不承担其他经营管理工作。它直接隶属于部门、单位最高管理当局，并在部门、单位内部保持组织上的独立地位，在行使审计监督职责和权限时，内部各级组织不得干预。但是，内部审计机构终属部门、单位领导，其独立性不及外部审计；内部审计所提出的审计报告也只供部门、单位内部使用，在社会上不起公证作用。

（二）内部审计作用

内部审计作用是内部审计的发挥过程及其结果，在我国市场经济条件背景下，内部审计具有双重任务：一方面要对部门、单位的经营活动进行监督，促使其合法、合规；另一方面要对部门、单位的领导负责，促进经营管理状况的改善、经济效益的提高。具体地说，内部审计的作用主要包括以下几个方面：

1. 可通过发现组织资产管理漏洞，发挥单位资财的安全保护与保值增值的作用

内部审计机构通过对会计部门工作的再监督，可根据需要，随时对本部门、本单

位的问题进行审查。这样不仅可以简化审计程序，使审计工作更加简洁快速，也可以强化单位内部控制制度，以便堵塞管理漏洞；还可以及时发现问题并纠正错误，减少损失，保护资产的安全与完整，提高会计资料的真实性和可靠性。此外，由于企业的财产物资是部门、单位进行各种活动的基础，内部审计可以通过对财产物资的经常性监督、检查，可以及时有效地发现问题，指出财产物资管理中的漏洞，并提出意见和建议，以促进或提醒有关部门加强对财产物资的管理，努力保证财产安全、完整并努力实现企业保值增值的目标。

2. 可通过监督受托经济责任履行情况，发挥充分维护单位合法权益的保障作用

同外部审计一样，所有权与经营权的分离是内部审计产生的前提，确定各个受托责任者经济责任履行情况也是内部审计的主要任务。内部审计通过查明各责任者是否完成了应负经济责任的各项指标（诸如利润、产值、品种、质量等）、这些指标是否真实可靠、有无不利于国家经济建设和企业发展的长远利益的短期行为等，既可以对责任者的工作进行正确评价，也能够揭示责任人与整个部门、单位的正当权益，有利于维护有关各方的合法经济权益。

3. 可通过发现和弥补生产管理缺陷，发挥对本单位经济效益提高的积极促进作用

内部审计通过对经济活动全过程的审查和对有关经济指标的对比分析，揭示差异并分析差异形成的原因，评价经营业绩，总结经济活动的规律，从中揭示未被充分利用的人、财、物的内部潜力，并提出改进措施，可以极大地促进经济效益的提高。

4. 可通过监督各项制度与计划执行状况，发挥避免管理层决策失效的警示作用

现代内部审计已经从一般的查错防弊，发展到对内部控制和经营管理情况的审计，涉及生产、经营和管理的各个环节。内部审计不仅可以确定本部门、本单位的活动是否符合国家的经济方针、政策和有关法令，而且可以确定部门内部的各项制度、计划是否得到落实，是否已达到预期的目标和要求。通过内部审计搜集到的信息，如生产规模、产品品种、质量、销售市场等，或发现的某些具有倾向性、苗头性、普遍性的问题，都是为避免管理层做出重大经营决策失误与失效的重要依据。

5. 可通过揭示经营管理薄弱环节，发挥促进单位健全自我约束机制的建设性作用

在社会主义市场经济条件下，各单位的活动不仅要受到国家财经政策、财政制度和法令的制约，而且要遵守本部门、本单位内部控制制度的规定。内部审计机构可以相对独立地对本部门、单位内部控制情况进行监督、检查，客观地反映实际情况，并通过这种自我约束性的检查，促进本部门、本单位建立和健全内部控制制度。

6. 可通过专项审计监督，发挥有效的评价和鉴证作用

内部审计是基于受托经济责任的需要而产生和发展起来的，是所有者经营管理分权制的产物。随着企业规模的扩大，管理层次增多，对各部门经营业绩的考核与评价是现代管理不可缺少的组成部分。通过内部审计，可以对各部门活动做出客观、公正的审计结论和意见，起到评价和鉴证的作用，为公司高管层提供客观可靠的评价信息或意见。

参考资料

表 1－2　　内部审计与外部审计有什么关系

关系	角度	内部审计	外部审计
区别	监督性质	由内审机构或专职审计人员履行的内部监督，只对本单位负责	由独立的外部机构以第三者身份提供的鉴证活动，对国家权力部门或社会公众负责
	独立性	在组织、工作、经济方面都受本单位的制约，独立性受到局限	在经济、组织、工作等方面都与被审计单位无关，较强独立性
	监督方式	据本单位的安排进行审计工作的，具有一定的任意性	外部审计则大多是受委托施行的。有明确计划性
	工作范围	涵盖单位管理流程的所有方面，包括风险管理、控制和治理过程	集中在企业财务信息以及内部控制鉴证等方面
	工作方法	方法多样，使用比较灵活，应结合组织具体情况，采取不同方法	侧重于财务报表审计准则确定的审计程序与方法
	服务对象	董事长或总经理等单位负责人	国家权力机关或各利益相关方
	报告作用	内部审计报告不能向外界公开，只作为本单位进行经营管理的参考建议作用，对外无鉴证作用	除涉及商业秘密或不宜公开内容外，国家审计报告要对外公示；社会审计报告要向外界披露，对投资者、债权人及社会公众负责，有社会鉴证作用
	审计内容	内部审计的内容是本单位及所属单位财政收支、财务收支、经济活动	国家审计的内容以各级政府、事业单位及大型骨干企业的财政与财务收支及资金运作情况；社会审计对象包括一切营利及非营利单位财务资金活动
	审计权限	主要是报告与建议权，只有有限审查处理权，内部审计报告只具有有限权威性	国家审计对被审计单位的违法违纪问题既有审查权，也有处理权；社会审计只能对委托人指定的被审单位的有关经济活动进行审查、鉴证义务
	监督性质	内部审计是单位自我监督	国家审计属行政监督，具有强制性；社会审计属社会监督，被审计企业与社会审计组织间是双向自愿选择关系
	行为规范	所依据的是中国内部审计协会制定的内部审计准则	国家审计依据的是审计署制定的国家审计准则；社会审计依据是中国 CPA 协会制定的独立审计准则
联系	1. 二者相互利用彼此成果	内部审计可以利用外部审计提供的相关资料提高审计效率，可以委托社会审计协助完成内部审计工作任务，甚至可以与有实力、信誉好的社会审计机构结成战略合作联盟，进一步加大对单位内部的审计监督力度；外部审计可以向内部审计了解情况，在工作中得到内部审计的配合与支持，也可以利用内部审计成果提高审计工作效率	

续表

关系	角度	内部审计	外部审计
联系	2. 二者相互协作与支持	内部审计与外部审计的协调工作，要在单位负责人的支持下，由内部审计机构负责人组织实施，紧紧围绕内部审计与外部审计协调的目的开展。协调的具体方式，可以通过定期会议、不定期会面或其他沟通方式进行。内部审计机构负责人要定期对内部审计与外部审计的协调工作进行评估，并根据评估结果及时调整，改进协调工作。其中，应着重做好以下两个方面的工作：一是做好审计知识、审计范围、审计底稿、审计结论意见和审计方法程序五项沟通；二是做好内部控制、差错防弊、改进建议和审计成果转换四个方面的密切合作	

第二节　内部审计的产生与发展

审计行为及审计学科均是人类社会经济发展到一定阶段的必然产物，它不仅是一个社会范畴的行为，而且也是一个经济范畴的活动。和会计一样有着悠久的历史，审计经过长时间不断的完善和发展，已经逐渐形成了自成系统、内容结构比较完备的科学体系，为促进社会与经济的稳定发展发挥着显著的作用。而作为我们这个社会存在的一种特殊的、专门的审计类型，内部审计的产生与发展也如同民间审计和国家审计一样，都是伴随着社会经济的进步与变化而发展起来的，也都经历了一段漫长且不平凡的演进与发展的历史进程。

一、内部审计产生与发展的原因

（一）内部审计产生的基本前提

受托经济责任关系的确立是我们现代审计产生的最基本的前提条件。作为审计学科范畴的重要组织部分，内部审计的产生同样也基于这一经济责任的委托代理关系。

所谓受托经济责任是指当财产管理制度的发展出现了财产所有权和管理权分离时，财产所有者将财产的经营管理权委托给财产管理者而形成的一种委托和受托关系。或者说是企业资产所有者按照特定要求或原则经管受托经济资源并报告其经管状况的一种委托代理义务。财产所有权与经营管理权的分离便产生了委托与受托的关系，也即受托经济责任关系。在这种关系中，组织的财产所有者为了保护其财产的安全、完整，就需要对受托管理者承担和履行管理财产收支和结果的经济责任实行监督。为了达到这一目的，公司组织的实际财产所有者只有要求与责任双方不存在任何经济利益关系的独立的第三者对财产管理者的经济责任进行审查和评价，才能维护自己的正当权益和解除财产管理者的经济责任，于是便产生了审计。同理，企业组织的财产所有者（董事会或董事会代表——董事长）为了保护其财产的安全、完整，就需要指示或委托（常用工作指令等形式）对受托管理者（如总经理）承担和履行管理财产收支和结果的经济责任实行内部检查与监督，纠正内部人员的错误，弥补内部管理漏洞，提升企业管理层的管理效率与效益。

（二）内部审计产生与发展的根本原因

从内部审计的发展史中可以看出，最初审计产生的原因是由于财产受托责任。当委托人将财产、经营委托给受托人进行管理时，为了监督受托人是否履行了受托责任，就需要聘请独立的第三方对受托人的受托责任进行验证，于是就产生了审计。随着历史的发展，组织形式日趋复杂化、规模化和多层化，特别是发展到现今大规模的跨国公司、企业集团，为了按照目标一致的管理原则实现反映企业整体受托责任的经营目标，就必须赋予各层次管理人员以一定的责任和权限，从而使受托责任多极化。为了控制各职能部门和管理层次受托责任的有效履行，内部审计的职能范围就不断地扩大，直至发展到现今以管理为导向的管理审计。

（三）内部审计产生和发展的推动因素

1. 企业市场竞争的压力是推进内部审计产生与发展的外在环境因素

19 世纪上半叶，英国的股票市场尚处于初级阶段，市场运行与监管均不够规范，高度的投机性业务使许多公司破产。为维护自己的切身利益，股份公司的股东和债权人要求对公司的会计资料进行审计并陈述审计意见。面对这些情况，英国议会于 1844 年颁布《公司法》规定，公司应设立由董事以外的第三者出任的“监事”职务，并从中推选出会计师，由他们对公司的财务报表进行审查，向股东大会提出关于资产负债表与账务处理的合理性和准确性的报告。这从法律上初步确立了企业内部审计的地位。后来，许多国家纷纷在有关法律中要求其企业建立内部审计制度。随着企业外部竞争的日益加剧和市场环境的不断变化，管理当局迫切需要了解关于企业生产经营的大量信息以辅助决策。要使大量的信息能为决策所用，首先必须对其质量提供一定的保证，该需求决定了内部审计的职能范围由财务审计发展到经营审计直至管理审计。外部的竞争压力使内部审计的发展获得了企业管理当局的支持，这不仅使其业务范围日益得到扩展，而且加强了内部审计部门的权威性和独立性，为进行高质量的内部审计服务提供了保障。

2. 审计职业界团体与内审组织尽职工作是推动内部审计发展的内生成长因素

（1）国际内部审计师协会（简称 IIA）的规范化工作。

IIA 分别于 1947 年、1968 年和 1978 年相继颁布了《内部审计师职责说明书》《内部审计师职业道德规范》和《内部审计职业实务准则》，之后又在实践中不断地充实原有理论，探索新的方向。IIA 从 1971 年开始，在协会教育委员会下成立了一个分会，由 Rober E. Gobeil 领导，以建立和发展职业所需要的一般知识结构。经过该委员会的努力，建立了包括会计、财务、审计、行为科学、沟通、计算机系统、经济、商法、数量分析以及系统科学在内的职业所需要的一般知识体系。自 1973 年开始，协会推行了注册内部审计师（CIA）考试和授证制度。CIA 考试现已演进为一种国际性的职业水平考试，在遴选和造就优秀的内审人员方面发挥了重要作用，直接推动了内部审计的发展。

（2）内部审计部门与审计师们提供的职业化服务。

为了更有效地服务于企业，内部审计部门十分重视对自身的组织、计划、人事和质量管理。比如，在组织管理方面，已逐渐改变了以往仅凭企业高管口头指示开展工作的被动做法，而是用经过董事会核准的内审章程来明确规定内审部门的职责、权利和目标；在计划管理方面，很多内审部门已制订了由长期战略计划（确定审计频率）、年度项目计划（配备审计资源）和项目执行计划（安排项目实施）三个层次构成的审计计划体系；在人事管理方面，已建立了一套严格的审计人员选拔、任用、培训和业绩评价的制度，保证和提高了审计人员的素质；在质量管理方面，大多数企业的内审部门已建立起健全的质量保证体系，该体系一般包括项目负责人进行的现场监督、未参与该项目的其他高级审计人员进行的内部审查以及聘请注册会计师、管理咨询顾问等外部专家对内审部门工作质量和业绩进行的独立评价。

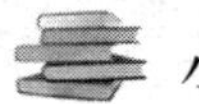

小资料

根据全美天然气协会和爱迪生电力协会20世纪末曾经进行的调查与统计，美国公用行业内审人员中具有学士学位的占73%，具有硕士或博士学位的占20%，其中取得注册会计师、注册内部审计师、注册信息系统审计师等各种专业证书的高达53.5%。

3. 内部控制思想演进是驱动内部审计发展的理论支持因素

组织变革所带来的内部控制管理思想的演进，对内部审计的影响是显而易见的。总体来说，内部控制思想主要经历了以下几个阶段：

（1）萌芽阶段——“内部牵制”阶段。

在20世纪40年代以前，人们通常使用“内部牵制”概念。《科氏会计辞典》将内部牵制定义为：以提供有效的组织和经营，并防止错误和其他非法业务发生的业务流程设计。其主要特点是以任何个人或部门不能单独控制任何一项或一部分业务权力的方式进行组织上的责任分工，每项业务通过正常发挥其他个人或部门的功能进行交叉检查或交叉控制。

（2）初始阶段——“内部控制制度”阶段。

20世纪40年代以后，审计理论与实务工作者和职业团体都把注意力转移到内部控制上，内部控制制度包括组织机构的设计和企业内部采取的所有协调方法和措施。这些方法和措施旨在保护企业的资产、检查会计信息的准确性和可靠性，从而提高经营效率，推动企业既定的管理政策。内部控制制度按其特点分为内部会计控制和内部管理控制，内部会计控制是内部控制的核心。

（3）发展阶段——“内部控制结构”阶段。

1988年，美国注册会计师协会发布的第55号《审计准则说明书》提出了内部控制结构的概念，并将内部控制定义为：为合理保证公司实现具体目标而设立的一系列政策和程序。该说明书认为内部控制结构由下列三个要素组成：控制环境、会计系统、控制程序。

（4）完善阶段——“内部控制框架”阶段。

1992年9月，美国注册会计师协会、国际内部注册会计师协会、财务经理协会、美国会计协会和管理会计协会共同组成的专门委员会（COSO委员会，即美国反对虚假财务报告委员会的赞助组织委员会）发布了《内部控制——整体框架》的研究报告，提出了“内部控制框架”的概念。COSO委员会提出，内部控制是由企业董事会、经理阶层和其他员工共同制定并予以实施的过程。控制的目标是提高经营效率，取得好的经营效果；合理保证财务报告的可靠性；遵循有关的法规制度。控制的构成要素包括：控制环境（Control Environment）、风险评估（Risk Assessment）、控制活动（Control Activities）、信息与沟通（Information and Communication）、监控（Monitoring）。

综上所述，内部控制概念的演进和审计理论与实践的发展是相互融合和相互促进的。一方面，人们对内部控制认识的不断深化既是社会经济发展的需要，又来自于审计活动的要求；另一方面，内部控制概念的每一次扩展都对企业组织的内部审计模式产生了重大影响，特别是体现在审计方式和审计内容的变革上。其中在审计方式的变革上，不论是从账目基础审计发展为制度基础审计，还是由制度基础审计发展为目前被审计界广泛关注的风险基础审计，在很大程度上都是由于人们在内部控制概念认识上的深化所引起的。因此，本书的观点是内部控制思想的发展是促进内部审计发展的理论驱动因素。

二、内部审计产生与发展的演进历史

内部审计自其产生至今，经历了古代内部审计、近代内部审计和现代内部审计三个阶段。

（一）古代内部审计阶段

内部审计源于奴隶社会，当人类步入奴隶社会以后，私有制开始出现，财产的所有权和经营管理权出现了分离。于是，财产所有者往往会委派自己信任的人作为第三者受托进行经济监督，从而产生了古代的内部审计。

奴隶制国家，如古代中国、古罗马、古希腊，对内部审计组织及活动均有记载。在古代罗马，人们采用“听证账目”的方式来检查负责财务的官员有无欺诈、舞弊行为，即检查人听取不同人员对同一事项记录的口头汇报，审计（audit）一词就来源于拉丁文“听账人（auditus）”。大约在公元前510年，古罗马庄园奴隶主通常派“亲信或管家”监督管理庄园的代理人，奴隶主和代理人之间由此产生了“委托受托责任关系”，此举被视为内部审计的萌芽，但当时的“亲信或管家”并非专职“内部审计”，只是兼职。中国《周记》记载，西周时期，周王朝设有“司会”和“宰夫”两种官职。“司会”可以从日成、月要、岁月三个方面勾考皇室的财政收支，保管书契、版图及副本，实际是行使会计稽核和控制的职责，可谓原始意义上的内部审计。“宰夫”则独立于财会部门之外，行使“考其出入，以定刑赏”的职责，可谓我国政府审计的雏形。

封建社会时期的内部审计形式继承了古代早期内部审计的思想，并且有了明显的进步，其主要标志是出现了独立的内部审计人员。在这一时期，内部审计主要采用了寺院审计、行会审计、银行审计和庄园审计等形式，相关内容见表1-3。

表1-3　欧洲封建社会时期内部审计的形式与特点

形式	时间	地域	内容
寺院内部审计	11世纪起	西欧	基督教寺院极为普遍，一些寺院兴办了各种类型手工作坊，拥有大量财产。为加强管理，寺院配备了各种专职管理人员，为监督管理人员经济责任履行情况，还适当配备了具有一定专业会计知识的人充当审计人员，负责对财务收支和会计账目进行检查

续表

形式	时间	地域	内容
行会内部审计	11～12世纪	英国	已经出现了行会，每个行会一年要召开1～4次总会，议事内容是选举产生理事和审计人员。理事是行会执行机构，主要负责征收会费和罚款、记录并反映行会经济业务的会计事项、调查行会财产状况和仲裁会员间经济纠纷。审计人员从行会成员中选举产生，是行会成员代表，主要职责是定期检查理事报送的会计账簿，并在大会上向全体成员报告审查的结果
银行内部审计	13～14世纪文艺复兴	意大利	威尼斯、热那亚和佛罗伦萨商品经济比较发达。佛罗伦萨是当时意大利的金融中心，在西欧各地，到处有佛罗伦萨金融行业的代理店，为了对这些分店加强控制，银行家们采用内部审计的形式
庄园内部审计	15～16世纪	法国	庄园主不再亲自参与庄园的管理，而将直接管理庄园的责任委托给数名庄园管理者去管理，其中就包括审计人员。审计人员负责对庄园财务总管编制的反映庄园经济事项的会计账簿进行定期检查，并根据审查的结果提出审计意见，然后呈送庄园主或向其作口头汇报。庄园既是政治单元，又是独立经济单位
小结	通过上述内审形式和特点的介绍可以看出，在欧洲封建社会时期就出现了独立的内部审计人员，但其审计目的仍然是查错防弊，审查单位内部承担经济责任者的诚实性		

（二）近代内部审计阶段

股份有限公司的出现客观上要求会计把重点从经营角度放在财产的所有权和损益的计算上，企业的股东和债权人为维护自己的利益，需要审计人员对企业的会计资料进行审查，并陈述审计意见。但在这一时期，实行内部审计的企业不多，而且没有设置专职机构。19世纪末20世纪初，资本主义发展进入垄断阶段，托拉斯、康采恩等垄断企业经营规模庞大、经营地点分散、经营业务复杂，实行分权管理和多级控制。日常管理职责的履行状况如何、各部门的营活动是否合规合理以及各分支机构的经营目标能否实现，客观上需要有一个专门的职能部门去审查、评价和报告，即进行信息反馈。这样，在企业内部就形成了一个与业务控制并列相对独立的控制系统——内部审计。

1875年，德国最大的军火制造商克虏伯公司开始设置内审部门，开展财务合规性审计。在美国，具有显著规模经济性的铁路行业则最先配备内审人员，巡视各路站，检查公司制定的财务制度的遵守情况和有关会计记录的真实性、正确性。此后，这些国家的其他行业和其他国家的大型企业也相继实行了内部审计制度。这时，内部审计的主要目标在于保护资产的安全与完整，检查并揭示舞弊或其他不规范的行为。其工作范围主要是审查反映经济活动的财务会计资料，也从事一些较低水准的会计和管理程序的遵循性检查，并逐步向经营管理领域延伸。

（三）现代内部审计阶段

1. 国外现代内部审计的发展

20 世纪 40 年代以后，企业的内部结构和外部环境进一步复杂化，尤其是跨国公司的迅速崛起，管理层次的分解比以往任何时候都更加迅速，企业管理者对于降低成本、提高经济效益的要求也更加迫切。这种新的发展使企业管理当局和外部审计人员对内部审计更加关注，并从各自的角度促进内部审计的发展。1941 年是现代内部审计发展的重要一年，这一年在美国发生了两起对现代内部审计兴起有着重大影响的事件。

第一件是在约翰·瑟斯顿（John B. Thurston）的领导下，24 位有识之士倡导成立了内部审计师协会，它是目前世界上唯一致力于推动内部审计和内部审计人员向前发展的国际性组织，通常称为国际内部审计师协会（简称 IIA）。该组织的成立大大推动了内部审计的发展。它是世界范围的内部审计师组织，在联合国经济和社会开发署享有顾问地位，是最高审计机关国际组织的常任观察员，是国际政府财政管理委员会、国际会计师联合会的团体会员。该协会现有 196 个分会，分布在 100 多个国家和地区，全球现有会员 7 万多人。中国内部审计学会于 1987 年加入该协会，成为国家分会。

第二件是维克多·布林克（Victor Brink）出版了第一部论述内部审计的专著《内部审计——程序的性质、职能和方法》，该书的出版标志着内部审计学的诞生。

2. 国内现代内部审计的发展

1949 年新中国成立后，一大批大型工业、交通等方面的生产单位迅速建立起来，并且在其内部实行了管理责任和权力的纵向与横向的分解，从而为这些单位内部审计的产生创造了主要的内部条件。但当时采用苏联管理模式，将内部审计的一部分职能分散到计划、财务等部门，由这些部门结合其本职业务一并实施，只有极少数生产单位和银行系统设有内部审计（银行称为财务稽核）机构，开展一部分简单的审计业务。

1983 年 7 月国务院发布第 130 号文件，其中规定：“我国拥有数十万个国营企业和大量的行政事业单位，审计对象多、范围广、任务重，建立和健全公司的内部审计是搞好国家审计监督的基础。对下属单位实行集中统一领导或下属单位较多的主管部门，以及大中型企业事业组织，可根据需要建立内部审计机构或配备审计人员，实行内部审计监督。”130 号文件成为我国建立内部审计制度的法律依据，从此，我国内部审计拉开了制度化建设的序幕。

（1）我国内部审计的起步阶段（20 世纪 80 年代初至 80 年代末）。

在我国企业内部审计的起步阶段，绝大多数企业没有设立专职的企业内部审计机构，只是将审计机构设在财务科（处），放在统计部门或在厂长、经理的领导下工作，企业内部审计机构的领导多、受限制多、缺乏独立性，在企业中没有地位。企业内部审计的目标只是传统的企业内部审计目标，主要是以保护财产、查错防弊（财务审计）为主。其职能主要是：以监督为主，通过对审计对象的会计资料及其所反映经济活动的审查，监督其是否真实、正确、合理、合法，督促被审计单位纠错防弊、自觉遵守各项方针政策，促进各项业务健康地向前发展。

（2）我国内部审计的发展阶段（20 世纪 90 年代初至 90 年代中后期）。

90 年代初期是我国企业内部审计“加强、改进、发展、提高”时期。这一时期，内部控制制度纷纷在各大中型企业中建立并得到健全与发展。内部控制制度在实际工作中保证了企业经营目标的实现；提高了会计记录及其他资料的可靠性；限制了不利于企业自身发展的各种活动，为企业提高生产效益做出了成绩。这个时期，我国内部审计涉及的范围与起步阶段相比更广泛，除了开展传统的财务审计外，还有经营决策审计、投资决策审计、经济效益审计、内部控制评审等现代审计内容。

（3）我国内部审计的新阶段（20 世纪 90 年代末到现在）。

1998 年至今，内部审计正式步入职业化发展的道路。在这一时期，发生了两件对内部审计职业化发展影响重大的事件。

一是 1999 年 7 月出台新的《会计法》。该法第二十七条做出了针对内部审计的规定，明确了内部审计是单位内部会计监督制度的重要组成部分，各单位应当建立健全内部审计制度，内部审计机构应当对公司会计资料实行定期审计并且要明确和规范审计的办法与程序。

二是中国内部审计师协会成立。由于这一时期国务院实施了机构改革和落实政企分开的原则，审计署在机构改革中撤销了审计管理司，决定将对内部审计的具体管理职能转移给社会组织。这样，在政府改革与内部审计现实发展的影响下，决定将中国内部审计学会改建为中国内部审计师协会，实行内部审计行业的自律管理。因此，2000 年 1 月，在中国内部审计学会第四次会员代表大会上，决定将中国内部审计学会更名为中国内部审计师协会。这次会议通过了《中国内部审计师协会章程》，并选举了理事会。内部审计师协会的成立揭开了中国内部审计发展的新篇章。

在研究现代企业内部审计的发展时，一般以 20 世纪 70 年代为界将其划分为两个时期。

20 世纪 40 年代到 70 年代属于现代企业内部审计的初期，财务审计居于主要地位，企业内部审计的目标同近代企业内部审计相比没有太多的变化，还只是一个过渡阶段，直到 1941 年，才有关于内部审计的理论《内部审计学》一书出现。另外，许多国外学者认为这一时期是绩效审计、经营审计等一系列新兴审计项目的萌芽阶段。

70 年代后，绩效审计、经济责任审计、3E 审计（经济、效率、效果）、SE 审计（经济、效率、效果、合理、环境审计）等新兴审计项目发展起来，逐渐取代了财务审计的主导地位。1983 年，中华人民共和国审计署在给国务院《关于开展审计工作几个问题的请示》中，对建立部门、单位内部审计问题提出：“对下属单位可根据工作需要，建立内部审计机构或配备审计人员，实行内部审计监督。在审计业务上，要受同级审计机关的指导。”这个《请示》经国务院于 1983 年 8 月批转执行。

1985 年 8 月，国务院颁布《国务院关于审计工作的暂行规定》，其中第十条规定：“国务院和县级以上地方各级人民政府各部门，大中型企业事业组织应当建立内部审计监督制度，根据审计业务需要，分别设立审计机构或审计人员，在本部门主要负责人的领导下，负责所属单位和本行业的财务收支及其经济效益的审计。审计业务受同级或上一级国家审计机关的指导，向本部门和同级或上一级国家审计机关报告工作。部门、单位实行内部审计监督的具体办法，由审计署另行制定。”这一规定使内部审计价值的外向定位初步确立，即向企业以外的国家审计机关报告工作。这一规定还将内部审计的管辖权下放给审计署。1985 年 12 月，审计署首次颁布《审计署关于内部审计工作的若干规定》。该规定指出：内部审计是部门、单位加强财政财务监督的重要手段，是国家审计体系的组成部分。国家行政机关、国营企业事业组织应建立内部审计监督制度，以健全内部控制，严肃财经纪律，改善管理，提高效益。

1994 年，颁布了我国第一部《中华人民共和国审计法》。该法第二十九条规定：国务院各部门和地方人民政府各部门、国有的金融机构和企业事业组织，应当按照国家有关规定建立健全内部审计制度。各部门、国有的金融机构和企业事业组织的内部审计，应当接受审计机关的业务指导和监督。2003 年，审计署颁布了《审计署关于内部审计的规定》，该规定进一步强调了内部审计是独立监督和评价本单位及所属单位财政收支、财务收支、经济活动的真实、合法和效益的行为，以促进加强经济管理和实现经济目标。同时要求国家机关、金融机构、企业事业组织、社会团体以及其他单位，应当按照国家有关规定建立健全内部审计制度。法律、行政法规规定设立内部审计机构的单位，必须设立独立的内部审计机构；法律、行政法规没有明确规定设立内部审计机构的单位，可以根据需要设立内部审计机构，配备内部审计人员。有内部审计工作需要且不具有设立独立的内部审计机构条件和人员编制的国家机关，可以授权本单位内设机构履行内部审计职责。2006 年，我国颁布了修订后的《中华人民共和国审计法》，其第二十九条规定：依法属于审计机关审计监督对象的单位，应当按照国家有关规定建立健全内部审计制度；其内部审计工作应当接受审计机关的业务指导和监督。

2008 年，财政部、证监会、审计署、银监会和保监会五部委联合发布了《企业内部控制基本规范》，其第十五条规定：企业应当加强内部审计工作，保证内部审计机构设置、人员配备和工作的独立性。内部审计机构应当结合内部审计监督，对内部控制的有效性进行监督检查。内部审计机构对监督检查中发现的内部控制缺陷，应当按照企业内部审计工作程序进行报告；对监督检查中发现的内部控制重大缺陷，有权直接向董事会及其审计委员会、监事会报告。伴随着我国相关法律法规的不断出台、修订与完善，我国国有企业、机关、事业单位及国有金融机构率先开展内部审计工作，并从早期的财政财务收支审计，逐步走向了现代管理审计。

总体而言，我国改革开放以后，内部审计在企业中受到了前所未有的重视，企业内部审计机构直接隶属于企业最高权力机构，向总经理、董事长参加的或董事会领导的审计委员会负责；审计目标除了要加强经营管理、提高经济效益外，还要考虑如何为企业在竞争中防范风险方面发展。因此，企业内部审计的职能也由原来的防护性职能转变到建设性职能；在审计方法方面，我国审计部门大力开发计算机辅助审计，对软件的研究开发投入大量资金；企业内部审计人员的素质也比以前任何时期都有较大的提高，他们不仅要掌握会计、审计、定量分析、商法、内部控制、计算机电子数据处理等方面的知识，还懂得现代企业管理的基本知识、方法和其他一些相关领域的知识。

从上述内部审计的发展史中可以看出，最初审计产生的原因是由于财产受托责任。当委托人将财产经营委托给受托人进行管理时，为了监督受托人是否履行了受托责任，就需要聘请独立的第三方对受托人的受托责任进行验证，于是就产生了审计。随着历史的发展，组织形式日趋复杂化、规模化和多层化，特别是发展到现今大规模的跨国公司、企业集团，为了按照目标一致的管理原则实现反映企业整体受托责任的经营目标，就必须赋予各层次管理人员以一定的责任和权限，从而使受托责任多极化。为了控制各职能部门和管理层受托责任的有效履行，内部审计的职能范围就不断地扩大，直至发展为现今以风险为导向的内部审计。

域外来风

表1-4　部分西方发达国家内部审计发展情况比较

国家	时间	内审发展状况	内审主要特点
英国	11世纪	英国就已经存在行会，议事内容包括选举产生理事和审计人员。理事会是行会的执行机关，它必须在召开总会之时将行会账户提交出来供审计人员审查	行会组织审查的重点是作为受托人的理事在处理经济业务方面的诚实性
英国	1948年	伦敦成立国际内部审计师协会分会，即英国内部审计师协会，大大促进了英国内部审计的发展。有由公司内部设置的审计组织进行审计、联合审计和由社会力量进行审计三种形式。英国内部审计所涉及的领域是非常广泛、全面	①公司审计的目标是保证管理系统的有效运行； ②财务安全审计目标是保证企业资源得到充分的保护和控制； ③经营审计是对企业整个经营经济性、效率性和效果性进行审计
德国	1871年	普鲁士统一德国后，经济发展推动产业结构和经营机制发生巨大变化，规模扩大，管理制度更加严格。但外部审计不便于了解制度是否得到认真贯彻执行、存在什么问题及经营状况如等真实情况。因此，德国一些大企业从内部挑选具有经营管理知识和能力的人员对企业内部分支机构进行审计和监督。此后，内部审计在德国大型企业中陆续实行，如克虏伯公司	①总经理领导内部审计机构是其主要形式； ②内部审计人员有专职审计人员和监事等两类； ③包括财务收支审计、内部控制审计、经营审计、人事审计、管理绩效审计、舞弊审计、环境保护审计等； ④常用风险导向审计模式
法国	1900年	法国内部审计目标是帮助企业发现存在的风险并提出规避风险意见和建议。主要从风险分析开始，到对风险领域进行审计，最后与管理层相互协商，提出规避风险的建议，并实施所提出的建议。法国内部审计的主要职责是服务，是一个直接创造价值的部门	①独立性十分突出； ②对管理全过程进行审计评估，及时发现和避免各种风险； ③对人员素质要求较高，大学以上学历，良好专业知识和组织能力，熟练掌握1~2门外语及计算机技术，有良好的道德品质

续表

国家	时间	内审发展状况	内审主要特点
美国	20 世纪初	内部审计曾置于财务、会计部门的管辖之下，由公司财务副经理或主计长领导，因而内部审计的独立性受到限制，难以充分发挥作用。要使内部审计在改善经营管理、健全完善内部控制制度以及提高经济效益方面发挥更大的作用，必须得提高其地位。因此，美国现行的内部审计从财务、会计部门独立出来，与其他职能部门处于同等地位。后来，制定了《内部审计实务准则》，内审已是社会公认的专门职业，有准入门槛	①已经成为一种公认专业职业； ②建立世界上第一个内部审计师职业组织（IIA）； ③要求审计师须具备丰富专业知识，必须经过注册内部审计师资格考试，严格遵守职业道德标准； ④内部审计组织具有较高的地位和较强的独立性； ⑤开拓了经营审计，以提高效率、降低成本、增加利润

第三节　内部审计目标与对象

一、内部审计目标

被审计单位的内部审计的目标是由其管理层和治理层确定的委托或指示内部审计机构和人员，通过发挥审计的确认（含监督与检查）、咨询和增加企业价值等职能，最终所能够达到的针对审计对象进行客观、及时和公允地评价的预期工作结果，说明内部审计的目标就是审计主体对审计客体的一种评价活动。基于不同企业或组织结构中内部审计地位或权力结构存在差异性，不同被审计单位的内部审计评价目标差异其实很大，主要取决于被审计单位的规模和结构以及管理层和治理层的要求。

内部审计部门评价目标主要包括以下几个方面：准确地确定审计评价内容，合理地分析审计评价事项，辩证地做出审计评价结论等。

（一）事先准确地确定内部审计需要评价的指标与内容

1. 准确评价主要经济技术指标完成情况，如反映生产经营结果的指标，主要产品产量、质量、消耗、成本、收入、利润等；反映偿债能力的指标，资产负债率、流动比率、速动比率等；反映营运能力的指标，包括应收账款周转率、存货周转率等；反映获利能力的指标，包括资本金利润率、销售利润率、成本费用利润率等。

2. 精确评价资产、负债、损益情况，如审计期期初的报表数；审计期期末的报表数；潜盈、潜亏数；不良资产数；审计调整数。通过数据，可以分析审计期内资产的完整性、负债的准确性和损益的真实性，还可以从资产的保值增值率、负债增减变动、税后净利润的增减变动等方面，分析评价该企业审计期业绩情况。

3. 正确评价遵守国家财经法规和内部规章制度的情况，如企业财务收支的合规合法性；账、表、凭证的真实可靠性；内部控制系统的健全有效性。

4. 及时评价企业组织重大经营、投资活动总体情况，如决策的程序是否合法，有无个人专断行为；重大经营、投资活动的效益情况。

（二）合理分析待评价的企业经营与投资活动

1. 建设投资方面。除进行基建工程预决算审计外，还可以在审计建设项目可行性的同时审计其投资价值，如技术是否先进、适用、可靠，经济上是否有利等。通过对比分析，选择投资少、技术好、效率高、成本低、利润大的方案作为建设项目投资决策的依据。可以侧重在建设项目投资的领导、技术人员的运用、质量管理以及是否投标竞争、择优施工、就地取材、加强施工管理、缩短工期、节约材料、利用废料等方面研究，开展经济效益的审计。

2. 资金的合理筹措和运用方面。首先应注意对如何节约资金占用，降低资金使用成本的审计。例如，如何解决库存商品和采购物资超储积压，如何有效催收各类应收账款，加速资金周转。其次应该就如何合理筹措与资金成本相宜的资金加以审计，诸如融资租赁、发行债券、用户集资等，不仅要看资金性质与资金用途是否相适应，还应比较所用资金的成本和可供使用的期限。另外，还须对资金的合理运用诸如对外投资的经济效益等加以审计。

3. 经营管理方面。随着企业经营管理的转变，要求内部审计人员通过评价企业的管理工作找出不足，特别是从经营上寻找薄弱环节，为企业出主意、想办法，提高企业管理水平，从而进一步提高企业的经济效益。因此可以就企业的经营目标是否明确、合理、完整、系统，经营决策的原则、程序、方法是否正确、科学，实现经营目标的措施是否落实等方面进行综合审计。

4. 内部控制制度方面。内部审计部门应根据经济活动发生的频繁程度以及职能部门的特点，有针对性地对物资采购供应、资金审批、成本费用控制、企业联营、工资奖金分配等内部控制制度进行审计评价，寻找管理上的薄弱环节，帮助经营者改善经营管理，防止企业经济效益流失，同时也督促干部和职工守法经营、清廉从政，在经济活动中少犯错误。

5. 决策审计方面。企业经营者做出的决策影响到企业的生存和发展。为防止决策失误，保证企业经营目标的实现，内部审计部门必须开展决策审计。这类审计活动属于事前审计，可以对即将发生的经济活动进行事前预测，减少损失浪费，降低经营风险和投资风险，为企业经营者当好参谋。

（三）客观公正地对内部审计结果做出评价结论

1. 根据国家规定对评价结果进行公正地判断。即审计师需要包括客观公正地判断出审计对象的生产经营和内部控制等相关活动是否违反了相关的规定，性质是否严重，是否需要向国家有关机关、公司高管层和治理层进行报告。

2. 根据内部审计规则的规定对评价证据进行客观地判断。即需要从国际内部审计准则和中国内部审计准则的规定与要求，客观判断内部审计师的审计执业工作是否符合和到达了内部审计行业准则的基本要求，内部审计的工作是否属于高质量的审计监督工作。

3. 根据企业内部规章与制度评价审计对象的行为是否属于违反企业内部规则的行为和违反内部控制与风险管理制度的行为，是否是需要进行改进与纠正的行为；违规行为是工作失误还是营私舞弊；事故最终认定是公司管理层责任还是员工个人责任。

4. 根据审计职业道德的规范公允地评价内部审计人员的工作是否符合内部审计道德要求的一种职业化行为，内部审计人是否应当承担道德责任，相关失误行为最终是否需要对相关内审人员进行提醒、警示、劝诫和惩罚。

二、内部审计的对象

内部审计的对象实际是指预期可以由内部审计主体进行审计监督工作的主要内容或审计类型，按照不同的标准和依据内部审计可以有不同的审计检查与监督的对象。

总体而言，内部审计对象可能包括下列一项或多项活动：

其一，对内部控制的监督。内部审计可能包括评价控制、监督控制的运行以及对内部控制提出改进建议。

其二，对财务信息和经营信息的检查。内部审计可能包括对确认、计量、分类和报告财务信息和经营信息的方法进行评价，并对个别事项进行专门询问，包括对交易、余额及程序实施细节测试。

具体来说，内部审计对象还可以划分成如下几个方面的内容：

（1）以实物为对象。对存货、固定资产或货币资金的时点状态或期间状况进行审计。如：存货清查审计、固定资产构建及处置审计、资金收支审计。

（2）以账务为对象。对因提供、销售商品或劳务产生的债权债务的产生依据，期间过程和时点状态进行审计。如：账期审计，回款期审计，坏账审批审计。

（3）以规则为对象。对制度、计划、任务、标准、流程等的执行过程及结果进行审计。如：目标完成审计，采购审批流程审计，供应商入围政策执行审计，折扣权限与审批审计，预算执行情况审计。

（4）以责任人为对象。对经济责任人进行的期间责任、期末状态进行审计。负责人经济责任审计，责任人目标成本审计。

第四节　内部审计机构与人员

在内部审计相互关系中，内部审计主体和客体是最重要的两个因素，其中前者就是指内部审计机构和人员，是本节需要介绍的主要内容。

内部审计机构是指企业组织管理层为了增加价值并改善机构的运营而提供独立、

客观的确认与咨询活动的部门，是一种内部审计工作的组织与执行的主体。它通过系统化、规范化的方法，对风险管理、控制与治理程序进行评价，进而提高它们的效果。如同其他组织一样，内部审计目标的实现和职能的有效发挥有赖于良好的管理。内部审计机构管理是内部审计有效发挥作用、提高审计的质量、增加组织价值的保障。对内部审计机构管理的内容和方法进行规范，是规范内部审计机构的管理工作、保证审计质量、提高审计效率的必然要求。

本书中内部审计机构（组织）主要包括：用来进行内部审计业务指导与制定规范的职业指导机构和用来进行各组织内部审计工作与管理的业务执行机构两大类型。

一、内部审计的职业指导与协调机构——内部审计协会

（一）国家间内部审计职业指导与协调机构——国际内部审计师协会

1. 国际内部审计师协会简介

国际内部审计师协会（Institute of Internal Auditors，HA）是由各国内部审计代表人员组成的国际性审计职业团体，成立于 1941 年，其前身是美国内部审计师协会。1941 年以前美国只有个别的内部审计人员、内部审计小组或机构。由于当时企业规模较小，管理水平较低，那时的内部审计一般是在单位内部的会计机构管理和控制之下，从事一些防护性审查、保护财产、查找弊端的工作。同时，人数较少，在单位的地位和作用很低，不构成单位内部一项独立的职能，被视为会计的秘书。随着公司规模的扩大，管理层需要别人的帮助，这种情况为内部审计的发展提供了机会。1941 年春，公用事业部门的两个组织：爱迪生电力研究所和美国电气化联合会，首先建立了内部审计分委会。1941 年 4 月邀请北美公司内部审计负责人约翰 · B. 瑟斯顿作题为“内部审计——管理之必需”的讲演，使会议的参加者受到很大的鼓舞。会后他们一致认为在公用事业行业中，内部审计要作为独立的职业从会计行业分离出来。就在这时，维克托 · Z. 布林克出版了《内部审计的性质、作用和程序方法》一书，把内部审计提高到理论的高度，进一步调动了内部审计人员建立内审职业机构的积极性。于是，在 1941 年 9 月 23 日由 24 名会员成立了创立委员会，由阿瑟 · E. 霍尔德任主席；10 月 27 日通过了协会章程。1941 年 12 月 9 日举行了第一次年会，选举约翰 · B. 瑟斯顿为第一任主席，宣告美国内部审计师协会成立，这标志着内部审计人员从此成为一种独立的职业。

协会成立之初只在纽约设有分会，后来发展到底特律、芝加哥、费城、洛杉矶和克利夫兰。1944 年，协会在加拿大多伦多设立分会，开始跨越国境。随后，1948 年又在伦敦设立分会，逐步发展成为国际性组织。协会面向全球，以“经验分享，共同前进”作为自己的座右铭。进入 20 世纪 90 年代以来，协会更把“在全世界范围内提高内部审计的形象”作为战略目标。国际内部审计协会由国家分会、各国的一般分会、审计俱乐部和个人会员组成。

2. 国际内部审计师协会的机构设置

国际内部审计协会的组织机构主要有：理事会、执行委员会、国际委员会和总部。

（1）理事会。理事会是协会的最高领导机构。由执行委员会委员、大区组织和地区组织的主任和一般主任组成。他们来自各行各业的内部审计师，作为志愿者为协会无偿服务，任期一年。理事会的主要职责是审批协会工作计划、预算，受理各委员会提出的建议，指导协会的工作。

（2）执行委员会。由理事会主席、第一副主席、3 位副主席、国际秘书、国际司库、3 名近期前任理事会主席组成。负责监督协会的日常工作。

（3）国际委员会。国际委员会是下列各机构的总称，在组织体系上属于执行委员会领导。各国际委员会的成员全部由志愿者担任。下设四个部门：①专业实务部。负责发表《内部审计实务标准》。②高级技术委员会。负责发表《内部审计实务标准公告》。③专业标准委员会。负责发表《内部审计实务标准说明》。④专业问题委员会。就一些专业性问题向协会提出建议。

（4）总部。总部负责处理协会的日常事务工作，由协会常任主席领导，设在美国佛罗里达州。总部下设与执行委员的各国际委员会对口的机构以为其服务。总部还设有财务部，以处理协会日常财务收支。

国际内部审计师协会在联合国经济和社会开发署享有顾问地位，是最高审计机关国际组织的常任观察员，是国际政府财政管理委员会、国际会计师委员会的团体会员。协会现有 196 个分会，分布在全球 100 多个国家和地区。中国内部审计学会于 1987 年加入该协会，成为其国家分会。

3. 国际内部审计师协会的主要职责

（1）国际内部审计师协会的主要职责是为会员履行各项专业职责和促进内部审计事业的发展提供服务。

（2）在国际范围内开展全面的专业开发活动，制订内部审计实务标准和颁发内部审计师证书。

（3）为协会会员和全世界公众提供研究、传播和发展内部审计；包括内部控制以及有关课题的知识与信息。

（4）加强各国内部审计师之间的联系，交流内部审计信息和各国内部审计经验，促进内部审计教育事业的发展。

（5）进入 20 世纪 90 年代后，IIA 以在全球范围完善内部审计形象、突出介入风险管理和高层管理的必要性、指导内部审计适应形势发挥作用为其战略方向，而发展并推广全球性的国际注册内部审计师认证考试、全面提高内部审计人员的专业胜任能力，则是其主要措施之一。

（二）我国内部审计职业指导与协调机构——中国内部审计协会

1. 中国内部审计协会的概况

中国内部审计协会（China Institute of Internal Audit，CIIA），是企事业单位内部审计机构和内部审计人员自愿结成的全国性的社会团体，是为所有内部审计机构和内部审计工作者服务的社团组织。协会接受审计署、民政部的业务指导和监督管理。

中国内部审计协会前身为中国内部审计学会，成立于 1984 年。2002 年经民政部批准，学会更名为协会，使其成为对企业、事业行政机关和其他事业组织的内审机构进行行业自律管理的全国性社会团体组织。中国内部审计协会依据《中华人民共和国审计法》《审计署关于内部审计工作的规定》《中国内部审计协会章程》开展工作。秉承服务、管理、宣传、交流的宗旨，为中国内部审计的规范化建设、理论探索和实践经验的创新与交流、内审人员岗位培训及后续教育、指导内审机构的业务建设、开展国际间的互动学习、提高内审工作的科学技术水平提供全方位的服务。《中国内部审计》是中国内部审计协会用于宣传内部审计理论与实务的新发展与新理念的公开出版的国家级期刊。

2. 中国内部审计协会的宗旨

中国内部审计协会的宗旨是遵守宪法、法律、法规和国家政策，遵守社会道德和风尚；协会的基本职能是管理、宣传、交流、服务，即对内部审计实行自律性行业管理，为内部审计机构和内部审计人员提供业务指导和开展各种专业服务活动，通过宣传、交流扩大内部审计的影响，维护内部审计机构的独立性、权威性和内部审计人员的合法权益，促进内部审计队伍素质的提高。

3. 中国内部审计协会的业务范围

（1）制定内部审计准则、职业道德标准，并监督检查实施情况；向有关部门提出涉及内部审计立法需要的意见和建议。

（2）调查研究内部审计发展中的新问题，提出指导内部审计工作的意见和建议。

（3）组织内部审计业务培训，开展后续教育，推动内部审计人员持证上岗制度和内部审计技术职称考试制度的建立和完善。

（4）开展内部审计理论实务研究；总结交流内部审计工作经验；办好《中国内部审计》会刊。

（5）维护会员合法权益。

（6）提供内部审计咨询等中介服务；协调行业内、外部关系。

（7）开展国际交往活动；在中国组织实施国际注册内部审计师的统一考试；办理国际内部审计师协会会员的审核、申报工作。

（8）办理国家法律、行政法规规定和审计机关委托或授权的其他有关工作。

4. 组织架构

中国内部审计协会组织架构如图 1－1 所示。

（1）协会的最高权力机构——会员代表大会。

会员代表大会的职权是：①制定、修改章程；②选举和罢免理事；③审议理事会工作报告和财务报告；④决定终止事宜；⑤决定其他重大事宜。

会员代表大会每届任期 5 年，因特殊情况需提请或延期换届的，经常务理事会提出并事前报业务主管部门和社团登记管理机关同意，并由理事会表决通过，但延期换届最长不超过 1 年。

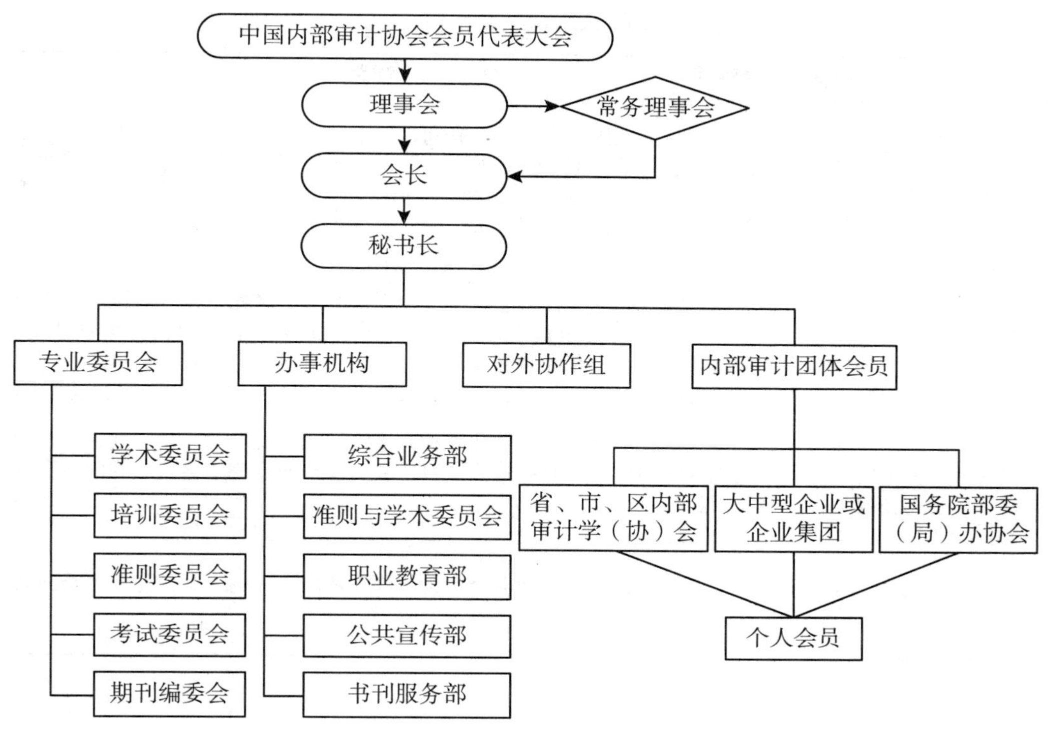

图1-1　中国内部审计协会组织架构

（2）会员代表大会的执行机构——理事会。

理事会是在代表大会闭会期间领导本会开展工作，对会员代表大会负责。理事会的职权是：①执行会员代表大会的决议；②选举和罢免会长、副会长、秘书长、常务理事；③决定个别理事因工作变动或病故等原因需作更换和增补的事宜；④筹备召开会员代表大会；⑤向会员代表大会报告工作和财务状况；⑥决定会员的吸收或除名；⑦决定设立办事机构、分支机构、代表机构和实体机构；⑧决定副秘书长、各机构主要负责人的聘任；⑨制定内部管理制度，领导本会各机构开展工作；⑩决定其他重大事项。

理事会须有2/3以上理事出席方能召开，其决议须经到会理事2/3以上表决通过方能生效。理事会一般每年至少召开一次会议，情况特殊的，也可采取通信形式召开。协会设立常务理事会，常务理事人数不超过理事人数的1/3。常务理事会由理事会选举产生，在理事会闭会期间行使协会章程规定的职权，对理事会负责。常务理事会下设办事机构，负责日常工作。协会会长、副会长、秘书长每届任期5年。会长、副会长、秘书长任期最长不得超过两届，因特殊情况需延长任期的，须经会员代表大会2/3以上会员代表表决通过，并报审计署、民政部批准同意后，方可任职。

（3）协会会员的组成结构。

协会的会员分为团体会员、个人会员和特邀个人会员三种类型人员组成。会员形成的具体要求等内容见表1-5。

表1－5　　中国内部审计协会会员的相关权利与义务

	团体会员	个人会员	特邀个人会员
入会条件	凡承认该会章程的企业、事业单位和社会团体可申请加入该会	承认该会章程并具有初级以上技术职称（审计、会计、经济、工程、计算机）内审工作者，可申请加入该会	与内部审计有关的社会知名人士，经理事推荐，理事会讨论通过为该会特邀个人会员
享有权利	①该会的选举权、被选举权和表决权；②获得该会提供服务的优先权；③对该会工作有批评建议权和监督权；④向该会申请合法保护权；⑤参加该会举办的教育培训活动；⑥参加该会举办的有关专题研究和经验交流活动；⑦入会自愿、退会自由		
应尽义务	①执行该会决议，接受该会的指导、监督和管理；②维护该会交办的工作；③完成该会交办的工作；④完成规定的后续教育和专业学习任务；⑤按规定缴纳会费；⑥向该会反映情况，提供有关资料		
违规处罚	会员无故1年不缴纳会费的，视为自动退会。会员严重违反章程的行为，经理事会或常务理事会决议通过，予以除名		

二、内部审计业务具体执行机构的设置与权责

本节内部审计机构的设置与权责主要是指设置于各组织内部的审计业务具体执行机构，如行政事业单位的内部审计部门、企业单位的内部审计部门和非营利性组织内部审计部门的设置情况及其相应的权利与责任。

具体而言，内部审计业务执行机构是指根据审计法的有关规定，国务院各部门和地方人民政府各部门、国有的金融机构和企业事业组织，按照国家有关规定建立的专门对本部门行业、本单位及其所属单位组织内部经营活动情况检查与监督的组织，即负责执行本单位最高领导人交付或指定的监督任务。该组织机构一般在本部门、本单位主要负责人的直接领导下，进行内部审计监督。按照中国内部审计准则规定：各行政部门、国有的金融机构和企业事业组织内的内部审计业务工作，必须接受国家审计机关的业务指导和监督。

（一）内部审计机构的设置原则

1. 机构设置必须保持相对独立性原则。所谓相对独立性是指内部审计部门设置的权威性并不是绝对独立性而是一种有限的独立性。因为尽管独立性是内部审计的重要特征之一，但是由于内部审计只是企业组织内部的一种分支机构或部门，所以内部审计只是相对独立的，设立内部审计机构必须符合审计相对独立性的要求。无论是部门中的还是企业单位中的内部审计机构，都必须保持其组织上和业务上的独立性。既不能把内部审计机构附设在财务部门中，也不能附设在其他职能部门中。如果没有保持针对同级部门的独立性，就没有起码的权威性，自然就难以客观、公正地进行审计。

独立性是内部审计机构设置的前提要求。

2. 业务执行必须保持专业性原则。所谓专业性原则是指内部审计部门及人员应该是专门从事审计工作的机构和人员，必须遵循内部审计执业准则，必须保持严格的质量控制，完全置身于其他具体的业务活动之外，以职业化的行为为管理层提供更加客观公允化的评价报告。同时只有专业化的工作才能使得自己的内部审计监督保持高质量和高效率，这也是内部审计机构的设置必须符合的基本要求与原则。

3. 审计机构必须保持权威性原则。内审机构的权威性是顺利开展内部审计工作的前提。审计署在《关于内部审计工作的规定》中指出，内部审计是国家授予的权力部门，单位在设立内部审计机构时，应就内部审计的职责和权限做出明确规定，并强调内部审计的权威性，以利于工作的进行。内部审计机构自身也要通过审计成果的科学性来增强其权威性。

4. 内部职能部门设置须保持灵活性原则。在内部审计机构的设置过程中，不同的企业组织形式应根据企业规模和组织结构，应灵活采取不同的内部审计机构设置模式。主要原因是：首先，根据代理理论，内部审计能够约束委托人和代理人之间的契约关系，而且内部审计可以帮助委托人解决信息不对称的问题，监督代理人行为。在复杂商业环境中，信息不对称问题更加突出，规模大小不同的企业，其内部环境差别很大，从一定意义上说，大规模企业对内部审计具有强烈的要求，而较小规模的家族制企业对内部审计的需求程度可能会相对较弱。所以，内部审计组织是否存在，以何种方式存在等一系列问题，都应视企业属性和规模大小而定。其次，所有者是通过代理关系来控制企业的经营活动，所有者控制机制不同的企业，其内部审计机构的类型也应有所不同。此外，在不同的组织中，委托人和代理人追求的目标不同，他们的内部审计工作的侧重点也有所不同，相应地，其设置内部审计机构的方式也有所不同。

5. 内审机构的设置必须注意遵循效率性原则。审计是组织治理不可或缺的重要组成部分，审计监督机制应本着效率性的原则进行设计，这样可使审计监督机制依分权的层次，自上而下形成有机整体，内部审计机构也不例外。以公司制企业为例，监事会、审计委员会和内部审计机构在组织中应既具有明确分工，又有上下衔接与合作，充分发挥整体运作效能。内部审计应盘绕股东大会、董事会、高级经理层和职能部门这样一个完整的代理链而形成一个有层级的组织体系，使内部审计工作紧紧围绕公司内部的所有利益相关者而充分展开。

（二）内部审计机构设置模式

内部审计机构的设置模式通常可以分为将内部审计业务委托外单位进行的外包模式和在企业组织内部进行设置专门内审机构负责进行专门内部审计业务的内置模式。

内部审计外包模式是近几年发展起来的一种新的内部审计的运营策略。即在企业发展的初期阶段，企业规模往往都比较小，管理控制的内容往往比较少，为减少管理成本，企业管理层一般倾向于不设置专门的内部审计部门，而是会把内部审计业务的一部分承包给外部审计专门机构由第三方负责进行检查和报告的过程。后来随着经济全球化进程的深化，企业面临的竞争日益激烈，使得人们对内部审计的期望也随之发生了改变。内部审计作为现代企业制度的重要组成部分，是一种为改善组织经营而设计的独立的、客观的确认与咨询活动，这已成为强化企业经营管理的重要手段，甚至内部审计已成为一种内部管理的潮流与习惯。下面分别介绍内部审计的外包模式和内置模式。

1. 内部审计机构外包模式

内部审计外包又称内部审计外部化（Outsourcing the Internal Audit Function），是指企业将内部审计职能全部或部分地委托给会计师事务所或其他专业人员来实施。内部审计外部化最先是由安达信、安永、毕马威等全球知名的咨询机构提出的。20 世纪 90 年代开始，内部审计外包引起了越来越多的关注，已经有为数不少的企业或事业单位实行内部审计外包。据国外调查资料显示，在美国和加拿大，内部审计外包企业的比例分别从 1996 年的 21.5% 和 31.5% 上升到 2005 年的 38.0% 和 34.8%，这些企业遍布于各行各业；而在尚未实施内部审计外包的企业中，还有 30% ~40% 以上的企业打算在未来进行内部审计外包业务。

外包主要包括以下几种方式：

（1）补充式外包：即将部分内部审计职能赋予第三方。例如，在一些关键性的内部审计项目中聘请外界专业人士提供帮助。又如，在审计外地的分公司时，聘请懂当地语言或熟悉当地习俗的审计人员提供帮助。另外，在审计特殊领域（如电子数据处理系统）时，企业也可聘请这方面的专家参与审计。

（2）审计管理咨询：主要是指请咨询机构帮助企业确定企业内部审计机构设置、人员数量及配备情况，并有可能促进内部审计计划的形成和改进。审计管理咨询服务还包括对内部审计人员的招聘工作、帮助管理层定义主要的审计风险领域等。

（3）内审职能全部外包：在这种外包形式下，企业不设内部审计部门，但是为了进行合理的经营性审计，就将内部审计职能全部外包给会计师事务所或咨询机构。

（4）内外部成员结合审计，也可称合作内审。在这种外包形式下，内部审计工作由一个统一的项目和审计工作组来完成，成员包括内部审计师和外部审计师，但内部审计师和外部审计师对这种结合审计分别承担不同的责任。

2. 内部审计机构内置模式

内部审计机构内置是指依据《审计署关于内部审计工作的规定》《中国内部审计准则》等相关法规，在企业内部设立专职的内部审计机构，执行内部审计职责。内部审计机构的内置模式主要有单一领导组织模式和双重领导组织模式两种。

（1）单一领导组织模式。

在单一领导组织模式下，内部审计机构只对一个上级主管负责，具体又分为内部审计机构隶属于管理层领导的形式、内部审计机构隶属于监督层领导的形式和内部审计机构隶属于治理层领导的形式三种类型。具体情况如表 1 –6 所示。

表 1－6　　内部审计机构设置单一领导模式的三种形式

隶属	领导人	工作模式	主要特点
管理层	财务负责人	在该“归口管理”模式下，总会计师或主管财务副总经理既管财务工作，又管审计工作，尽管业务协调上有所便利，但实际上形成了自己监督自己的局面，难以保证内审机构及其人员开展业务的实质性独立。内部审计机构及其人员在制订审计计划、实施审计程序乃至最后提出审计建议和意见时易受干扰，难以保持应有的客观、公正的态度。在这种模式下，内部审计只是进行一些日常性审计工作，难从企业整体层面为企业出谋划策，不能直接为经营决策服务	现代内部审计要求为企业提供整体经营的建议，涉及企业经营各环节，需要不同领域人员合作，提供全面的审计意见。随着近年来内审向“服务导向型”的转变，现代内部审计职能已逐步拓展为监督、评价、控制与咨询服务，审计重点逐步转向以绩效评价为主管理审计，该机构设置模式更是显得捉襟见肘、不合时宜
	总经理	在该模式下，内部审计通常是接受总经理委托，对下属单位各项经营活动进行检查、监督和评价。其职能定位立足于“服务主导型”，力图通过内部审计机构和管理层的良好沟通，帮助改善经营管理，提高管理水平。内审机构由总经理管理和负责是基于总经理与下属部门之间委托代理关系而产生的，有效内部审计可减少下属部门的逆向选择和道德风险，降低总经理对下属的监督约束成本	优点：一方面内审能获得一定程度独立性和较高地位，可对企业经营管理活动进行监督、评价、建议和咨询服务；此外内审机构也可从高管层获得及时信息反馈，协调内审机构和其他中级管理部门之间关系，有利于内审实现提高经营管理水平和经济效益的目的。 缺点：总经理很可能更多为自身利益考虑，脱离增加股东价值的轨道。对内审行为进行干扰，不能完全保证内部审计职能的有效履行
监督层	监事会负责人	内审机构由监事会领导，并作为监事会具体办事机构，向监事会报告工作。监事会是监督机构，由股东代表和职工代表组成，职权主要是对董事、经理执行公司职务时违反法律、法规或公司章程的行为进行监督，是企业内部与董事会相互制衡的机构	优点：具有很高的权威性与独立性，监督透明度大，有利于保障内部审计的独立性和公正性而且有利于监事会监督职能的发挥。 缺点：作为监事会直属机构就不能及时据管理需要开展专项工作，不能随时为经营决策提供咨询服务，不利于促进企业改善经营管理、提高经济效益，不能有效发挥内部审计对企业经营管理的服务职能
治理层	董事会审计委员会负责人	内审机构设在治理层是指内部审计机构隶属于董事会或其下属的审计委员会。董事会由股东大会选举产生，直接对股东大会负责，负责执行股东大会的决议和决定企业的生产经营策略以及任免总经理等。董事会作为股东代表大会的常设机构，代表股东监督管理人员的工作和企业目标的实现情况。审计委员会是董事会下设的一个专门委员会，由董事会任命，一般由具有企业管理、财务会计、工程技术、市场营销等专业知识和工作经验的独立董事组成	优点：内审机构具有较强独立性、权威性和较高组织地位，可确保内部审计独立、客观地对企业全面经营管理活动进行审查以及对企业高级管理层进行有效的监督和评价。 缺点：董事会或者审计委员会都不能随时、及时地召开会议对内部审计工作进行集体讨论，从而难以对内部审计工作进行日常监督和指导；同时，当内审在遇到意外情况时也常常缺乏及时和充分的指示和反馈，降低了内部审计的工作效率，也削弱了内部审计作用的发挥

（2）双重领导组织模式。

双重领导组织模式是指在业务上向审计委员会报告业绩，在行政上向经理层负责并报告工作。这种双向负责、双轨报告、保持双重关系的组织形式是理论界目前备受推崇的模式，与国际内部审计师协会《内部审计专业实务标准》的要求相一致。

内部审计机构设置时如果采用双重领导模式具有如下优点：能够最大限度地体现内部审计的独立性和权威性。而独立性和权威性的强弱取决于内部审计机构的隶属关系和领导层次的高低。一般说，企业高管的层次越高，内审机构的独立性和权威性越高；反之，企业高管层的层级越高，内审机构的独立性和权威性则越弱。董事会和经营管理机构是企业的主要领导机构，因而在其领导下的内部审计机构能够较好地体现它的相对独立性和权威性，从而为内部审计工作顺利开展奠定良好的基础；有利于保证现代企业制度下内部审计职能的发挥。从西方现代内部审计工作的发展来看，其重心已转移到评价、鉴证和建设性功能的发挥，这同样也是我国内部审计的未来发展趋势。

三、内部审计机构职责与权限

（一）内部审计机构的职责

内部审计机构的职责是指企业单位的内部审计机构的设置是为了在某个关键审计领域取得成果而需要有内部审计师完成的系列任务的集合，它常常用内部审计师的行动加上行动目标予以表达。

我国内部审计最高主管组织国家审计署专门针对内部审计机构的职责与权限就做出过明确的规定。比如审计署通过发布《审计署关于内部审计工作的规定》明确了内部审计机构的职责，内部审计机构按照本单位主要负责人或者权力机构的要求，履行下列职责：

（1）对本单位及所属单位的财政收支、财务收支及其有关的经济活动进行审计；

（2）对本单位及所属单位预算内、预算外资金的管理和使用情况进行审计；

（3）对本单位内设机构及所属单位领导人员任期的经济责任进行审计；

（4）对本单位及所属单位固定资产项目进行审计；

（5）对本单位及所属单位内部控制制度的健全性、有效性以及风险管理进行评审；

（6）对本单位及所属单位经济管理和效益情况进行审计；

（7）法律、法规规定和本单位主要负责人或者权力机构要求办理的其他审计事项。

内部审计机构每年应当向本单位主要负责人或者权力机构提出内部审计工作报告。

（二）内部审计机构的权限

内部审计机构的权限是指为了保证内部审计机构职责的有效履行，要求内部审计部门的任职者必须具备的、对某种需要检查与监督的对象的相关事项进行审计决策的范围和程度。国家审计师发布的《审计署关于内部审计工作的规定》就明确了内部审计机构的权限：企业事业单位的主要负责人和权力机构应当制定相应规定，确保内部审计机构具有履行职责所必需的权限，有关内部审计部门的权限主要包括：

（1）要求被审计单位按时报送生产、经营、财务收支计划、预算执行情况、决算、会计报表和其他有关文件、资料；

（2）参加本单位有关会议，召开与审计事项有关的会议；

（3）参与研究制定有关的规章制度，提出内部审计规章制度，由单位审定公布后施行；

（4）检查有关生产、经营和财务活动的资料、文件，现场勘查实物；

（5）检查有关的计算机系统及其电子数据和资料；

（6）对与审计事项有关的问题向有关单位和个人进行调查，并取得证明材料；

（7）对正在进行的严重违法违规、严重损失浪费行为，做出临时制止决定；

（8）对可能转移、隐匿、篡改、毁弃会计凭证、会计账簿、会计报表以及与经济活动有关的资料，经本单位主要负责人或权力机构批准，有权予以暂时封存；

（9）提出纠正、处理违法违规行为的意见以及改进经济管理、提高经济效益的建议；

（10）对违法违规和造成损失浪费的单位和人员，给予通报批评或者提出追究责任的建议；

（11）单位主要负责人或者权力机构应在管理权限范围内授予内部审计机构必要处理、处罚权。

（三）不同层次审计人员的职权范围

如前所述，企业组织中，不同的内部审计机构具有不同的权限，而在同一内部审计机构中，不同层次的内部审计人员也会有不同的权限，如表1－7所示。

表1－7　　不同层次审计人员的职权范围

内审人员	主要权限
审计部门负责人	①负责整个部门的行政与事务并接受上级领导； ②制订审计政策与整体审计计划并积极推动实施； ③核准审计报告； ④协调与政府审计和民间审计的关系
审计项目经理	①负责单位或地区的部门行政工作； ②协调与其他部门的关系； ③在职责范围内制订审计计划； ④制定审计作业考核标准与审计手册； ⑤改进审计方法，提高审计效率与质量； ⑥确定审计风险与重要性水平； ⑦复核审计报告并提交审计长
高级审计师	①拟订具体审计计划、审计任务与审计进度，指挥审计小组作业； ②归集、分析、判断审计资料，提出审计建议，改进审计程序与方法； ③复核工作底稿与审计日志，草拟审计报告； ④考核审计人员绩效
一般审计人员	①执行高级审计人员分配的任务，进行现场作业； ②编制工作底稿、审计日志、控制作业进度； ③就审计过程中发现的问题报告上级并提出建议； ④就其审计工作的范围草拟相关报告

四、内部审计人员能力与道德

（一）内部审计人员的执业能力

1. 内部审计人员执业能力的基本要求

审计作为一项社会经济活动，有着悠久的历史。随着社会经济和审计事业的发展，人们对审计的认识在不断深化，审计的地位也在不断提高。随着社会经济的发展，当前审计工作所涉及的事项越来越复杂，综合性也越来越强，对审计人员的素质提出了新要求。培养造就精通审计业务、掌握审计发展规律、熟练运用现代审计技术方法的高层次和高技能审计人才，是实现审计工作适应时代发展、与时俱进、保持长久生命力的根本途径。

内部审计人员要提供高质量的专业服务，必须具备较强的执业能力。对内部审计人员的执业能力的基本要求包括职业素养、职业道德、职业作风、业务素质、综合素质等（见表1-8）。

表1-8　　内部审计执业能力的基本要求

要求	内容	说明
职业素养	（1）要有高度责任感和使命感，认真履行法律赋予的神圣职责	保持坚定的国家公务人员为国尽职尽责的立场，不断增强政治意识和责任感，依法履行审计监督职责，努力做一名国家利益和人民利益的忠诚捍卫者，为推进和净化国家经济建设的环境保驾护航
	（2）要保持正确"三观"作为内审人员必备的最基本政治素养	坚持自尊、自重、自律原则，树立正确世界观、人生观、价值观、荣辱观，实现自我完善。在审计工作中，诚实守信，勇于开拓、积极进取，严格执法、依法审计，规范审计行为，认真履行其职责，高质量地完成本职工作目标
	（3）要有坚定的职业工作理念	强调敬业爱岗，提倡干一行、爱一行、钻一行，正确处理个人和职业、审计工作服务对象之间的关系，自觉地按照职业要求规范自己的行为，忠实地履行自己的职责。作为组织经营活动和内部控制评价者与监督者，应保持自身诚实、正直，忠于国家，忠于组织，维护职业荣誉，不能从事有损国家利益、组织利益和内部审计职业荣誉的活动
职业道德	（1）依法审计、坚持原则	审计人员在实施审计任务时，要正确依照国家法律、法规和审计程序办事。对问题处理，要坚持以事实为依据，以法律为准绳，做到不徇私情，不拿原则做交易，不被干扰所影响，不被人际关系所左右，正确行使审计职权，严格审计执法，努力维护法律、法规的严肃性和审计监督的权威性
	（2）实事求是、客观公正	审计人员在审计时，要以严肃认真态度和严谨扎实的作风从严实施审计，力求掌握最真实、可靠审计依据，并对获取信息资料认真加以归纳分析，对问题不掩盖、不夸大，如实反映情况，慎重做出审计评价，确保审计质量，尽力规避审计风险，力争使每一个审计结论都能经得起法规和历史的检验

续表

要求	内容	说明
职业道德	（3）廉洁奉公、保守秘密	审计人员只有做到廉洁奉公，才能树立良好形象；只有做到保守秘密，才能赢得被审计单位信任。因此，审计人员一定要自觉遵守各项规定，严守工作纪律，依法行使职责和权力
职业作风	（1）工作作风	①严肃认真。严格落实各项规章制度，坚持按审计程序办事；在实施具体审计任务时，要潜下心来，真抓实干，切实把问题查深、查细、查透，做到不留死角、不走过场。 ②准确无误。对审计数据要准确统计；对审计查出的问题要如实反映；对问题的处理要提出切实可行的解决问题的办法和建议，做到合理、合法，便于执行。 ③严谨细致。一定要注意磨炼自己的细心和耐性，做到不马虎、不厌烦，努力把工作中可能出现的差错降到最低点。 ④实事求是。要敢于说真话，不欺上瞒下，不弄虚作假，做到“诚实、本分、公正、可靠”
	（2）进取精神	必须具有创新意识和顽强拼搏精神，顺应形势，跟上时代发展的步伐，不断更新知识结构，加强学习与研究，提高消化新东西、理解新思想、挑战新技术的能力和水平。因此，内部审计人员一定要知难而进，树立有所作为的思想，勇于向困难挑战，在实践中探索出一套内部审计工作的新思路、新方法，以适应未来审计的需要，实现审计工作的跨越式发展
	（3）团队意识	审计工作是一项集体性工作，需要依据审计人员的集体智慧去完成，这就要求审计人员必须牢固树立团队意识，利用集体智慧、分工协作。因此，在审计工作中，审计人员要明确自己所承担的角色和任务，充分发挥自己的主观能动性和专业特长。共同为团队整体利益与目标的实现而努力
业务素质	（1）专门知识	专门知识主要是指会计、审计、税收、管理、相关法规和其他有关专门知识。此外，还包括会计审计法规及准则和制度
	（2）职业经验	即指实践经验。审计是一项实践性很强的工作，应以敏捷的思维和眼力发现问题，找出问题的根源，并以较高的政策法律水平准确无误地定性和处理，需要不断地通过审计工作的实践积累职业经验
	（3）专业训练	因为审计环境是不断变化的，对审计人员专业胜任能力和执业水平要求也在不断变化。因此，审计人员只有不断接受职业训练，提高专业能力和执业水平，掌握和运用相关新知识、新技能和新法规，才能满足执业需要和保证执业质量
	（4）业务能力	审计人员要完成审计工作，实现审计目标，必须具备相应的业务能力。业务能力主要包括宏观思维能力、职业敏感和洞察力、分析和综合判断能力、口头与书面表达能力等
综合素质	（1）沟通能力	应具备建立良好人际关系的意识和能力，要与他人建立协调、融洽的人际关系。内部审计机构、被审计单位、组织适当管理层进行结果沟通，可以与对方交流看法，听取对方的意见，从不同角度去检验审计结论和建议，对可能存在的错误或不当之处进行修正，以保证审计结果的客观、公正。同时，争取对方的理解和支持，以确保审计结论和建议的落实和贯彻

续表

要求	内容	说明
综合素质	（2）协调能力	审计工作需要协调处理好审计与被审计对象、与各有关部门及组织适当管理层的关系。审计人员要充分发挥自己的主观能动性，把各方面的力量吸引到关心、支持审计工作上来，努力形成领导重视、各方面协同的良好的审计氛围
	（3）应变能力	在审计工作中经常会遇到一些突发事件，审计人员在遇到突发事件时应保持沉着冷静心态，并及时采取有效控制措施

2. 内部审计人员岗位资格要求

（1）内部审计人员岗位资格证书。

内部审计人员岗位资格证书是从事内部审计工作的人员应具备的任职资格证明。内部审计人员岗位资格证书应通过考试取得。内部审计人员岗位资格证书的考试，一般由省级内部审计协会组织，考试合格者发给内部审计人员岗位资格证书。省级内部审计协会负责组织内部审计人员岗位资格证书考前培训、考试的实施以及资格证书的发放与管理。

内部审计人员岗位资格证书考试内容包括：内部审计理论与实务；内部审计法规与内部审计准则；计算机审计基础与应用；内部审计人员岗位资格证书实行年检制度，每两年为一个年检周期。内部审计人员岗位；资格证书年检由省级内部审计协会组织，实施分级管理。

内部审计人员如果符合下列条件的则可通过年检：遵守国家的法规、法律；严格执行《内部审计准则》；遵守内部审计职业道德；按照有关规定完成后续教育。连续两年未接受后续教育或连续两年未按有关规定完成后续教育学时的内部审计人员，省级内部审计协会不予办理内部审计人员岗位资格证书年检。连续三年未接受后续教育或连续三年未按有关规定完成后续教育学时的内部审计人员，由省级内部审计协会吊销其内部审计人员岗位资格证书。对无故不参加年检和注册的人员，由市级内部审计协会提出意见，报省级内部审计协会注销其内部审计人员岗位资格证书。因违法犯罪被追究刑事责任或弄虚作假骗取内部审计人员岗位资格证书的人员，一律注销其资格证书。内部审计人员岗位资格证书不得涂改、转让，资格证书遗失后应及时到省级内部审计协会挂失，经查实后可予以补发。

（2）内部审计行业的行业评价证书——国际注册内部审计师证书。

国际注册内部审计师（CIA）考试是由总部设在美国佛罗里达州的国际注册内部审计师协会出题，并在全世界50多个国家用20多种语言进行统一考试。CIA考试使用国际注册内部审计师协会的答卷答题，并由国际注册内部审计师协会全球统一阅卷、改卷评分。证书是由国际注册内部审计师协会颁发，但中国国家审计署出具中文的对应证书。CIA证书在全球通用，其他国家予以承认，CIA证书也证明了证书持有者在内部审计的领域达到国际注册内部审计师协会的要求。此证书永久有效，但必须要参加国际注册内部审计师协会的后续教育。CIA资格和证书是目前唯一全世界认可的审计领域的资格和荣誉，此项考试的权威性源于“三个全球统一”：“统一考试时间、统一考试内容、统一批阅试卷”。

中国内部审计协会从1974年在美国开始设立该项考试，每年考两次，即在每年5

月和11月的第三个周末进行考试，全世界统一命题，统一时间考试，但由于时差的存在，在美国和在中国的考试时间实际上相差8~12个小时。1998年11月，中国首次举行国际内部审计师考试，由中国国家审计署和国际注册内部审计师考试协会监考，考试地点在广州市中山大学，考试语言为英语；首次考试的中国考生中有4名通过全部考试科目，这四名考生分别来自上海和广州。1999年11月，中国国家审计署宣布新增山东省济南市为中国的第二个国际注册内部审计师考场，考试语言增加了中文，由国际注册内部审计师协会组织翻译。考生可根据自己的实际情况来选择考试语种。目前，中国已有20多个省市设置了CIA考点，报名参加考试的人数每年都在增加，已成为CIA在全球最大的考试区域。从2001年起，CIA资格考试在中国的时间改为每年11月份，每年一次。拥有"国际注册内部审计师"资格在美国被称为"全球卓越"的标志。到2016年年底为止，全球约有4万人获得了CIA资格证书。CIA考试共分："内部审计在治理风险和控制中的作用""实施内部审计业务""经营分析和信息技术"和"经营管理技术"四个科目。

同时具备下列条件者，可以取得国际注册内部审计师资格证书：所有考试科目全部合格；有2年（含2年）以上审计、会计工作及相关工作经历。中国考生通常会拿到中英文证书各一本，分别由中国内部审计协会（中文，贴有本人照片）和CIA颁发（英文，无照片）。四科考试全部合格的在校学生，在毕业参加工作满2年后，由所在单位出具从事审计、会计工作的证明，方可领取国际注册内部审计师资格证书（硕士研究生工作满1年即可领取）。

（3）内部审计人员的后续教育要求。

内部审计人员的职业后续教育是内部审计人员为保持和提升其专业素质、执业能力和职业道德水平以及掌握和运用有关新知识、新技能和新法规所进行的学习及其相关活动。内部审计人员接受职业后续教育是提高专业胜任能力与执业水平的重要手段，也是造就一支业务过硬、素质合格的内部审计队伍的有效途径。众所周知，内部审计人员执业环境是不断发展变化的，对内部审计人员的专业胜任能力和职业水平的要求也是在不断变化的。内部审计人员只有不断接受职业后续教育以及掌握和运用相关新知识、新技能与新法规，才能满足执业的需要，保证执业质量。这不仅是内部审计人员职业自身发展的需要，也是社会各方面对内部审计人员的必然要求。因此，内部审计人员职业后续教育应当贯穿于内部审计人员整个执业生涯，后续教育主要包括定期接受业务培训和自行学习等形式。

接受后续教育的内部审计人员，包括取得内部审计人员岗位资格证书的人员、取得国际注册内部审计师资格证书的人员。其他从事内部审计活动的人员也应当参加后续教育，以增加其专业知识和业务能力。取得国际注册内部审计师资格的人员，按照国际内部审计协会的规定，必须参加省级以上内部审计协会组织的后续教育，每两年满80个学时方可给予注册；否则将会被取消国际注册内部审计师资格。

（二）内部审计的职业道德

1. 内部审计职业道德的基本内涵

中国内部审计协会于2013年发布的《中国内部审计准则》中《第1201号——内部审计人员职业道德规范》第一章第二条中，将内部审计人员职业道德描述为"内部审计人员在开展内部审计工作中应当具有的职业品德、应当遵守的职业纪律和应当承担的职业责任的总称”。因此，内部审计职业道德主要是指内部审计人员的职业素质、职业品德、专业胜任能力以及职业责任四个方面的要求，是对内部审计人员职业行为的标准规范。

内部审计是组织内部的一种独立、客观的监督和评价活动，它的目的是通过对组织的经营活动及内部控制的适当性、合法性和有效性进行审查、评价，促进组织目标的实现。内部审计是专业性较强的职业，这一职业的复杂性使外部人员难以对内部审计过程及内部审计人员的工作做出评价。因此，有必要针对内部审计人员制定职业道德规范，对他们在工作中的操守、品质进行约束，促使他们认真工作。同时，职业道德规范的建立是内部审计职业取得外界理解与支持、增加外界对内部审计职业的信赖的必然要求。

自20世纪80年代内部审计重新登上历史舞台的几十年来，内部审计为我国社会主义市场经济健康、规范地发展做出了很大的贡献。但由于历史和现实的种种原因，内部审计人员尚未普遍树立起强烈的风险意识、责任意识和道德意识，还存在一些有违职业道德的现象。因此，在建立社会主义市场经济体制的进程中，强调内部审计人员的职业道德有更深刻的现实意义和深远的历史意义。自1984年中国内部审计学会组建以来，一直非常重视内部审计的道德标准建设和道德教育。2002年更名为中国内部审计协会后，从2000年年初，在国家审计署的领导下，专门设立了一个准则委员会来负责内部审计准则的起草、修改和论证工作。2003年4月12日，中国内部审计协会依据《中华人民共和国审计法》、《审计署关于内部审计工作的规定》及相关法律、法规，经国家审计署批准，印发了《内部审计职业道德规范》。

2. 内部审计职业道德的主要目的

制定内部审计人员职业道德规范的目的，具体内容可概括如下三个方面的要求：

（1）确立衡量内部审计人员行为的道德标准，约束内部审计人员的职业行为，促使内部审计人员恪守独立、客观、正直、勤勉的原则，以应有的职业谨慎态度提供各种专业服务，有效发挥内部审计的监督、评价与服务作用。

（2）明确内部审计人员的职业要求和职业纪律，促使内部审计机构和内部审计人员遵守内部审计准则及相关的职业准则；不断提高技术技能和道德水准，维护和提高内部审计人员的职业形象；取得外界理解和支持，增加外界对内部审计职业的信赖。

（3）明确内部审计人员的职业责任，维护内部审计人员正当权益，维护国家利益、组织利益、员工利益，保护投资者和其他利害关系人的合法权益，促进社会主义市场经济健康发展。

内部审计职业道德规范适用于内部审计人员和内部审计机构执行业务的全过程和对各类组织所进行的内部审计。内部审计职业道德主要包括两个方面的基本要求：一是严格遵守中国内部审计准则及中国内部审计协会制定的其他规定；二是不得从事损害国家利益、组织利益和内部审计职业荣誉的活动。

3. 内部审计职业道德的相关要求

内部审计职业道德相关要求主要包括：内部审计职业道德的基本原则、职业谨慎与职业判断、专业胜任能力、诚实、保密和后续教育等方面的要求。具体内容可参见表1－9。

表 1－9　　内部审计职业道德的相关要求

要求	要点	内容	说明
基本原则	独立原则	(1) 实质独立，要求内审人员与审计对象之间必须确实毫无利害关系，不存在任何可能的潜在利益冲突，不能负责被审计单位的经营活动和内部控制的决策与执行。如此才能客观、公正表示意见	实质独立包括：计划环节、实施环节和报告等环节的独立性
		(2) 形式独立＝表面独立，内部审计人员必须在第三者面前显现出一种独立于审计对象的身份，即在他人看来，内部审计人员是独立的，这样才能使内部审计结果为使用者所信任	外在独立性主要是审计关系间无经济利益关系
	客观原则	内审人员对有关事项调查、判断和意见表述，不受外来因素的影响，应当基于客观立场，以客观事实为依据，不掺杂个人的主观愿望，也不为委托单位或第三者的意见所左右；在分析、处理问题时，不能以个人的好恶或成见、偏见行事	内审人员在执业中必须从实际出发，注重调查研究客观性和独立性，是审计人员进行内部审计活动时的一种精神状态
	正直原则	内审人员应将国家、组织、员工利益置于个人利益之上，正直、诚实，明辨是非，坚持正确行为、观点，不屈服于压力，按照法律及职业要求，遵守法律，不偏不倚地对待有关利益各方，不应牺牲一方利益为条件而使另一方受益	是内部审计人员的公正执业的必要条件
	勤勉原则	指内部审计人员应勤勉工作，以减少因疏懒而带来的错误、疏忽和遗漏，降低审计风险	提高质量，防范风险的根本要求
	廉洁原则	指内部审计人员在履行职责时，应当保持廉洁，不得从被审计单位获得任何可能有损职业判断的利益	利益性影响评价的公正性、客观性不可避免地都会受到怀疑
职业谨慎		内审人员应该具备谨慎的态度和技能，一丝不苟的责任感，秉持应有职业谨慎，注意评价自己的能力、知识、经验和判断水平是否胜任所承担责任，严格遵守职业技术规范和道德准则，对其负责各项业务妥善规划与监督	合理谨慎，并非总正确/无差错，内审只能在合理程度上开展检查和核实工作而不可能进行详细的检查
职业判断		职业判断能力是内审人员学识、经验、能力和道德水平的综合反映，提高职业判断的准确性是降低审计风险和实现审计目标的一个重要途径	职业判断是审计工作的重要组成部分，贯穿整个审计全过程
专业胜任能力	总体要求	内部审计人员所掌握的专业知识应能达到这样一种水平：能够发现组织在经营过程中存在的或潜在的问题，提出解决问题的建议，并将审计结果清楚地表达出来，经济、有效地完成审计业务	必须拥有实施内部审计活动所必需的知识、技能和其他能力

续表

要求	要点	内容	说明
专业胜任能力	具体要求	(1) 不得从事不能胜任的业务。①内审机构不能进行业务能力不能胜任或不能按时完成的业务；②内审机构不得委派内部审计人员承办其专业能力不能胜任的业务；③内部审计人员不得承办其专业能力不能胜任的工作。否则会导致审计质量无法满足各方需要或不能维护国家、组织、员工的利益	
		(2) 内部审计人员不得宣称增加具有不具备的专业知识、技能或经验。如果内部审计人员依法取得了从业资格证书，就表明在该领域具备了一定的知识。一个合格的内部审计人员不仅要充分认识自己的能力，对自己充满信心，更重要的是必须清醒地认识到自己实际的专业胜任能力方面的不足，不虚报。如果内部审计人员缺乏足够的知识、技能和经验，但却宣称自己具有提供专业服务的知识、技能或经验，就构成了一种欺诈	
		(3) 对助理人员和其他专业人员的责任。审计项目负责人要对助理人员和其他专业人员的工作结果负责，要求对助理人员和其他专业人员的业务能力进行评价；业务执行之前对其进行必要培训；在业务执行过程中，对其进行切实的指导、监督、检查	
		(4) 利用专家工作。内审人员并非所有领域的专家，必要时应当聘请专家，并应当对有关专家的独立性和专业胜任能力进行评价；内部审计人员要对专家的工作结果负责，提请并督导专家遵守职业道德，确保执业质量	
诚实服务		内部审计是组织经营管理过程中的一个重要环节，是为了促进组织目标的实现而服务的。内部审计人员隶属于组织，是组织的成员，其工作目标应该是促进组织目标的实现。因此，内部审计人员应当尽职尽责、诚实地为组织服务，不能违反诚信原则而从事有损于组织的活动	
保密要求		内审人员对于执行业务过程中知悉的商业秘密、所掌握的被审计单位的资料和情况，应当严格保守秘密。这一责任不因审计业务结束而终止。除非得到被审计单位的书面允许或法律、法规要求公布者外，不得提供或泄露给第三者，也不能将其用于私人目的	例外情况：(1) 取得被审计单位授权；(2) 根据法规要求，为法律诉讼准备文件或提供证据及向有关机构报告发现违法规行为；(3) 向组织适当管理层报告有关信息
信息披露		内部审计人员有责任将审计过程中所了解的重要事项如实进行反映，在审计报告中应客观地披露所了解的全部重要事项；否则，可能使所提交的审计报告产生曲解或使潜在的风险不为组织的管理层所重视	在决定披露客户的有关信息时，内部审计人员应当考虑以下因素：(1) 是否了解和证实了所有相关信息；(2) 信息披露的方式和对象；(3) 可能承担的责任和后果
沟通与交流		内部审计人员应具有较强的人际交往技能，妥善处理好与组织内外相关机构和人士的关系。是提高内部审计的服务质量、促进组织目标实现的必然要求	内审人员与组织内外的不同机构和人士进行接触、交流与沟通，可减少被审计对象的抵触情绪，减少工作阻力

第五节 内部审计工作基本规范

由于不同的单位或组织的生产经营管理的特点各不相同，加上内部审计人员的专业素质和背景存在着差异，因此，每一家企业的内部审计工作的目标与内容会有所不同，为了同一规范内部审计机构和人员的审计行为标准，提高各单位的审计工作质量与效率，内部审计行业和国家内部审计机关需要制定内部审计工作的基本规范对内部审计人员的行为进行约束与控制。到目前为止，按照内部审计的基本性质与业务约束范围，内部审计工作基本规范主要有：内部审计准则、内部审计章程和内部审计制度三个层次的内容。

一、内部审计准则

内部审计准则是指内部审计人员开展内部审计工作所遵循的标准原则，是内部审计人员在执行专业行为所依据的原则，也是衡量单位内部审计工作质量高低的重要依据。按照规范的范围与对象，内部审计准则又分为国际内部审计准则和中国内部审计准则两大类型。

（一）国际内部审计准则

国际内部审计准则是国际内部审计协会组织（IIA）发布的可用于指导与约束国际范围内企业单位内部审计行为的标准规范。截至目前，IIA先后颁布了6个内部审计职责说明书，先后3次修订内部审计实务标准，对内部审计定义进行了7次修改。具体内容见表1－10。

表1－10　　国际内部审计准则体系及其演变进程

年份	职责说明书	主要范围	基本目的
1947	SRIA No. 1	涉及会计和财务事项，也可以适当涉及业务事项	帮助管理者有效管理
1957	SRIA No. 2	会计、财务及其他事项	帮助所有管理者履行职责
1971	SRIA No. 3	各种业务活动	帮助所有管理者履行职责
1976	SRIA No. 4	各种业务活动	帮助所有管理者履行职责
1978	内部审计实务标准	各种业务活动	帮助所有管理者履行职责
1981	SRIA No. 5	本组织活动，包括经济性、效率性和项目结果	为本组织提供监督服务
1990	SRIA No. 6	本组织内部控制系统的适当性和有效性，以及在完成指定的责任过程中的工作效果	帮助本组织成员有效履行职责
1993	内部审计实务标准	本组织内部控制系统的适当性和有效性，以及在完成指定的责任过程中的工作效果	帮助本组织成员有效履行职责
2001	内部审计实务标准—专业实务框架	内部控制、风险评估和治理程序	帮助组织增加价值，改善组织营运效果

续表

年份	职责说明书	主要范围	基本目的
2009	国际内部审计专业实务框架（IPPF）	内部控制、风险评估和治理程序	帮助组织增加价值，改善组织营运效果

目前可用于指导各国内部审计实践活动的标准是国际内部审计专业实务框架（IPPF），主要包括如下六个方面的内容，其中前三个是国际内部审计协会规定内部审计部门应予以强制性使用的指南，后三个是国际内部审计协会强力推荐使用的指南。

（1）内部审计含义。阐明内部审计的基本宗旨、性质和工作范围。

（2）职业道德规范。阐明开展内部审计活动的个人或机构需要遵循的原则和行为规范，表明了执业行为规范的最低要求而不是具体活动。

（3）应用标准与释义。标准是关于内部审计专业和评价内部审计工作效果基本要求的条款。它普遍适用于全球范围内的组织和个人。释义则是对《标准》中的名词或概念做出解释。

（4）立场公告。有助于对内部审计感兴趣的社会各界了解重大的治理、风险或控制事项，以及内部审计在其中扮演的角色和作用。

（5）实务公告。帮助内部审计师应用内部审计定义、《职业道德规范》和《标准》，同时推动良好的实践。它涉及开展内部审计的方式、方法和需要考虑的因素，但不包括详细的过程和程序。它包含的内部审计实务与跨国、国内或特定的行业事项、特定的业务类型以及法律法规事宜相关。

（6）实务指南。它为开展内部审计活动提供详细的指引，包括具体的过程和程序，如工具、技术、程序以及分步骤的方法和形成书面文件的范例。

（二）中国内部审计准则

1. 中国内部审计的含义及内容框架

中国内部审计准则的制定是在参考了国际内部审计师协会所颁布的内部审计实务标准的基础上，结合我国的经济情况及内部审计工作的实际情况制定的，具有一定的科学性、现实性和前瞻性。

中国内部审计准则是中国内部审计规范体系的重要组成部分，由内部审计基本准则、内部审计具体准则、内部审计实务指南三个层次组成。内部审计基本准则和内部审计具体准则针对内部审计工作各个环节中的重大问题提出了原则性的指导，具有操作性，又有一定的灵活性，它是内部审计人员在实施内部审计时必须遵循的执业标准，内部审计人员应认真遵守内部审计准则等规定；内部审计实务指南只是提供一个示范和模板的作用，不要求内部审计人员在执业过程中强制执行。这是内部审计规范的首要要求。

2000 年，中国内部审计学会成立了准则委员会，启动中国内部审计准则的设计工作；2003 年，更名后的中国内部审计协会正式发布了《内部审计基本准则》《内部审计人员职业道德规范》和十项具体准则，随后又相继发布了十九项具体准则和五个实务指南。具体内容见表 1－11。

表 1－11　中国内部审计准则体系的主要内容

<table>
<tr><th>准则层次</th><th colspan="2">准则内容</th><th>准则序号</th><th>实施时间</th></tr>
<tr><td>最高业务层次</td><td colspan="2">内部审计基本准则</td><td></td><td rowspan="11">2003. 6. 1</td></tr>
<tr><td rowspan="29">中级业务层次</td><td rowspan="29">内部审计具体准则</td><td>审计计划</td><td>第 1 号</td></tr>
<tr><td>审计通知书</td><td>第 2 号</td></tr>
<tr><td>审计证据</td><td>第 3 号</td></tr>
<tr><td>审计工作底稿</td><td>第 4 号</td></tr>
<tr><td>内部控制审计</td><td>第 5 号</td></tr>
<tr><td>舞弊预防、检查与报告</td><td>第 6 号</td></tr>
<tr><td>审计报告</td><td>第 7 号</td></tr>
<tr><td>后续报告</td><td>第 8 号</td></tr>
<tr><td>内部审计督导</td><td>第 9 号</td></tr>
<tr><td>内部审计与外部审计的协调</td><td>第 10 号</td></tr>
<tr><td>结果沟通</td><td>第 11 号</td><td rowspan="5">2004. 5. 1</td></tr>
<tr><td>遵循性审计</td><td>第 12 号</td></tr>
<tr><td>评价外部审计工作质量</td><td>第 13 号</td></tr>
<tr><td>利用外部专家服务</td><td>第 14 号</td></tr>
<tr><td>分析性复核</td><td>第 15 号</td></tr>
<tr><td>风险管理审计</td><td>第 16 号</td><td rowspan="5">2005. 5. 1</td></tr>
<tr><td>重要性与审计风险</td><td>第 17 号</td></tr>
<tr><td>审计抽样</td><td>第 18 号</td></tr>
<tr><td>内部审计质量控制</td><td>第 19 号</td></tr>
<tr><td>人际关系</td><td>第 20 号</td></tr>
<tr><td>内部审计的控制自我评估法</td><td>第 21 号</td><td rowspan="4">2006. 7. 1</td></tr>
<tr><td>内部审计的独立性与客观性</td><td>第 22 号</td></tr>
<tr><td>内部审计机构与董事会或最高管理层的关系</td><td>第 23 号</td></tr>
<tr><td>内部审计机构的管理</td><td>第 24 号</td></tr>
<tr><td>经济性审计</td><td>第 25 号</td><td rowspan="3">2007. 7. 1</td></tr>
<tr><td>效果性审计</td><td>第 26 号</td></tr>
<tr><td>效率性审计</td><td>第 27 号</td></tr>
<tr><td>信息系统审计</td><td>第 28 号</td><td rowspan="2">2009. 1. 1</td></tr>
<tr><td>内部审计人员后续交易</td><td>第 29 号</td></tr>
</table>

续表

<table>
<tr><th>准则层次</th><th colspan="2">准则内容</th><th>准则序号</th><th>实施时间</th></tr>
<tr><td rowspan="5">基础业务层次</td><td rowspan="5">内部审计实务指南</td><td>建设项目内部审计</td><td>第1号</td><td rowspan="2">2005. 1. 1</td></tr>
<tr><td>物资采购审计</td><td>第2号</td></tr>
<tr><td>审计报告</td><td>第3号</td><td>2009. 1. 1</td></tr>
<tr><td>高校内部审计</td><td>第4号</td><td>2009. 1. 1</td></tr>
<tr><td>企业内部经济责任审计</td><td>第5号</td><td>2011. 8. 16</td></tr>
<tr><td>个体行为准则</td><td></td><td>内部审计人员职业道德规范</td><td></td><td>2003. 6. 1</td></tr>
</table>

2. 中国内部审计准则制定的主要目标

我国内部审计协会在制定现行内部审计准则时，确定的目标是：（1）贯彻落实《中华人民共和国审计法》及相关法律法规，使内部审计工作做到依法审计、适法而为；（2）规范内部审计机构和人员的执业行为和执业过程，保证内部审计质量，提高内部审计效率；（3）明确内部审计机构和人员的责任，发挥内部审计在加强内部控制、改善风险管理和完善公司治理方面的功能；（4）建立与国际内部审计惯例相衔接、与民间审计和政府审计准则相协调的中国内部审计准则，实现内部审计的制度化、规范化和职业化。

3. 中国内部审计准则的主要内容

（1）内部审计基本准则。内部审计基本准则是内部审计准则的基础，是制定具体准则和实务指南的依据；是内部审计准则的总纲，是内部审计机构和人员开展内部审计活动时必须遵循的基本规范，是制定内部审计具体准则、内部审计实务指南的基本依据。基本准则主要包括：内部审计定义、内部审计活动范围、作业原则和基本流程、审计管理等相关内容和基本要求等内容。

（2）内部审计具体准则。内部审计具体准则是对内部审计人员实施内部审计活动过程中具体问题的规范；主要是依据内部审计基本准则制定的，是内部审计机构和人员在进行内部审计时应当遵循的具体规范。目前形成的29个具体准则，重点反映了如下五个方面的内容：①审计流程及作业要求（见1~4号、7~8号具体准则）；②审计活动范围及主要内容（见5号，6号，12号，16号，25~27号，28号）；③内部审计技术方法（见15号，17~18号，21号）；④内部审计管理与质量控制（见9~10号，11号，13~14号，19~20号，23~24号）；⑤内部审计特征及对内部审计人员后续教育的要求（见22号和29号）。

（3）内部审计实务指南。内部审计实务指南是依据内部审计基本准则、内部审计具体准则制定的，为内部审计机构和人员进行内部审计提供了具有可操作性的指导意见。目前已有的五个实务指南既包括重要但在基本准则和具体准则中未能凸显其特点的行业审计指南（高校内部审计），也包括具有重要性、专业特殊性的重要业务审计指南（物资采购审计、建设项目审计、经济责任审计），同时还对审计过程中重要的作业环节进行了拓展性的阐述（审计报告），使其能更好地发挥指导内部审计实践的功能。

上述基本准则、具体准则和实务指南浑然一体，体现了我国内部审计准则体系的系统性和适用性，是对国际内部审计准则的深化、拓展和传承。随着内部审计理论与审计实践的不断发展，准则体系也会不断修订与完善并逐渐丰富，以便更好地指导内部审计实践活动。

（4）内部审计人员职业道德规范。内部审计人员职业道德规范共包括 11 条内容，对内部审计人员的职业素质、品质、专业胜任能力等各方面提出了要求。

内部审计实务指南是针对内部审计过程中具有典型意义或特殊业务制定的规范性指南。

二、内部审计章程

内部审计章程是一个组织或单位开展内部审计工作的“基本法”，它代表了组织最高管理当局的有效授权，是内部审计人员开展审计活动的依据，对整个组织都具有约束力。内部审计章程是组织的主要法律文件。

内部审计章程一般由单位内部所设置的内部审计机构起草，起草的内容要与组织目标和内部审计准则相一致，然后报给高级管理层批准通过。内部审计章程要明确内部审计的目标，限定内部审计的活动边界，界定内部审计活动的内容和方式。内部审计章程主要内容如表 1 – 12 所示。

表 1 – 12　　企业内部审计章程的主要内容

NO.	条目	内容
1	根本宗旨	通过开展独立、客观的保证与咨询服务，运用系统化和规范化的方法对内部控制、风险管理和治理过程进行评价，以增加组织价值，提高运作效率，帮助组织实现其目标
2	组织机构	审计机构是组织内重要职能部门，从内部审计性质来说，应保证内部审计机构相对独立性。各单位可根据具体情况设立相应的内部审计机构
3	基本权力	①在批准的章程范围内，内部审计机构有权审计所有工作，有权接触所有记录、人员和与实施审计工作有关的部门。 ②在提供保证和咨询服务过程中有权与管理层交换意见。有权根据管理层的要求灵活安排审计项目的范围、时间和深度。 ③对发现的重大风险，有权向高级管理层和审计委员会报告。 ④内部审计人员应当独立于其所评价的活动或管理，不应参与任何有可能降低其独立性的活动
4	主要职责	内部审计机构和人员的主要职责是：按照《职业道德规范》和《内部审计准则》的要求开展审计工作；根据风险大小确定审计的重点和先后次序；在执行审计过程中保持应有的职业谨慎；在提交审计报告之前，应核对事实，征求被审计人员的意见，以便包含不同的资料或观点
5	审计人员	审计人员必须熟悉有关法律法规、公司章程；掌握审计、会计相关知识；有一定的会计、管理、审计工作经验，通晓经营管理和相关生产、技术知识；有较强的组织协调、调查研究、综合分析能力；在审计过程中遵守职业道德和专业标准
6	术语和说明	对术语的解释有利于内部审计人员有共同的认识，详尽的说明有利于各方的沟通及章程的完整性

三、内部审计制度

内部审计制度包括：审计机构应享有的调查权、检查权、建议权和处罚权，各部门应无条件接受审计人员监督；定期审计制度，监督企业各项管理制度的贯彻落实，发现问题及时解决；审计建议落实制度，定期检查审计建议的落实情况；违规处罚制度，对于违规者以重罚，使其一日受罚、终生不为。健全完善的内部审计控制制度有利于保证审计质量，因此，为实现内部审计工作的规范化、制度化，明确审计人员、主审人员、项目负责人、部门负责人的责任，必须制定和完善内部审计的质量控制制度。这些制度包括审计工作制度、质量检查考评制度和责任追究制度。

1. 审计工作制度

审计工作制度是审计工作过程的规范性要求，要明确各个责任人的具体权力、责任和义务，涉及审计立项制度、人员委派制度、计划编制规定、主审竞聘制度、主审负责制度、外勤工作管理规定、取证注意事项、工作底稿编制复核制度、审计报告编制复核制度、督导制度、重大问题请示报告制度、审计公告制度等。

2. 质量检查考评制度

质量检查考评制度是对正在进行或已经完成的审计业务进行监督、评价，从而了解审计状况、提高审计质量，是一种事中和事后的监控制度。审计质量的检查可以是企业内部审计部门的自查与互查，也可以是企业内部高层组织的、专门针对内部审计质量的专项检查，也可以是内部审计协会质量检查委员会的外部督促检查。科学考评内部审计质量，应该建立考评指标体系，包括定性指标和定量指标，并以此为依据，作为奖惩的基本依据。

3. 责任追究制度

责任追究制度是一种事后补救的质量控制措施，目的在于促使各级内部审计人员明确各自责任，强化责任意识，降低审计风险。实施责任追究制度，在对违规者进行处罚的同时，也对遵循者实施保护，是确认和解除审计人员审计责任的一种有效机制。

本章习题

一、单选题

1. 下列选项中，属于单位内部审计活动主要职能的是（　　）。

A. 协助外部审计师，以便减少外部审计费

B. 开展研究，以便协助取得更有效率的业务

C. 充当审计委员会的研究助手

D. 充当能对组织经营增加价值的独立、客观的确认和咨询活动

2. 内部审计是一项确认和咨询活动，确认服务的范例是（　　）。

A. 顾问业务　　B. 协调业务　　C. 培训业务　　D. 合规性业务

3. 以下选项中，（　　）项内容最可能被视为内部审计的确认服务。

A. 流程设计服务　B. 协调业务　　C. 培训业务　　D. 合规性业务

4. 以下选项中，（　　）种情况说明内部审计师可能缺乏客观性。

A. 一个与主要客户相连接的新电子数据交换程序运行之前，内部审计师对其进行检查

B. 前任采购助理调入内部审计部门四个月后，对采购业务的内部控制进行检查

C. 内部审计师建议制定控制和业绩考核标准，以便评估与某服务组织签订的处理工资和雇员津贴的合同

D. 编制工资单的会计职员，协助内部审计师确认小型电动机的实际库存量

5. 在审计中，乙公司内部审计师发现一位受重用的雇员一直在申请与本公司基本业务无关的新发明的专利权。公司对与基本业务无关的发明申请专利没有专门的政策规定。尽管所有雇员的新发明都属于公司的财产，但部门经理还是原谅了该雇员，决定不向高管层和董事会报告此事。如果该审计师做出了不报告该雇员行为的决定，则该项决定（　　）。

A. 违反了内部审计师协会的职业道德规范

B. 违反了国际内部审计实务框架的标准中有关报告的规定

C. A 和 B

D. 是合理的，因为部门经理已经知道了情况，而且该行为没有违反公司政策

6. 甲公司内部审计师在日常审计中发现采购部门一些无效率的现象。采购经理是内部审计师的邻居和好朋友。根据内部审计人员职业道德规范的要求，内部审计师应该（　　）。

A. 客观地报告业务沟通中事件的事实

B. 出于对朋友的忠诚不报告这一事件

C. 包括只向朋友提交的特殊沟通中的事件的事实

D. 除非活动是违法的，否则不报告朋友的情况

7. A 公司的首席审计执行官王彤正在面试一名应聘者。他认为这名申请者熟练掌握了内部审计技术、会计和财务知识，不过，申请者在经济学和信息技术方面的知识很有限。以下（　　）项行动最适当。

A. 由于缺乏内部审计专业实务标准所需的知识，因而拒绝其申请

B. 尽管应聘者缺乏一些基本领域的知识，但仍可以为申请者提供一个职位

C. 鼓励申请者接受经济学和计算机方面的培训，然后重新应聘

D. 如果部门的其他员工掌握了充分的经济学和信息技术方面的知识，可以为申请者提供一个职位

8. 以下选项中，（　　）项在内部审计人员职业道德规范中是允许的。

A. 公开对本单位有潜在危害的保密的、业务相关的信息

B. 在决定是否购买雇主组织的所有者权益时，使用与业务相关的信息

C. 接受在最近的业务沟通中被内部审计师表扬的员工的礼品

D. 不向董事会报告有关违法行为的重要发现和建议，因为管理层表明将处理这件事情

9. 假定TM公司组织安排小王来组建内部审计部门。你认为小王最有可能聘用以下（　　）类人员。

A. 掌握了处理所有业务所需技能的内部审计师

B. 没有经验的人员，并按组织希望的方式培训他们

C. 拥有会计学学位的人员，由于多数内部审计工作与会计学有关

D. 从整体上拥有开展内部审计活动的职责所需的知识和技能的内部审计师

10. 沟通技能对内部审计师十分重要。他们应当有成效地将以下信息传达给业务客户，但不包括（　　）。

A. 为具体的业务设定的目标　　B. 在初步调查之后做出业务评价

C. 在选择调查范围时运用风险评估　　D. 做出的建议与特定的业务客户有关

二、多选题

1. 下列选项中，（　　）项属于内部审计的基本特征。

A. 审计地位具有相对独立性　　B. 审计服务对象具有内向性

C. 审查监督范围具有专用性　　D. 审计程序体现相对复杂性

2. 下列选项中，（　　）项属于内部审计的基本职能。

A. 确证服务　　B. 咨询服务　　C. 增加组织价值　　D. 纠错服务

3. 下列选项中，（　　）项属于外包主要方式之一。

A. 补充式外包　　B. 审计管理咨询　　C. 内审职能全部外包　　D. 内部委托审计

4. 下列项目中，属于内部审计人员职业素养的是（　　）项。

A. 专业训练　　B. 业务能力　　C. 协作能力　　D. 沟通能力

三、简答题

1. 简述什么是内部审计的含义及其特征。

2. 简述企业内部审计的目标与对象。

四、思考题

1. 对中外内部审计发展历史进行比较，说明共同性与差异性。

2. 内部审计的独立性与外部审计的独立性有哪些区别？

3. 如何理解内部审计与外部审计的独立性特征？

4. 查找相关文献，简述为什么需要内部审计准则来约束内部审计人员的行为。

5. 根据我国内审准则要求，应如何提高内部审计人员的专业胜任能力？

第二章

内部审计工作程序

导入案例

北京菲达智能机器人有限责任公司（集团公司）的一家下属企业——凯旋公司位于北京市通州区，开业后始终处于亏损状态。虽然该公司的设备一流，而且该行业的未来市场发展前景曾被资本市场分析师看好，还有一家跨国风险投资公司——IMG 公司的大笔投入做后盾，可预期该行业企业产品的市场需求极大。但该子公司总经理张凯却盲目自信，随意滥用董事会赋予的投资权力，超预算购买大批进口设备。加上内部管理混乱，费用开支巨大，管理层之间信息沟通不佳，所以产品质量和数量长期不能满足客户需要，导致该公司长期不能达到董事会确定的经营目标。公司内部不断有员工揭发总经理利用采购设备的机会接受外国供应商的好处，包括带领全家出国旅游、收受礼金等问题。最后，集团公司首席执行官指示内部审计部联合其他内控部、投资部、财务部等部门组成联合审计组对该公司总经理任职情况进行特别审计。

审计部新来的大学生李欣被抽调到该联合审计组，任务是数据收集、整理、计算和外围联系等辅助性的审计工作，由于自己只是一个新手，只有短期的会计师事务所实习的经历，对于自己所在的这个集团公司派出的专项审计项目组究竟要做哪些工作程序，她一无所知。她很想知道该如何开展此项审计工作，于是她便专门询问了内部审计部的资深审计师王姐，她提出的几个问题是：

1. 内部审计专项审计是否需要专门的工作程序？
2. 是否必须遵守既定的审计程序才能实现联合审计项目组的审计目标呢？
3. 审计过程中，是否可以灵活调整或省略一些内部审计的工作程序或环节呢？
4. 内部审计的常规审计程序一般应包括哪些阶段或内容呢？

同学们，你们也想要知道上述问题的答案吗？那就请各位同学阅读本章的内容吧！

学习目标

通过本章内容的学习，可以达到如下目标：

1. 熟悉企业组织的内部审计程序的主要内容。
2. 理解内部审计程序几个阶段的审计作业要求。
3. 学会如何建立和选择适当的内部审计项目。
4. 理解内部审计前期准备阶段中审计计划的层次关系及其内容。
5. 理解内部审计中期执行阶段中的主要工作步骤与内容。

6. 掌握内部审计终期报告阶段中审计报告类型、模式和内容。

7. 了解与掌握远期审计阶段中后续审计的目的和工作内容。

学习内容

内部审计程序是指在开展具体审计活动时内部审计人员必须要遵循的操作步骤或有先后顺序的工作流程，是完善企业组内部审计工作与确保审计人员顺利完成审计任务的重要保证。根据内部审计准则的规定：按程序履行审计职责是规范内部审计工作、保证内部审计质量的重要条件。本章主要是阐述组织内部审计的一般程序、具体程序和作业要求等内容。

我国内部审计准则将内部审计程序分为四个主要阶段：（1）审计准备阶段；（2）审计执行（实施）阶段；（3）审计终结阶段；（4）后续审计阶段。相关内容见图2－1。

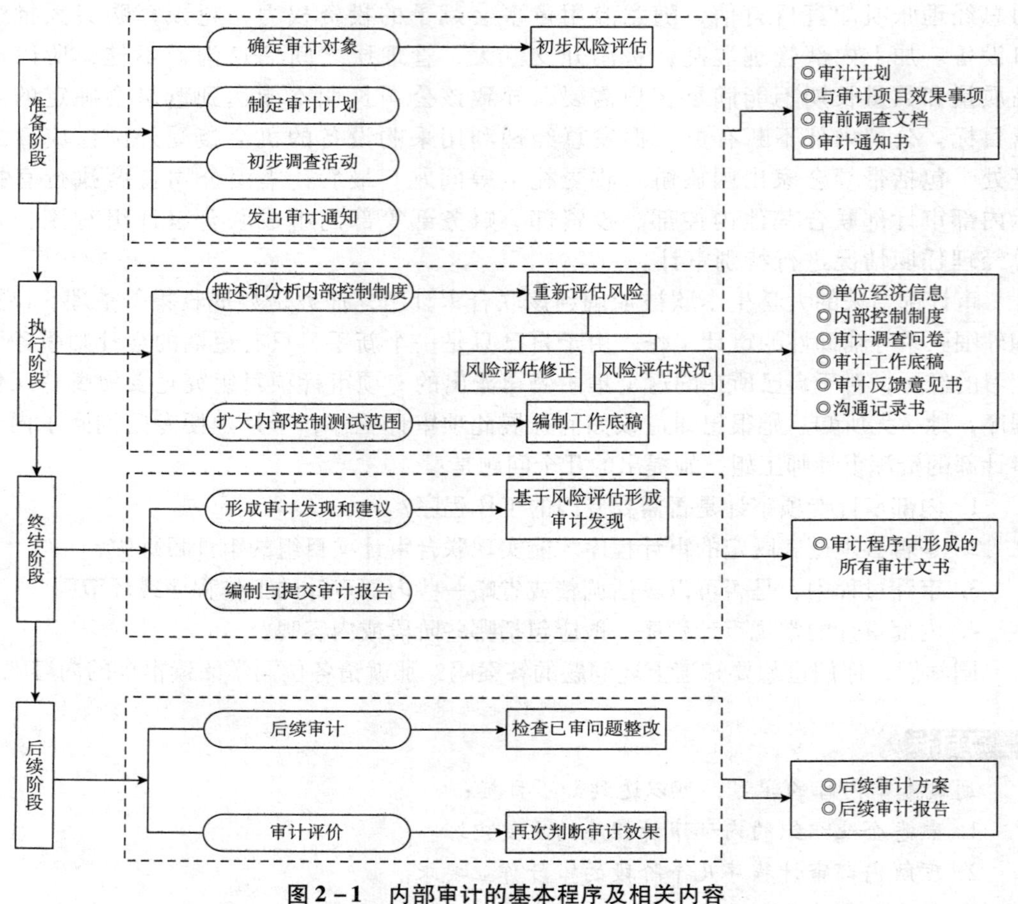

图2－1　内部审计的基本程序及相关内容

第一节 内部审计初期准备阶段

一、内部审计业务准备的前提条件——确定被审计对象（审计事项）

内部审计业务的前提条件是指企业管理层或治理层委托或者指令内部审计部门确立审计任务并取得检查和监督授权的情形，即确定被审计对象。这也是开展企业组织内部审计活动和进行审计程序的重要基础，是进入内部审计初期阶段客观前提。

内部审计部门确定审计对象主要包括如下系列工作：首先是进行审计立项；其次是需要经过上级部门的批准；然后才是取得审计任务的正式授权。

1. 审计立项

审计立项是指确定具体的内部审计项目，即被审计的对象。审计对象包括组织机构下属的各子公司以及组织机构内部的各职能部门、各项经营活动或项目、系统等。

审计对象的选择一般由以下三种方式决定：

（1）机构审计部门通过对组织机构的经营活动进行系统的风险分析来制订年度内部审计工作计划表，经批准后逐项实施。

（2）由组织机构负责人或董事会下达的计划外专项审计任务。

（3）由被审计者提出审计要求，经批准实施审计业务。

2. 审计批准与授权

对于已立项的审计项目，审计部应在审计实施前以正式报告的形式报机构总裁（董事长）审核并批准，一般情况下必须取得书面授权，才算得上是正式确定了被审计对象或审计项目。

二、内部审计业务的准备工作

内部审计业务初期所处的阶段就是审计程序的准备阶段，也就是内部审计正式实施之前的一个阶段，在审计正式开始之前所做的工作就是内部审计业务的准备工作。这些工作主要包括：确定审计目标与范围、获取被审计对象的背景信息、确定审计主体与审计时间、编制审计计划、进行初步调查和下达审计通知书等六个方面的重要环节与步骤。分述如下：

（一）准备工作之一——确定审计目标与范围

在确定被审计对象（审计事项）之后，内部审计人员便开始进行审计准备阶段工作，在这一阶段里，首先工作便是确定本次审计工作需要达成的预期目标，并根据审计预期目标来确定适当的审计范围，以便更合理与更经济地执行内部审计工作，完成审计委托任务。

1. 确定审计目标

确定审计目标是指明确说明该项审计所要达到的最终目的，同时明确为达到该目的需要采取的审计方法。通常审计目标包括总体审计目标与具体审计目标。

内部审计的总目标是审查和评价集团各项经营管理活动，协助集团组织的成员有效地履行他们的职责。针对已确定的具体审计任务，内部审计人员还应制定具体的审计目标以有助于拟订审计方案和审计工作结束后的审计评价。具体审计目标是指内部审计人员为了实现总体审计目标而制定的针对具体项目或具体事项进行检查与监督所需要达到的预期结果。

2. 确定审计范围

内部审计的范围应围绕审计目标来确定，它更加详细地界定了内部审计的广度与深度，其范围大小，可以直接影响审计工作的效率、工作量和检查强度的高低。审计人员应根据具体的审计任务确定具体的审计范围以确保审计目标的实现。在具体审计实务中，确定内部审计范围必须要按照《中国内部审计准则》关于确定具体审计事项的审计工作范围的要求为基本依据。比如，需要审计的范围是单一经营系统还是多个经营系统；是单一信息系统还是多个信息系统等。企业组织的内部审计范围一般应包括以下五个方面的内容：

（1）评价组织内部控制系统的恰当性与有效性；

（2）评析财务会计信息和资料的准确性、完整性和可靠性；

（3）评估经营活动的效率和效果；

（4）评价资产管理安全性状况；

（5）评判部门、高管和职员对国家法律、法规及政策、计划和内部规章的遵守执行情况。

（二）准备工作之二——获取被审计对象的背景信息

在确定审计目标与范围之后，第二项需要准备的审计工作就是获取和研究与本次审计事项相关的背景信息或资料，以便为后续的审计计划工作打好基础和做好准备。

（1）如果审计对象为单位整体项目与系统（集团子公司、职能部门）时，内部审计人员应收集、研究审计对象的背景资料。这些资料主要包括：单位的组织结构、经营管理情况、管理人员相关资料、定期的财务报告、有关的政策法规和单位的年度预算资料、前期审计工作底稿、可能出现重要审计问题的有关档案资料。其他审计的工作成果等。

（2）如果审计对象为某一项目或系统时，则审计人员需要收集与研究的背景资料。这些资料主要包括：有关即将进行审计项目的立项、预算资料、合同及相关责任人资料等信息。

（3）如果审计对象是在以前年度实施过内部审计的其他部门或审计项目，则应调阅以前的审计文件，关注以前的审计发现及审计对象对审计建议的态度。

（三）准备工作之三——确定审计主体和审计时间

内部审计部门确定审计事项、审计目标、审计范围和获取相关审计背景信息之后，事实上内部审计主管人员就知道了审计的工作量，接下来的工作就是确定执行本次审计任务的主体——适当的内部审计人员。因为不同的审计项目要求审计人员具备不同的知识和技能，根据实际业务的需要，审计部门应安排适当的审计人员，指定审计项目负责人，并对审计工作进行具体的安排，这是提高审计效率和审计质量的重要条件。此外。除了成立审计小组之外，内部审计负责人还应初步确定审计时间，包括审计开始的时间、外勤工作时间、审计结束及审计报告的提出时间。

（四）准备工作之四——编制审计计划

审计计划是指内部审计机构和人员为完成审计业务，达到预期的审计目的，对一段时期的审计工作任务或具体审计项目做出的规划。

审计项目负责人可以根据被审计单位的经营规模、业务复杂程度及审计工作的复杂程度来确定审计计划阶段工作的繁简程度，灵活地合并或省略某些步骤或采用以前审计工作的成果。此外，在被审计单位背景资料不全或实施突击性检查等情况下，审计人员也可以在审计过程中制订和完善审计方案。

审计计划一般包括审计机构编制年度审计计划、审计人员按照年度审计计划编制项目审计计划和具体审计方案三个层次。关于不同层次审计计划的相关内容见表2－1。

表2－1　　三个层次内部审计计划的相关内容

层次	定义	编制程序	风险评估依据	主要内容
年度审计计划	是对年度审计任务所做的事先规划，是组织年度工作计划的重要组成部分（计划书＋计划表）	①自上而下逐级下达审计工作要求； ②自下而上逐级编报审计工作计划草案； ③自上而下逐级核定下达审计工作计划	①组织目标及年度工作重点； ②严重影响相关经营活动的法规、政策、计划和合同； ③相关内部控制质量情况； ④相关经营活动复杂性及其近期变化情况； ⑤相关人员能力、品质及岗位的近期变化情况； ⑥其他与审计有关重要情况	①内部审计年度工作目标； ②需要执行的具体审计项目及其先后顺序； ③各审计项目所分配的审计资源； ④后续审计安排
项目审计计划	对具体审计项目实施全过程所做的综合安排	①查阅被审计单位以往审计档案； ②与被审计单位的管理层进行沟通； ③初步调查及调查总结； ④初步评价重要性与审计风险； ⑤编制项目审计计划	①该层计划需结合具体项目的实际情况进行风险评估； ②该层次计划是编制项目审计计划的过程在整个审计项目中占有重要地位； ③该层次计划必须在审计工作开始前得到内审机构负责人的书面批准，审计项目应严格按照项目审计计划展开	①审计目的和审计范围； ②重要性和审计风险的评估； ③审计小组构成和审计时间分配； ④对专家和外部审计结果的运用； ⑤其他有关内容

续表

层次	定义	编制程序	风险评估依据	主要内容
具体审计方案	对具体审计项目的审计程序及时间等所做出的详细安排	①细化具体计划编制审计方案； ②编制具体审计方案。 注意： ①程序要具体、明确，不能模棱两可； ②程序要简单，不能重复； ③程序要具有可操作性	①具体审计目标。对总体审计目标的细化，直接用以指导具体审计方法和程序。可通过对被审计对象的初步了解，结合管理当局的要求，汇总以前年度的审计发现与改正措施，列示重要风险及次要风险；再按风险高低进行排列，最后确定被审对象的主要风险，即具体审计目标； ②具体审计方法和程序。内审人员为实现审计目标而采取的一系列方法与步骤的综合。即通过一系列询问、观察、检查、测试等步骤，以证明审计目标的实现程度； ③执行人员及日期预算。如结合管理层要求、经验和能力合理配备审计项目小组成员和助理人员；根据项目复杂性与审计程序多少确定审计时间预算	

（五）准备工作之五——初步调查

在编制内部审计计划之前，还有一项不可忽视的重要工作，那就是内部审计人员应尽可能初步收集一些与审计项目有关的资料，比如，与审计事项有关的法律、法规、政策及其他文件资料等。审计组对曾经审计过的部门，应当注意查阅了解过去审计的情况，利用原有的审计档案资料。除此之外，审计组还需调查了解被审计部门的基本情况。收集资料时注意了解被审计部门对审计项目的反应和看法。该阶段收集的资料是内部审计实施阶段工作的主要依据，因此，必须予以足够的关注与重视。这个步骤的工作主要包括如下五个方面的内容。见表2－2。

表2－2　　内部审计人员进行初步调查的主要工作

步骤	工作	内容说明
一	召开会议	内审人员应与被审计单位负责人、财务负责人及其他相关人员包括审计小组成员一起召开审计座谈会。向被审计者的管理部门介绍拟开展的审计工作，进一步了解被审计事项的具体情况、说明审计的目标和范围以及审计中需要提供的各种资料和需要协助的范围等
二	实地察看	内审人员应实地观察实地考察与查看，即需要仔细查看被审计者的经营场所，感受被审计部门的工作内容、工作环境、工作流程、工作质量、工作设备和工作人员等相关内容，并通过实地考察而有机会与被审计部门的员工进行直接接触，以获得第一手真实的资料，以便取得对被审计单位的业务活动获得感性认识
三	研究资料	内审人员需要对上述被审计单位提供的及实地考察过程中得到的文件资料及其他信息进行整理归档，并进行查阅和深入研究，以明确资料本身是否真实、是否完整，资料所反映的内容是否与组织的章程要求相一致，资料的保管与存放是否安全等

续表

步骤	工作	内容说明
四	分析程序	即内审人员通过分析比较数据间的关系或比率来取证的一种方法。实施分析性审计程序，有助于内部审计人员更好地理解被审计者的情况，有助于保证审计程序的适当性，有助于及时发现问题和偏差，以降低审计成本，提高审计效率。所以，分析性审计程序具有较大的实用性
五	编写说明	内部审计人员对被审计对象有了一个完整认识后，应以书面形式（包括文字叙述、图形表示、表格等）对被审计者的情况（信息系统和经营活动）进行描述即编写初步调查说明书，以便有效评价内部控制系统恰当性

（六）准备工作之六——发出审计通知书

审计通知书是指内部审计机构在正式实施审计前，通知被审计单位或个人接受审计的书面文件。在实施审计项目之前，内部审计机构应向被审计单位发送审计通知书，正式通知被审计单位做好准备，提供有关文件、会计凭证、账册和报表等资料，并为审计组织提供必要的工作条件。

1. 审计通知书的作用

（1）内部审计通知书的作用。

①内部审计通知书是内部审计部门与其他部门进行沟通的必备形式之一。内部审计通知书既是内部审计部门对被审计单位的一种正式的书面告知单，也是内部审计执业工作的一种正式形式。

②内部审计通知书有利于消除被审计单位的误解。送达审计通知书，即告知被审计单位，审计活动是按照年度审计计划开展的，其目的是通过审计工作发现被审计单位管理方面可能存在的问题，并为被审计单位提供一些可行的建议。如果审计没有发现问题，则可将被审计单位成功的管理经验向上级领导汇报，并向其他部门推广。

③审计通知书有利于增强审计师与被审计单位的配合。通过预先告知，审计人员可以让被审计单位为审计工作做好准备，提供与审计相关的文件资料与必要的工作安排，并提前通知受审计影响最大的那一部分职员。被审计单位也可以通过审计通知书，要求审计部门在实施审计程序时尽量不影响被审计单位正常经营业务的开展，必要时也可以请求审计部门推迟本次审计工作的时间。

（2）审计通知书编制及下发要求。

根据《内部审计具体准则第 2 号——审计通知书》的要求，内部审计机构应根据经过批准的审计计划编制审计通知书；内部审计机构应在实施审计前，向被审计单位送达审计通知书，特殊业务可在实施时送达。在某些情况下，审计人员可能认为突击审计是必要的。其原因在于如果预先通知被审计单位，管理层和职员可能会有意隐瞒一些真相。在这种情况下，审计人员会预先通知高级管理层和审计委员会，但不会预先通知被审计单位。

2. 审计通知书的内容

根据《中国内部审计具体准则第2号——审计通知书》，审计通知书的主要内容包括：

（1）被审计单位及审计项目的名称；

（2）审计目的及审计范围；

（3）审计项目实施的时间；

（4）被审计单位应提供的具体资料和其他必要的协助；

（5）审计项目小组成员的名单；

（6）内部审计机构及其负责人的签章和签发日期。

如要求被审计单位提前进行自查，应在审计通知书中写明自查的内容、要求和事件，并适当提前发出审计通知书。

以上为审计工作的准备阶段，完成准备工作后，审计工作进入外勤工作阶段（即进入了审计目标与计划的执行阶段）。

第二节 内部审计中期执行阶段

一、审计中期执行阶段的基本流程

内部审计中期执行阶段就是指内部审计计划的实施阶段，是内部审计小组按照上级管理层的安排和内部审计工作计划的要求，正式进驻被审计单位，将计划阶段拟定的审计工作方案开始付诸实施、化为实际行动的阶段，是内部审计全过程的最主要阶段。该阶段的关键工作主要包括：进一步了解被审计项目情况、描述内部控制制度、测试内部控制制度、评价内部控制制度、获取被审计对象的有关证据、编制审计工作底稿六个相关工作环节。基本流程如图2－2所示。

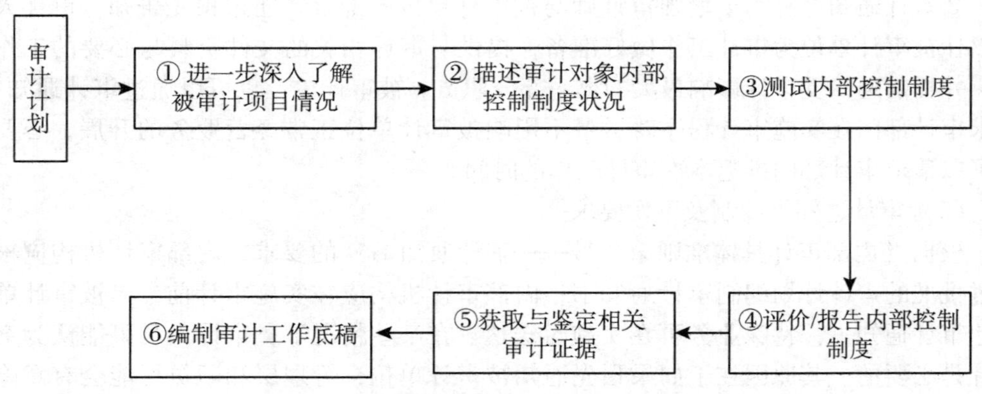

图2－2 内部审计中期执行阶段的主要工作

二、审计中期执行阶段的主要工作内容

（一）执行工作之一——进驻被审计单位深入了解其内部控制状况

审计组实施审计时，首先应深入了解被审计单位的管理体制、机构设置、职责或经营范围、业务规模、资产状况等。其次对内部控制制度进行评估，根据评估结果，确定审计范围和采用的方法。必要时，修改原来制订的审计方案。其主要步骤是：

1. 进驻被审计单位实地了解经营状况

内部审计项目组按照审计计划的安排，前往并进驻被审计单位后，首先应与被审计单位领导取得联系，说明本次审计的范围内容与目的要求，争取他们的支持；约请被审计单位领导和有关部门负责人共同研究布置，确定与审计组的联系人和提供必要的资料等问题，听取被审计单位负责人及有关职能部门对单位情况的介绍；采用适当方式，使单位职工了解审计目的、内容以取得支持和协助。

2. 获取必要且与审计相关的资料

审计组应当根据情况介绍和审计工作需要，向被审计单位索取有关资料，要求提供银行存款账户，进行必要的资料收集工作。常规审计一般需要索取、收集的资料主要有：被审计单位有关的规章、制度、文件、计划、合同文本；被查期间的各种审计资料、分析资料，上年财务报表、分析资料及以往接受各种检查、审计的资料；各种自制原始凭证的存根，未粘附在记账凭证上的各种支票、发票、收据等存根，以及银行账户、银行进账单、备查簿等相关的经济信息资料。在索取、收集资料时，一定要做好登记、清点移交工作。收集的资料要当面清点，注意残缺页码并列表登记，注明资料来源。移交与接收双方，都要在移交表或调阅单上签名。

3. 深入调查研究并全面了解内部控制状况

为了全面深入地了解被审计单位业务活动的一些具体规定、手续以及内部控制制度的执行情况，审计组在收集资料以后，应当通过查阅资料、观察、咨询等方式了解被审计单位的有关情况。特别是了解被审计单位的各项业务处理手续、有关财务会计业务处理和现金、物资管理方面的内部控制制度建立完善情况和实际贯彻执行情况。

4. 如果与审计计划存在明显差异时，需要技术调整原审计方案

在深入调查研究、初步评价被审计单位内部控制制度的基础上，审计组应当重新检查原拟订的审计方案，如发现原方案确定的审计范围、重点具体实施步骤和方法等与实际情况相差太远，必须修改审计方案时，应按规定的程序进行修改，经派出审计组的审计部门主管领导同意后组织实施。

（二）执行工作之二——描述审计对象的内部控制制度状况

1. 了解被审计对象内部控制的方式

内部审计人员可通过调查问卷、个别走访和召开座谈会等多种方式来了解与被审计业务相关的内部控制情况，了解组织内的业务循环及分类，通过业务流程图、风险矩阵图或文字表达的方式加以描述。不同类型的企业，其业务循环的划分也有所不同。现以制造业为例，说明业务循环及其分类。制造业业务的内部控制，可按下列四类业

务循环划分进行研究和评价。(1) 销售与收款循环；(2) 采购与付款循环；(3) 生产循环；(4) 筹资与投资循环。

如何划分业务循环，应视企业业务性质和规模而定。同时，不同的审计人员在检查内部控制中，也可以按照自己的判断去划分特定的业务循环。但不论如何划分，审计人员在检查中，应将主要精力集中在那些影响会计报表反映的内部控制环节上。

2. 了解被审计对象内部控制的程序。

(1) 询问被审计单位有关人员，并查阅相关内部控制文件。

(2) 检查内部控制生成的文件和记录。

(3) 观察被审计单位的业务活动和内部控制的运行情况。

内部审计人员了解内部控制所执行程序的性质、时间和范围，主要取决于以下因素：

①被审计者经营规模及业务复杂程度；

②被审计者数据处理系统类型及复杂程度；

③审计重要性；

④相关内部控制类型；

⑤相关内部控制的记录方式；

⑥固有风险的评估结果。

在上述工作的基础上，内部审计人员可以采用流程图、内部控制问卷和文字描述这三种方式来描述内部控制制度的健全性情况，通过这一过程，使审计人员能够对组织的内部控制有一个完整的了解与认识，并通过分析进一步明确原有的内部控制制度是否适当，有无必要进行修改与完善。因此，了解内部控制是内部审计人员评价内部控制的首要步骤。

（三）执行工作之三——测试审计对象的内部控制制度

在全面描述和初步分析的基础上，内部审计人员实施符合性测试程序，证实有关内部控制的设计和执行的效果。在这项工作中，内部审计人员应首先选择若干具有代表性的交易和事项进行“穿行测试”，而后进行小样本测试以了解经营系统内部控制的实施情况，同时进一步对信息系统进行测试，以检查被审计者在其经营过程中所依赖的信息系统是否可靠，信息本身是否真实完整。

内部控制测试主要包括运行测试与效果分析两个过程。运行测试，一是要测定内部控制各组成部分是否按原计划工作运行，二是检查正式的组织机构是否正常运行以及相互间是否协调配合。效果分析是在测试的基础上进行的，即分析内部控制的优缺点，充分估计它们的影响，尤其要考虑资源在使用中是否有效这样一个基本问题。

（四）执行工作之四——评价审计对象的内部控制情况

完成了对上述内部控制制度的描述和测试之后，审计人员立即对审计项目的内部控制情况进行评价，进而内部审计人员应决定是否需要调整审计方案，同时在下结论、提出建议之前决定是否应扩大测试范围。与初步调查、评估内部控制相比，扩大测试范围意味着需要对被审计事项的深入调查。对内部控制的评估分析如果显示可能的控制强点和弱点，扩大测试可以帮助发现控制强点和弱点的影响程度等更深入的问题。

扩大测试范围可作为内部审计人员作结论与提建议的基础。如果通过风险重估，觉得有必要进行扩大性测试范围的话，则需要进行如下工作：

第一，及时调整审计方案。其实扩大测试范围是相对于原来的审计方案而言的，即测试内容将超过原定方案的范围，在这样的情况下，需要对原有审计方案进行调整和补充并要取得管理层的批准，同时配备与之相适应的审计人员，并做好时间上的安排。

第二，编写书面审计报告的初步框架。审计报告的初步框架应包括审计报告的基本内容、审计报告所反映的主要问题以及报告的篇幅、格式等相应内容。

第三，实施扩大性测试范围。扩大性测试与一般的内部控制测试要求基本一致，主要包括以下三项内容：①经营活动的范围以及为保证这些经营活动有效开展的内部控制制度的建立情况；②对内部控制制度的执行情况进行测试，以评价其符合性程度；③评价内部控制设计及其执行的有效性程度。完成扩大性测试为审计人员得出审计结论和提出审计建议打下了基础，它是提高内部审计质量，降低内部审计风险的主要途径之一。

一般内部审计与评价工作基本完成后，内部审计人员立即准备汇总其发现并考虑改进建议。内部审计人员基于掌握的信息，客观描述审计发现的事实，对所审计内容做出判断并初步考虑审计建议，是出具审计报告的基础。

（五）执行工作之五——收集与判断相关审计证据

在审计过程中，收集与判断审计证明材料始终是一项重要工作，特别是在审计实施阶段，如何收集并鉴别审计证据更是影响审计质量的关键。我国《内部审计具体准则第 3 号——审计证据》对此进行了详细描述，简要说明如下：

（1）审计证据的类型。内部审计人员应依据审计目标获取不同类型的审计证据。审计证据包括下列几种：①书面证据；②实物证据；③视听电子证据；④口头证据；⑤环境证据。

（2）内部审计证据的形成条件。内部审计人员获取的审计证据应当具备充分性、相关性和可靠性。①充分性是指证据数量足以证实审计事项，做出审计结论和建议；②相关性是指证据和审计目标相关联，所反映的内容能够支持审计结论和建议；③可靠性是指证据能够反映审计事项的客观事实。审计项目的各级复核人应在各自责任范围内对审计证据的充分性、相关性和可靠性予以复核。

（3）内部审计人员获取证据时应该考虑的因素。内部审计人员在获取审计证据时，应当考虑下列基本因素：①适当的抽样方法。②合理的审计风险水平。证据的充分性与审计风险水平密切相关。可以接受的审计风险水平越低，所需证据的数量就越多。③成本与效益的合理程度，获取审计证据应考虑取证成本与证据效益的对比。但对于重要审计事项，不应将审计成本的高低作为减少必要审计程序的理由。④具体审计事项的重要程度。内部审计人员应当从数量和性质两个方面判断具体审计事项的重要性，以做出获取审计证据的决策。

（4）审计证据的获取与处理。内部审计人员可以采用下列方法获取审计证据：①审核；②观察；③监盘；④询问；⑤函证；⑥计算；⑦分析性复核。

（5）内部审计人员获取证据的主要工作环节。审计人员通过审查会计凭证、会计账簿、会计报表、查阅与审计事项有关的文件、资料、检查现金、实物、有价证券，向有关单位和个人调查等方式取得证明材料。为此，审计人员应做以下各项工作：

①需要认真审计并分析会计资料。对会计资料的审计分析，包括对会计凭证、账簿和报表的分析，主要包含以下内容：

a. 审计分析财务报表。一是要对其外观形式进行审计，看被审计单位所编制的各种财务报表是否符合规定和要求，表页、表内项目、指标是否齐全；二是要审阅各报表之间勾稽关系；三是要审计各报表内相关数字间的勾稽关系。

b. 审计分析各类账户。一是判断容易发生差错和易于弄虚作假的账户；二是审计分析账户记录的增减变动情况，判断业务的真实性和数据的真实性，如果材料账户的记录长期无变动，则应考察材料是否确实存在或是否利用；三是核实账户余额，包括总账和明细账，特别是结算类账户和跨期摊提账户。

c. 抽查有关凭证，以确定账簿记录的真实性，以及数据所反映的经济业务是否合理、合法。

d. 复算。审计人员要对被审计单位所计算的结果进行复算，以确定是否有故意歪曲计算结果的弊端或无意造成的计算差错。

e. 询证。审计人员在审计中，发现有疑点时，可向有关单位和个人以函询或面询的方式进行调查。审计人员向有关单位和个人进行调查时，应当出示审计人员的工作证件和审计通知书副本，审计人员不少于两人。

②对审计的实物进行盘点与资产清查。审计人员在审计分析有关书面资料后，还应对有关盘存的账户所记录的内容进行实物盘点，以取得实物证据。如库存现金盘点、库存材料盘点、低值易耗品盘点、在产品盘点、产成品盘点、固定资产盘点等。如实物较多，审计人员应按可能性、必要性、重要性的原则，有选择地进行重点盘点。

审计人员实施实质性测试时，应当按照下列规定办理：①搜集、取证能够证明审计事项的原始资料、有关文件和实物等，不能取得原始资料、有关文件和实物的，可以采取复制、拍照等方法取得证明材料。②对与审计事项有关的会议和谈话内容要做记录，或者根据审计工作需要，要求提供会议记录。③审计人员向有关单位和个人调查取得的证明材料，应当有提供者的签名或者盖章。未取得提供者签名或者盖章的，审计人员应当注明原因。

（六）执行工作之六——编制审计工作底稿

对审计中发现的问题，做详细、准确的记录并注明资料来源。在审计过程中，审计人员必须有详细的工作记录，以便反映出审计工作的全部过程。这些记录，有些可以直接作为正式的审计工作底稿，有些则要重新编写。审计工作底稿是审计证明材料的汇集，在汇集证明材料时，应注明证明材料的来源。审计工作底稿是撰写审计报告的基础，是检查审计工作质量的依据，也是行政复议乃至再度审计时需要审阅的重要资料。我国的《内部审计具体准则第4号——审计工作底稿》进行了详细说明，具体描述如下：

（1）编制目的。内部审计人员在审计工作中应编制审计工作底稿，以达到以下目的：①为形成审计报告提供依据；②说明审计目标的实现程度；③为评价内部审计工作质量提供依据；④证实内部审计机构及人员是否遵循内部审计准则；⑤为以后审计工作提供参考；⑥提高内部审计人员的专业素质。

（2）编制要求。审计工作底稿应内容完整、记录清晰、结论明确，客观反映项目审计计划与审计方案的制定及实施情况，并包括与形成审计结论和建议有关的所有重要事项。审计工作底稿的形式可以是纸质、磁带、磁盘、胶片或其他有效的信息载体。无纸化的工作底稿应制作备份。

（3）底稿内容与格式要求。审计工作底稿主要包括以下记录：①内部审计通知书、项目审计计划、审计方案及其调整的记录；②审计程序执行过程和结果的记录；③获取的各种类型审计证据的记录；④其他与审计事项有关的记录。

审计工作底稿应载明下列事项：①被审计单位的名称；②审计事项及其期间或截止日期；③审计程序执行过程和执行结果记录；④审计结论；⑤执行人员姓名和执行日期；⑥复核人员姓名、复核日期和复核意见；⑦索引号及页次；⑧审计标识与其他符号及说明等。

（4）审计底稿质量控制。

①内部审计机构应当建立审计工作底稿的分级复核制度，明确规定各级复核的要求和责任。内部审计机构负责人对审计工作底稿的复核负完全责任。

②内部审计人员在审计项目完成后，应及时对审计工作底稿进行分类整理，按相关法规的要求归档、管理和使用。

③审计工作底稿归组织所有，由内部审计机构或组织内部有关部门保管。

④内部审计机构应建立工作底稿保密制度。如果内部审计机构以外的组织或个人要求查阅工作底稿，必须由内部审计机构负责人或其主管领导批准。但法院、检察院和其他有权部门依法进行查阅的除外。

在审计测试阶段，分析性复核可作为一种实质性测试方法，收集与账户余额及各类交易相关的数据作为认定的证据。例如，审计年度的存货周转率与预先确定的存货周转率基本相符，可据此判断期末存货成本和本期销货成本从总体上讲是合理的。如果运用细节测试，取得相同结论要耗费大量的时间。值得注意的是，在测试阶段，分析性复核提供的证据多数只是一些佐证证据，其证明力相对弱，必须与其他证据结合才能证实对某一事项的具体认定。但是这并不影响内部审计师利用这一程序，因为使用分析性复核可带来人力和时间的节省。特别是对一些不重要项目，执行分析性复核程序即可实现对该项目的具体审计目标，符合经济性原则。

第三节　内部审计终期报告阶段

一、编制内部审计报告

在实施必要审计程序后，内部审计工作就要进入下一个阶段，内部审计机构与人员应当整理相关工作底稿并编写审计报告。

中国内部审计协会颁布的《内部审计具体准则第 7 号——审计报告》第二条规定："本准则所称审计报告，是指内部审计人员根据审计计划对被审计单位实施必要的审计程序后，就被审计单位经营活动和内部控制的适当性、合法性和有效性出具的书面文件。"

（一）编制要求

《内部审计实务指南第 3 号——审计报告》第四条规定：内部审计报告应当体现内部审计项目目标的要求，并有助于组织增加价值。内部审计项目目标的要求主要包括但不限于对以下方面的评价：

（1）经营活动合法性；

（2）经营活动的经济性、效果性和效率性；

（3）组织内部控制的健全性和有效性；

（4）组织负责人的经济责任履行状况；

（5）组织财务状况与会计核算状况；

（6）组织的风险管理状况。

（二）审计报告的类型

《内部审计实务指南第 3 号——审计报告》第五条规定：正式立项的审计项目应当在终结审计后编制审计报告；如果存在下述情况之一时，应当根据组织适当管理层的要求和内部审计工作的需要编制并报送中期审计报告：

（1）审计周期过长；

（2）被审计项目内容特别庞杂；

（3）被审计期间比较长；

（4）突发事件引起特殊要求；

（5）组织适当管理层需要审计项目进展情况的信息；

（6）其他需要提供中期审计报告的情况。

中期审计报告不能取代终结审计报告，但中期审计报告能够作为终结审计报告的编制依据。中期审计报告不具有终结审计报告的效力。

（三）审计报告的编制原则

《内部审计实务指南第 3 号——审计报告》第六条规定：编制审计报告应当遵循以下原则：

（1）客观性。审计报告应以可靠的证据为依据，实事求是地反映审计事项，做出客观、公正的审计结论。

（2）完整性。审计报告应当做到要素齐全，内容完整，不遗漏审计发现的重大事项。

（3）清晰性。审计报告应当做到逻辑性强、突出重点，简明扼要地阐明事实和结论。避免使用不必要的过于专业性和技术性的复杂语言。文字应当通顺流畅，用词准确，避免使用"几个、少数、大量"等模糊字眼说明情况。

（4）及时性。审计报告应当及时编制，以便组织适当管理层适时采取有效纠正措施。在保证审计报告质量的前提下，审计报告应当在完成现场审计后尽快编制，经过征求意见和补充修改后分别送达各有关方面。

（5）实用性。审计报告所提供的信息，应当有利于解决经营管理中存在的重要问题，并有助于组织实现预定的目标。

（6）建设性。审计报告不仅应当发现问题和评价过去，而且还应能解决问题和指导未来，应当针对被审计单位经营活动和内部控制的缺陷提出适当的改进建议。

（7）重要性。在形成审计结论与建议时，应充分考虑审计项目相关的风险水平和重要性，对于被审计单位经营活动和内部控制中存在的严重差异和漏洞以及审计风险高的领域应当在审计报告中有重点地详细说明。同时，内部审计人员还要考虑被审计单位接受审计建议、采取相应措施的成本与效益关系。

（四）内部审计报告的构成要素

《内部审计实务指南第 3 号——审计报告》第十条规定：内部审计报告因审计项目预定目的的不同而存在差异，一般的内部审计报告应包括以下基本要素：

1. 标题

应能反映审计的性质，力求言简意赅并有利于归档和索引。一般应当主要包括以下内容：（1）被审计单位名称；（2）审计事项（类别）；（3）审计期间；（4）其他。

2. 收件人

应当是与审计项目有管理和监督责任的机构或个人。一般应当包括：

（1）被审计单位适当管理层；（2）董事会或其下设的审计委员会或者组织中的主要负责人；（3）组织最高管理当局；（4）上级主管部门的机构或人员；（5）其他相关人员。考虑到各个组织的法人治理结构、管理方式差异，审计报告的送达单位或个人应当根据具体情况确定。

3. 正文

内部审计报告的正文是审计报告的核心内容。一般应当包括以下项目：（1）审计概况；（2）审计依据；（3）审计发现；（4）审计结论；（5）审计建议；（6）其他方面。

4. 附件

内部审计报告的附件是对审计报告正文进行补充说明的文字和数字材料。一般应当包括：（1）相关问题的计算及分析性复核审计过程；（2）审计发现问题的详细说明；（3）被审计单位及被审计责任人的反馈意见；（4）记录审计人员修改意见、明确审计责任、体现审计报告版本的审计清单；（5）需要提供解释和说明的其他内容。

5. 签章

内部审计报告应当由主管的内部审计机构盖章，并由以下人员签字：（1）审计机构负责人；（2）审计项目负责人；（3）其他经授权的人员。

6. 报告日期

审计报告日期一般采用内部审计机构负责人批准送出日作为报告日期。以下情况下使用相关的日期：（1）因采纳组织主管负责人的某些修改意见时；（2）内部审计人员在本机构负责人审批之后又发现被审计单位存在新的重大问题时；（3）内部审计报告存在重要疏忽时。

（五）审计报告的主要内容

IPPF 2410 报告标准及实务公告指出：报告内容必须包括业务目标、范围以及适用的结论、建议和行动计划。虽然最终业务报告的形式和内容可能随组织或业务类型的不同而有所差异，但至少都应包括业务目的、范围和结果。最终业务报告包括背景信息和摘要。

背景信息可以明确被检查的机构和活动，并提供相关解释性信息，还可以包括来自以前报告的发现、结论和建议，表明报告是否源自既定计划或是应有关方面的要求而编制。摘要是对报告内容的均衡反映。“目的说明”描述业务的目标，也可告知报告使用者开展业务的原因及期望实现的目标。“范围说明”应明确被审计活动，可包括被检查的时间段、未经检查的活动等辅助信息以勾勒出业务的边界，对已开展业务工作的性质和范围也应该进行说明。结果包括发现、结论、意见、建议和行动计划。

中国内部审计协会发布了第 7 号准则及第 3 号实务指南对于审计报告内容的规范要求包括：

1. 审计概况

（1）立项依据。在审计报告中应当根据实际情况说明审计项目的来源。

①审计计划安排的项目；

②有关机构（外部审计机构、组织有关部门）委托的项目；

③根据工作需要临时安排的项目；

④其他项目。

（2）背景介绍。在审计报告中，应当对有助于理解审计项目立项以及审计评价的以下情况进行简要描述：

①选择审计项目的目的和理由；

②被审计单位的规模、业务性质与特点、组织机构、管理方式、员工数量、主要管理人员等；

③上次同类审计的评价情况；

④与审计项目相关的环境情况；

⑤与被审计事项有关的技术性文件；

⑥其他情况。

（3）整改情况。如有必要，应当将上次审计后的整改情况在审计报告中加以说明。

（4）审计目标与范围。审计报告中应当明确地陈述本次审计的目标，并应与审计计划中提出的目标相一致；还应当指出本次审计的活动内容和所包含的期间。如果存在未进行审计的领域，应当在报告中指出，特别是某些受到限制无法进行检查的项目，应说明受限制无法审计的原因。

（5）审计重点。审计报告应当对本次审计项目的重点、难点进行详细说明，并指出针对这些方面采取了何种措施及其所产生的效果，也可以对审计中所发现的重点问题做出简短的叙述及评论。

（6）审计标准。财务审计的标准主要是国家有关部门所颁布的会计准则、会计制度以及其他相关规范制度。管理审计的标准主要是组织管理层已制定或已认可的各项标准。

2. 审计依据

审计依据是审计人员在履行审计职责时做出审计判断和进行审计处理的标准，包括方针政策等宏观性依据、法律法规等中观性依据和技术经济指标等微观性依据。

3. 审计发现

审计发现是内部审计人员在对被审计单位的经营活动与内部控制的检查和测试过程中所得到的积极或消极的事实，一般应包括以下内容：

（1）所发现事实的现状，即审计发现的具体情况；

（2）所发现事实应遵照的标准，如政策、程序和相关法律法规；

（3）所发现事实与预定标准的差异；

（4）所发现事实已经或可能造成的影响；

（5）所发现事实在目前现状下产生的原因（包括内在原因与环境原因）。

4. 审计结论

审计结论是内部审计人员对审计发现所做出的职业判断和评价结果，表明内部审计人员对被审计单位的经营活动和内部控制所持有的态度和看法。

在做出审计结论时，内部审计人员应针对本次审计的目的和要求，根据已掌握的证据和已查明的事实，对被审计单位的经营活动和内部控制做出评价。内部审计人员提出的结论可以是对经营活动或内部控制的全面评价，也可仅限于对部分经营活动和内部控制进行评价。如果必要，审计结论还应包括对出色业绩的肯定。

5. 审计建议

审计建议是内部审计人员针对审计发现提出的方案、措施和办法。审计建议可以是对被审计单位经营活动和内部控制存在的缺陷和问题提出的改善和纠正的建议；也可以是对显著经济效益和有效内部控制提出的表彰和奖励的建议。

内部审计人员应该依据审计发现和审计证据，结合组织的实际情况和审计结论的性质，提出审计建议。审计建议可分为以下几种类型：

（1）现有系统运行良好，无须改变；

（2）现有系统需要全部或局部改变：①改进的方案设计；②方案实施的要求；③方案实施效果的预计；④未实施此方案的后果分析。

（六）审计报告范例（来自：《内部审计实务指南3号——审计报告》）

1. 中期审计报告范例

关于“出纳付款程序”的中期审计报告（标题）

公司总经理：（收件人）

从正在进行的公司××年度财务收支审计中，我们发现公司财务部付款内部控制程序存在严重缺陷。出纳员××保管着公司财务专用章及财务经理私章，可随时支取公司款项，在我们的初步审核中，已经发现未经审批的付款××笔，共计××万元，如果不采取紧急措施，将可能导致更大的舞弊风险。（审计发现）根据上述情况，我们建议财务经理收回相关印鉴，对每一笔公司款项的支付严格审核后才能签发，同时责成出纳员说清××万元款项的去向，采取各种手段追回款项，并建议临时停止出纳员的职务工作。（审计建议）

附件：1. ××

2. ××

3. ××（附件）

审计项目负责人：××

审计小组成员：××、××

××审计机构（签章）

××年××月××日（报告日期）

2. 终结审计报告格式范例（A电子集团公司a子公司）

关于××公司采购与付款循环控制的审计报告（标题）

a子公司总经理：（收件人）

根据年初的审计计划，我们组成了以王××为项目负责人的5人审计小组，对公司内部采购与付款循环控制进行了审计，旨在自我评价，消除内部控制的弱点，改善公司管理水平，为组织价值增值服务。我们的审计目标是测试采购与付款循环控制是否存在漏洞，寻找与同行业其他企业的差距。审计涉及的期间是20××年1月1日至20××年3月31日。审核的范围包括制度设计、价格核算、财务管理制度等方面。（审计概况）

我们按照内部审计准则的规定计划和实施本项内部审计工作，并采用了我们认为应当采用的必要的审计程序，根据抽查结果，我们认为，下列情况应当予以关注：（审计发现）

1. 部分商品采购没有实行招投标制度，造成了采购价格比同行业高10%。（见附件第××页）

2. 采购计划的制定没有与生产部门进行有效沟通，造成生产原材料供应不及时，客户投诉较多。（见附件第××页）

3. ……

除上述问题外，我们认为，a子公司管理层对采购与付款循环控制的设计在整体上是符合公司的实际情况的，其运行取得了预期的效果。（审计结论）

我们认为，上述问题的发生，主要原因是相关职位人员没有严格执行公司管理制度，采购计划制订的设计存在缺陷。建议修改采购计划制定制度，严格公司管理制度的考核。（审计建议）

附件：1. ××

2. ××

3. ××（附件）

审计项目负责人：×××

审计小组成员：××××××

××审计机构（签章）

××年××月××日（报告日期）

（七）审计报告编制的程序

（1）做好相关准备工作。

（2）编制审计报告初稿。审计报告初稿由审计项目负责人或者由其授权的审计项目小组其他成员起草。如由其他人员起草时，应当由审计项目负责人进行复核。审计报告初稿应当在审计项目小组进行讨论，并根据讨论结果进行适当的修订。编制审计报告应当充分体现审计报告的质量要求。

在审计报告正式提交之前，审计项目小组应与被审计单位及其相关人员进行及时、充分的沟通。

（3）征求被审计单位意见。审计项目小组与被审计单位的沟通，应当根据沟通内容的要求，选择会议形式或个人交谈形式。内部审计机构和人员在与被审计单位进行沟通时，应注意沟通技巧，进行平等、诚恳、恰当、充分的交流。

审计项目小组应当根据沟通结果对审计报告适当进行处理。

（4）复核、修订审计报告并最后定稿。审计报告应当由被授权的审计项目小组成员以及审计项目负责人、审计机构负责人等相关人员进行严格的复核和适当的修订。审计报告复核、修改后，再经与组织适当管理层充分沟通后，由经授权人员签章，提交给对审计项目负有管理责任的机构或个人。

二、整理内部审计档案

终期审计阶段，内部审计部门在完成审计报告编制工作以及审计项目结案之后，还有一项必须及时完成的重要的内部审计工作，就是要进行资料处理和审计小结工作，主要包括整理并归还审计资料、撤离审计现场、整理审计档案。内部审计部门的专门档案有别于一般的文书档案，做好审计资料立卷和归档工作，是内部审计机构的一项重要工作。

内部审计部门建立审计档案，不仅有利于回顾与总结既有工作的成败得失，而且还有利于今后查阅、参考或者的获得相关的借鉴意义，对于企业管理部门或者单位内部审计机构来说，都具有十分重要的意义。

内部审计人员需要加以集中、整理、分类而形成审计档案的资料，主要包括：

（1）审计通知书或审计委托书；

（2）计划审计工作的方案；

（3）各类审计工作底稿；

（4）审计报告底稿及其正式报告、审计报告征求意见书及书面回执；

（5）被审计单位提供和通过各种形式获得的数据资料；

（6）审计时所依据的主要证明资料的复印件。

第四节　内部审计后期跟踪阶段

一、内部审计后期跟踪审计的概念与要求

（一）后续跟踪审计的含义与依据

内部审计后续跟踪审计阶段是指内部审计项目在经过初期、中期和终期审计三阶段审计工作之后，进入的一个新的阶段，也是最后的工作阶段。在该阶段完成的审计工作也称为内部审计工作中的后续审计或跟踪审计，是指内部审计部门负责人在项目审计报告发出后相隔一定的时间，为检查被审计单位对审计报告提出的审计问题及建议是否已经采取了及时、适当措施而指派专门审计人员再次前往被审计单位进行检查与评价的审计活动。

后续审计进行的依据是《国际内部审计实务框架（2500）》标准及相关实务公告，在该项公告中，所谓后续审计是指内部审计师对管理层为应对已报告的发现和建议（包括外部审计师和其他人员的发现和建议）所采取行动的完整性、效果性和时效性进行的再次评价。这项程序也包括确认高级管理层或董事会是否已接受不采取针对已报告发现问题的纠正措施所带来的风险。

（二）后续跟踪审计的要求

1. 后续跟踪审计的总体要求

内部审计人员的责任是评价被审计单位管理层采取的纠正措施是否及时、合理、有效。内部审计机构应在规定的期限或与被审计单位约定的期限内执行后续审计。

2. 内部审计师应确认管理层已采取行动或已落实建议

内部审计师应确认期望的结果已实现，或高级管理层、董事会已接受不采取行动或建议所带来的风险。首席审计执行官需要确定后续审计性质、时间和范围，应考虑以下因素：已报告的发现和建议的重要性；纠正已发现问题时需要的努力程度和费用；若纠正措施失败，可能产生哪些影响；纠正措施的复杂性；涉及的时间期限。后续程序应被适当记录。内部审计部门章程应明确后续审计的责任。

3. 内部审计师无需承担责任的情形

如果管理者或董事会做出了接受风险和不采取纠正行动的选择，则内部审计人员没有进一步的责任。同样，如果管理者选择了内部审计人员建议以外的其他纠正方法，也是如此。内部审计人员在实施后续审计时，要考虑到被审计部门的业务安排和时间要求，尽量减少对被审计单位的业务、职工以及先前审计过的业务的影响。

《内部审计具体准则第 8 号——后续审计》第二条规定：本准则所称后续审计，是指内部审计机构为检查被审计单位对审计发现的问题所采取的纠正措施及其效果而实施的审计。第四条：被审计单位管理层的责任是对审计中发现的问题采取纠正措施。

（三）后续跟踪审计的任务

（1）检查了解被审计单位对审计报告中所规定的事项贯彻执行的情况，并督促其全面落实与执行。

（2）检查了解内部审计机构在经济效益审计报告中所提出的可增加经济效益审计建议的实现程度和趋势，并推动其实现。

（3）检查了解审计报告中提出的意见和建议是否符合实际。如果发现原来提出的意见和建议不符合企业的实际情况，或者是因为客观情况的变化，影响意见和建议的贯彻时，应及时修正。

二、内部审计后期跟踪审计的具体工作与程序

（一）后续跟踪审计的具体工作

（1）将原审计结论、处理决定中所提出问题的落实执行情况列为后续审计的重要内容。检查被审计单位有无认真采取整改措施，改正或处理有关人和事，效果如何。对于尚未得到采纳、执行的有关问题，要认真分析、查明原因；对于因故拖延不改或措施不力的，要督促其尽快采取措施解决；对于故意推托延迟，拒不执行，应责令其在限期内改正。

（2）检查上一次审计时已审出的问题有无重犯的情况，特别要深查那些隐埋较深，上次审计时因某种原因（如时间仓促、人力有限、线索不够）未能彻底揭露的问题。例如，偷偷挪用、转移建设资金，挤占建设成本等。

（3）审计有无产生新问题。有的单位钻空子，避开已审过的问题，在别的方面做文章。例如，违反财经纪律的新方式，新计划外工程，损失浪费都有可能重新发生。

（4）检查上一次的审计质量和审计报告的质量。回顾工作中有无不妥或失误之处，审计决定有无不够客观，不够准确或者操作不便的情况。通过自我复审，利于改进工作，提高审计质量，树立审计的权威性。

后续审计是审计工作程序不可缺少的重要组成部分，是强化审计监督职能，深化审计内容，加快实现审计工作制度化、规范化的有效途径。

（二）后续跟踪审计是操作程序

后续审计一般是指审计机构对被审计单位在前次审计工作结束后，为检查被审计单位对审计发现的问题所采取的纠正措施及其效果，或发现有隐瞒行为，或漏审，错审而采取的跟踪审计。内部审计机构负责人应根据被审计单位的反馈意见，确定后续审计时间和人员安排，编制审计方案。

对于已采取纠正措施的事项，内部审计人员应判断是否需要深入检查，必要时可提出应在下次审计中予以关注的事项。内部审计人员应根据后续审计的执行过程和结果，向被审计单位及组织适当管理层提交后续审计报告。

审计终结阶段，可以用分析性复核对被审计事项的结论作最后的复核。在审计结束时，运用分析性复核，可对重大事项作最后的综合分析，如果相关信息的关系不合理，则要考虑追加审计程序或修改审计报告。如被审计单位的资产负债率高于同业相

同规模其他企业的平均水平，而资产利润率却低于平均水平，则说明该企业财务风险较高，将对企业持续经营能力产生不利影响，这时就要对审计报告的意见类型做出谨慎的选择。

三、后续跟踪审计结果的评价

内部审计部门及其工作人员，在完成后续审计之后，为了客观评价相关项目的内部审计人员的工作成效，并积累内部审计的工作经验，需要对后续跟踪审计工作的总体状况进行事后概括与综述，为此，企业组织的内部审计人员应写出后续审计报告。该阶段编制的后续审计报告是对该企业单位整体后续审计工作执行状况的书面总体，也是向公司最高负责人汇报审计工作最终效果的有效形式。该后续审计报告需要根据内部审计人员在后续跟踪审计跟踪工作中的实际情况，来编写内部审计报告，以便如实反映被审计单位对待内部审计检查与评价的重视程度。

本章习题

一、单选题

1. 内部审计师为熟悉公司的职工薪酬支付业务，刚完成了一项调查工作，下一步他应该（　）。

A. 安排内部审计人员　　B. 制定初步审计目标
C. 编制审计工作方案　　D. 实施现场工作

2. 在审计的（　）阶段，内部审计师确认出被审计活动的目标和相应的控制。

A. 初步调查阶段　　B. 员工挑选阶段
C. 编制工作方案阶段　　D. 审计结果报告阶段

3. 以下（　）项是对初步调查的最佳解释。

A. 采用标准化的调查问卷来了解组织的管理目标
B. 对关键员工的工作态度、技能和知识等方面进行的统计抽样
C. 对财务控制系统进行“穿行测试”，确认风险和相应的控制措施
D. 为确认业务的重点领域，用于熟悉活动和风险的一个过程

4. 在后续审计中，由于采纳审计建议而产生风险的责任应当属于（　）。

A. 被审计单位　B. 审计主体　C. 管理人员　D. 职工

5. 根据我国内部审计具体准则，在审计的准备阶段、实施阶段和终结阶段都适用的审计方法是（　）。

A. 监盘　B. 观察　C. 函证　D. 分析性复核

6. 我国内部审计具体准则中规定内部审计不包括（　）。

A. 年度计划　B. 项目计划　C. 审计方案　D. 作业计划

7. 审计实施过程中，（　）负责现场复核。

A. 项目负责人　B. 机构负责人　C. 管理层　D. 一般审计人员

8. 执行分析性复核时，主要应考虑信息之间的（　　），以免得出不恰当的结论。

A. 重要性　　B. 关联性　　C. 层次性　　D. 目的性

9. 审计过程中，（　　）负责定期检查计划执行情况。

A. 项目负责人　　B. 机构负责人　　C. 管理层　　D. 一般审计人员

10. 当面临强加的审计范围限制时，首席审计执行官应该（　　）。

A. 直到审计范围限制消除后才实施审计

B. 将范围限制的潜在影响与董事会下属的审计委员会沟通

C. 对于审计范围受限的业务要多加审计

D. 对此审计业务安排更有经验的人员

11. 能够仔细地区分范围限制和审计中的其他限制对审计人员来说很重要。根据准则的规定，下列不属于范围限制的是（　　）。

A. 审计对象的分部管理者表示该部分正在对一个主要的计算机系统进行转换，而且计算机实施审计的那部分 ERP 不得不推迟到下一年

B. 审计委员会审查了当年的审计计划并且删除了董事会认为很有必要实施的审计项目

C. 审计对象表示某些客户不能联系，因为组织正在与这些客户就一项长期合同进行谈判，他们不希望客户受到干扰

D. 以上三项都不是

12. 符合内部审计准则中审计计划或风险评价时使用的“风险”一词含义的选项是（　　）。

A. 内部审计师未发现导致财务报表或内部报告错误或误导的重大错误或事件的可能性

B. 对组织有不利影响的事件或活动的可能性

C. 管理当局有意或无意地进行增加组织潜在负债决策的可能性

D. 财务报表或内部报告包含重大错误的可能性

二、多选题

1. 下列选项中，属于内部审计准备工作阶段需要进行的工作的有（　　）。

A. 确定审计目标与范围　　B. 确定审计主体与审计时间

C. 进行初步调查　　D. 编写审计报告

2. 下列项目中，属于企业组织内部审计范围的有（　　）。

A. 评价组织内部控制系统的恰当性与有效性

B. 评析财务会计信息和资料的准确性、完整性和可靠性

C. 评估经营活动的效率和效果

D. 评价资产管理安全性状况

3. 下列项目中，属于内部审计年度工作计划内容的有（　　）。

A. 审计目标与范围

B. 各审计项目所分配的审计资源

C. 需要执行的具体审计项目及其先后顺序

D. 内部审计年度工作目标

4. 根据《中国内部审计具体准则第2号——审计通知书》，审计通知书的主要内容包括（ ）。

A. 被审计单位及审计项目的名称　　B. 审计目的及审计范围

C. 具体审计方法和程序　　D. 审计项目实施的时间

5. 下列项目中，属于实施阶段主要工作内容的有（ ）。

A. 进入被审计单位进一步了解项目情况

B. 获取被审计对象的有关证据

C. 编制审计工作报告

D. 描述审计对象的内部控制制度状况

三、简答题

1. 内部审计准备阶段主要包括哪些内容？

2. 内部审计在实施阶段主要应包括哪些内容？

3. 编制内部审计报告主要需要遵守哪些基本原则？

4. 什么是后续审计？后续审计应该完成哪些任务？

第三章

内部审计依据与方法

导入案例

2018 年 2 月 20 日，主营网上商城、互联网物流配送、互联网融资和网络游戏等主流业务的飞讯电子网络有限公司，发布了上一会计年度的财务年报，该年度报告中披露的信息显示出该公司在过去十年里的超常规的快速发展之中暴露出的若干战略决策错误、内部管理失控和营销状况不理想等负面迹象，并且在大部分省市的子公司的财务状况也出现了内部资金管理混乱、融资困难、投资效率低下、生产经营成本高企等现象或问题。

公司董事长兼总经理陶喆为此受到不少中小投资者通过信件、电话、电子邮件等方式的询问，主题大同小异，即公司的真实财务状况究竟如何？公司是不是内部管理出现了控制漏洞或缺陷？公司对管理缺陷有何应对之策？等等问题。

为了全面了解公司运营活动中出现缺陷的真实原因，他决定召开一次公司董事会特别临时会议，在该次会议上，各位董事会到会的董事们纷纷发表了各自的看法，并建议应该由公司内部审计部门进行审计监督，并在审计结束后的十天内再次召开董事会会议，听取审计委员会的专门报告。

会后，审计委员会主任王敏通知公司审计部部长张媛组成审计项目小组开始对公司上一年度的财务收支活动的状况进行专项审计，那么，审计师张媛应该采取哪些方法进行审计获取审计证据呢？张媛等审计师还可以应用什么样的标准与尺度来进行具体审计活动的呢？

本章教材主要是介绍内部审计工作的基本依据与审计证据的主要获取方法，刚好可以从中寻找到上述问题的答案。

学习目标

通过本章内容的学习，可以达到如下目标：

1. 了解做好内部审计工作需要什么依据与标准。
2. 了解审计依据的内容与特点。
3. 掌握内部审计证据的特征与因素。
4. 熟悉内部审计获取审计证据可选择的方式与方法。
5. 了解与掌握获取内部审计证据的主要方法。

学习内容

第一节　内部审计的依据

根据内部审计准则的规范与要求，内部审计人员的主要工作内容就是对被审的经济活动进行专业的评价，其中就包括对审计对象的行为状况做出客观判断，并提出中肯的意见和有效的建议。内部审计人员进行评价判断，要依靠两方面的评价标准与尺度才能够进行下去：其一是要有判断经济活动是非的标准，衡量经济效益高低的尺度，对于这些标准和尺度，审计人员称之为“审计依据”或“审计标准”；其二是要有证明被审事物确实发生，证明被审事物状况的凭据，对于这类凭据，审计专业人士称之为“审计证据”。

审计依据和审计证据在审计工作中十分重要，两者缺一不可。没有审计依据，就不能做出是非好坏的客观判断；没有审计证据，就无法做出有说服力的审计意见与结论。

一、内部审计依据的价值

审计依据是审计人员衡量、评价经济活动合法性、合规性、正确性的标准，是衡量经济活动效益性的尺度，是提出审计意见、做出审计结论的客观依据。

内部审计负有挖掘增收节支、增产节约、提高工作效率、提高经济效益的责任，这必须要有客观标准作为审计依据，才能提出意见和建议。内部审计要评价单位的经营活动是否合规，经济效益是否良好，管理职能是否发挥，经营方针和经营目标是否可行，本单位的规章制度是否合理，开发新产品、新技术，采用新工艺、新材料是否有利，都必须有客观的评价标准作为审计依据。内部审计要揭露本单位存在的漏洞，要防范、控制损失或浪费，也必须有客观的标准作为审计依据。综上所述，可见内部审计必须以客观的审计依据作为评价和作审计结论的依据。

审计依据在内部审计工作中的重要意义，主要表现在两个方面：

（1）审计依据是内部审计进行审计判断、做出审计结论的准绳。例如，某生产车间耗用材料有消耗定额，材料的用途也有规定，车间如果对材料不按规定的用途使用，大材小用，优材劣用，耗用超过定额，审计人员就可把超过定额不按用途使用的那部分材料做出浪费材料的结论。如果没有这种规定和定额作为审计依据，就很难断定是否发生了浪费。

（2）审计依据是提出审计建议的根据。内部审计要挖掘提高经济效益的潜力，就要有评价潜力的客观标准。主管部门或同行业的质量要求、劳动生产率、设备利用率等，都是审计时评价经济效益的客观标准。把实际与标准进行比较，就可以揭示是否有潜力可挖。这些评价的客观标准就是审计依据。有了审计依据，才能提出挖掘潜力、改进管理的建议。如果没有这样的审计依据，或审计人员选用的依据不当，那就无法提出挖掘提高经济效益潜力、改进管理的建议。

二、内部审计依据的分类

进行内部审计时，要用到各种各样的规定、指标作为审计依据。为了深化对审计依据的认识，我们可以按不同的标志对审计依据进行分类。不同的审计依据有不同的用途。进行适当分类有利于审计人员熟悉、运用审计依据，有利于审计人员查找、选定合适的审计依据。

（一）内部审计依据按其来源分类

内部审计依据按其来源，可分为国家制定的审计依据、本部门和本单位制定的审计依据、其他单位已达到的先进指标、审计人员制定的审计依据四类。

（1）国家制定的有关规定。进行内部审计时，首先要引用国家（包括中央部委）制定的各种规定作为审计依据。例如进行财务审计时，要以财政部规定的财务会计制度和财经法规作为审计依据；进行经济效益审计时，可以以国家规定的指标、标准作为审计依据。

（2）本部门和本单位制定的与审计有关的规定。例如，主管部门对所属单位所发布的各种制度和规定。这些制度和规定是内部审计的审计依据。企事业单位所制定的本单位的制度、章程、计划、定额、业务标准等，这些也是本单位内部审计的审计依据。在进行经济效益审计时，要大量运用这些审计依据。

（3）其他单位或同行业中的先进单位已经达到的先进指标或平均指标，也可作为内部审计时的依据，特别可作为评价经济效益的依据。

（4）审计人员自己制定的审计依据。经济效益审计是内部审计的主要内容。进行经济效益审计时，有时缺乏现成数据和现成的规定作为审计评价的依据。例如，评价管理人员素质、开发新产品的经济效益等，往往没有现成的规定、数据可以引用，这时，审计人员可以自己研究制订衡量、评价的标准。但审计人员自己制订的审计标准一般应得到本部门、本单位领导人和被审部门有关人员的认可。

（二）内部审计依据按其性质和内容分类

（1）国家的法律、法规和方针、政策。内部审计进行财务审计时，必须以法律、法规作为审计依据；进行经济效益审计时，也常以法律、法规为依据。党和国家的方针、政策，也都是内部审计的重要依据。

（2）上级的指示、文件及本单位的规章制度。

（3）单位的预算、计划和经济合同。

（4）业务标准。经济活动常有许多业务标准，如人员定额、原材料消耗定额、质量检验标准等。这些标准根据其适用性和制订的单位，还可分为国际标准、国家标准、部颁标准、企业标准、客户要求等。这些标准可根据需要作为内部审计依据，特别是作为经济效益审计的依据。

（5）会计制度和会计、审计准则。统一的会计制度和公认的会计、审计准则是内部财务审计的主要依据。

（6）本单位的有关决议和决定。本单位的董事会、职工代表大会、行政会议做出的决议，如关于经营方针、经营目标的决定，本单位主要负责人（如厂长、经理）做出的决定，也可作为内部审计的依据。

三、内部审计依据的特点

内部审计进行的工作主要是内部经济效益审计和内部财务审计。审计人员要运用合适的审计依据进行评价，必须从各种可能作为审计依据的规定、标准中进行选择。研究审计依据的特点，有利于更好地选择、运用审计依据。

（一）内部审计依据的一般特点

内部审计依据一般具有层次性、相关性、时间性和地区性的特点。

（1）层次性。内部审计依据有不同层次。按管辖的范围，审计依据可划分为若干层次。最高层次为国家法律、法规、政策、规定。其次为本单位领导部门（上级公司）的规定和下达的计划、指标等；最后为本单位董事会、职工代表大会的决议和本单位管理部门制订的计划、所作的规定等。层次越高，审计依据的效力就越大。在单位内部进行经济效益审计时，要从本单位的实际出发，取得必要的审计依据。

（2）相关性。审计依据应和审计结论密切相关。一定要找与审计结论有直接关系，而且相关性很大的作为审计依据。有时，我们可以发现有几种审计依据，它们之间互有联系，有时可能是互相矛盾的。这时审计人员就要深入研究，要抓主要矛盾、实质问题，即最能反映被审计事物本质的作为审计依据。

（3）时间性。审计依据往往是具有时间性的，在审计评价时应当以当时的法规、政策、指标作为标准。大家知道，经济是在不断发展的，情况是在不断变化的，审计标准也会随客观情况的变化而变化。因此，无论是经济效益审计和财务审计，绝不能以过时的标准为依据来作审计判断。

（4）地区性。财务审计依据有明显的地区性。外国的法律规定不能作为我国内部审计的依据；其他地区、部门的规定也不宜作为本部门、本单位内部审计的依据。内部经济效益的审计依据也有地区性。例如，在对边远地区的企业和大城市的企业审计时，采用的衡量经济效益的标准就应该有所区别。内部审计人员在作审计判断时要注意审计依据的地区性，要选择当地有效的适合本单位具体情况的标准作为审计的依据。

（二）内部经济效益审计依据的特点

内部经济效益审计的审计依据除了上述一般特点外，还有其自己的特点。

（1）先进性。评价经济效益的审计依据应是相对先进的指标。这种先进指标可以是世界先进的指标，可以是全国先进的指标，也可以是同行业先进的指标。究竟采用什么样的先进指标，可以根据企业的现有水平及进一步挖潜的可能性来加以选择。一般地说，应该用平均先进水平的指标，作为评价经济效益的审计依据。

（2）相对性。经济效益审计的依据具有相对性，这和财务审计的依据有所不同。财务审计要评定经济活动的合法性、合规性，其审计依据如财经法规、规章制度等，都是带有强制性的，不能违反的。经济效益的审计依据则不同，某一标准在甲企业可以作为衡量经济效益高低的尺度，到乙企业却未必适用。一个亏本企业如能够扭亏为盈，可以算提高了经济效益，但如果用这个标准去衡量那些经济效益相当高的企业，显然就不合适。因此，进行经济效益审计时，一定要挑选适合本单位实际情况的标准和指标作为审计依据才有意义。

（3）可控性。作为经济效益审计依据的指标，应当和被审单位的努力程度密切相关，是被审单位应当负责，可以控制的指标。例如评价原材料利用的经济效益时，应当以材料单耗、材料利用率等指标作为审计依据，而不宜用单位产品的材料成本作为审计依据，因为材料成本中主要部分是购入材料的成本，它受材料供应价格的影响，购入材料的价格通常是企业无法控制的因素。

（4）计量性。经济效益审计的审计依据应是可以计量的，具有可以衡量高低好坏程度的特点。无法计量的号召或要求，不能作为评价经济效益的审计依据。

四、内部审计依据的选择

（一）有效审计依据的选择

由于审计依据一般存在层次性、相关性、时间性和地区性，而经济效益审计依据又具有先进性、相对性、可控性和计量性等特点，我们在进行审计时就必须选择当时当地有效的依据和有利于调动职工积极性的业务标准等作为审计依据。怎样选择有效的审计依据呢？

（1）选择现行的合法的审计依据。作审计结论时的审计依据必须是现行的合法的。如果应用法律、法规、政策为审计依据，应了解该项依据是否是现行的合法的依据，有无实施细则之类的规定。如果以被审单位主管部门的指示、规章制度作为审计依据，则必须检查该项指示、规章制度是否和国家的政策、法规有抵触。中央规定消息报道，一般不能作为审计依据，而要以正式文件为准。

（2）选择合规的审计依据。如果没有相应的法规可作依据，就要以上级的指示、规章制度为准，或以本单位的规定为准。上级的口头指示，一般不宜作为审计依据，而要以正式文件为准。这在财务审计中尤为重要。

（3）选择合理的审计依据。进行经济效益审计时，一般以计划、定额、技术经济指标、业务标准和先进单位的指标作为审计依据，这时必须研究这些依据是否合理。所谓合理，就是在当时、当地条件下，有关的计划、业务标准和先进单位的指标等有利于调动职工的积极性，有利于生产的发展，有利于提高经济效益。

（二）应用审计依据应注意的问题

审计人员在应用审计依据时，必须注意下面几点：

（1）要全面地看问题。我们运用计划、业务标准或某项决策作为审计依据来评价某个方案是否可行，某项活动是否有效益时，要全面地看问题。即要把当前利益和长远利益相结合，更着眼于长远利益。例如某项紧俏商品在市场上很受欢迎，如果粗制滥造，降低质量，当时的经济效益可能是好的，但它损害了人民的利益，会影响企业的信誉，最终必定使企业遭受更大损失。从全面地看问题来应用审计依据，应该兼顾个人、企业和国家三者利益，而且首先要保证国家利益。如果单位某个领导示意编造假决算，虚列成本，偷税漏税，这种指示会损害国家利益，就绝不能作为审计依据。同时，应用审计依据时不能只看单项经济效益指标，还要看社会效益和生态效益。

（2）要辩证地看问题。辩证地看问题，就是要全面地、发展地看问题，要分析影响经济活动的主要矛盾和实质问题，再决定选用哪一项规定作为审计依据。例如影响经济效益的因素多种多样，有主观原因，也有客观原因，有受材料规格、质量的影响，也有受机器设备的数量和精确度的影响，有工人的技术水平、劳动态度问题，也有产品的推销和售后服务问题等等，进行审计时，这些方面的标准和指标都可以作为审计依据，审计人员就要将有关因素联系起来研究，看哪一方面是主要问题，哪一个是影响经济效益的关键问题、决定因素，据以做出审计判断，提出挖掘潜力的审计建议，这样的审计建议才有实际价值。

（3）必须查找原始资料，查对原文件。不能凭印象，凭记忆作判断，这在进行财务审计时特别重要。进行经济效益审计时，如果要以计划、定额作为审计依据，也一定要查到原来的资料，不能以一再转抄的资料作为审计依据。

第二节　内部审计的证据

内部审计的核心工作是取得、整理及分析实现审计计划所确定目标的审计证据。为了实现内部审计机构负责人根据企业管理层的任务来确定的具体审计目标，内部审计人员在初期计划阶段就需考虑怎样取得审计证据。在中期执行审计的过程中，对取得的内部审计活动的证据还需加以客观鉴定、整理和分析，以判断其内容的真伪和效用，然后将筛选保留的证据按审计目标归纳综合，使其成为具有充分证明力的证据，从而形成审计结论和意见。

一、审计证据的含义

对于什么是审计证据，各国的会计职业团体都有不同的解释。我国《审计证据》

准则将审计证据定义为："审计证据是指注册会计师在执行审计业务过程中，为形成审计意见所取得的证据。" 国际审计准则将审计证据界定为："审计人员在达成据以形成审计意见的结论时，所获得的信息。"

审计证据是指审计人员为了得出审计结论、形成审计意见，在实施审计程序过程中根据自己的职业判断所搜集的，使用的所有信息（即具有证明力的一系列事实凭据和资料）。包括财务报表依据的会计记录中含有的信息和其他信息，也是审计理论的一个重要组成部分，审计证据对于审计理论与审计实务都具有十分重要的意义。审计人员实施审计工作的最终目标是对被审计单位的受托经济责任发表意见。而审计人员发表的审计意见要令人信服，就必须以充分适当的审计证据作为基础。审计证据如果搜集得不充分，证据的可靠性较低，或者与审计目标相关性不够，审计人员形成的审计结论和审计意见就没有说服力，甚至有可能得出完全错误的结论。因此，审计证据在整个审计过程中占有特殊地位，是影响审计报告有效性、审计结果公正性的重要因素。审计人员的大量工作就是按照一定的原则和方法，去收集、审查和判断审计证据，以形成审计结论和审计意见。从一定意义上讲，审计实施过程就是收集、评价和综合审计证据，最后据以形成审计结论和审计意见的过程。

二、审计证据的种类

关于审计证据的种类可以有多种分类，《国际审计准则——审计证据》将其分为会计报表所依据的原始凭证与会计记录、其他来源的佐证信息两大类。审计证据在美国注册会计师协会发布的《审计准则说明书第 32 号》中被称为"证据事项"。该说明书将审计证据分为两类：一是所依据的会计资料；二是佐证信息。而佐证信息包括的种类有：（1）实物证据；（2）凭证证据；（3）书面声明；（4）函证；（5）口头证据；（6）数学性证据；（7）分析性证据。

一般而言，审计证据通常可以按其外形特征分为实物证据、书面证据、口头证据和环境证据四大类。

（一）实物证据

实物证据是指通过实际观察或清查盘点所取得的、用以确定某些实物资产是否确实存在的证据。例如，库存现金、各种存货和固定资产等可通过监盘或实地观察来证明其是否确实存在。实物证据的存在本身就具有很大的可靠性，所以实物证据通常是证明实物资产是否存在的非常有说服力的证据。但它也有其局限性，实物资产的存在并不完全能证实被审计单位对其拥有所有权。例如，年终盘点的存货可能包括其他企业寄售或委托加工的部分，或者已经销售而等待发运的商品。又如，通过对某些实物资产的清点，虽然可以确定其实物数量，但质量好坏有时难以通过实物清点来加以判断，这样当然会影响到该项资产的价值量确定。因此，对于取得实物证据的账面资产，还应就其所有权归属及其价值情况通过其他途径取得审计证据加以证明。

（二）书面证据

书面证据是指通过各种渠道所取得的以书面文件为形式的审计证据。这类证据包括各种书面记载的信息资料，如与被审计事项有关的会计凭证、账簿和报表，以及各种会议记录和文件、各种合同、通知书、报告书及函件等。审计工作中，往往要大量地取得和利用书面证据。因此，书面证据是审计证据的主要组成部分，也可称之为基本证据。书面证据按其来源又可以分为外部证据和内部证据。

1. 外部证据

外部证据是由被审计单位以外的组织机构或人士所编制的书面证据。它一般具有较强的证明力。外部证据又包括两种：一种是由被审计单位以外的机构或人士编制并由其直接递交审计人员的书面证据，如应收账款的函证回函；被审计单位律师与其他独立的专家关于被审计单位资产所有权和或有负债等的证明函件；保险公司、寄售企业、证券经纪人的证明等。此类证据由于未经被审计单位有关人员之手，排除了伪造、更改凭证的可能性，因而其证明力最强。另一种是由被审计单位以外的机构或人士编制、但为被审计单位持有并提交审计人员的书面证据，如银行对账单、购货发票、应收票据，顾客订购单，有关的契约、合同等。由于此类证据已经过被审计单位职员之手，审计人员没有直接在现场观察，出现涂改或伪造的可能性就较大。当取得的书面证据有被涂改或伪造的痕迹时，审计人员应予以高度警觉。尽管如此，一般情况下，外部证据仍是较被审计单位的内部证据更具证明力的一种书面证据。此外，在外部证据中往往还包括审计人员为证明某个事项而自己动手编制的各种计算表、分析表等。

2. 内部证据

内部证据是由被审计单位的内部机构或职员编制和提供的书面证据。它包括被审计单位的会计记录、管理当局声明书和其他各种由被审计单位编制和提供的有关书面文件。

一般而言，内部证据不如外部证据可靠。但是，由于内部证据的数量较多，审计人员还需要通过大量的内部证据来支持审计结论，所以必须要充分利用这些内部审计证据，同时也必须注意其可靠程度。内部证据的可靠程度主要取决于被审计单位内部控制的好坏，若被审计单位内部控制健全，执行较好，则内部证据也具有较强的可靠性；相反，若被审计单位的内部控制不太健全，审计人员就不能过分地信赖其内部自制的书面证据。

内部证据一般包括如下内容：

（1）会计记录。会计记录包括各种自制的原始凭证、记账凭证、账簿记录、各种试算表和汇总表等，它是审计人员取自被审计单位内部的一类非常重要的审计证据。审计人员在审查会计报表项目时，往往须追溯审查被审计单位的会计账簿和各种凭证。他们通常须由分类账追查至日记账与记账凭证，然后再追查至支票、发票及其他原始凭证。会计记录的可靠性，主要取决于被审计单位在填制时内部控制的完善程度。

（2）被审计单位管理当局声明书。被审计单位管理当局声明书是审计人员从被审计单位管理当局所取得的书面声明。其主要内容是以书面的形式确认被审计单位在审计过程中所做的各种重要的陈述或保证，包括：所有的会计记录、财务数据、董事会及股东大会会议记录均已提供给注册会计师；会计报表是完整的，并按国家的有关法规、制度编制；所有需披露的事项（诸如或有负债、关联方交易等）均已做了充分的披露；其他事项。

被审计单位管理当局声明书属于可靠性较低的内部证据，不可替代审计人员实施其他必要的审计程序，但是它却具有以下作用：第一，提醒被审计单位的管理人员，他们对会计报表负有主要责任；第二，将被审计单位在审计期间所回答的问题予以书面化，并列入审计工作底稿中；第三，声明书可作为被审计单位管理当局未来意图的证据。

（3）其他书面文件。其他书面文件是指被审计单位提供的其他有助于审计人员形成审计结论和审计意见的书面文件，如被审计单位管理当局声明书中所提及的董事会及股东大会会议记录，重要的计划、合同资料，被审计单位的或有损失，关联方交易等。

（三）口头证据

口头证据是指审计人员通过提问从被审计单位有关人员那里得到的口头答复而形成的审计证据。一般情况下，口头证据本身并不足以证明事物的真相，但可发掘出一些线索，有利于做进一步的调查，以搜集到更为可靠的证据。对重要的口头证据内审人员需要记录，并签名。

通常在审计过程中，审计人员会向被审计单位的有关人员询问会计记录、文件的存放地点，采用特别会计政策和方法的理由，收回逾期应收账款的可能性等。对这些问题的口头答复，就构成了口头证据。这些证据对于审计人员进一步了解被审计单位的实际情况，增加内部证据的可信度有较大作用。在审计过程中，审计人员应把各种重要的口头证据尽快做成记录，并要求被询问者签名确认，同时应尽可能地从不同渠道取得其他相应证据的支持。一般而言，口头证据本身并不足以证明事情的真相，但审计人员往往可以通过口头证据发掘出一些重要的线索，从而有利于对某些需审核的情况做进一步的调查，以搜集到更为可靠的证据。例如，审计人员在对应收账款进行账龄分析后，可以询问应收账款负责人对收回逾期应收账款的可能性的意见。如果其意见与审计人员自行估计的坏账损失基本一致，则这一口头证据就可成为证实审计人员有关坏账损失判断的重要证据。

（四）环境证据

环境证据（environment evidence）也称状况证据，是指对被审计单位产生影响的各种环境事实。如当审计人员获知被审计单位有着良好的内部控制制度，且日常管理中又一贯地遵守其内部控制中有关的规定时，就可认为被审计单位的内部控制为会计报表项目的可靠性提供了强有力的环境证据。此外，被审计单位的管理条件越好，管理人员的素质和管理水平越高，则其所提供的证据发生差错的可能性就越小。环境证据一般不属于基本证据，但可帮助审计人员了解被审计单位经济活动所处的环境，是审计人员进行判断所必须掌握的资料。

三、审计证据的特征

我国的《审计证据准则》指出："注册会计师应当保持职业怀疑态度，运用职业判断，执行审计业务、应当在取得充分、适当的审计证据后，形成审计意见，出具审计报告。注册会计师应当运用专业判断，确定审计证据是否充分、适当。"这里的充分和适当正是审计证据的两大特征。下文分别具体说明审计证据的充分性和适当性。

（一）审计证据的充分性

审计证据的充分性（sufficiency），是指审计证据的数量（quantity）足以使得审计人员形成审计意见，故又称为足够性。充分性涉及收集审计证据的数量方面，是审计人员为形成审计意见所需审计证据的最低数量要求。主要与注册会计师确定的样本量有关。取得的审计证据的数量受错报风险的影响。错报风险越大，需要的审计证据可能越多。

客观公正的审计意见必须建立在有足够数量审计证据的基础之上。但这并不是说，审计证据的数量越多越好。为了提高审计的效率，审计人员通常把需要足够数量审计证据的范围降低到最低限度。因此，每一审计项目对审计证据的需要量，以及取得这些证据的途径和方法，应当根据该项目的具体情况来定。在某些情况下，由于时间、空间或成本的限制，审计人员不能取得最为理想的审计证据时，可考虑通过其他的途径或用其他的审计证据来替代。审计人员只有通过不同渠道和方法取得他认为足够的审计证据时，才能据以发表审计意见。

（二）审计证据的适当性

审计证据的适当性（appropriateness or adequacy），是指审计证据的相关性和可靠性。前者是指审计证据应与审计目标相关联；后者是指审计证据应能如实地反映客观事实。审计证据的适当性是对证据质量（quality）所提出的要求。是审计证据在支持各类交易、账户余额、列报（包括披露）的相关认定，或发现其中存在错报方面具有相关性和可靠性。需要取得的审计证据的数量也受审计证据质量的影响。审计证据质量越高，需要的审计证据可能越少。

审计证据的适当性与充分性是密切相关的。审计证据的适当性会影响其充分性。一般而言，审计证据的相关与可靠程度越高，则所需审计证据的数量就可减少；反之，审计证据的数量就要相应增加。但审计证据的适当性与充分性必须同时得到满足，即在保证审计证据质量达到适当性的前提下，还必须保证其数量达到充分性。

1. 审计证据的相关性

相关性（relevance）是指审计人员只能利用与审计目标相关联的审计证据来证明和否定被审计单位所认定的事项。例如，存货监盘结果只能证明存货是否存在，而不能证明存货的计价和所有权的情况。相关性的强弱表现为审计证据是直接还是间接与审计目标相关联。与审计目标直接相关联的审计证据相关性强，则其说服力也较强，可信度也较高；与审计目标间接相关联的审计证据相关性弱，则其说服力也较弱，可信度也较低。因此，审计人员在收集审计证据时，应尽可能地选择那些能直接证明客观经济活动的资料。

一般情况下，审计人员通过符合性测试取得审计证据时，应考虑的相关事项包括：相关内部控制制度是否存在；相关内部控制制度是否有效；相关内部控制制度在所审计期间是否得到一贯遵守。

审计人员通过实质性测试取得审计证据时，应考虑的相关事项主要包括：资产或负债在某一特定时日是否存在；资产或负债在某一特定时日是否归属于被审计单位；经济业务的发生是否与被审计单位有关；是否有未入账的资产、负债或其他交易事项；资产或负债的计价是否恰当；收入与费用是否归属当期，并相互配比；会计记录是否正确；会计报表项目的分类反映是否恰当，并前后一致。

2. 审计证据的可靠性

可靠性（reliability）是指审计证据能否客观地、真实地反映经济活动的实际情况，它受到来源渠道、及时性和客观性的影响。审计证据的可靠程度通常可用下述标准来判断：

（1）以书面文件为形式的书面证据，比经由有关人员口头询问而得来的口头证据可靠。

（2）来自独立于被审计单位的第三者提供的外部证据，比取自被审计单位内部的证据可靠；已获独立的第三者确认的内部证据，比未获独立的第三者确认的内部证据可靠。

（3）审计人员自行获得的证据，比由被审计单位提供的证据可靠。

（4）被审计单位内部控制较好时所提供的内部证据，比被审计单位内部控制较差时所提供的内部证据可靠。

（5）不同来源或不同性质的审计证据能相互印证（consistent）时，审计证据更为可靠。

另外，越及时的证据越可靠。客观性证据比主观性证据可靠。

在审计实务中，绝对可靠的审计证据是很难获得的，因为审计人员取得审计证据时，一般要考虑成本效益原则（principle of benefit over cost）。如果取得最理想的审计证据需花费高昂的审计成本，审计人员通常转而收集质量稍逊的其他证据予以替代，只要其能满足审计目标的要求。例如，抽样盘点得出的存货数量与全部清查所得到的数量可靠性是不一样的，后者的可靠性显然高于前者，但是因为考虑成本效益原则，审计人员大多选择前者。由此可见，考虑取得审计证据的成本效益原则，审计人员并不一定要选取最有力的审计证据。但是，对于重要的审计项目，审计人员不应将审计成本的高低或取得审计证据的难易程度作为减少必要审计程序的理由。审计人员对审计过程中发现的、尚有疑虑的重要事项，应进一步取得审计证据，以证实或消除疑虑。如果在实施必要的审计程序后，仍无法取得充分且适当的审计证据，则应视情况发表保留意见或拒绝表示意见的审计报告。

【实务小技巧】

判断审计证据是否合适时应考虑哪些基本因素?

◎ **审计对象风险大小**。审计风险是决定审计证据数量的最重要的因素。一般而言，审计风险越高，审计证据的需要量就越多；相反，审计风险越低，审计证据的需要量就越少。

◎ **审计项目重要程度**。越是重要的审计项目，审计人员就越需取得充分的审计证据以支持其审计结论或意见；否则一旦出现判断错误，就会影响审计人员对审计整体的判断，从而导致对整体的判断失误。

◎ **审计人员审计经验**。一个经验丰富的审计人员，可以从较少的审计证据中判断出被审事项是否存在错误或舞弊行为。相对来说，此时就可减少对审计证据数量的依赖程度。相反，应增加审计证据的数量。

◎ **审计发现错误或舞弊**。审计人员一旦发现被审事项存在错误或舞弊行为，则被审计单位整体会计报表存在问题的可能性就增加，那么，就必须相应地增加审计证据的数量，以确保能做出合理的审计结论，形成恰当的审计意见。

◎ **审计证据类型与途径**。如果大多数证据都是从独立于被审计单位的第三者所取得的，且这些证据本身不易伪造，则审计证据质量就较高。相对而言，审计人员所需取得的审计证据的数量就可减少；反之，审计证据数量就应增加。

◎ **审计总体的规模大小**。抽样审计中，如果抽样总体规模越大，所需证据的数量就越多。反之，可以减少证据的数量。

第三节　内部审计的方法

一、内部审计证据的获取方法

我国《内部审计证据准则》规定，内部审计人员取得审计证据的基本方法是抽样方法，目的是为了提高审计工作效率。同时还指出，内部审计人员在采用抽样方法执行符合性测试或实质性测试取得审计证据时，都应考虑样本的代表性，也就是考虑所选样本的充分性与适当性。这是对审计人员在运用抽样审计方法时所提出的原则性要求。

（一）获取审计证据的方法

对取得内部审计证据的具体方法，各国和国际会计师联合会有不同的概括，但实质上没有本质的不同。比如，美国注册会计师协会发布的《公认审计准则》第3条规定，收集证据的具体方法有检查、观察、询问、函证。《国际审计准则——审计证据》第19条指出，审计人员取得审计证据的方法包括检查、观察、询问及函证、计算、分析程序。《中国审计证据》的相关准则指出，审计人员在审计过程中可以采用检查、监盘、观察、查询及函证、计算和分析性复核等具体方法取得审计证据。内部审计工作同样可以采取上述审计准则中所提及的注册会计师审计常用的一些审计方法。本节中的内部审计程序是指狭义的审计程序。内部审计人员获取审计证据的常用方法如下：

（1）书面资料检查法。所谓书面资料检查法（inspection）是指内部审计人员在执行审计业务时，对需要检查的会计信息资料如凭证、账簿和报表等会计记录及合同、公司章程等其他书面文件的可靠程度进行的审阅与复核的方法。其中审阅法是指审计人员通过对有关书面资料的仔细审视和阅读，查明有关资料及其所反映的经济活动是否合法、合理和有效，是否需要采用其他方法进行进一步审计的一种审计技术。审阅法是最基本，也是最重要的常用技术。在审计时，对有关资料及其经济活动的审计，一般都是由表及里，层层深入，逐步查清的。因此，审阅法是任何审计工作都需要运用的专业技术方法。复核法则是指内部审计人员针对需要进行重复阅读与检查的会计资料，或者内外部资料之间的真实性与可靠性进行的又一次审阅和核对的方法。

（2）实地监盘法。所谓实地监盘法又称为监督盘存法，是指在盘点有关财物时，内部审计人员不亲自盘点，而是现场监督被审计单位各种实物资产及现金、有价证券等的盘点，并进行适当的抽查（sample test count）的专门审计方法。即内部审计人员主要是通过对有关盘点手续的观察、财物保管情况的观察及监督，证实财物实际存在状况问题的一种盘存技术，也有人将这种盘存技术列入观察技术范畴。这种方法也是盘存方法的一种形式之一，与审计人员参与盘点过程及结果的直接盘点法不同，监督盘点法是一种间接盘点法。在具体内部审计业务中需要对业务的存货进行盘点时，多数都采用监督盘存方式，除非是对特别贵重的物品或隐藏有诸多问题的物品才进行直接盘点。一般存货盘存数量的审计问题比较适合应用实地监盘法。

（3）亲自观察法。所谓亲自观察法是审计人员对被审计单位的经营场所、实物资产和有关业务活动及其内部控制的执行情况等所进行的实地察看，即通过对审阅与分析中所发现的问题或对被审计单位的活动产生重大影响的活动，通过亲临现场巡视获取证明材料的一种审计技术。观察方法在审计活动中有着广泛的适用范围，对任何单位的审计，不管审计类型如何，均需要运用观察技术。即便是报送审计，要想取得好的效果，也需要将办公室的查阅与实地的现场观察相结合。例如，在一般的财务审计中，就需要运用观察技术来获得被审计单位有关财物管理、内部控制制度、遵守情况，以及业务处理程序遵循情况方面的材料；又如在经济效益审计中，就需要运用观察技术了解被审计单位的设备是否完好，工作效率的高低、职工的情绪及工作态度如何，生产组织是否合理，等等。观察是必要的，耳闻不如目睹，有时被审计单位在介绍情况时，可能说得头头是道、天花乱坠，但实际情况却相差甚远。如果内部审计人员轻信被审计单位的情况介绍，而不注意亲自的现场视察，很容易产生错误的结论。

（4）资料查询法。资料查询法是审计人员对被审计单位的有关管理人员或财务人员进行的书面询问或口头询问，以获取审计中所需要相关审计证据等方面的信息和资料的一种常用审计技术方法。其中询问技术是指内部审计人员通过直接找有关人员进行面谈，以取得必要的资料或对某一问题给以证实的一种审计取证方法，有人也称面询。询问技术是任何审计都必须运用的极为重要的常用辅助审计技术之一。因为，通过运用审阅、核对、盘点、分析、推理等技术，可能发现许多问题，但这些问题最终都需要找有关人员澄清，这就必须要运用询问技术。事实上，询问方法不仅可以用来核实问题，落实审计证据，在审计程序准备阶段或实施过程中，了解一般情况时，亦需要运用询问技术。如在进入一个被审计单位之前，通常需要进行必要的外围调查，包括到上级主管部门、税务部门、财政机关、银行、工商部门等，这些外围调查实际上就是询问技术的运用过程；或者是在进入被审计单位后，需要进行初步调查，这些调查包括询问管理人员和一般职工，了解他们对单位有关情况的反映，以及他们在处理业务过程存在的问题等，这些实际上均是询问技术的运用过程。因此，询问技术是一个极为重要的常用辅助审计技术。从某种程度上看，审计过程实际上是审计人员同被审计单位及社会上其他有关人员进行交往的过程。如果审计人员只注重查死账，不注意查活账，不注意运用询问技术，则想获得良好的审计效果，很好地执行审计监督职能是不可能的。

询问是通过找有关人员谈话来实现审计目的的，因此，按询问对象不同，询问技术又可分为对知情人的询问和当事人的询问两种不同的具体形式。前者是指通过找知晓某一问题具体情况的人员面谈来获取资料或证实问题；后者是指找某一问题的直接责任人员面谈，以获取资料或核实问题。另外，若按询问地点不同，询问技术还可分为内部询问和外部询问；若按询问方式不同，又可分为个别询问和集体询问两种。所以，内部审计人员在运用具体询问技术方式时，应根据需要根据审计目的及被询问对象的具体情况选择不同的询问类型，才可能实现比较理想的询问结果。

（5）函证调查法。函证调查方法是指审计人员根据审计的具体需要，设计出一定格式的函件寄给在同城或者异地的有关单位和人员，根据对方回复的书面资料来获取相关信息，或对某些问题予以证实的一种审计方法，又称函询方法。在每一审计过程中，许多审计事项的最终查核需要依赖被审计单位以外的其他有关方面，如应收账款及应付账款是否真实，可能在被审计单位的账面上是无懈可击的，但实际上可能根本就不存在，而是被审计单位虚构的债权债务借以达到某种目的。但实际情况到底怎样，需要债务单位及债权单位书面证明或由审计人员直接审计他们的账目，或亲自询问对方。然而，对凡需从被审计单位以外的其他方面获得证明材料的审计事项，如果一一都由审计人员亲自到他方所在地核实取证，一般是难以办到的。因为，核实取证所需的人力、财力，常常较大，一般难以承受。实际上，只要对方确实存在，且与被审计单位不存在串通舞弊的可能，双方不存在极强的依赖关系，则由他方按照审计人员的要求回答的信函，其证据效用同审计人员亲临现场获取的证据材料的效用是相当的。因此，函证方法在审计过程被经常采用，对证实某些问题极为有效，它属于证实问题的专门审计方法之一。

在具体审计实务中，按要求对方回答方式的不同，函证方法可分为积极函证和消极函证两种。积极函证是指不管在什么情况下，都要求对方对函证内容直接以书面文件的形式向审计人员做出答复。消极函证，是指对于函证的内容，只有当对方认为还在异议时，才要求对方直接以书面文件的形式向审计人员做出答复。至于在何种情况下应使用积极函证或消极函证，一般应视函证业务事项的具体情况而定。

（6）数据验算法。验算法又称为计算法，计算法（computation）是审计人员对被审计单位原始凭证及会计记录中的数据所进行的验算或另行计算。内部审计人员采用数据验算法主要目的是对需要重新进行验证的记录或文件中的数据计算的准确性进行核对，以便证实本身即项目是否存在认为计算方面的差错或人为故意的错误。一般来说，数据验算法下的相关数据的重新计算可通过手工方式或电子方式等多种方式进行。

（7）分析性复核。分析性复核是审计人员对被审计单位重要的比率或趋势进行的分析，包括调查异常变动以及这些重要比率或趋势与预期数额和相关信息的差异。对于异常变动项目，审计人员应重新考虑其所采用的审计程序是否恰当。必要时，应当追加适当的审计程序。一般而言，在整个审计过程中，审计人员都将运用分析性复核的方法。审计人员在取得审计证据时，可以同时采用上述方法。

至于审计证据的取得途径大致可以归纳为两个方面：

一是依靠被审计单位提供各种审计证据；二是由审计人员自己主动取得。在大多数情况下，前者是审计证据的主要来源，其取得方式比较简捷，同时也可以大大节省时间和费用，但是可靠性较差。审计人员依靠自己取得的审计证据的可靠性一般来说是比较高的，但其需要的审计时间较长，审计费用也相应较高，相比而言，在审计证据总量中它只占很少部分。因此，究竟通过什么途径取得审计证据主要考虑两个方面的问题，一个是可靠性，另一个是审计成本。只有综合考虑这两个问题才能够很好地决定如何取得审计证据。

内部审计人员在执行具体项目审计工作时，获取和得到相关审计证据的主要方法与途径等内容见图3－1。

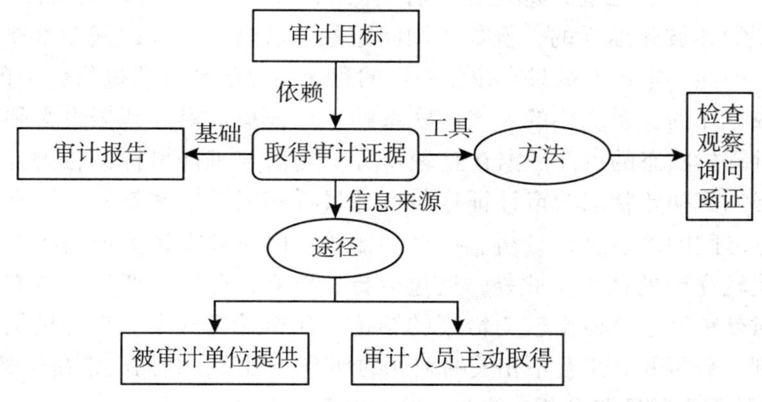

图3－1　审计人员获取审计证据的方法与途径

（二）内部审计证据的收集方式

根据不同企业内部审计工作的环境与特点，内部审计人员可以采取不同的途径或者渠道收集审计证据。概括而言，内部审计人员收集审计证据的方式主要包括如下几个方面的内容：

（1）管理制度规定审计资料负责由被审单位提供。例如，审查企业门市部的利润实现情况，可以要求门市部提供这方面的资料。

（2）到被审计单位实地实际查阅。内部审计人员自己到被审单位查阅各种记录、文件、账册、报表。

（3）去现场亲自观察。例如，审计人员深入仓库看材料物资的保管、收发情况，到车间观察工人的劳动态度、工作条件和生产情况。

（4）询问采取口头方式。审计人员找人谈话了解情况或发信向对方调查。

（5）外调。审计人员到外单位进行调查，收集有关证据。

（6）查档。查阅有关的档案材料。

（7）计算分析。特别是经济效益审计，经常要根据被审单位提供的数据进行分析、综合和计算，如计算人均创利税额、劳动生产率、资金周转率等，将分析计算的结果作为证明经济效益高低的审计证据。

二、审计证据的整理与分析方法

（一）审计证据整理与分析的意义

审计证据是随着审计程序的进行逐步收集的，因此是零散和个别的。审计人员为了使所收集到的分散的、个别的审计证据，变成充分、适当、具有说服力的证据，以正确评价被审计单位会计报表等有关会计资料是否恰当地反映了其财务状况、经营成果及现金流量，就必须按照一定的方法对审计证据进行分类整理与分析，使之条理化、系统化。只有这样，审计人员才能对各种审计证据合理地进行审计小结，并在此基础上，恰当地形成整体审计意见。通过具体审计方法所取得的大部分审计证据，在审计人员对其进行分析评价之前，都还是一种初始状态的证据。这些证据往往是原始的、零散的、无序的和彼此孤立的，例如，询问记录、监盘记录、回函、重要凭证、账簿的复印件等。因此，审计人员只有按照一定的程序、目的和方法进行科学的加工整理，才能使其变成有序的、系统化的、彼此联系的审计证据。审计证据也必须与审计目标相联系。各种初始状态的审计证据在整理及分析之前与审计目标的相关性并不十分明显，因此，必须将初始状态的审计证据与审计目标相联系，并就其性质和重要程度以及同其他证据之间的关系进行分析、计算和比较，以对被审计单位的各个方面做出评价，并形成比较完整的认识。此外，通过分析、研究，还可能产生一些有价值的新的证据，从而对被审计单位做出较为恰当的结论。在审计实务中，审计证据的收集与审计证据的整理、分析并非是互不相关的独立的环节，相反，它们经常是交叉进行的。

（二）审计证据整理与分析的方法

审计证据的整理过程就是研究、分析的过程，一般采用分类、比较、计算、小结与综合和分析程序等方法。

1. 分类

所谓分类是指将各种审计证据按其证明力的强弱，或按与审计目标的关系是否直接等分门别类排列成序，看其是否符合充分性与适当性。

2. 比较

比较是将相同的证据放在一起，根据其可靠性与相关性的强弱进行比较，淘汰其中说服力较弱的证据。比较包括两方面的内容：一方面，要将各种审计证据进行反复比较，从中分析出被审计单位经济业务的变动趋势及其特征；另一方面还要与审计目标进行比较，判断其是否符合要求，如不符合要求，则需补充收集有关的审计证据。

3. 计算

计算是指按照一定的方法对有关数据方面的审计证据进行验算，并从中得出所需的新的证据。

4. 小结与综合

小结是指对审计证据在上述分类、比较和计算的基础上，审计人员对审计证据进行归纳、总结，得出具有说服力的局部的审计结论。综合是指审计人员对各类审计证据及其所形成的局部的审计结论进行综合分析，最终形成整体的审计意见。

5. 分析程序

（1）分析程序的目的。

①用作风险评估程序，以了解被审计单位及其环境；

②当使用分析程序比细节测试能更有效地将认定层次的检查风险降至可接受的水平时，分析程序可以用作实质性程序；

③在审计结束或临近结束时对财务报表进行总体复核。

（2）用作风险评估程序。

①总体要求——注册会计师在实施风险评估程序时，应当运用分析程序，以了解被审计单位及其环境。

②在风险评估程序中的具体运用——注册会计师可以降分析程序与询问、检查和观察程序结合运用，以取得对被审计单位及其环境的了解，识别和评估财务报表层次及具体认定层次的重大错报风险。

③风险评估过程中运用的分析程序的特点：

分析程序的优点：所使用的数据汇总性比较强，其对象主要是财务报表中账户余额及其相互之间的关系；所使用的分析程序通常包括对账户余额变化的分析，并辅之以趋势分析和比率分析。

分析程序的缺点：与实质性分析程序相比，在风险评估过程中使用分析程序所进行比较的性质、预期值的精确程度，及所进行的分析和调查的范围都并不能提供很高的保证水平。

（3）用作实质性程序。

①总体要求——注册会计师应当针对评估的认定层次重大错报风险设计和实施实

质性程序。实质性程序包括对各类交易、账户余额、列报的细节测试以及实质性分析程序。

②确定实质性分析程序对特定认定的适用性——并非所有认定都适合使用实质性分析程序。在确定实质性分析程序对特定认定的适用性时，注册会计师应当考虑评估的重大错报风险和针对同一认定的细节测试等因素。

③数据的可靠性——计划取得的保证水平越高，对数据可靠性的要求也就越高。

④做出预期的准确程度——分析程序的有效性很大程度上取决于注册会计师形成的预期值的准确性。预期值的准确性越高，注册会计师通过分析程序取得保证水平将越高。

⑤已记录金额与预期值之间可接受的差异额——注册会计师应当将识别出的差异额与可接受的差异额进行比较，以确定差异是否重大，是否需要作进一步调查。

（4）用于总体复核。

①总体要求——强制要求。

②总体复核阶段分析程序的特点——与风险评估程序中实施分析程序的时间和重点不同，以及所取得的数据的数量和质量不同。

③再评估重大错报风险。

（三）审计证据整理与分析应注意的问题

（1）内部审计人员在对审计证据进行整理与分析时，应着重注意审计证据的取舍。在编写审计报告之前，舍弃那些无关紧要的、不必在审计报告中反映的次要证据，只选择那些具有代表性的、典型的审计证据在审计报告中加以反映。审计证据取舍的标准大体有两种：一是金额的大小。对于金额较大、足以对被审计单位的财务状况或经营成果的反映产生重大影响的证据，应当作为重要的审计证据；二是问题性质的严重程度。有的审计证据本身所揭露问题的金额也许并不很大，但这类问题的性质较为严重，它可能导致其他重要问题的产生或与其他可能存在的重要问题有关，则这类审计证据也应作为重要的证据。

（2）内部审计人员在对审计证据进行整理与分析时，还应辨别并排除伪证。所谓伪证，是审计证据的提供者出于某种动机而伪造的证据，或是有关方面基于主观或客观原因而提供的假证。这些证据或因精心炮制而貌似真证据，或与被审计事实之间存在某种巧合，如不认真排除，往往就会鱼目混珠，以假乱真。比如，审计证据是否曾长期在个人手中，证据受个人支配的时间越长，被篡改的可能性越大。需要注意：内部审计人员自己亲历证据的效力最大，外来证据优于内部证据；信用好的人提供的证据较可靠；与被审单位、被审事项关系密切的人所提供的证据，可能有片面性要审慎判断。因此，审计人员在整理与分析审计证据过程中，必须注意由表及里、去伪存真，不能被表面的假象所迷惑，要将正、反面的证据和有关证据联系起来进行分析研究，决定取舍。

（3）内部审计人员（调查取证人）自身是否存在问题。根据调查取证人的情况判断，如调查人没有经验，素质差、能力差、所得到的证据质量可能也差一些，如果内部审计人员在检查分析时，如发现证据数量不足，质量不高，就要立即补证。

（4）内部审计人员的相关证据如何可能需要进行专业技术鉴定。必要时要对审计证据进行技术鉴定，如对书面证据鉴定其是否伪造，对实物证据鉴定其质量、价值等。

本章习题

一、单选题

1. 注册会计师为明确被审计单位的会计责任取得的下列审计证据中，无效的审计证据是（　　）。

A. 审计业务约定书　　B. 管理当局声明书

C. 律师声明书　　D. 管理建议书

2. 注册会计师取得的被审计单位有关人员口头答复所形成的书面记录属于（　　）。

A. 书面证据　　B. 口头证据　　C. 实物证据　　D. 环境证据

3. 为了证实应收账款是否存在，下列各项书面证据中可靠性最强的是（　　）。

A. 注册会计师向被审计单位债务人函证应收账款的回函

B. 销货发票副本

C. 被审计单位提供的债务人的对账单

D. 被审计单位应收账款账簿

4. 下列各项不属于环境证据的是（　　）。

A. 被审计单位管理人员的素质　　B. 各种管理条件和管理水平

C. 被审计单位管理当局的声明书　　D. 被审计单位的内部控制情况

5. 会计师事务所接受委托对被审计单位进行审计所形成的审计工作底稿，其所有权应归属于（　　）。

A. 执行审计业务的注册会计师　　B. 被审计单位

C. 审计委托人　　D. 执行业务的会计师事务所

6. 某会计师事务所 2001 年 3 月决定以后不再接受某公司的审计委托，那么该会计师事务所对该公司 2000 年度审计形成的永久性审计档案应（　　）。

A. 长期保存　　B. 至少保存至 2012 年

C. 至少保存至 2010 年　　D. 至少保存至 2011 年

7. 注册会计师对重大错报风险（固有风险和控制风险）的估计水平与所需审计证据的数量（　　）。

A. 呈同向变动关系　　B. 呈反向变动关系

C 成比例变动关系　　D. 不存在关系

8. 以下所列各项中，（　　）不是注册会计师实施分析程序的主要目的。

A. 用作风险评估程序，以了解被审计单位及其环境

B. 用作控制测试程序，以证实控制运行的有效性

C. 用作实质性程序将检查风险降至可接受的水平时

D. 在审计结束或临近结束时对财务报表进行总体复核

二、多选题

1. 会计师事务所在签订审计业务约定书之前应做的工作包括（　　）。

A. 初步了解被审单位基本情况　B. 商定审计收费

C. 明确审计业务的目的、性质和范围　D. 评价会计师事务所的胜任能力

2. 注册会计师判断审计证据是否充分、适当时，应当考虑的主要因素包括（　　）。

A. 审计过程中是否发现错误或舞弊　B. 审计风险及具体审计项目的重要性

C. 审计人员的审计经验　D. 审计证据的类型与取得途径

3. 审计证据的适当性是指审计证据的（　　）。

A. 足够性　B. 区域性　C. 可靠性　D. 相关性

4. 审计证据的取舍标准有（　　）

A. 内部控制的强弱　B. 金额的大小

C. 问题性质的严重程度　D. 核算程序的繁简

5. 下列关于审计工作底稿的提法中正确的有（　　）。

A. 审计工作底稿是连接整个审计工作的纽带

B. 审计工作底稿是注册会计师形成审计结论、发表审计意见的直接依据

C. 审计工作底稿为审计质量控制与质量检查提供了可能

D. 审计工作底稿是审计证据的载体

6. 注册会计师所需取得的审计证据数量受各种因素的影响。以下关于审计证据数量的说法中，正确的有（　　）。

A. 错报风险越大，需要的审计证据可能越多

B. 审计证据质量越高，需要的审计证据可能越少

C. 证据的质量存在的缺陷越多，所需的证据越多

D. 取得的原件证据可能比取得的复印件证据少

三、简答题

1. 从性质与内容的角度来看，内部审计依据可以有哪些分类？

2. 什么是内部审计证据？审计证据主要包括哪些内容？

3. 什么是审计证据的充分性和适当性？两者有何关系？

4. 什么是内部审计盘点法？一般包括哪些特点？

第四章

内部审计实用技术

导入案例

滨海市瑞城生物科技有限公司，是一家2014年初在沪市上市的创业板公司，经过3年多的快速扩张与发展，在全国各省市陆续设立了23家子公司和分部等分支机构，用于临床或保健的生物制品达到20多种，年销售额业务量截至2016年12月31日已经达到21.6亿元人民币，产品比初创时期成长了10多倍，公司的员工达到2 460人，运营成本每年近2亿元，公司债务规模到达10亿元。虽然在外部投资者看来，该公司的业务蒸蒸日上，前景光明，但是到了2017年底，公司CEO王明却发现了一些令他感到烦恼不已的事情，比如2017年公司的盈利规模开始下降，内部财务收支比较紧张，债务偿付压力加大，资本运作及资金周转似乎出现问题，公司产品销售增长趋势也开始下降，而公司的年度应收账款则开始上升等不良的现象开始显现，让他觉感到公司内部管理可能存在一定的问题，可是他一时间又并不知道这些问题背后的真实原因是什么？

于是他找来审计部的总经理李岩，指示李岩派出专门的审计项目组对公司的财务状况进行综合检查，并询问了李岩以下几个问题：

1. 如果需要由本单位的内部审计机构来检查和评价公司的财务状况，那么可以选择使用哪些实用技术或方法，才可能在审计计划所预期的时间内达到这次对集团公司财务管控状况进行全面了解与客观评价的目的？

2. 审计部门及审计师在运用特定的专业审计技术方法时，主要需要考虑什么因素？哪些因素是关键性的影响因素？

学习目标

1. 理解与掌握内部审计技术的主要内容。
2. 熟悉内部审计抽样技术的基本原理。
3. 掌握分析性技术方法的实际运用。
4. 熟悉内部控制自我评估理论与方法。
5. 了解其他审计技术与方法的内容。

学习内容

本章介绍的内部审计技术是指内部审计人员用来收集审计证据的手段，也可以说是一种能够取得审计证据的各种纯技术性检查手段。审计技术按各自所起作用的不同，又可分为基本审计技术和辅助审计技术两类。基本审计技术是在审核检查时必须采用的、并能用来直接收集重要审计证据的技术，一般包括审计抽样技术、分析性技术、内部控制评估技术（自我评价），鉴定法和观察法、检查法（上一章已经介绍过）等内容；辅助审计技术方法，通常是指为搜集重要审计证据提供线索，或是为搜集重要证据以外的证据而采用的审计技术，它不能收集到直接的重要证据，但常常可以帮助审计人员较快地发现问题，为进一步检查提供方向。因此，也是审核检查时必不可少的，一般包括分析法、推进法、询问法和调整法等。本章主要介绍审计抽样技术、分析性技术、内部控制评估技术及相关的审计技术与方法。

第一节　审计抽样技术应用

一、审计测试项目的选取方法

在设计审计程序时，审计人员应当确定选取测试项目的适当方法。审计人员可以使用选取全部项目、选取特定项目和审计抽样三种方法。

1. 选取全部项目

选取全部项目是指对总体中的全部项目进行检查。对全部项目进行检查，通常更适用于细节测试，而不适合控制测试。实施细节测试时，在某些情况下，基于重要性水平或风险的考虑，注册会计师可能认为需要测试总体中的全部项目。总体可以包括构成某类交易或账户余额的所有项目，也可以是其中的一层，同一层中的项目具有某一共同特征。注意当存在下列情形之一时，审计人员应当考虑选取全部项目进行测试：

（1）总体由少量的大额项目构成。某类交易或账户余额中的所有项目的单个金额都较大时，注册会计师可能需要测试所有项目。

（2）存在特别风险且其他方法未提供充分、适当的审计证据。某类交易或账户余额中所有项目虽然单个金额不大但存在特别风险，则注册会计师也可能需要测试所有项目。

存在特别风险的项目主要包括：①管理层高度参与的，或错报可能性较大的交易事项或账户余额；②非常规的交易事项或账户余额，特别是与关联方有关的交易或余额；③长期不变的账户余额，例如滞销的存货余额或账龄较长的应收账款余额；④可疑的或非正常的项目，或明显不规范的项目；⑤以前发生过错误的项目；⑥期末人为调整的项目；⑦其他存在特别风险的项目。

（3）由于信息系统自动执行的计算或其他程序具有重复性，对全部项目进行检查符合成本效益原则。即注册会计师可运用计算机辅助审计技术选取全部项目进行测试。

2. 选取特定项目

选取特定项目是指对总体中的特定项目进行针对性测试。根据对被审计单位的了解、评估的重大错报风险以及所测试总体的特征等，注册会计师可以确定从总体中选取特定项目进行测试。选取的特定项目可能包括：大额或关键项目；超过某一金额的全部项目；被用于获取某些信息的项目；被用于测试控制活动的项目。

选取特定项目时，审计人员只对审计对象总体中的部分项目进行测试。注册会计师通常按照覆盖率或风险因素选取测试项目，或将这两种方法结合使用按照覆盖率选取测试项目是指选取数量较少、金额较大的项目进行测试，从而使测试项目的金额占审计对象总体金额很大的百分比。注册会计师也可以决定抽取超过某一设定金额的所有项目，从而验证某类交易或账户余额的大部分金额。按照风险因素选取测试项目是指选取那些具有某种较高风险特征的项目进行测试，例如可疑的项目、异常的项目、特别具有风险倾向的项目，或者以前发生过错误的项目等。

审计人员还可能选择某些项目进行检查，以获取与被审计单位的性质、交易的性质以及内部控制等事项有关的信息，或确定某一控制活动是否得到执行。对这些项目进行测试实际上属于风险评估程序，主要是为了提供与被审计单位及其环境有关的信息。

审计人员应注意对于选取特定项目实施检查，通常是获取审计证据的有效手段，但并不构成审计抽样。对按照这种方法所选取的项目实施审计程序的结果，不能推断至整个总体。

3. 审计抽样

（1）审计抽样的发展概况。

在现代审计的早期阶段，审计人员大都采用逐笔核查凭证、账簿等会计资料的详细审计方法，并着重检查会计记录的真实性与正确性，以达到查错防弊的目的。但这种详细审计存在着重复被审计单位会计人员工作，耗费过多审计人力、时间和费用等问题。20 世纪 30 年代开始，审计实务中逐渐出现抽查方法，审计人员有选择地抽取一部分经济业务和会计记录进行审查，并根据抽查结果推断全部经济业务和会计记录的公允合理性。在 20 世纪 60 年代之后，随着概率论与数理统计原理的抽样技术引进到审计中，审计抽样方法逐渐成为现代审计中的一个基本程序。将抽样技术和方法运用于审计工作，是审计理论和实践的重大突破，实现了从详细审计到抽样审计的历史性飞跃。

（2）审计抽样的基本含义。

审计抽样是指在审计过程中，审计人员对某类交易或账户余额中以低于百分之百的项目实施审计程序，使所有抽样单元都有被选取的机会；这使得注册会计师能够获取或评价与被选取项目的某些项目有关的审计证据，以形成和帮助形成对从中抽取样本总体的结论。其中抽样单元是指构成总体的个体项目；总体是指审计人员从中选取样本并据此得出结论的整套数据。总体可以分成多个层次或子总体，每一层次或子总体可分别予以检查。实践表明，审计抽样的运用科学地揭示了审计结论与可承担审计风险之间的关系极大地提高了审计工作的效率。目前，审计抽样技术已成为内部审计师进行测试的有力并且必要的武器。IIA《内部审计实务标准》指出：内部审计师应审计和评价审计资料，包括收集、分析和解释所有审计的资料。审计师应用的审计程序，包括所采用的检查和抽样技术，应事先选定。有正当的理由在可能的情况下，可以扩展或变更。我国内部审计师协会也专门发布了《内部审计具体准则第 18 号——审计抽样》用以指导开展审计抽样。

审计抽样的基本目标是在有限的审计资源条件下，收集充分、适当的审计证据，以形成和支持审计结论。科学地开展审计抽样确实节省了大量的审计资源，然而，如果使用不当，可能招致更大的风险，而这可能比舞弊本身更加可怕。正因如此，掌握审计抽样技术的基本知识，弄清审计抽样适用的情形，显得尤为重要。

（3）审计抽样的特征。

审计抽样应当具备四个基本特征：一是对某类交易或账户余额中以低于百分之百的项目实施审计程序；二是所有抽样单元都有被选取的机会；三是审计测试的目的是为了评价该账户余额或交易类型的某一特征；四是对于为了实现审计目标需要进行测试且对其缺乏了解的项目特别适用。

（4）审计抽样的应用范围。

审计抽样本身的科学性是毋庸置疑的，然而，不恰当地使用审计抽样不仅不会对审计活动的顺利开展有所帮助，反而会招致更大的风险。审计人员打算实施的审计程序将会对运用审计抽样产生重要的影响。有些审计程序可以使用审计抽样，有些审计程序则不宜使用审计抽样。就是说它并不是适用于审计测试中的所有审计程序。例如，审计抽样在顺查、逆查和函证等审计程序中广泛运用，但通常不宜用于询问、观察、分析性技术或程序、按需要进行详细审计的程序和不准备进行测试的交易或账户。审计人员在获取审计证据时可使用三种目的的具体审计程序：风险评估、控制测试和实质性程序。具体而言，抽样审计可以充分发挥作用的情形可概括如下：

①审计的对象总体数量众多，审计人员无法在符合成本效益原则下对其进行详查。

②审计抽样适用于总体内部控制制度健全的企业。由于审计抽样是在可承担的审计风险的前提下开展的不完全审计，如果审计风险较高，比如内部控制制度不健全，需要对其进行全部审计。

③审计抽样对象应该具有共同的特性，符合一定的概率分布。

有关审计程序中使用审计抽样的情况见表 4－1。

表 4－1　　获取审计证据时对审计抽样的考虑

审计抽样	风险评估程序	控制测试	实质性程序
适用情况	无	（1）了解内部控制的设计和确定控制是否得到执行的同时计划和实施控制测试时； （2）当控制的运行留下轨迹时	在实施细节测试时： （1）以验证有关财务报表金额的一项或多项认定（如应收账款的存在性）； （2）或对某些金额做出独立估计（如陈旧存货价值）
不适用情况	通常不涉及审计抽样	没有留下运行轨迹控制	在实施分析性程序时

二、审计抽样的类型

审计抽样通常按抽样决策的依据不同分为统计抽样和非统计抽样，而统计抽样又可按审计抽样所了解的总体特征不同分为属性抽样和变量抽样。

（一）统计抽样和非统计抽样

1. 统计抽样

统计抽样是指运用概率论和数理统计的方法确定样本数量与构成分布，随机抽取有效样本进行审查，并对所抽取的样本结果进行统计评价，最后以样本的审查结果来推断总体特征的方法。也就是说，统计抽样是以概率论和数理统计为理论基础，将数理统计的方法与审计工作相结合而产生的一种审计抽样方法。运用统计抽样技术可以使总体中每一单位都有被抽选的机会，使样本的特征尽可能接近总体的特征。

现代审计广泛采用统计抽样具有以下理论依据：一是有科学的数学依据。统计抽样要利用概率论和数理统计。在抽样时如选取样本适当，那么根据审查样本的结果，运用概率论的原理，可以通过样本显示出与总体性质近似的现象，即可以通过抽取的样本推断总体。二是有健全的内部控制制度。企业具有健全的内部控制，则会计上发生错误和舞弊的可能性必会减少，而且即使发生了错误和舞弊也能迅速发现。所以，企业有健全的内部控制，为统计抽样的运用提供了前提和依据。三是有合理的经济依据。现代企业机构庞大、业务频繁，在这种情况下，如果采用详查法，既费时间又耗精力，同时还要支出大量的审计费用，所以为节约审计资源，也需要以抽样方法代替详查法。

统计抽样具有以下优点：（1）统计抽样能够科学地确定样本规模，避免出现样本过多或过少的现象；（2）采用统计抽样，总体各项目被抽取的机会是均等的，可以防止主观判断和随意性；（3）统计抽样能够计算抽样误差在预定范围内的概率，并根据抽样推断的要求，把这种误差控制在预定范围之内；（4）统计抽样能够客观地评估审计结果，运用概率论和数理统计原理对样本结果进行统计评价以推断总体特征，所得出的审计结论具有科学依据；（5）统计抽样能够提高审计效率，并促使审计工作规范化。

2. 非统计抽样

非统计抽样也称判断抽样，是指审计人员运用专业经验和主观判断，有目的地从特定审计对象总体中抽取部分样本进行审查，并以样本的审查结果来推断总体特征的审计抽样方法。采用这种方法能否取得成效，取决于审计人员的经验和主观判断能力。

所有的审计样本，无论是采用统计抽样产生的，还是非统计抽样产生的，都要求以足以代表总体的方式来选取。两者的主要区别在于统计抽样可用概率论的方法来评价抽样风险和评估样本结果，而非统计抽样只能用经验和判断去评价抽样风险和评估样本结果。因此，正确运用统计抽样可以做到抽取适度的样本数量，使其既能取得较好的效果，又能提高审计效率，还能科学地评价审计结果的可靠程度。而采用非统计抽样会导致如下结果：要么样本量过大，浪费人力和时间；要么样本量过小，则冒过多的风险，易得出错误的审计结论。

当然，非统计抽样如果设计得当，也可达到同统计抽样一样的效果。因而，审计人员执行审计测试，既可以运用统计抽样技术，也可以运用非统计抽样技术，还可以结合使用这两种抽样技术。只要这两种技术运用得当，均可以提供审计所要求的充分、适当的证据，并且都存在某种程度的抽样风险和非抽样风险。在审计实务中，究竟选用哪种抽样技术，主要取决于审计人员对成本效果方面的考虑。一般来说，非统计抽样可能比统计抽样花费的成本要小，但统计抽样的效果则可能比非统计抽样要好得多。重要的是，统计抽样能使审计人员量化抽样风险。

（二）属性抽样与变量抽样

审计人员通过使用统计抽样技术，可以了解总体很多不同的特征，但绝大多数统计抽样都是用来估计偏差率或错误金额的。统计抽样在审计工作中的具体应用，主要有属性抽样和变量抽样两种。

1. 属性抽样

属性抽样是指在精确度界限和可靠程度一定的条件下，为了测定总体特征的发生频率而采用的一种方法。根据控制测试的目标和特点所采用的审计抽样，通常称为属性抽样。也就是说，属性抽样是用于控制测试方面的统计抽样。在控制测试中，只需通过对样本的审核来推断差错或舞弊的发生频率是多少，来证明被审计单位的内部控制是否有效地执行，而不必做出错误数额大小的估计。用于控制测试的属性抽样通常有固定样本量抽样、停—走抽样、发现抽样等方法。

2. 变量抽样

变量抽样是指用来估计总体金额而采用的一种方法。根据实质性测试的目标和特点所采用的审计抽样，通常称为变量抽样。也就是说，变量抽样是用于实质性测试方面的统计抽样。它通过检查会计报表各项目金额的真实性和正确性，来取得支持和做出审计结论所需的直接证据。用于实质性测试的变量抽样，通常有平均值估计抽样、差异估计抽样、比率估计抽样等方法。

在审计实务中，经常存在同时进行控制测试和实质性测试的情况，在此情况下采用的审计抽样称为双重目的抽样。

三、审计抽样与专业判断

在审计抽样过程中，无论所采用的方法是统计抽样还是非统计抽样，都离不开审计人员的专业判断。因为在运用审计抽样时仍存在许多不确定因素，这些不确定因素要由审计人员运用其正确的判断来加以解决，所以审计抽样并不排除专业判断。例如，审计人员在决定使用审计抽样时，必须依靠专业判断去决定是运用统计抽样还是运用非统计抽样。而在运用统计抽样的全过程中，如确定审计对象总体及其特征、设计与选择样本、对抽样结果进行质量和数量的评价等，审计人员也均需要运用专业判断。在审计实务中，往往把统计抽样和非统计抽样结合起来运用，各取所长，才能收到较好的审计效果。

四、审计抽样的基本程序

（一）样本的设计

审计人员运用审计抽样方法需要在科学、具体的规划指导下进行。在抽样之前，首要的工作是进行样本设计。所谓样本设计是指审计人员围绕样本的性质、样本量、抽样组织方式及抽样工作质量要求等方面所进行的规划工作。审计人员在设计样本时，应当考虑下列五个方面的基本因素。

1. 审计目标

具体审计目标是决定样本设计的前提因素。审计人员在设计样本时，应当根据具体审计目标，考虑其所要获取审计证据的特征及构成误差的条件，以正确界定误差和审计对象总体，并确定采用何种审计抽样方法。这里，最为关键的是要根据具体审计目标界定“误差”。一般来说，在控制测试中，误差是指审计人员认为使控制程序失去效能的所有控制失效事件；在实质性测试中，通常将误差界定为误报货币金额的绝对值或相对比率。

2. 审计对象总体及抽样单元

审计对象总体是指审计人员为形成审计结论，拟采用抽样方法审计的经济业务及有关会计或其他资料的全部项目。审计人员在确定审计对象总体时，应确保其相关性和完整性。相关性是指审计对象总体必须符合审计目标。例如，若审计目标在于审查应收账款余额是否多计，则审计对象总体应确定为应收账款明细账；若审计目标在于审查应付账款余额是否少计，则审计对象总体不仅包括应付账款明细账，还应包括期后付款、未付发票等其他项目。完整性是指审计对象总体必须包括被审计的会计或其他资料的全部项目。

抽样单元是指构成审计对象总体的单位项目。审计人员应当根据审计目标及被审计单位实际情况确定抽样单位。例如，审计人员在确定被审计单位应收账款账面价值时，可以将货币单位（元）作为抽样单位，也可以将每个应收账款明细账余额作为抽样单位。在对被审计单位的购货业务进行控制测试时，还可以把每一张发票作为抽样单位。在此基础上，审计人员可根据不同的要求，运用适当的方法，从审计对象总体中选择若干抽样单位，以组成适量、有效的样本。

3. 抽样风险和非抽样风险

审计人员在运用抽样技术进行审计时，会遇到两方面的不确定性因素，一是直接与抽样相关的因素，由此造成的不确定性称为抽样风险；另一个是与抽样无关的因素，由此造成的不确定性称为非抽样风险。

（1）抽样风险。

抽样风险是指审计人员依据抽样结果得出的结论，与审计对象总体特征不相符的可能性。也就是说，抽样风险与选取的样本不能代表总体的可能性有关。抽样风险与样本量成反比，增加样本量可以降低抽样风险，但样本量过大会增加审计成本。因而无论是进行控制测试还是实质性测试，审计人员都应关注抽样风险。

在进行控制测试时，可能会产生两种抽样风险，即信赖不足风险和信赖过度风险。

信赖不足风险是指抽样结果使审计人员没有充分信赖实际上应予信赖的内部控制的可能性。这种风险一般会导致审计人员执行额外的审计程序，降低审计效率，但不会影响审计效果。因为被审计单位内部控制的实际运行状况达到了预期信赖程度，从而能够支持对风险的估计水平，但抽样结果却不能支持该风险的估计水平，从而使审计人员加大不必要的审计工作量，降低审计效率。

信赖过度风险是指抽样结果使审计人员对内部控制的信赖超过了其实际上可予信赖的可能性。这种风险会影响审计效果，很可能导致审计人员得出不正确的审计结论。因为被审计单位内部控制的实际运行状况并未达到预期信赖程度，不能支持对风险的估计水平，但抽样结果却能支持该风险的估计水平，从而使审计人员得出的审计结论可能不具备合理的基础。

在进行实质性测试时，也可能会产生两种抽样风险，即误拒风险和误受风险。

误拒风险，又称“α 风险”，是指抽样结果表明账户余额存在重大错误，而实际上并不存在重大错误的可能性。这种风险也会导致审计人员执行额外的审计程序，降低审计效率。因为被审计单位特定账户实际上并不存在重大错误，但样本却支持得出该账户余额存在重大错误的结论，从而使审计人员加大不必要的审计工作量，降低审计效率。

误受风险，又称“β 风险”，是指抽样结果表明账户余额不存在重大错误，而实际上存在重大错误的可能性。这种风险也影响审计效果，很可能导致审计人员得出不正确的审计结论。因为被审计单位特定账户实际上存在重大错误，但样本却支持得出该账户余额不存在重大错误的结果，从而使审计人员按照既定的审计程序可能不足以查出重大错误，得出的审计结论不具备合理的基础。

上述的这些抽样风险都将严重影响审计工作的效率和效果。但是，信赖过度风险和误受风险对审计人员来说是最危险的风险，因为它们会使审计工作无法达到预期的效果，而信赖不足风险和误拒风险属于保守型风险，出现这两种风险后，审计效率虽然不高，但其效果一般都能保证。

（2）非抽样风险。

非抽样风险是指审计人员因采用不恰当的审计程序或方法，或因误解审计证据等而未能发现重大误差的可能性。显然，这种风险并非抽样所致，而是由其他因素引起的。导致非抽样风险的原因主要包括：审计人员未能辨别样本中的错误、运用不当或无效的审计程序、错误解释样本结果等。非抽样风险同样对审计工作的效率和效果有一定的影响，且无论是抽样审计还是详细审计，都无法消除这一风险。非抽样风险无法量化，但可以通过对审计程序的详细计划以及适当的指导和监督来有效降低。

4. 分层

分层是指将某一审计对象总体划分为若干具有相似特征的次级总体的过程。分层可以降低每一层中项目的变异性，从而在抽样风险没有成比例增加的前提下减小样本规模。即审计人员可以利用分层着重审计可能有较大错误的项目，并减少样本量。对总体采用分层法，可以按经济业务的重要性分层，也可以按经济业务的类型分层，它主要适用于内部各组成部分具有不同特征的总体。审计人员利用分层，既可以提高抽样效率，也可以使审计人员能按项目的重要性、变化频率或其他特征选取不同的样本数，且可针对不同层次采用不同的审计程序，因而可以提高样本的代表性和审计的有效性。

通常，审计人员应对包含最重要项目的层次实施全部审查。当实施细节测试时，注册会计师通常按照货币金额对某类交易或账户余额进行分层，以将更多的审计资源投入到大额项目中。注册会计师应该注意的是：对某一层中的样本项目实施审计程序的结果，只能用于推断构成该层的项目。如果对整个总体做出结论，注册会计师应当考虑与构成整个总体的其他层有关的重大错报风险。例如，在对某一账户余额进行测试时，占总体数量30%的项目，其金额可能占该账户余额的80%。注册会计师只能根据该样本的结果推断至上述80%的金额。对于剩余20%的金额，注册会计师可以抽取另一个样本或使用其他收集审计证据的方法，单独做出结论，或者认为其不重要而不实施审计程序。

5. 样本规模

样本规模是指从总体中选取样本项目的数量。在审计抽样中，如果样本规模过小，就不能反映出总体的特征，注册会计师就无法获取充分的审计证据，其审计结论的可靠性就会大打折扣，甚至可能得出错误的审计结论；相反，如果样本规模过大，则会增加审计工作量，造成不必要的时间和人力的浪费，降低审计效率，失去审计抽样的意义。在确定样本规模时，注册会计师应当考虑能否将抽样风险降至可接受的低水平。影响样本规模的因素包括：

（1）可接受的抽样风险。样本规模受注册会计师等审计人员可接受的抽样风险与样本规模成反比。注册会计师愿意接受的审计风险越低，样本规模通常越大。注册会计师愿意接受的抽样风险越高，样本规模越小。

（2）可容忍误差。可容忍误差是指审计人员认为抽样结果可以达到审计目的，所愿意接受的审计对象总体的最大误差。审计人员应当在审计计划阶段，根据审计重要性原则，合理确定可容忍误差。可容忍误差越小，需选取的样本量就应越大；反之，可容忍误差较大，需选取的样本量即可小一些。

在进行控制测试时，可容忍误差是审计人员不改变对内部控制的可信赖程度所愿意接受的最大误差。换句话说，可容忍误差是指审计人员可以接受的、内部控制实际运行偏离规定控制要求的最大比率，只要实际偏离程度低于这一比率，审计人员就可以维持其对内部控制的可信赖程度。在进行实质性测试时，可容忍误差是审计人员能够对某一账户余额或某类经济业务总体特征做出合理评价所愿意接受的最大金额误差。其金额的确定通常与重要性的考虑有关。

（3）预期总体误差。审计人员应根据以前年度审计所发现的误差、被审计单位经营业务和经营环境的变化、内部控制的评价及分析性复核的结果等，来确定审计对象总体的预期误差。预期总体误差与样本量之间存在着内在的联系，如果预期总体误差大，则需要选取较大的样本量；如果预期总体误差小，则样本量也较小。

（4）总体变异性。总体变异性是指总体的某一特征（如金额）在各项目之间的差异程度。在控制测试中，注册会计师在确定样本规模时一般不考虑总体变异性。在细节测试中，注册会计师确定适当的样本规模时要考虑特征的变异性。总体项目的变异性越低，通常样本规模越小。注册会计师可以通过分层，将总体分为相对同质的组，以尽可能降低每一组中变异性的影响，从而减小样本规模。未分层总体具有高度变异性，其样本规模通常很大。最有效率的方法是根据预期会降低变异性的总体项目特征进行分层。在细节测试中分别独立选取样本。

（5）总体规模。除非总体非常小，一般而言总体规模对样本规模的影响几乎为零。注册会计师通常将抽样单元超过5 000个的总体视为大规模总体。对大规模总体而言，总体的实际容量对样本规模几乎没有影响。对小规模总体而言审计抽样比其他选择测试项目的方法的效率低。

表4－2列示了审计抽样中影响样本规模的因素，并分别说明了这些影响因素在控制测试和细节测试中的表现形式。使用统计抽样方法时，注册会计师必须对影响样本规模的因素进行量化，并利用根据统计公式开发的专门的计算机程序或专门的样本量表来确定样本规模；在非统计抽样中，注册会计师可以只对影响样本规模的因素进行定性的估计并运用职业判断确定样本规模。

表4－2　　影响样本量（证据数量）的各种因素

项目	控制测试	细节测试	与样本量的关系
可接受的抽样风险	可接受的信赖过度风险	可接受的误受风险	反向变动
可容忍误差	可容忍偏差率	可容忍错报	反向变动
预计总体误差	预计总体偏差率	预计总体错报	同向变动
总体变异性		总体变异性	同向变动
总体规模	总体规模	总体规模	影响很小

（二）样本选取方法

1. 选样的基本要求

审计人员在选取样本时，应使审计对象总体内所有项目均有被选取的机会，只有这样，才可使样本能够代表总体，从而保证由抽样结果所推断出的总体特征具有合理性和可靠性。

2. 选样的基本方法

样本选取的方法有多种，审计人员应根据审计的目的和要求、被审计单位实际情况、审计资源条件的限制等因素来具体加以选择，以达到预期的审计质量与效率。在审计实务中，常用的选样方法有随机选样、系统选样、货币单位选样和任意选样等几种。

（1）随机选样。

随机选样是指对审计对象总体或次级总体的所有项目，按随机规则选取样本。随机选样通常运用随机数表或计算机产生的随机数来进行。随机数表就是随机产生的由0到9这十个数字所组成的多个几位数字，并将这些数字随机地纵横排列而成的一种数表。表4-3列示了部分随机数表。

表4-3 随机数表（部分列示）

行＼列	1	2	3	4	5
1	23821	96070	82592	81642	08971
2	82383	94987	66441	28677	95961
3	68310	21792	71635	86089	38157
4	94856	76940	22165	01414	01413
5	95000	61958	83430	98250	70030
6	20764	64638	11359	32556	89833
7	71401	17964	50940	95753	34905
8	38464	75707	16750	61371	01523
9	59442	59247	74955	82835	98378
10	11818	40951	99279	42222	75433
11	65785	06837	96483	00230	58220
12	05933	69834	57402	35168	84138
13	31722	97334	77178	70361	15819
14	95118	88373	42991	26934	00142
15	14347	69760	76797	91159	85189

审计人员在运用此法时，必须对总体内的每一项目进行编号，并建立随机数表中数字与总体项目编号的对应关系。如果总体中的项目已连续编号，如凭证号、发票号、支票号等，则这种对应关系就很容易建立；如果没有事先编号，则需要按一定的方法进行编号才能建立对应关系。审计人员使用随机数表时，应选择一个起点和一个选号路线，起点和选号路线可任意选择，但一经选定，就不得改变，必须从起点开始，按照选号路线依次选取。

【例4-1】 假定审计人员对某公司连续编号为0001～4000的现金支票进行随机选样，拟从支票中选取一组样本量为20的样本。首先，审计人员确定只用随机数表所列数字的前4位数来与现金支票号码一一对应。然后，确定第1列第11行为起点，选号路线为自上至下、从左到右依次进行。最后，按照规定的一一对应关系和起点及选号路线，选出 20 个数码：0593、3172、1434、2179、1796、0683、2216、1135、1675、2867、0141、3255、0023、3516、2693、0897、3815、0141、3490、0152。凡前 4 位数在4000 以上的，因为支票号码没有一一对应关系，均不入选。选出20 个数码后，按此数码选取编号与其对应的20 张支票作为选定样本进行审查。

（2）系统选样。

系统选也称等距选样，是指先计算选样间隔，确定选样起点，然后按照间隔顺序选取样本的一种选样方法。

【例 4－2】审计人员拟采用系统选样法从 1 到 200 号的销售发票中选出 5 张作为样本，则选样间隔为 40（200 ÷ 5）。假定审计人员确定随机起点为 82，则每隔 40 张凭证选取一张，共选取 5 张凭证作为样本即可。如确定 82 为第一张，则往上的顺序为 122、162，往下的顺序为 42、2，即 5 张样本号为 2、42、82、122、162。

系统选样法的优点是使用方便，并可用于无限总体。但使用系统选样法要求总体必须是随机排列的，否则容易发生较大的偏差。所以在使用这种方法时，审计人员必须先确定总体是否随机排列，若不是随机排列，则不宜使用。

（3）货币单位选样。

货币单位选样，又称元单位选样或概率规模比例抽样（probability-proportional-size sampling，简称 PPS 选样），是一种以审计对象总体的金额（元）作为抽样单位，使总体中每一元金额单位被选作样本的概率相同的抽样方法。它实质上也是一种随机选样，其主要特点是使项目的金额大小与被选作样本的概率成正比例，即金额较大的项目比金额较小的项目有更大的机会被选作样本。例如，一张面额为 1 000 元的发票比一张面额为 100 元的发票被选取的概率要大 10 倍。但在采用该种方法选取样本时，必须先剔除面额为负值的项目，因为它们没有机会被选为样本。采用货币单位选样的步骤如下：

①按照样本量从随机数表中选取随机数，随机数的位数应同扣除负值后的总金额的位数相同且小于该总金额；

②把随机数由小到大排列；

③将货币金额累加列表；

④找到与随机数值相对应的累加金额数，该累加金额数对应的项目即为选择的样本。

【例 4－3】假定审计人员要从 10 张销售发票组成的总体中选择 4 张进行测试，已知 10 张发票总计金额为 6 000 元，总体项目的累计金额如表 4－4 所示。

表 4－4　　总体项目累计金额表

发票号码	金额	累计金额
1	720	720
2	336	1 056
3	919	1 975

续表

发票号码	金额	累计金额
4	325	2 300
5	516	2 816
6	415	3 231
7	804	4 035
8	265	4 300
9	1 060	5 360
10	640	6 000

审计人员从随机数表中选取小于6 000 的随机数，这4 个随机数的位数与6 000 相同，假定选取的4 个随机数是1100、5642、0546、5334，从小到大排列为546、1100、5334、5642，因而选择的样本应该是第546 累计元、第1100 累计元、第5334 累计元、第5642 累计元，这4 个数字分别包含在第1、3、9、10 张销售发票的累计金额之内，选择的样本即为这4 张发票。

（4）任意选样。

任意选样是指注册会计师不带任何偏见地选取样本，即不考虑金额的大小、资料取得的难易程度及个人偏好，以任意的方式选取样本，也称之为随意选样。任意选样并不意味着随便地选取样本，而是要求在没有任何人为偏差的情况下选取样本，也就是说，没有任何特殊理由来决定样本项目在样本中的去留，所选取的样本对总体来说应具有代表性。使用任意选样时，审计人员要避免由于项目性质、大小、外观和位置的不同引起的偏差。任意选样的缺点是很难完全无偏见地选取样本项目，其结果有时缺乏合理性与可靠性。

（三）抽样结果的评价

审计人员在对样本实施必要的审计后，需要对抽样结果进行评价，具体步骤如下：

1. 分析样本误差

审计人员首先应当根据预先确定的构成误差的条件，确定某一有问题的项目是否为一项误差。在控制测试中，误差不外乎以下三种情形：凭证上记录正确，但没有执行控制程序（缺少复核、批准等）；在凭证记录上有执行控制程序的轨迹，但记录与事实不符；既未执行控制程序，记录也不正确。在实质性测试中，误差可认为是误报货币金额的绝对值或相对比率。

注册会计师应当考虑样本的结果、已识别的所有误差的性质和原因，及其对具体审计目标和审计的其他方面可能产生的影响。无论是统计抽样还是非统计抽样，对样本结果的定性评估和定量评估一样重要。即使样本的统计评价结果在可以接受的范围内，注册会计师也应对样本中所有误差（包括控制测试中的控制偏差和细节测试中的金额错报）进行定性分析。

2. 推断总体误差

在实施控制测试时，由于样本的误差率就是整个总体的推断误差率，注册会计师无须推断总体误差率。在控制测试中，注册会计师将样本中发现的偏差数量除以样本规模，就计算出样本偏差率。无论使用统计抽样或非统计抽样方法，样本偏差率都是注册会计师对总体偏差率的最佳估计，但注册会计师必须考虑抽样风险。

当实施细节测试时，注册会计师应当根据样本中发现的误差金额推断总体误差金额，并考虑推断误差对特定审计目标及审计的其他方面的影响。

3. 重估抽样风险

在进行控制测试时，审计人员如果认为抽样结果无法达到其对所测试的内部控制的预期信赖程度，则应考虑增加样本量，或修改实质性测试程序，包括修改实质性测试程序的性质、时间和范围。

在实质性测试中运用审计抽样推断总体误差后，审计人员应将总体误差与可容忍误差相比较，并将抽样结果与从其他有关审计程序中所得的证据相比较。如果审计人员推断的总体误差超过可容忍误差，经重估后的抽样风险不能接受，则应增加样本量或执行替代审计程序。如果审计人员推断总体误差接近可容忍误差，应考虑是否增加样本量或执行替代审计程序。

4. 形成审计结论

审计人员应当评价样本结果，以确定对总体相关特征的评估是否得到证实或需要修正，从而形成审计结论。

（1）控制测试中的样本结果评价。在控制测试中，注册会计师应当将总体偏差率与可容忍偏差率比较，但必须考虑抽样风险。常可分统计抽样和非统计抽样两种情况来评价结果：

第一种情况——统计抽样。在统计抽样中，注册会计师通常使用表格或计算机程序计算抽样风险。用以评价抽样结果的大多数计算机程序都能根据样本规模、样本结果，计算在注册会计师确定的信赖过度风险条件下可能发生的偏差率上限的估计值。该偏差率上限的估计值即总体偏差率与抽样风险允许限度之和。

①如果估计的总体偏差率上限低于可容忍偏差率，则总体可以接受。这时注册会计师对总体做出结论，样本结果支持计划评估的控制有效性，从而支持计划的重大错报风险评估水平。

②如果估计的总体偏差率上限大于或等于可容忍偏差率，则总体不能接受。这时注册会计师对总体做出结论，样本结果不支持计划评估的控制有效性，从而不支持计划的重大错报风险评估水平。此时注册会计师应当修正重大错报风险评估水平，并增加实质性程序的数量。注册会计师也可以对影响重大错报风险评估水平的其他控制进行测试，以支持计划的重大错报风险评估水平。

③如果估计的总体偏差率上限低于但接近可容忍偏差率，注册会计师应当结合其他审计程序的结果，考虑是否接受，并考虑是否需要扩大测试范围，以进一步证实计划评估的控制有效性和重大错报风险水平。

第二种情况——非统计抽样。非统计抽样中，抽样风险无法计量。审计人员通常将样本偏差率（估计总体偏差率）与可容忍偏差率相比较，以判断总体是否可以接受。

①如果样本偏差率大于可容忍偏差率，则总体不可以接受。这时注册会计师对总体做出结论，样本结果不支持计划评估的控制有效性，从而不支持计划的重大错报风险评估水平。因此，审计人员应当修正重大错报风险评估水平，并增加实质性程序的数量。

②如果样本偏差率低于总体可容忍偏差率，审计人员要考虑即使总体实际偏差率高于可容忍偏差率时仍出现这种结果的风险。如果样本偏差率大大低于可容忍偏差率，审计人员常认为是总体可以接受。如果样本偏差率虽然低于可容忍偏差率，但二者很接近，审计人员通常认为总体实际偏差率高于可容忍偏差率的抽样风险很高，因而总体不可接受。

（2）细节测试中的样本结果的评价。在细节测试中，审计人员首先必须根据样本中风险的实际错误要求被审计的调整账面记录的金额。将被审计单位已更正的错报从推断的总体错报金额中减掉后，审计人员应当将调整后的推断总体错报与该类交易或账户余额的可容忍错报相比较。但必须考虑抽样风险。细节测试中也可分统计抽样和非统计抽样两种情况来评价结果：

情况一——统计抽样。在统计抽样中，审计人员利用计算机程序或数学公式计算出总体错报上限，并将计算的总体错报上限与可容忍错报比较。计算的总体错报上限等于推断的总体错报（调整后）与抽样风险允许限度之和。

①如果计算的总体错报上限低于可容忍错报，则总体可以接受。这时注册会计师对总体做出结论，所测试的交易或账户余额不存在重大错报。

②如果计算的总体错报上限大于或等于可容忍错报，则总体不能接受。这时注册会计师对总体做出结论，所测试的交易或账户余额存在重大错报。在评价财务报表整体是否存在重大错报时，审计人员应将该类交易或账户余额的错报与其他审计证据一起考虑。通常，注册会计师会建议被审计单位对错报进行调查，且在必要时调整账面记录。

情况二——非统计抽样。在非统计抽样中，注册会计师运用其经验和职业判断评价抽样结果。如果调整后的总体错报大于可容忍错报，或虽小于可容忍错报但两者很接近，注册会计师通常做出总体实际错报大于可容忍错报的结论。也就是说，该类交易或账户余额存在重大错报，因而总体不能接受。如果对样本结果的评价显示，对总体相关特征的评估需要修正，注册会计师可以单独或综合采取下列措施：提请管理层对已识别的误差和存在更多误差的可能性进行调查，并在必要时予以调整；修改进一步审计程序的性质、时间和范围；考虑对审计报告的影响。

①如果调整后的总体错报远远小于可容忍错报，注册会计师可以做出总体实际错报小于可容忍错报的结论，即该类交易或账户余额不存在重大错报，因而总体可以接受。

②如果调整后的总体错报虽然小于可容忍错报，但二者之间的差距很接近，审计人员必须特别仔细考虑，总体实际错报超过可容忍错报的风险是否能够接受，并考虑

是否需要扩大细节测试的范围，以获取进一步的证据。

第二节　分析性程序的运用

一、分析性程序的概述

（一）分析性程序的含义与特征

内部审计中的分析性程序，又称为分析性技术或分析性方法，是指在内部审计业务执行的过程中，审计人员通过分析和比较信息之间的关系或计算相关的比率，以确定审计重点、获取审计证据和支持审计结论的一种审计方法。分析性程序与技术具有如下特点：

（1）分析性技术分析的对象是企业组织的关键性经济指标。即是组织部门或单位管理层制定的计划工作中事先所确定的重要金额、比率或趋势。

（2）分析性技术需要事先确定相关分析对象的预期值。即内部审计人员需要事先通过将信息资料（包括外部的、内部的，财务的或非财务的）间的数量关系或模型，以此推断出金额、比率或趋势的合理期望值。

（3）分析性技术需要确定单位已记录的差异与预期值的重大差异。即内部审计人员将现实资料与设定的合理期望值进行比对，发现重大差异，并对重大差异进行分析，找出形成重大差异的原因。

分析性技术不仅可以确认经营活动的完成程度，发现意外差异，识别组织中的差异和漏洞，找出潜在的不合法、不合规和不合理的行为，同样可以获取关于组织可持续经营能力，完成计划和预算的情况，以及经营活动的经济性、效率性和效果性。此外，在企业内部审计人员和资源极端有限的情况下，经济有效地使用分析性技术方法可以显著地降低审计成本，提高审计效率和审计质量。

（二）分析性程序的前提和局限性

内部审计人员需要注意的是分析性技术的使用有一定的前提条件，如果忽略了前提条件的存在，将会导致利用分析性技术得出的结论缺少基本的可信度。概括而言，目前内部审计实务中分析性技术的运用存在以下前提条件：

（1）分析性技术的对象和依据的信息资料之间必须有可能存在某种可以相互印证、互相说明和互为因果的关系。因为只有存在某种依存关系的信息资料才可以成为内部审计业务中运用分析性技术的对象和依据。

（2）分析对象与依据的信息之间的依存关系必须可以预测，而且该种关系具有一定的稳定性。当这种依存的关系无法预测或者不具有稳定的关系时，内部审计人员无法从中得出关于对象正确的期望，因此，不可能作为分析性技术的依据。

（3）用来作为分析性技术的资料和数据必须具有一定的可靠性，如果分析性技术所用的数据不可靠，则分析性技术的结果就值得怀疑，不能作为支持审计结论的证据。

分析性技术通过辨明各种信息资料之间的关系，确定期望并进一步分析差异找出原因。这些都要求内部审计人员必须具有相当丰富的专业判断能力，并且具有足够的专业知识，特别掌握一些数学知识。如果内部审计人员不了解会计信息各构成要素的关系，不了解会计信息与非会计信息间的关系，不了解被审计单位的具体情况，就无法建立合理的关系模型并进行相应的测算；如果审计人员没有很强的专业判断能力，就无法对分析性技术得出差异的合理性推断。在某些情况下，被审计单元的会计资料虽然存在着重大反映失实的问题，但某些数据之间的依存关系可能仍然存在，这些就要求内部审计人员根据经验判断风险大小，确定是否需要运用分析性技术及能否依赖分析性技术的结果。

分析性技术也存在一定的局限性，多数情况下，分析性技术是为其他审计证据提供证据。分析性技术的结论是一种对被检查事项总体上的合理性判断，它无法给出被检查事项的准确数值。在某些情况下，如果内部审计人员只是机械地、单一地执行分析性技术，不通过检查、函证、监盘等审计取证方法取得直接证据对分析性技术加以证实，就无法发挥分析性技术作用，也无助于减少审计风险。

（三）分析性程序的应用时段

内部审计人员在审计计划、审计测试和审计报告三个阶段中都应当积极运用分析性技术。关于不同阶段使用分析技术的相关特征分别说明如表4－5所示。

表4－5　审计程序中分析技术的应用特征与要点比较

阶段	特征	要点
审计计划阶段运用特征	分析性技术有助于审计师确定被审计部门的重要会计问题和重点审计领域，指出可能会发生高风险的领域，以便内部审计项目负责人能够制订出有针对性的审计计划，使审计工作更具有效率和效果	重点领域：管理当局主观认定的会计事项（如资产折旧计价法的选择），有异常变动会计报表项目，内部控制制度薄弱的会计报表项目（如递延资产确认与摊销），产生重大影响的会计报表项目，会计报表截止日前发生的大额或异常经济业务（如年末大量销售），长期挂账项目（如逾期应收账款），及与关联者的业务往来等
审计测试阶段运用特征	分析性技术与程序可作为一种实质性测试方法，收集与账户余额及各类交易相关的数据作为认定的证据	在测试阶段分析性技术提供的证据多数只是一些佐证证据，其证明力相对较弱，必须与其他证据结合才能证实对某一事项具体认定。但这并不影响审计师利用这一程序，因为使用分析性技术可带来人力和时间的节省。特别是对一些不重要项目，执行分析性技术程序即可实现对该项目的具体审计目标，非常符合经济原则
审计报告阶段运用特征	可以用分析性技术对被审计会计报表的整体合理性作最后的复核	在审计结束时，运用分析性技术，可对重大事项或财务问题作最后的综合分析，如果相关信息的关系不合理，则要考虑追加审计程序或修改审计报告。如某子公司资产负债比率高于同业相同规模其他企业的平均水平，而资产利润率却低于平均水平，则说明该企业财务风险较高，将对企业持续经营能力产生不利影响，这时就要对审计报告的意见类型做出谨慎的选择

二、分析性程序期望值确定的类型

内部审计人员在分析性程序确定被审计对象期望值时，通常存在有不同的类型，内部审计人员可以采用一种或几种类型来确定分析性技术依据的期望，下面分别说明。

1. 类型之一——基于行业数据确定的期望值

假定内部审计人员对下属分公司进行审计，并且已知分公司所在行业的平均水平，以此作为期望与实际数据进行对比的内容可参见表4－6。

表4－6　　A子公司与同行业企业流动比率平均数值之比较

	行业数值		A子公司数值	
年份	2016	2017	2016	2017
存货周转率	3.8	3.5	3.3	3.4
销售毛利率（%）	27.8	26.9	27.1	27.3

如果内部审计人员仅仅从所示的两个客户比率来看，该公司似乎经营平稳，没有明显经营困境的迹象。但是，如果内部审计人员根据行业数据确定2017年两个比率的期望值，内部审计人员就会预期客户的两个比率都应比上一年度有所增长。尽管子公司的这两个比率本身并不一定表明子公司存在重大问题，但可以提供关于其业绩的有用信息。比如，子公司的市场份额减少了，其价格不具有竞争力，或者该公司可能发生了非正常的成本或者存在过时的存货。

内部审计人员如果是以行业数据为基础来确定分析对象的期望值，最主要的优点是便于内部审计人员能够了解被审计部门或分支机构存在财务失败和缺陷的可能性，同时有助于帮助内部审计人员分析失败和缺陷的原因。

而主要缺点是，由于行业中不同公司有各自不同的性质和特点，而行业数据仅仅反映平均水平，这在一定程度上限制了其可比性。当然，这并不意味着审计师不应进行行业比较，而是说明有必要结合被审计部门自身的特点，谨慎比较。一种改进的方法是，在行业中选取一家或多家类似的企业作为基准进行比较。

2. 类型之二——基于历史数据信息的期望值

被审计单位部门或单元的历史数据是最具可比性的数据。假定在过去的5年中，子公司的毛利率在26%～27%。内部审计人员可以将期望的毛利率设定在26%～27%的范围内。如果当年实际数据为23%，毛利率出现显著的下降，此时内部审计人员应该关注这一问题，分析毛利率下降的原因。例如，整个行业经济状况的变化，或者是企业政策的调整，也可能是由于财务报表的错报甚至是舞弊等。

3. 类型之三——基于未来预期数值的期望值

大多数部门或子单元都会编制所在部门的预算计划。由于预算反映了被审计部门对某一时期的预期，内部审计人员通过调查那些预算数和实际数之间存在差异的重要领域就可能发现潜在的错报。

审计师比较客户数据和预算数据时，需要特别注意两个问题：首先，审计人员应确定预算是否属于切合实际的计划。如果预算的编制没有经过斟酌或者慎重考虑就不能作为合理的预期值，也不可能作为有价值的审计证据。其次，被审计部门有可能调整本年的财务信息以达到预算的水平。如果发生了这类事项，即便财务报表存在谬误，但实际数据与预算数据进行比对时不会发现任何差异。评价控制风险以及详细测试实际审计对象，可以将内部审计人员在第二类情况下面临的风险降低至最低水平。

4. 类型之四——基于审计师期的期望值

采取这种方法时，内部审计人员通过将审计对象与相关账户建立关联，或者根据被审计部门的历史数据归纳出一定的历史趋势，以此作为依据推断出被审计对象的期望值。根据账户间关系计算期望值的一个例子是，通过将每月末应付票据的余额乘以月平均利率来独立地测算长期应付票据的利息费用。根据历史趋势来推断账户余额的一个例子是，坏账准备的移动加权平均值占应收账款总额的百分比乘以被审计年末应收账款总额即可确定当期坏账准备的预期值。

5. 类型之五——基于非财务数据的期望值

假定在审计下属一家宾馆的过程中，内部审计人员确定了房间的数量、每个房间的收费标准以及房间的入住率。利用这些数据，内部审计人员就可以比较容易地估计出总的房费收入，并可将估计的收入与账面记录进行比较。这一方法有时也可用于估计生产车间的人工成本（总的工时乘以小时工资率）、出售的材料成本（出售的材料数量乘以每个计量单位的材料成本）。

采用非财务数据进行比较的主要问题是数据的精确性。在前面的例子中，除非审计人员对房间数、房费标准和房间入住率的真实性表示满意，否则这些数据得出的期望也不可能采取分析性技术作为审计证据。

三、分析性程序的常用方法

内部审计人员在实际运用分析性程序与技术时，可以根据被审计对象所在部门的情况、特征，利用自身的专业判断采取不同的分析性技术方法。常用的分析性程序与技术方法主要包括比较分析法、结构分析法、比率分析法、趋势分析法及回归分析法。

1. 比较分析法

比较分析法是利用彼此相关的账户金额和可能造成某种变化的各种因素对报表项目或账户金额进行预测，并与实际值进行比较的一种方法。进行简易比较分析法需要完成三个步骤：一是确定与要审计对象相关的项目或金额等因素；二是确定这些因素与被审计对象之间的关系或数量模型，并通过关系或数量模型求出审计对象的期望值；三是将期望值与审计对象的实际值进行对比，分析差异的原因，确定正常差异与非正常差异并对审计对象进行评价。

比较分析的技术含量不高，但有些时候却非常有效。因此，它通常在内部审计计划和实施阶段的分析性技术程序中得到广泛运用。在计划阶段，通过分析被审计单位的各个经济变量之间互动关系，内部审计人员可以根据其他变量的变化趋势确定期望，当被审计对象与期望相差不大时，则可以不作为审计重点；反之则应作为审计重点。在实施阶段，则通过比对差异做出评价，为进一步找出原因和改进工作做准备。内部审计人员为了恰当地执行比较分析法，必须认真考虑所有可能的、相关的财务或非财务因素。有效地执行简单合理性的比较分析，还要求内部审计人员掌握较多的会计和相关行业知识并对被审计部门有足够的了解。

2. 结构分析法

结构分析法，又称比重分析法或纵向分析法，是将财务报表某一关键项目数值作为基数，计算其余纵向排列的项目数值相对于这一基数的百分比，以分析财务报表的结构变化，从而获取审计证据的一种技术方法。

3. 比率分析法

比率分析法是指审计人员利用被审计单位的财务数据，计算一些通用的财务比率，并将这些比率与人们普遍认为合理的一些标准进行比较的方法。常用的财务比率涉及股东、债权人、经营者关心的四类比率，他们分别衡量一个企业的短期偿债能力、长期偿债能力、资产管理能力以及盈利能力。运用比率分析法与其他分析性技术方法相比，其最大的优点是，一方面是其资料来源于被审计单位的财务报表，不需要收集大量的信息，使用比较简单方便；另一方面，财务比率不同于简单的绝对值比较，它更具有可比性，更能够反映企业的经营状况，确定存在的问题，评价相对于其他经济实体的业绩，分析特殊问题。

然而，内部审计人员在具体使用比率分析时，应该注意：由于全部数据来自于报表或账户，但是报表或账户固有的局限性，许多人为因素会影响报表的真实性和可靠性，同样会影响到分析性技术的真实可靠。另外，财务比率往往容易误导审计人员，一些没有经验的审计人员很容易简单地将计算出来的财务比率和所谓的标准进行比较，不再对有关数据进行综合分析，这样有可能会忽略一些报表粉饰行为隐藏的潜在问题和风险。

4. 趋势分析法

内部审计人员可以通过发现有规则的变化，确定被审计对象财务或非财务数据的期望，并进行分析和对比，从中发现异常变动以及原因。

趋势分析法比较直观，可以直接将若干期的同一指标进行绝对值比较，或将该指标占另一指标的比重进行比较来发现事物发展的总趋势，以此总趋势和审计人员已经掌握的其他趋势进行比较分析，从而判断被审计单位的某些财务数据存在的问题，分析可能的原因，为提供改进的方案创造可能。需要注意的问题是趋势分析存在一个前提，即假定跨期间的比率是可比的。如果发生了经营业务重大变化，类似业务的会计处理变化，或价格指数的剧烈波动等，就需要对用于趋势比较的原始数据进行调整，使他们具有可比性。

5. 回归分析法

回归分析用于表明两个变量之间的关系。它衡量伴随着一个或其他几个变量的变化，另一个变量变化的程度。在审计中，它通常用于发现被审计对象相关的各个经济因素，分析并推导出相应的因果模型和回归方程，并以此来计算出当一类或多类经济变量发生变化时，其他变量的变化规律。

在简单的回归分析中，因变量对自变量的数学关系可以表示为：

$$Y = a + bX$$

其中：X、Y 分别表示自变量与因变量，a 表示一个固定数值，b 表示自变量 X 的变动系数。在这个简单的回归模型中，完成了一个基本假设：自变量 X 的任何变化都会引起因变量 Y 的变化。

更多的情况，在内部审计实践中，回归方程中会出现一个以上的自变量，因变量与自变量之间的关系会变得复杂得多。这种关系可以表现如下：

$$Y = a + b_1X_1 + b_2X_2 + \cdots + b_nX_n$$

简单地说，Y 值取决于 a 和对应于每一个自变量的 b。

在进行回归分析时，内部审计人员首先需要识别出与被审计对象相关的因数。内部审计人员必须掌握相当扎实的专业和行业知识并对被审计部门有相当的了解，除此之外必须融入一定的专业判断。其次，收集分析相关经济数据，并利用回归技术方法，建立回归方程。这要求内部审计人员具有基本的计量经济学相关知识，对人员的分析能力要求更高，但同时伴随着计算机工具的广泛运用，使得这一过程更为简便。最后，根据得出的回归方程，检验实际数据是否符合回归方程，如果实际数据与回归方程得出的期望相差过大时，在计划阶段便可以据此确定重点审计的范围，在审计实施阶段便可以得出关于审计对象的初步判断结论，并有待进一步审计。

除了用于内部审计的确认活动之外，内部审计人员可以利用分析性技术方法，用于更为广泛的咨询活动。它可以帮助管理层进行预测或检测管理部门的预测，比如，分析供求、预测应收账款、预测制造费用率、分析市场销售、研究价格行为，以及研究预留准备金等。

回归分析优势在于其科学性，同时也有缺陷，比如其技术性较强，同时要求审计人员考虑多种变量之间的因果关系，并且收集较多的以前变量样本。如果这些条件无法得到满足，而进行的回归很容易造成虚假回归，得出错误的数量关系，加大内部审计风险。

一定程度上，内部审计人员可以将回归分析归结为前面几种方法的综合性运用。在实践中，进行回归的数据中，绝对值指标、财务比率指标、趋势指标、结构指标都有可能涉及，良好地运用回归分析方法要求内部审计人员必须对前面几种分析方法有所熟悉。

四、分析性技术的工作步骤

由于分析性技术在内部审计的计划、测试和报告阶段分别适用，下面分别对内部审计人员在这几个阶段中分析性技术的具体工作步骤进行说明。

（一）计划阶段运用分析性技术的步骤

有效应用分析性技术程序可以归纳如下：

第一步，确定将要执行的计算及比较。审计准备阶段分析性技术的精细程度和范围，应根据被审计部门或单元的规模、经营业务的复杂性、资料的可靠性和审计人员的职业判断而定。常用的分析方法包括趋势分析、比率分析和简易比较法等。

第二步，估计期望值。针对不同方法，内部审计人员可以根据不同来源的数据估计期望值。这些数据既可以来自于被审计部门内部，也可以来自于其他部门甚至是组织外部（如所在行业）；既可以是历史数据也可以是目前的实际账面数据；既可以是来自于会计资料，也可以来自于非会计资料。

第三步，执行计算和比较。在将实际数据与计算出的期望进行比对时，内部审计人员应重点关注项目的异常变动或应该发生但未发生的变动。例如，在没有新的其他收入来源的情况下，其他收入大幅增加；在开辟了新的其他收入来源的情况下，其他收入却没有发生变化。当然，也不宜忽视财务数据与非财务数据之间的关系，有时它们间的关系更能够反映出事实的真相。

第四步，分析数据，确认并调查重大差异。分析数据目的是确认是否有重大的差异或意外波动。对重大差异或意外波动的确定需要审计人员根据重要性原则运用专业判断加以确定。

对于重大的非预期差异，审计人员必须进一步调查。对需要进一步调查的重大非预期差异，则需要部门或单位管理人员提供解释，并在必要的时候检查支持解释的证据。

第五步，确定对内部审计开展的影响。

内部审计人员执行初步分析性技术的最终目的是据以确定内部审计程序的范围和重点，从而使内部审计开展更具效率和效果。对于在分析性技术中发现的不能合理解释的重大差异，审计人员应当将其视为错报风险增加的信号，计划作为详细测试的对象。

内部审计人员对于分析性技术结果的可信赖程度应作谨慎判断。审计人员对分析性技术依赖程度取决于如下因素：

（1）分析项目的重要性。分析项目越重要，审计人员越不能仅仅依靠分析性技术来形成结论。

（2）分析性技术预期结果的准确性。对于预期结果准确性较低的项目，不应过多地依赖分析性技术。

（3）内部控制的风险。当内部审计人员了解到部门或单元可能出现很大的风险时，就不应该多信赖分析性技术；而应更多地信赖详细测试，以控制风险的水平。

（二）实施阶段运用分析性技术的步骤

实施阶段的分析性技术大概分为以下几个步骤：

第一步，确定执行分析性技术的对象。作为分析性技术的对象，可以是某一账户的总体金额（如主营业务收入总额），也可以是账户的各明细账或部分总体金额（例如不同产品、不同地区、不同月份的主营业务收入）。但应该注意的是并非所有的账户都适合作为分析性技术的对象。事实上，一般而言，分析性技术只适用于那些可接受风险比较大的项目，并且这些项目存在一些可计量的关联变量（财务的或非财务的）。

在确定分析性技术的对象时，审计人员需要考虑：相关的审计具体目标、可接受风险的大小、相关信息的相关度、可获得性以及可靠性等。

第二步，估计期望值并建立基准。确定了对象之后，审计人员根据需要估计期望值。期望值的准确程度直接影响分析性技术的效率和效果，而它与建立期望过程中所涉及关系的关联度和可靠程度相关。

估计期望之后，需要建立一定的基准，以确定实际值与期望值之间的差异在多大范围内是可以接受的，而不需要被审计部门管理层做出解释。确定基准时，需要考虑重要性水平、所能接受的风险水平，以及与期望值的准确程度等因素。一般而言，在其他因素一定的情况下，基准应小于重要性水平，并与重要性水平、可接受风险及准确程度呈正向关系。

第三步，确认是否存在重大意外差异。将期望值与审计对象的实际值进行对比，如果两者的差异大于所确定的基准，则为重大差异；相反，如果两者的差异小于所确定的基准，这可以认可被审计对象的实际值。

第四步，调查差异原因。对于存在的重大差异，应要求被审计部门解释原因并提供有关证据。审计人员应该就提供的证据进行审计，一方面，查明是否能够说明所存在的差异，如果无法说明原因，应放弃分析性技术转而采用实质性测试来获取相关审计证据；另一方面，可以通过分析这些差异造成的原因，为寻找改进工作的方法做准备。

第五步，评价分析性技术结果。内部审计人员同样应该保持应有的职业谨慎，合理确定分析结果的可信赖程度。如果分析性技术所涉及的审计对象比较重要，可接受的风险较低，分析结果与针对同一账户、同样审计目标实施的其他审计程序的结论不一致，分析性技术期望值的准确程度较差，或实施分析性技术人员的能力和经验不够，则不应该过多地信赖分析性符合的结果。

（三）审计报告阶段分析性技术运用的步骤

第一步，确认可比数据。当内部审计人员对审计对象的结果进行调整后，通常需要将调整后的数据与可比数据进行比较。这些可比数据包括：上一年相关报表中的数据、以前年度数、预算数、预测数以及行业数据。

第二步，比较。在报告阶段的分析性技术中，内部审计人员通过比较来确认其对审计对象的理解与对被审计单位经营业务以及获取的审计证据的了解是否一致，并确保能够解释会计报表的重大异常变动或重要的项目。在报告阶段的分析性技术中，审计人员应该充分运用职业判断来决定哪些比较方法和指标。

第三步，分析结果。通过比较分析，在存在差异时，一方面，审计人员应确保对被审计部门经营业务的了解和从实质性测试中获取的信息能够对这些差异进行解释；另一方面，由于审计取证方法的固有缺陷以及审计程序的不足，使得一部分差异无法被解释，此时，内部审计人员会面临很大的风险，而应该对其有足够的重视，追加审计程序，获取审计证据，以及寻求对异常变动的合理支持。

第三节　内部控制评价技术

一、内部控制评价技术的价值

从20世纪末至今，伴随着企业外部竞争的加剧和企业内部管理的强化，以及内部控制理论跨时代的突破，内部控制系统评估也由传统的外部审计人员检查单据、实施符合性测试程序为导向，转向另一种观念：即在内部审计人员指引下由管理部门和员工共同研讨，共同对内部控制制度进行评估，这便是内部控制自我评估（control self-assessment，CSA）技术方法。内部控制评估技术体现了内部控制系统评价的崭新观念，是内部控制系统评价方法的新突破，内部审计人员可以利用其来提高内部审计的工作效率、效果，为企业增加价值。

内部控制自我评价方法是一种相对于企业审计类型要更新发展起来的一种专门审计技术与方法，最早是由加拿大的海湾资源公司（Gulf Canada）于1987年提出运用的内部控制自我评估系统，由于其成效显著，自90年代中期起，在美国得到广泛采用，并在世界上许多国家传播和借鉴、推广，并成为西方发达国家内部控制的一个新趋势。

内部控制自我评估就是指公司管理层定期和不定期地对自己及所属子公司的内部控制系统的有效性及其实施的效率效果性进行评估的工作过程。一般而言，由内部审计人员与被评估单位管理人员组成一个小组，管理人员在内部审计人员的帮助下，对本部门内部控制的恰当性和有效性进行评价，然后根据评价和集体讨论来改进建议出具报告，并由管理者实施。

由内部审计部门执行的内部控制评估是一种自我评估的运营程序，它把传统的只由内部审计人员从事的内部控制评价转由公司各部门参与作业的人员亲自评估，帮助他们认识到内部控制不只是内部审计工作的责任，也不仅仅是高级管理层应关心的问题，相反，应该把它看作是组织所有成员的事。内部控制自我评估是为提高组织内部控制的自我意识所作的努力，这种活动经常以研讨会的形式进行。设计内部控制自我评估的目的是使人们了解哪里存在缺陷以及可能导致的后果，然后让他们自己采取行动改进这种状况，而不是等内部审计人员站出来指出问题，研究表明，实施内部控制自我评估的方法对于一个公司加强管理、提高劳动生产率、改进内部审计程序和业务经营程序以及控制风险等都有着积极的作用。

归纳起来，实施内部控制自我评估有以下几个方面的作用：

1. 实施内部控制自我评估有利于内部审计部门向组织证明其价值

在内部控制自我评估过程中，内部审计部门扮演着参与、组织与协调的角色，这有利于内部审计人员吸收广大员工的知识，获取大量丰富的有关控制的状况或有效性方面的数据；同时，也使参与评估的组织部门人员认识到，内部审计在组织内部控制的建立健全上的核心作用。这些都使得内部审计部门存在和运行对于实现组织目标的价值越来越受到广泛的重视。

2. 实施内部控制自我评估有利于获取事实真相

实施内部控制自我评估，使得管理人员真正参与到为实现组织目标的内部控制评估和改进过程中。在讨论和交流过程中，参与评估的人员真正做到开诚布公，人尽其言，促成内部审计人员与组织各层次、各部门之间的合作，从而获得真实反映现存控制运行状况的信息。

3. 实施内部控制自我评估可以有效地评价软控制

有效地对软控制进行评价是内部控制自我评估方法的首要之处。在有些情况下，软控制比传统的硬控制显得更为重要。以美国的 SEC 为例，为了实现其保护投资者利益的目标，对诸如员工的职业道德与专业胜任能力等软控制较之硬控制显得重要得多。实施内部控制自我评估，把管理人员和其他员工召集起来讨论职业道德并对其是否可以成功达到目标进行评估，引导小组的成员就可以甄别现存信息沟通过程的成功之处与潜在障碍，并提出相应的改进建议。

4. 实施内部控制自我评估有助于使每个职员参与内部控制

通过实施内部控制自我评估，内部审计人员与高层管理者不再是以指令的形式下达命令，下级员工只能完全服从地执行。而是通过倾听职员的意见，利用他们在实践中的特长，让他们参与内部控制的完善和改进中。这种由部分人员参与到职员广泛参与的转变，实现了仅有审计人员对控制负责向所有职员对控制负责的转变。

5. 实施内部控制自我评估有利于评价并控制风险

在现实中，组织所处的环境不断发生变化，为了生存和发展，组织必须不断地进行管理改进和技术革新。这些都使得组织的控制环境发生了改变并面临不同的风险。通过自我评估，审计人员与被评价者进行沟通、讨论，把讨论结果与控制实现目标和获得成功的障碍、风险结合起来，并与现有的控制进行对比改进，以实现对风险进行控制。

6. 实施内部控制自我评估有利于使内部审计更具效率与效果

通过内部控制自我评估，内部审计和经营人员合作起来对经营活动进行评价。由于依靠经营人员在内部控制自我评估中的活跃参与，减少了收集信息的时间和审计中所需执行的验证程序，参与自我评估的人员对经营过程能了解得更为彻底。因此，这种合作既提高了内部审计人员可获信息的数量和质量，也让经营人员认识到审计人员从他们的对立者、监督者转换为与他们站在一起的，为企业发展努力的参与者、推动者。

二、内部控制评价的主要内容

内部控制系统的评估包括对内部控制系统本身的制度评价、控制效率效果的评价和对参与控制的人员的资格、工作程序和工作表现的评价。内部控制自我评估包括对整个系统的评价和对某些专门的项目、机构或事件的控制过程的评价。

根据《国际内部审计实务标准》，内部控制自我评价可以用于商业活动和财务状况的风险审计、控制活动、道德价值和控制效果等方面的控制，也可以用于考察了解各项控制活动和政策执行情况。

根据我国的《内部审计具体准则第21号——内部审计的控制自我评估法》，控制自我评估主要包括了六项内容，这些条款的具体内容如下：

（1）确定组织整体或职能部门的目标，识别其主要风险；

（2）评估组织内部控制的适当性、合法性及有效性；

（3）确认内部控制重大缺陷或存在严重风险的业务环节；

（4）评估组织非正式的控制及其有效性；

（5）评估组织的业务流程及其运作效率；

（6）对控制自我评估中发现的问题提出改进建议。

三、内部控制评价的基本结构

内部控制自我评估的基本特征是：关注业务流程和控制成效，由职能部门和业务部门共同进行，从内部审计人员到业务流程具体执行人员全体参与，用系统化的方法开展评价活动。完整的内部控制自我评估结构包括以下几个方面：

第一，来自管理者的支持。内部控制自我评价开始于内部审计部门和其他管理部门间良好的合作关系和相互的理解。内部审计人员应清楚地理解单位的文化、政治和环境，这些知识将有助于确立最适当的评价框架。管理者还要根据需要建立工作小组并了解小组及其成员。内部控制自我评价的先驱，保罗·马克兹先生认为：强有力的领导是成功地实施控制自我评价的关键因素。即使有一个十分精干的小组，如果没有一个能够传递信息或信心观点的领导，仍然会失败。

第二，建立专门的工作小组。在开展内部控制自我评估之前，内部审计部门与管理层应该就自我评估的需要，从内部审计部门和被评价部门中，挑选合格胜任的人员组建自我评估工作小组。在组建工作小组时，必须清楚地认识到各个小组成员的优势和劣势，通过搭配、协调，做到小组优势的最大化和劣势最小化。

一般而言，最理想的情况是：每项评估要求至少由两名经过培训的审计人员作为协调人，一个协调人的重点是推动小组内的联络，一边实现评估的目标。

第三，进行自我评估报告。报告主要有三个部分：本次评估的内部控制范围和评价过程中的特殊情况；内部控制各个环节的风险程度，可用热力图来表示（风险最高的是红色，较高的是黄色，其次是深绿色，再次是浅蓝色，风险最低的为白色）；对标红色和黄色的高风险环节进行具体陈述，说明其状况、影响，并提出改进方案和方案的完成时间、责任人。如果对该高风险管理层决定不采取措施，而是承受这一风险，应有管理层的书面承诺。

第四，拟定行动计划。行动计划是实施内部控制自我评价的必然结果。内部控制自我评价帮助被评价单位建立一个大家共同认同的目标，所有的问题虽不会立即解决，但能有效地控制风险，使被审计单位向预定目标前进。在制订行动计划时应特别关注控制点和相应的控制措施。不同的控制点，有着不同的业务内容和控制目标，因此需要采取不同的控制措施才能预防和发现各种错弊。不同行业、公司为实现控制目标所采取的控制措施也可能相去甚远，不能穷尽，需要审计师根据具体情况，运用职业判断能力进行确认。

四、内部控制评价的方法

近 20 年来，在内部控制自我评价法的发展过程中，伴随着经验的不断积累，西方国家已经发展了 20 余种内部控制自我评估方法，但从其基本形式来看，主要有三种，即主题引导会议法、问卷调查法和管理结果分析法。

1. 主题引导会议法

主题引导会议法是指内部审计人员把管理当局和员工召集起来就特定的问题或过程进行面谈和讨论，最后做出评估的一种方法。它从代表一个组织多种层次的工作组（work teams of workshop）中收集有关内部控制的信息。CSA 引导会议法又有四种主要形式：以控制为基础的、以程序为基础的、以风险为基础的和以目标为基础的。

（1）控制基础形式主要关注已有控制的实际执行情况，也可能包括在工作组之外的内控设计决策。在这种形式下，CSA 引导者可以结合高层管理当局的主要意图确定目标和控制技术，并对控制的执行情况与管理当局关于内部控制执行方面的意图之间存在的差距进行分析。而且，这种形式在检查软控制如管理当局的诚实性等方面是比较有效的。

（2）程序基础形式是对所选程序的业务执行情况进行检查，这种工作组的意图是评价、更新所选取程序或使所选程序呈流水线性。除确定评价目标之外，CSA 引导者还要在引导会议之前确定最能实现关键经营目标的程序。程序基础形式可能比控制基础形式具有更宽的分析范围，而且可以被有效地用来与质量行动小组的倡议联合行动。

（3）风险基础形式注重甄别与管理风险。这种形式检查控制活动以确保其控制关键的经营风险。这种形式更易于甄别主要剩余风险以便采取纠正行动，而且，与其他方法相比较，这种形式可能带来更全球化的自我评价。

（4）目标基础形式关注实现目标的最好方法。目标可能由引导者确定，也可能不由引导者确定，重要的是要从工作组那边获得重要的输入信号。工作组目的是弄清最好的控制方法是否已被选用，这种方法是否有效运行，以及所产生的剩余风险是否在可接受的水平之下。

引导会议法有助于对选题进行交流和探讨。研讨会的基调是双向发现问题和共同分享信息。参加研讨会的对象应尽可能多，与讨论的业务流程相关的人员，特别是风险薄弱环节的工作人员必须到场参加讨论。现场讨论应做到人尽其言，所有的观点都应记录在案。在采用引导会议法时，内部审计人员组织会议参与者就会议专题展开自由讨论，并且做好信息的收集和反馈工作。

2. 问卷调查方法

问卷调查方法是内部审计人员，根据内部控制的特定方面或过程设计问卷，并利用问卷工具让管理人员做出简单的“是/否”或“有/无”的反应，控制自我评估者则利用调查结果来评价他们的内部控制系统。

在采用问卷调查方法时，最关键的是如何设计问卷，在设计问卷时，应该注意以下几个原则。

（1）合理性。合理性指的是问卷必须紧密与评价的内部控制主题相关。违背了这样一点，再漂亮或精美的问卷都是无益的。而所谓问卷体现内部控制调查主题其实质是指在问卷设计之初要找出与评估调查主题相关的要素。

（2）一般性。即问题的设置是否具有普遍意义。应该说，这是问卷设计的一个基本要求，内部审计人员应该尽量避免问卷中出现一些常识性的错误。这些错误不仅不利于调查成果的整理分析，而且会使接受评估的部门轻视内部控制自我评价小组的能力和水平，最终影响评估的开展和结果。

（3）逻辑性。问卷的设计要有整体感，这种整体感即是问题与问题之间要具有逻辑性，独立的问题本身也不能出现逻辑上的谬误。从而使问卷成为一个相对完善的小系统。

（4）明确性。所谓明确性，事实上是问题设置的规范性。这一原则具体是指：命题是否准确、提问是否清晰明确、便于回答；被访问者是否能够对问题做出明确的回答，等等。

（5）非诱导性。非诱导性指的是问题要设置在中性位置、不参与提示或主观臆断，完全将被访问者的独立性与客观性摆在问卷操作的限制条件位置上。

（6）便于整理、分析。成功的问卷设计除了考虑到紧密结合调查主题与方便信息收集外，还要考虑到调查结果的容易得出和调查结果的说服力。这就需要考虑到问卷在调查后的整理与分析工作。首先，这要求调查指标是能够累加和便于累加的；其次，指标的累计与相对数的计算是有意义的；再次，能够通过数据清楚明了地说明所要调查的问题。只有这样，调查工作才能收到预期的效果。

3. 管理结果分析法

管理结果分析法是指除上述两种方法之外的任何 CSA 方法。通过这种方法，管理当局布置工作人员学习经营过程。CSA 引导者（可以是一个内部审计人员）把员工学习结果与他们从其他方面如其他经理和关键人员收集到的信息加以综合。通过综合分析这些材料，CSA 引导者提出一种分析方法，使得控制程序执行者能在他们为 CSA 做出努力时利用这种分析方法。

以上三种 CSA 方法各有其适用情况，目前西方用得比较多的是引导会议法。在该方法下，引导人员（facilitator）应受到一般的引导技巧和内部控制系统设计方面的培训，具有高素质的软性能力，以便引导参与人员研讨、分析，并写出评估报告，提出改进措施。引导人员还应对企业外部的机遇与风险进行分析，以决定采取最为恰当形式的引导会议或结合使用多种形式。然而，引导会议法的效果在一定程度上取决于企业的组织文化是否支持和鼓励员工的诚实反应。

第四节　其他审计技术概述

由前述章节内容可知，伴随着内部审计实践的不断发展，中外内审人员积累了丰富的审计经验，并发展出众多的审计技术方法，比如有使用范围最为广泛的抽样审计技术、分析性技术以及内部控制评估技术等实用性比较强的专业审计技术方法之外，还有伴随着云计算、大数据、互联网 + 等信息技术的飞速发展，越来越多的计算机信息技术在审计业务中得到了广泛的应用，信息系统审计技术方法与水平也得到了极大的提高（将在第九章专门介绍）。而且随着现代公司治理理念的不断普及，越来越多的企业治理层和管理层开始认识到内部审计与企业的经营管理控制能力有着非常密切的关系，企业管控能力越强，其内部审计监督能力越强，同样，内部审计部门业务的开展与执业质量的提升同样可以借鉴丰富的企业管理经验，并通过使用经济、管理分析技术，从而使得内部审计工作能够为保证企业生存、发展、增加价值提供多方面的监督与服务。本节里主要简要介绍将对灵敏度分析法、经济订货量法、计划评审法、学习曲线分析法和专业鉴定法等其他类型的审计专业技术。

一、灵敏度分析法

由于在决策的过程中存在不确定性，这就涉及用工具评价结果和对这些不确定性决策的灵敏度。例如，假设一个关于购买设备的决策，部分地以有一定不确定性的期望现金流量的预测为基础。模拟研究可评价现金流量预测的变化是如何影响购买决策的。比如：

（1）蒙特卡罗模拟法。该模拟利用计算机通过随机行为模拟不确定性，然后几次估计制定模型确定的一般特性。例如，如果管理人员认为现金流量低于预测的机会为30%，则计算机会通过随机数确定每一种模拟的可能性，以评价其对决策模型的影响。模拟的问题在于其形成的费用高，而且总有得出的预测存在误差的可能。

蒙特卡罗模拟一般应用情形包括：公司计划、财务计划、研究与开发项目、存货控制等。

（2）“如果—怎样”分析。“如果—怎样”分析没有蒙特卡罗方法那么精确，它仅仅是在决策模型中代入备选方案的可能性以确定何时修改决定结果。进行此项分析，也可以借助于计算机的帮助。

有许多财务计划和财务因素是相互影响的，例如，成本、价格直接影响到盈亏平衡点的确定。“如果—怎样”分析对决策，特别是在评估风险时非常有用。通过对被审核者的主要决策和预测应用“如果—怎样”分析工具，内部审计人员可以在评估风险水平并在决策中应该予以关注。

（3）经济订量分析法。经济订货量模型是企业用于存货管理的一种方法，通过经济订货量模型可以在解决生产材料供应与需求之间不协调的同时，可以降低存货的总成本，包括储存成本、订货成本等。

在经济订货模型中，经济订货量可以用以下公式表示：

$$经济订货量=\sqrt{2\times年需求量\times订货成本\div储存成本}$$

【例4-4】如果某个企业年固定需求量为5 000，每次订货成本为10，估计存货每单位的年储存成本为5，那么，

$$经济订货量=\sqrt{2\times年需求量\times订货成本\div储存成本}=\sqrt{2\times5\ 000\times10\div5}=141.2$$

内部审计人员可以使用经济订货量，评价存货订货业务的效率和保持现有存货水平的经济合理性，并为寻找改进的方法服务。

事实上，很多审计技术方法来自于管理学、会计学、经济学、统计学的相关知识。在具体开展内部审计的活动过程中，不一定局限于已经介绍的方法，因为，一种方法总有其局限性，总有情况的发生会超出内部审计人员介绍方法的考虑范围。此时，内部审计人员所要做的是了解企业的具体情况，结合自己积累的相关知识，利用科学的分析方法，因地制宜地采用不同的技术方法，甚至利用自己归纳总结的方法为内部审计服务。

二、计划评审法

计划评审法注重于各项工作安排的评价和审计，是为了加强对大型综合项目的管理所进行的战略性评价和审计。该评审法大概有以下步骤：描绘计划评审图（或称应急网络图），找出项目中涉及的关键人物（指需要资源和时间完成的活动），一项活动的起点及终点（这里活动指不好用资源的事件）；项目的关键路径等。如果内部审计师准备审计该项目的工作效率，项目所采用的方法可以与应急网络图的所得结论进行比较。

内部审计人员通过列表格和画图分析，可以依据特定标准选择最关键的路线，它是完成各项工序需要时间最长的路线。如果能缩短关键路线的工序所需要的时间，就可以缩短工程的完工时间。审计人员可以进行网络优化，确定最优的计划方案。与项目所采用的方案相比，确定其效率。

三、学习曲线分析法

对于任何人而言，学习的过程是一个渐进的过程，企业也是一样。如果把人们学习的过程用时间和效率两个变量表示，可以绘制出一条曲线，内部审计人员称之为“学习曲线”。在企业中，学习曲线描绘了这样一个过程：当管理者（也包括审计师本身）对新的工作流程获得经验后，生产将会具有更高的工作效率，或者具有更大的产出率或销售率。

学习曲线通常用一个百分比表示，当学习曲线为80%时，表示每多增加一倍的产量，在生产上所需的时间就减少20%（或者说生产效率提高了20%）。经过长期经验的总结观察到：大多数学习曲线在60%～80%。学习曲线通常被审计人员用于评价新

投入项目的生产绩效。

假定内部审计人员有新项目运行第一天的统计数据，数据表明在150单位的产量水平上，每单位的生产时间平均为5分钟。根据这些统计数据应用学习曲线，可算出一组标准，据此可评价实际绩效。假定这些标准的预测如下：

当然，学习曲线只适用于新项目的投产使用后的初期阶段。因为在初期阶段之后，每单位的平均生产时间将会趋于稳定。

四、现场鉴定技术法

现场鉴定技术方法是指内部审计人员对某些审计事项的检查需要的技能超出了审计人员的正常业务范围，聘请专门人员运用专门方法进行检测以获取审计证据的一种审计技术。

鉴定法是一种证实问题的方法，不是审计的专门技术，但却是必不可缺少的技术。如某些经济业务发生纠纷，通常需要有法院的裁决，并以此作为处理的依据。像这些业务有时审计人员能够自行解决，但这超出了审计的职权范围，因而，即使审计中碰到类似这样的业务，就不得不聘请有关权威专家协助解决。又如基建工程的质量问题，通常也需要有技术监督部门的专家进行检测来获取证据，以此作为评价工程质量的基础。在基建过程中，偷工减料，严重影响质量的问题较为常见，而这些问题往往在账目中难以发现，对其检测所需的技能常常也超出了一般审计人员的业务能力，因此，也不得不聘请有关技术专家进行检测。

从以上的内容不难看出，运用鉴定技术的目的主要有两个：一是当印证审计事项所需的证据材料超出了审计人员的职责范围时，运用鉴定技术可以取得更有效的、说服力更强的证据；二是当印证审计事项需要的证据材料超出一般审计人员在正常情况下应具备的取证能力时，运用鉴定技术可以弥补审计人员的不足，获取更有效的证据。

鉴定技术通常多用于一些涉及较多专门技术问题的领域，以及难于判别真实情况的一般审计事项。如对电算会计系统的审计，有时不得不聘请计算机方面的硬件与软件专家；对某些专案审计中有关作案手段的判别，可能需要聘请鉴定笔迹的专家；有关书面资料真伪的识别、实物性能与质量、工程项目质量等评估，都需要鉴定技术进行检测，这时常常需聘请工程技术方面的专家。

本章习题

一、　单选题

1. 不是合适的时间序列预测技术的是（　　）。

A. 最小平方法　B. 指数平滑法　C. 德尔菲法　D. 移动平均数

2. 解决问题的战略（如“如果……就会怎么样?”）一般和（　　）一起使用。

A. 统计抽样　B. 计量经济预测　C. 排队论　D. 模拟

3. 让员工参与控制自我评价过程的原因是（　　）。

Ⅰ. 员工更有动力来正确完成他们的工作

Ⅱ. 员工对其工作持客观态度

Ⅲ. 员工能对内部控制提供独立评价

Ⅳ. 管理人员希望从员工处获得反馈

A. 只有Ⅰ和Ⅱ是对的　　B. 只有Ⅰ和Ⅳ是对的

C. 只有Ⅲ和Ⅳ是对的　　D. 只有Ⅱ和Ⅳ是对的

4. 关于基准比较法的陈述正确的是（　　）。

A. 将一个公司的业绩与其最接近的竞争对手的业绩进行比较是基准比较法的典型做法

B. 可以通过质量或数量的比较来进行

C. 通常局限于制造业操作和生产过程

D. 作为基准通常可以选择投资回报率、销售利率等关键指标

5. 审计实施过程中，负责现场复核的是（　　）。

A. 项目负责人　B. 机构负责人　C. 管理层　D. 一般审计人员

6.（　　）是指审计人员认为抽样结果可以达到审计目的，所愿意接受的审计对象总体的最大误差。

A. 可接受抽样风险　　B. 预计总体错报

C. 重大错误　　D. 可容忍误差

二、多选题

1. 在下列项目中，存在特别风险的项目主要包括（　　）。

A. 管理层高度参与的，或错报可能性较大的交易事项或账户余额

B. 长期不变的账户余额，例如滞销的存货余额或账龄较长的应收账款余额

C. 可疑的或非正常的项目，或明显不规范的项目

D. 非常规的交易事项或账户余额，特别是与关联方有关的交易或余额

2. 下列选项中，属于内部审计准备工作阶段需要进行的工作的有（　　）。

A. 确定审计目标与范围　　B. 确定审计主体与审计时间

C. 进行初步调查　　D. 编写审计报告

3. 抽样审计可以充分发挥作用的情形可概括为（　　）。

A. 审计的对象总体数量众多，审计人员无法在符合成本效益原则下对其进行详查

B. 审计抽样适用于总体内部控制制度健全的企业

C. 由于审计抽样是在可承担的审计风险的前提下开展的不完全审计，如果审计风险较高，比如内部控制制度不健全，需要对其进行全部审计。审计抽样可以消除审计检查风险

D. 审计抽样对象应该具有共同的特性，符合一定的概率分布

4. 下列项目中，属于统计抽样优点的有（　　）。

A. 统计抽样能够科学地确定样本规模，避免出现样本过多或过少的现象

B. 采用统计抽样，总体各项目被抽取的机会是均等的，可以防止主观判断和随意性

C. 统计抽样能够计算抽样误差在预定范围内的概率，并根据抽样推断的要求，把这种误差控制在预定范围之内

D. 统计抽样能够客观地评估审计结果

5. 下列项目中，属于风险评估阶段主要工作内容的有（　　）。

A. 进入被审计单位进一步了解项目情况

B. 编制审计工作报告

C. 描述内部控制制度

D. 描述审计对象的内部控制制度状况

三、简答题

1. 什么是审计抽样？主要包括哪些特征？

2. 什么是统计抽样？有哪些优点？

3. 简述分析程序的含义与特征。

4. 审计人员对分析性技术依赖程度取决于哪些因素？

5. 内部控制评价通常应当包括哪些内容？

四、案例分析题

注册内部审计师小魏作为审计项目组成的成员，负责对瑞城生物科技有限公司 2017 年的存货部分的业务进行监盘。为此小魏亲临现场，进行观察并进行适当的抽点，遇到如下问题：

1. 由于大为公司寄存的 B 材料与瑞城生物公司自身的 B 材料并无区别，故未单独摆放。

2. 瑞城生物公司对废品与毁损品不进行盘点，以财务部门和仓库部门的账面记录为准。

3. 运输部门有一批产品 D，没有悬挂盘点单，据称该批产品已经出售给 H 公司。

4. 注册会计师小魏抽点 C 仓库，发现瑞城生物公司盘点严重有误。

5. 注册会计师小魏了解到产品 A 存放在全国 38 个城市的零售连锁商店。

6. 注册会计师小魏了解到原材料 A 为辐射性化学物品。

要求：针对情况（1）~（6），请指出审计师小魏下一步应当如何处理？

第Ⅱ篇

内部审计实务指南

第五章

经营状况审计

导入案例

A 公司 2014 年之前的主业为传统化工产品制造与销售，由于行业发展态势持续疲软，公司生产规模偏小，生产产品的品种单一，公司主业增长缓慢，盈利能力差，甚至在 2013 年出现了严重亏损。为了尽快脱困，公司一方面扩大新产品的市场研发和推广，推进降本增效工作，强化在人工与材料费用上的预算控制，争取在传统主产业上有所突破，另一方面积极寻求新的产业发展机会。

2014 年，公司的战略转型开始启动。这一年，公司通过发行股份及支付现金的方式收购了一家游戏公司 100% 的股权，从此跨界进入游戏行业。本次总的支付对价为 45 600万元，同时发行对象承诺收购的标的在 2014 年度、2015 年度和 2016 年度实现的净利润分别不低于 4 000 万元、5 200 万元、6 500 万元。这里的净利润是指合并报表中扣除非经常性损益后归属于母公司股东的税后净利润，不包括与经营业务无直接关系、性质特殊和偶发性的非经常性因素产生的利润。在承诺期届满后三个月内，上市公司应聘请会计师事务所对标的股权出具《减值测试报告》。如果标的股权发生减值，则交易对手应在期末减值额超过承诺期内因实际利润未达承诺利润已支付补偿的金额内，以股份或现金予以补偿。

2015 年，公司对原来盈利比较差的部分主业进行了剥离，在相关产业进行了一些并购投资。2016 年，继续通过投资与收购的方式在游戏业务方面拓展疆土，又完成了几次比较大型的并购。目前公司游戏业务主要专注于网页网络游戏、移动网络游戏的研发和运营，通过页游、手游双产品线并行发展的产业布局，发展成为国内比较领先的集研发、发行和运营于一体的大型游戏平台型企业。

从 2014 年开始，为协同游戏板块做大做强，公司设立了专门的投资公司，通过股权投资或产业基金的方式进行投资，围绕整个游戏产业链以及相关的娱乐行业进行布局，打造泛娱乐生态圈，逐渐形成了独立的投资板块。

公司的战略转型在短期内取得了良好的财务效果和市场影响。公司在 2014 年顺利扭亏为盈，2015 年的净利润增长率超过 60%。根据公司 2016 年年度数据预告，2016 年公司的利润增长也将近 50%。公司股价三年内的累计涨幅高达 150%，远远超过了市场的平均增长水平。

对于公司纷繁复杂的投资布局，财务分析师的评价是“投资板块亮点纷呈，公司未来业绩喜人”，强烈建议投资者买入。然而，有几片“会计的乌云”却弥漫在公司内部审计部新近（2015 年）招聘入职的经理王磊眼前。比如在公司快速扩张过程中，采取了令人眼花缭乱的多样化投资方式，投资过程中的公司最高决策层的重大财务投资决策的可行性研究，似乎太过随意，审核程序简单，速度太快，导致部分投资项目效益低下，最后不得不惨淡的收场或撤回；公司会计部门在会计处理上也似乎与年报注册会计师的审计观点与意见不太相符；由于公司在转型升级过程中设置了多家外地分支机构或子公司招聘定量新的员工，公司人力资源部门还没有建立起完善的人力资源管理制度；最近他还听说少数子公司的管理层存在财务管理不规范、营私舞弊、私设“小金库”等问题；另外，部分子公司发展过程中进行了不少建设项目的投资与建设，被一些公司内部职工举报说项目管理行为不规范，存在资金挪用和审批不够严格等问题。

公司总经理张成在召集王磊和公司其他部门的管理层开会讨论之后，决定以公司的内部审计部为主体联合公司财务部、纪检部、监察部、内控部等部门组成联合审计项目组，对公司的经营状况进行全面的审计和评价，并要求在 3 个月内完成审计并提交审计报告，目的是尽早采取措施，尽快解决公司超常规发展过程中存在的问题和弊端，全面改善 A 公司的经营状况与运营质量。王磊知道该次审计实质上是一次综合审计，主要涉及如下审计问题：

1. 对公司的经营状况进行的审计应当包括哪些类型和内容呢？
2. 如何对公司的会计核算活动进行审计检查？
3. 如何对公司的财务管理活动进行审计监督？
4. 怎样才能对企业的供产销等业务活动进行审计？
5. 如何才能对公司经营舞弊和人力资源管理活动进行审计？
6. 如何对公司建设项目管理绩效进行审计？

本章将要介绍的内容可以为各位同学回答上述问题提供参考答案，敬请大家继续阅读下去吧！

学习目标

通过本章内容的学习，可以达到如下目标：

1. 了解企业经营状况审计的主要内容。
2. 熟悉企业会计核算活动审计的特点与作业要求。
3. 掌握财务管理活动内部审计的要求与内容。
4. 理解企业经营舞弊审计的要求与内容。
5. 了解企业内部人力资源审计的主要工作内容。
6. 掌握企业经营中的建设项目审计的要求与内容。

学习内容

企业经营状况是指企业经济主体在一定宏微观制度和环境下，由企业负责人借助组织、指挥、协调、控制与创新等职能，借助对企业内部全部员工的管理，以企业的经营活动为平台，持续性、周期性地实现经济财产的生产、分配、交换和消费的一种动态活动，目的是为了获取盈利实现生存、发展和壮大的企业设立运营的目的。法国著名管理学家亨利·法约尔曾经通过对企业全部活动的分析，将管理活动从经营职能

（包括技术、商业、财务、安全和会计五大职能）中提炼出来，成为经营的第六项职能。他认为体现经营状况的企业经营活动主要包括“技术活动、商业活动、财务活动、会计活动、安全活动和管理活动”六大部分。本文认同这一思路，笔者认为企业可以反映其经营状况的活动与行为主要包括：会计核算业务、财务管理业务、供产销等经营业务、经营管理舞弊、人力资源管理和建设项目管理等具体业务或活动的内容，因此，本章主要介绍针对包含会计核算、财务管理、人力资源管理、业务活动、管理活动舞弊及建设项目等方面企业经营状况进行检查、判断与评价的内部审计活动。

第一节　会计核算业务审计

会计核算业务审计是指有企业内部审计人员对财务部门负责进行的会计核算活动或业务处理进行的审计监督。会计核算业务审计通常都是按会计活动的六大要素为主要线索进行的。因此，会计核算业务审计的对象就是指企业中的资产、负债、所有者权益、收入、费用和利润六个要素的处理及其主要载体会计报表的确认、计量、列报和披露。会计核算业务审计的标准是指财务报表编制基础——现行国家法律法规规定的正在执行与使用的企业会计准则、会计制度和会计实务指南等。

一、企业资产审计

（一）资产审计的对象

按照我国现行的企业会计准则规定：资产是指企业过去的交易或者事项形成的，由企业拥有或控制的，预期能给企业带来未来效益的经济资源。资产既是企业开展生产经营的基础和重要前提，又是企业资金运用的具体体现。资产按其流动性质分为流动资产和非流动资产。其中，流动资产可分为货币资金、应收账款、交易性金融资产、存货等，非流动资产分为可供出售金融资产、长期股权投资、固定资产、无形资产、长期待摊费用等。

因此，企业资产要素的内部审计主要围绕资产的相关分类的内容来分别进行的，即企业资产审计的对象与内容主要有：包含对拥有的货币资金、应收账款、交易性金融资产、存货等对象的流动资产审计；也包含可供出售金融资产、长期股权投资、固定资产、无形资产、长期待摊费用等对象的非流动资产会计处理方面是否正确的审计活动。

（二）资产审计的工作目标

（1）审查企业有关资产方面的内部控制制度等是否建立、健全和有效；

(2) 审查证实资产是否确实存在;
(3) 审查企业资产的所有权是否归企业所拥有;
(4) 资产的计价是否合理;
(5) 审查各项资产是否已在会计报表上做出了充分、适当的披露。

二、企业负债审计

(一) 负债审计的对象

负债是指企业过去的交易或者事项形成的,预期会导致经济利益流出企业的经济义务。负债按其流动性质可分为流动负债和非流动负债。流动负债是指在一年内或超过一年的一个营业周期内应偿还的债务。包括短期借款、应付票据、应付账款、应付职工薪酬、应交税费、应付股利等。非流动负债是指偿还期在一年以上或超过一年的一个营业周期以上的债务。主要包括长期借款、应付债券、长期应付款等。

因此,负债审计主要是对以短期借款、应付票据、应付账款、应付职工薪酬、应交税费、应付股利等流动负债为对象的审计;以及包含对长期借款、应付债券、长期应付款等非流动负债等方面会计处理方面的审计活动。

(二) 负债审计的工作目标

(1) 审查企业有关负债的内部控制制度是否建立、健全和有效;
(2) 审查企业所列各项负债是否确实存在;
(3) 负债记录是否完整,有无漏列;
(4) 负债的会计计量是否准确;
(5) 审查与负债有关的费用会计处理即收益性支出与资本性支出的划分;
(6) 审查各项负债在会计报表上是否充分披露。

三、企业所有者权益审计

(一) 所有者权益审计的对象

所有者权益是指企业资产扣除负债后,由所有者享有的剩余权益。所有者权益是所有者对企业资产的剩余索取权,它是企业资产中扣除债权人权益后应由所有者享有的部分,既可反映所有者投入资本的保值增值情况,又体现了保护债权人权益的理念。所有者权益的来源包括所有者投入的资本(股本或实收资本)、直接计入所有者权益的利得和损失(资本溢价或股本溢价和其他资本公积)、留存收益(盈余公积和未分配利润)等内容。

因此,所有者权益审计主要是针对所有者投入的资本项目——股本或实收资本、直接计入所有者权益利得和损失的项目——资本溢价或股本溢价和其他资本公积、留存收益项目——盈余公积和未分配利润等进行的会计处理方面的审计活动。

(二) 所有者权益审计的工作目标

(1) 审查企业有关所有者权益的内部控制制度是否建立、健全和有效;
(2) 各项所有者权益的增减变动是否符合国家法律、法规及企业章程的规定;

（3）审查各项所有者权益的记录是否完整，有无遗漏；
（4）审查各项所有者权益的余额是否正确；
（5）审查各项所有者权益项目是否已在会计报表中充分披露。

四、企业收入的审计

（一）收入审计的对象

收入是指企业在日常活动中形成的、会导致所有者权益增加的、与所有者投入资本无关的经济利益的总流入。按照企业从事日常活动在企业的重要性，可将收入分为主营业务收入、其他业务收入等。主营业务收入一般包括产品营销收入和工业性劳务所得，这是企业最主要的收入来源。其他业务收入是指除产品营销收入和工业性劳务以外的其他业务收入，主要有营销材料、无形资产转让、固定资产出租以及非工业性劳务收入等。收入审计主要围绕以上内容来展开。

因此，收入审计主要是针对主营业务收入和其他业务收入为对象进行的会计业务处理方面的审计活动。

（二）收入审计的工作目标

（1）审查企业有关收入的内部控制制度是否建立、健全和有效；
（2）收入的记录是否完整；
（3）审查各项收入的会计处理是否正确；
（4）确定各项收入是否与相应的费用配比；
（5）审查确定各项收入是否已在会计报表上充分披露。

五、企业费用的审计

（一）费用审计的对象

费用是指企业在日常活动中发生的、会导致所有者权益减少的、与向所有者分配利润无关的经济利益的总流出。费用是企业在生产经营过程中发生的各种耗费，包括直接费用、间接费用和期间费用。直接费用是指企业为生产产品或提供劳务等而发生的直接材料、直接人工和其他直接制造费用。间接费用是指企业为生产商品和提供劳务等而发生的各项间接费用，一般称之为制造费用。这部分费用应当按照一定的标准合理分配计入生产经营成本。期间费用是指与企业产品生产没有直接关系，不参加成本计算而计入某一会计期间的费用，主要包括营销费用、管理费用和财务费用等费用。

因此，费用审计主要针对直接费用、间接费用和期间费用等的会计处理是否正确的审计活动。

（二）费用审计的工作目标

（1）审查与各项费用支出有关的内部控制制度是否建立、健全和有效；
（2）确认各项费用的发生是否真实、记录是否完整；
（3）审查各项费用的会计处理是否正确；
（4）审查各项费用是否与收入相配比；

(5) 确认各项费用是否已在会计报表中适当揭示。

六、企业利润的审计

(一) 利润审计的对象

利润是企业在一定期间的经营成果。包括营业利润、投资净收益和营业外收支净额。利润审计包括两方面的内容：一是利润形成的审计；二是利润分配的审计。

因此，利润审计主要是针对营业利润、投资净收益和营业外收支净额等报表项目进行的会计业务处理是否正确的判断与评价活动。

(二) 利润审计的工作目标

(1) 审查企业形成利润的各项目内容是否真实；

(2) 审查企业利润计算是否正确；

(3) 审查企业各项应交国家的税收及利润分配是否按规定及时足额缴纳；

(4) 审查企业利润分配及其余额是否已在会计报表上充分揭示。

七、企业会计报表的审计

(一) 会计报表审计的对象

会计报表审计是整个企业内部财务报表审计的起点和归宿。对企业会计报表进行审计，即对以资产负债表、利润表及现金流量表为核心的一系列会计报表内容的真实、合法性进行审查。

(二) 会计报表审计的工作目标

(1) 审查会计报表完整性：包括会计报表本身的完整性和会计报表应揭示内容的充分性；

(2) 审查会计报表及时性；

(3) 审查会计报表真实性；

(4) 审计会计报表合法合规性；

(5) 审查会计报表正确性。

根据《国有企业财务审计准则（试行）》第八条规定，对国有企业各类会计报表的审计目标有四个方面：会计报表的编制是否符合法律、法规以及《企业会计准则》和国家有关财务收支的规定；会计处理方法的选用是否符合一致性原则，会计报表在所有重大方面是否公正地反映了被审计企业的财务状况、经营成果和资金变动情况；会计报表是否根据登记完整、核对无误的账簿编制，账表之间、表内各项目之间、本期报表与前期报表之间具有勾稽关系的数字是否相符，合并会计报表的编制是否符合规定；会计报表和附注及其编表说明反映的内容是否真实、完整、准确、合规。

【例5-1】 A公司受公司总经理的指派，以公司内部审计部王鑫为负责人的审计项目小组一行五人计划对2016年度利润表进行审计，该审计小组决定并抽查了12月份的有关账簿，同时发现下列情况，已经将如下内容记录在工作底稿上：

(1) 企业营销A产品，采用预收账款方式，12月5日收到货款70 200元，货物尚未发出，企业收到货款时的账务处理是（尚未结转营销成本）：

借：银行存款　　70 200

　　贷：主营业务收入　　60 000

　　　　应交税费——应交增值税（销项税）　　10 200

（2）12 月 10 日企业福利部门领用本企业生产的 B 产品 20 台，账务处理如下：

借：应付职工薪酬　　28 080

　　贷：主营业务收入　　24 000

　　　　应交税费——应交增值税（销项税）　　4 080

借：主营业务成本　　16 000

　　贷：库存商品——B 产品　　16 000

（3）12 月 20 日采用交款提货方式营销给某单位 B 产品 200 台，货款已收到，发票已开出，但该企业未确认收入和成本。

A 产品单位营销价格为 1 000 元，单位成本为 500 元，B 产品单位营销价格为 1 200 元，单位成本为 800 元，增值税税率为 17%。

要求：内部审计人员针对企业营销业务写出调整分录，并计算与评价出上述三笔业务一起对利润总额会产生什么样的影响。

【解析】A 公司审计人员针对被审计单位的情况，进行会计调整：

（1）审计人员王鑫发现被审计单位采取预收账款方式，在收到货款时就直接确认收入，审计人员建议，收入确认时点错误，应于商品发出时确认收入，因此，审计调整分录为：

借：主营业务收入　　60 000

　　应交税费用——应交增值税（销项税）　　10 200

　　贷：预收账款　　70 200

（2）福利部门领取本企业生产产品，不能确认收入，审计调整分录为：

借：主营业务收入　　24 000

　　贷：主营业务成本　　16 000

　　　　应付职工薪酬　　8 000

（3）采取交款提货方式，在货款已收到，发票已开出时就可以直接确认收入，因此，审计人员提出应及时确认收入：

借：银行存款　　280 800

　　贷：主营业务收入　　240 000

　　　　应交税费——应交增值税（销项税）　　40 800

借：主营业务成本　　160 000

　　贷：库存商品——B 产品　　160 000

对当期利润总额的影响 = －60 000 －（24 000 － 16 000）+（240 000 － 160 000）= 12 000（元）

因此，经过内审人员编制调整分录，可使得该公司当期利润总额增加 12 000 元。

第二节　财务管理活动审计

一、企业财务管理的内容

财务管理是组织企业财务活动，处理财务关系的一项经济管理工作。企业财务活动是以财务收支为主线的企业资金运动过程。具体内容包括：

1. 财务管理活动之一——企业资本筹资业务

企业要想从事经营，必须先筹集一定数量的资金，企业通过发行股票、发行债券、吸收直接投资等方式筹集资金，表现为企业资金的收入；企业偿还借款，支付利息、股利以及付出各种筹资费用等，表现为企业资金的支出。这种因为资金的筹集而产生的资金收支，便是由企业筹资所引起的财务活动。

2. 财务管理活动之二——企业资产投资业务

企业筹资的目的是为了把资金用于生产经营活动，以便取得盈利，不断增加企业价值。企业把筹集到的资金投资于企业内部用于购置固定资产、无形资产等便形成企业对内投资；企业把筹集到的资金用于购置其他企业的股票、债券等便形成企业的对外投资。在投资过程中，需要支出资金，但当变卖对内投资的各种资产或收回其对外投资时，则会产生资金的收入。这种活动也称为企业财务活动。

3. 财务管理活动之三——企业资金经营业务

企业经营过程中的资金管理财务活动是指在经营的六大活动中比如技术活动、商业活动、财务活动、会计活动、安全活动、管理活动进行的过程中所需要进行的资金使用与管理的运作行为。具体表现为货币资金的管理控制活动、银行存款的管理控制活动等。

4. 财务管理活动之四——企业利润分配业务

企业经营过程中会产生利润，也可能会因为对外投资而分得利润，这就表明企业有了资金的增值或取得了投资回报。为了促进企业的有序运营和不断发展，企业管理层需要对获取的盈利进行有计划的分配的活动。企业利润要按照规定的程序进行分配：

首先是要依法纳税；其次是要用来弥补亏损，提取公积金、公益金；最后才能向投资者分配利润。这种因利润分配而产生的资金收支便属于由利润分配而引起的财务活动。

二、企业财务管理审计的内容

既然企业财务管理表现为上述活动，则企业财务管理审计也是以上述活动为载体而展开的。具体审计内容表现为：

1. 筹资管理活动审计

首先审计筹资方案的合理性，筹资方式是否合法合规，是否存在非法集资或挪用资金改变计划的使用用途等问题；其次审计筹集的资金是否按照计划要求及时到位，资金的使用效果如何，是否能够满足生产经营的需要；最后审计筹资成本、筹资费用是否合理，即筹资的经济性，确认筹资过程的绩效状况。

筹资管理活动审计需要的资料主要包括：筹资方案、预算、财务报表、不同筹资方式对应的证明性资料（如银行的存款证明、借款协议、上级主管部门批文等）。

2. 投资活动审计

首先审计投资决策是否科学、合理，投资决策过程是否规范，投资决策方法是否适当，可行性研究及相关的技术经济评价是否到位等与投资决策有关的事项；其次审计投资过程是否严格执行了投资决策要求，投资过程中的相关管理活动是否规范，投资过程中的各种支出是否合理；最后审计投资效率、效果和效益的实现情况（即后评估审计或称为绩效审计）。

投资活动审计一般需要获取的资料包括：投资的可行性研究报告、投资风险评估资料、财务报表、投资过程中的相关资料（如银行的转账证明、投资协议等）。

3. 经营活动中的财务收支情况审计

围绕六大经营活动中资金投入的经济性和经营绩效的实现情况来展开。主要审查组织资金的使用是否合理，能否加速资金周转提高资金利用效果。需要的审计资料：财务报表、相关指标的计算结果（如流动资产周转率、总资产周转率、总资产报酬率等）。

4. 企业分配引起的财务活动审计

内审人员在该类审计中，重点审计利润的真实性，分配的规范性和相关管理工作的适当性等相关内容。该类审计活动所需要的审计资料：利润分配方案、董事会会议记录、分配过程的相关证明材料（如银行转账证明、上级批准文件等）。

三、企业财务管理审计的要求

首先，财务管理审计应需要注意及时选择和把握适当的审计时间。

针对一个单位的财务管理情况进行审计，需要在年度审计计划中加以明确，由于财务管理是一个联系性的工作，其周期因具体内容不同而有不同的体现，所以，在确定年度审计计划时，要进行风险评估，根据审计资源确定审计项目以及具体的审计时间和审计范围。对于筹资与投资活动的审计，应该按照业务活动的生命周期来确定审计时间；对于经营活动的财务管理审计来说，应该按照相关业务的职能特征来确定审计时间；对于利润及其分配管理部分，则最好按照会计年度确定审计时间。但无论怎样确定，都应注意针对具体的审计内容来说，审计的具体时点都有事前、事中、事后三种选择，事前审计偏向于咨询，事中审计偏向于差错纠弊，事后审计偏向于绩效的评估与确认。站在这样的立场上进行财务管理审计，才能真正实现审计目标，达到预期的审计绩效。

其次，财务管理审计应注意选择和把握财务审计的审计重点的领域与主要时间。

对于不同的审计主体来说，财务管理审计的侧重点也有所不同，内部审计关注财务管理过程的经济性、效率性和效果性，其核心目标是帮助组织增加价值。因此，内部审计可能会选择全过程跟踪审计方式；外部审计（主要是政府审计）则更多地关注财务管理过程的真实性和合法合规性，其目的是查错并在可能的条件下帮助被审计单位改正错误。因此，在审计方法的选择上，主要表现为事后审计。

再次，财务管理审计应对注意观察与发现组织内部所有舞弊的线索。

企业诸多财务造假问题都表现为财务管理不良，内部控制失效。在常规审计中注意发现舞弊的线索并进行适当报告，是审计人员应该履行的职责，也是 IPPF 中所要求的，这就要求审计人员既要保持职业的审慎性，又要保持高度的警惕性。

最后，财务管理审计应对注意把握内部审计的相对独立性与审计客观性。

如果针对财务管理的审计延伸到事前的话，就有可能发生咨询活动与监督评价活动之间的摩擦，这种摩擦会引发独立性冲突问题，审计人员要把握好审计方式和审计的深入度，切实保证独立性与客观性不受损伤。

【例 5－2】 内部审计部的审计师王莎在审查 M 股份有限公司 2016 年度财务报表时，发现该公司在 2016 年度向中国建设银行举借长期借款一笔，长期借款合同规定：

1. 长期借款以公司的商品为担保；
2. 该公司债务与所有者权益之比应经常保持低于 5∶3；
3. 分发股利须经银行同意；
4. 自 2017 年 1 月 1 日起分期归还借款。

要求：针对该公司情况，审计人员王莎在审查长期借款项目时，应审查哪些内容？

【解析】审计人员王莎针对该公司的长期借款，应审查下列内容：

1. 审查该公司长期借款是否经过公司董事会批准，有无会议记录；
2. 查明长期借款合同中的所有限制条件；
3. 验证长期借款利息费用和应计利息的计算是否正确，复核相关的会计记录是否健全、完整；
4. 计算债务与所有者权益之比，核实是否低于 5∶3 的比例；
5. 查明有无一年内到期的长期借款，并检查其在资产负债表中的列示是否恰当；
6. 抽查商品明细记录中有无“充作担保”的记录。

第三节　人力资源管理审计

一、人力资源管理的概述

作为企业生存、发展和壮大的最重要的软件资源，人力资源及其管理在企业经营过程中发挥着不可或缺的重要作用，由于以人为中心的人力资源管理活动贯穿于人力资源组织和企业业务运营控制工作的全部过程，是衡量和影响整个企业经营状况关键要素，渗透及制约着企业经营与管理的各个层面，因此，在企业高管层越来越重视与关注人力资源状况的背景下，企业的人力资源管理便成为企业经营状况审计的重要关注内容。企业人力资源管理具体内容见表5－1。

表5－1 企业人力资源管理的主要内容

方面	含义	内容
人力资源规划	人力资源规划是根据组织的战略目标，科学地预测组织在未来环境变化中人力资源的供给与需求状况，制定必要的人力资源获取、利用、保持和开发策略，确保组织对人力资源在数量上和质量上的需求，使组织和个人获得长远利益	按照用途和时间为标准可分为：战略性长期规划（5年及以上）、策略性中期规划（2～5年）和作业性短期计划（1～2年）。战略规划层次涉及组织外部因素分析，预计未来组织总需求中对人力资源需求，估计远期组织内部人力资源数量，调整人力资源规划；策略性中期规划涉及人力资源的需求与供给预测，并据人力资源方针政策，制订具体方案；作业计划涉及系列操作实务，要求任务具体明确，措施落实
人力资源招聘	是指人力资源组织与管理中非常重要的一个环节，它是指组织为了发展需要，根据人力资源规划的数量和质量要求，吸收人力资源的过程	传统的人事管理和现代人力资源管理在员工招聘工作中的职责分工是不同的，在传统的人事管理工作中，员工招聘与录用的决定权在人事部门，而在现代人力资源管理中，决定权一般在业务部门
绩效考评	是指那些经过考评的工作行为、表现及其结果。考评程序有横向程序和纵向程序两种	横向程序：制定考核标准——实施考核——考绩结果分析与评定——结果反馈于实施纠正，纵向程序：以基层为起点——中层部门考核——高层领导考核
人力资源发展	开发是把人的智慧、知识、经验、技能、创造性、积极性当资源加以发掘、培养、发展和利用的一系列活动。培训是指由组织专门设计的，以提高岗位绩效为核心，通过提供给员工知识和技能来满足当前工作需要的活动	人力资源的开发与培训流程如下：确定人力资源的开发与培训需求——设置开发与培训目标——拟订开发与培训计划——实施开发与培训计划——评估开发与培训项目，在实施过程中，可以充分利用各种人力资源开发与培训系统模型以及人力资源开发与培训的各种方法

二、人力资源管理审计基本内容

按照上述人力资源管理的主要内容，人力资源管理审计主要包括以下几部分：人力资源规划审计、员工招聘、用人机制审计、人力资源的开发与培训审计、员工的绩效管理审计等几个人力资源管理主要方面的审计。

首先，内部审计人员需要审查与判断本企业的人力资源编制规划是否合理与科学。了解本企业的人力资源编制规划究竟如何需要分析组织环境、文化状况、经营目标、总体定位及现有的人力资源状况，人力资源供需预测方法是否科学。

因此，内部审计人员需要对本公司现有人力资源状况以及企业文化和领导态度进行了调查，分析存在的主要问题，提出建议。比如可以了解：（1）员工结构。员工结构状况显示公司员工所受教育、工作经历、年龄及职务等背景情况。（2）企业文化。

企业文化是指一个企业内独特的，并得到员工认同的价值准则、信念、期望、追求、态度、行为规范、历史传统乃至思想方法、办事准则等。可以从员工凝聚力和员工危机感两个方面对该投资集团的企业文化作考察，内部凝聚力强的企业能够在企业内部形成一种积极向上的氛围，在企业发展势头良好的时候，更加推动企业的快速发展；在企业遇到暂时性困难的时候，与企业同舟共济，帮助渡过难关。公司员工的压力主要不是来自于与同事的竞争方面和下岗危机，员工更多的感到公司加压与个人能力不足。（3）领导认同度。领导认同度主要考察领导层自身的知识结构与专业技能，以及企业员工对企业领导的能力、管理经验、亲和力等诸多方面的评价，这是影响人力资源规划的重要因素。

其次，内部审计人员是需要评价员工招聘、用人机制是否科学合理。企业用人机制是否科学又需要注意了解企业人力资源部门制定的用人机制政策是否可行、用人的效率性、招聘人才的行为是否规范性和进出制度是否具有适当性，在此基础上确认现有员工能否达到预期目标和效果。

再次，内部审计人员需要审查人力资源的开发与培训是否到位，是否有助于提升员工的专业胜任能力，适应组织发展需求。此项审计活动的重点内容是应对适当运用抽样调查技术，对经过培训的员工进行基本情况的调查和了解，在此基础上实证分析人力资源培训与开发的适当性和效果性。以便更好地风险本单位人力资源培训中存在的问题，逐步改进本单位的人力资源培训的内容与方式。比如在培训方式改进方面，企业聘请专家到集团讲学，或由集团领导开设专题讲座，或派受训员工离职到大学专门学习等。

最后，内部审计人员需要专门审查本单位员工的绩效管理。内部审计人员可以组织中的员工绩效评价手册及相关资料为依据，进一步确认员工完成业绩的情况，并确认组织中对员工的评价方法是否科学，评价标准、结论是否适当，是否有利于提高员工的积极性从而提高工作绩效。

三、人力资源管理审计工作的基本要求

1. 注意把握审计重点

对人力资源管理情况进行审计，重点在两头，一是前期规划阶段，二是后期的业绩评估阶段，审计人员应该意识到这一点，有的放矢地开展人力资源管理审计工作。

2. 定性分析与定量分析相结合

对人力资源管理情况的审计在更大程度上属于柔性审计，也就是说许多审计内容的确认需要审计人员的专业判断，并依赖于审计人员对被审计单位组织情况、背景的熟悉程度，况且缺少硬性的评价标准。在这样的条件下开展人力资源审计，就要求审计人员注意科学确定审计标准，并注重抽样技术的应用，更多地使用定量分析法，使人力资源管理审计结果具有可信性。

3. 注意审计结果的应用效果

在人力资源管理审计中发现问题，并提出帮助被审计单位解决问题的建议，需要得到被审计单位的呼应和采纳，这种审计才有效果。但是，由于人力资源管理更具有

弹性化，所以，审计建议被采纳的见效时间会比较长，如何解决这个问题，希望从完善组织内部控制制度、改进组织文化的角度给予关注。

四、人力资源管理审计主要方法

1. 方法之一——实地调查法

为了达到设想的目的，制订某一计划全面或比较全面地收集研究对象某一方面情况的各种材料并做出分析、综合，得到某一结论的研究方法就是调查法。它的目的可以是全面把握当前的状况，也可以是为了揭示存在的问题，弄清前因后果，为进一步研究或决策提供观点和论据。调查法的基本手段有：问卷调查、访谈和观察。问卷调查法频繁运用于审计人员对人力资源管理状况做出评价的工作中。

2. 方法之二——计算分析法

计算分析法就是对根据需要相关数据运用一定模型进行科学计算并分析，从而得出结论的方法。通常在对人力资源管理审计中，需要搜集一定数据进行计算分析并做出评价。如审计人员可以通过计算分析企业人力资源的年龄结构、职称结构、技术人员比例等对人力资源状况做出判断评价。

3. 方法之三——分析性复核法

分析性复核法是指审计人员通过分析被审计单位重要的比率或趋势，包括调查这些比率或趋势的异常变动及其与预期数额和相关信息的差异而获取初步审计线索的方法。在实施分析性复核时，审计人员可以使用简易比较法、比率分析法等。

第四节 供产销业务的审计

如果从制造型企业的生产经营环节来看，一家企业的运营管控活动主要可分为：原料或半成品等物资的供应业务、生产制造或加工业务和产品的营销业务三大主要环节。因此，对企业的供产销环节进行的审计主要是审查：物资供应业务、制造加工业务与营销服务等环节的活动是否合规合法，复核企业的管理制度与规范的设计执行是否适当。

一、物资供应业务的审计

企业的物资供应环节及过程是实现企业再生产的基本条件和必要前提。一家企业如果要想按照管理层的预期目标保证本企业生产活动的持续、循环地进行下去，就必须要有良好的供应计划、供应组织、仓储保管等一套物资供应管理活动。它对于保证企业生产正常进行，提高物资利用的经济效益起着十分重要的作用。供应业务的审计包括采购业务和仓储保管业务两个主要部分业务的审计。

（一）物资采购业务审计

物资采购业务审查主要包括：物资供应计划及其完成情况的审查，采购批量和采购成本管理的审查等内容。

1. 物资供应计划及其完成情况的审计

对于物资供应计划及其完成情况内部审计人员需要做好如下两个方面的工作：

一是应审查其计划的制订是否按照生产计划、产品质量及工艺技术所规定的品种和质量的要求来编制，其品种、质量和数量是否与需要相一致，计划采购量是否合理。审查时可用以下公式验证：

某种物资计划采购量＝该物资计划需要量＋期末库存量－期初库存量

二是审查其计划完成情况，应分别从其数量和质量上考核计划完成程度。考核时应注意，计划完成情况并非越高越好，因为这可能会导致采购的不经济，以及大量资金的占用，从而降低企业经济效益。

2. 采购批量状况的审计

采购批量状况的审计是内部审计人员需要了解与评价采购批量是否既符合物资供应管理的需要，又做到了经济合理。所以该项审计应从如下三方面进行审查。一是采购方式及费用审查；二是采购的数量，即最佳经济批量的审查；三是采购成本管理情况的审查。

（1）采购方式及费用的审查。不同的采购方式，如合同订购、市场购买、函电邮购等，适用于不同数量和要求的物资供应，其采购费用亦不一样。审查时，审计人员应将各种可能的采购方式进行比较，分析其成本管理及可行性，确定最佳的采购方式，并以此作为标准来衡量企业所选择的采购方式是否合适，费用是否最低，在时间上是否能保证供应，质量上是否符合要求。

（2）采购批量的经常性与合理性的审查。采购批量的合理与否，直接影响供应业务的经济效益。一般情况下，采购次数越多，全年的采购费用也就越高；而减少采购次数，则仓储量便会上升，库存物资的周转就慢、保管费用就增加。所以，应按全年采购费用和仓储保管费用最低来设计采购批量。可以按照如下经济批量的计算公式来进行验算：

$$Q=\sqrt{\frac{2Na}{Pb}}$$

其中：Q 为最佳经济批量，N 为物资年需要量，a 为每次采购费用率，b 为保管费用率，P 为单价。审计人员应运用上式来验证企业物资采购的批量经济性和合理性，并以此作为审计评价标准来衡量企业物资采购工作。

（3）采购成本管理的审查。采购成本管理的审查包括采购成本完成情况和采购费用率审查两方面的内容。

采购成本完成情况审查，可以将实际采购成本与计划成本进行比较，以确定其材料成本差异数额及方向，然后做出评价结论。

采购费用率 =（本期采购费用总额 ÷ 本期物资采购总量）×100%

上述公司计算的采购费用率可以反映单位物资供应所需的采购费用高低的情况，该指标因采购不同物资而异。审计人员应将实际指标与计划指标、行业平均水平进行比较，以便做出正确评价。

（二）仓储保管业务的审计

仓储保管业务的审计主要包括储备定额的制订、储备计划完成情况，以及仓库保管的设置和管理制度执行的审查等方面的内容。

1. 储备定额合理性的审计

物资储备定额是指在一定的管理条件下，为保证生产顺利进行所必需的、经济合理的物资储备数量的标准。审计人员通过审查，评价仓储保管的数量是否合理，制订的最高储备、经常储备、保险储备和季节储备定额是否合理、是否经济，能否既保证生产的需要，又能压缩储备量，节约成本支出。

（1）最高和最低储备定额的审查。制定最高储备定额的方法主要有两种：供应期法和经济批量法。

①供应期法，即根据供应间隔的长短和每日平均耗用量，并考虑物资使用前的准备日数和保险日数来制订储备定额。其计算公式为：

某种材料最高储备定额 = 该材料每天平均耗用量 ×（供应间隔天数 + 使用前准备天数 + 保险天数）

式中："材料每天平均耗用量 × 保险天数"为保险储备，"材料日耗用量 ×（供应间隔天数 + 准备天数）"为经常储备。它们之间的关系为：

最高储备定额 = 保险储备定额 + 经常储备定额

审计人员通过审查各项定额制订得是否合理来评价企业材料储备的合理性与效益性。

②经济批量法，即以经济批量作为企业的经常储备。它充分考虑了储备的经济性，是一种比较理想的方法。其计算公式为：

最高储备额定额 = 保险储备定额 + 经济批量

（2）审计季节性储备定额。季节性储备是在原材料属于季节性生产不能全年正常供应的情况下，为保证生产正常进行必须建立的物资储备量。其计算公式为：

季节性储备定额 = 季节性储备天数 × 日均耗用量

审查时，应注意其季节性储备天数计算依据是否充分，查明季节性储备定额与企业仓库场地和设施的保管是否吻合。

2. 物资储备计划完成情况的审计

合理有效的储备定额，能为控制仓储量提供可靠的依据。一般情况下，仓储量应控制在最高储备与最低储备之间。超过了上限，即物资积压；低于下限，则不能保证供应。审计人员应分析影响储备变动的各个因素，如领料或订购的数量、时间等，并根据其具体需要，及时修订定额或采取相应措施、控制定额仓储量。

3. 仓储保管的设置与管理的审计

（1）审查仓库位置与内部空间的布置。一般来说，企业应根据仓储的性质，以及安全和管理的要求来设置。仓库内部的空间布置是否合理，直接影响到仓库有效面积的利用程度和仓库作业效率。审计人员应审查仓库位置的设置是否有利于厂内物资流动的经济性、合理性。通过审查促使企业根据仓库的具体情况，进行科学的空间布置，提高仓库利用率。

（2）内部物资管理的审计。

首先，内部审计人员需要审查仓库面积利用率，判断仓库管理部门是否保持了合理的比率，仓库是否有利用的潜力。其公式为：

$$仓库面积利用率 = (已利用面积 \div 仓库总面积) \times 100\%$$

其次，内部审计人员需要审查仓库存放保管工作，做好“十防”工作，减少不合理库存。

最后，内部审计人员需要审查物资保管过程中账卡档案是否建立健全，是否及时掌握、了解库存情况。仓库与财会部门、供应部门是否定期进行对账，账卡是否相符。

（3）物资分类保管情况审计。对于库存物资的保管，应根据其重要程度、消耗数量、价值大小等区别对待，采用不同的管理方法。在实际工作中通常采用 ABC 分析方法，把库存物资分为 ABC 三类，并配以相应控制措施。审计人员通过审查，确定其物资分类是否适当，相应的物资管理方法是否正确，所实施的管理措施效果是否良好，并根据评价结果提出改进建议和措施。

二、生产制造业务的审计

生产制造业务的审计主要包括对生产计划的编制、生产组织和生产工艺流程的规则，以及生产计划完成情况和产品成本等方面内容的审计。

（一）生产计划制订情况审计

企业除完成国家指令性计划外，还应根据国家指导性计划来安排生产。审计人员首先应审查其制订计划的依据是否合规、合法。其次，应审查其生产计划是否综合平衡。生产计划的综合平衡主要有：生产能力与生产任务的平衡、劳动力与生产任务的平衡、物资供应与生产任务的平衡。

1. 生产能力与生产任务平衡情况审计

$$生产能力 = 每台机器生产能力 \times 制度工作日数$$

$$计划生产量 = 计划需要量 + 计划期末预计存量 - 计划期初预计存量$$

审查企业的生产能力与生产任务是否相平衡时，内部审计人员需要将上述两者进行比较，视其是否保持协调关系。如果计划生产任务大于生产能力，说明生产能力不足；反之，则说明生产任务不足。审计人员应根据具体情况，建议生产部门根据任务与能力之间存在的差异及时修改生产计划。

2. 劳动力与生产任务平衡情况审计

$$任务工时数 = 计划产量 \times 单位产品工时定额$$

$$有效生产工时 = 生产工人人数 \times 计划期工作天数 \times 出勤率 \times 每天工作小时数 \times 工时利用率$$

3. 物资供应与生产任务平衡情况审计

审查时，应注意两者的计算依据是否可靠，并将两者进行比较，视其是否平衡，能否既保证完成生产任务，又不浪费劳动力。如出现不平衡的情况，应建议被审计单位修改计划。此外，还应审查计划的衔接情况。主要是月度计划和年度计划、年度计划和长远计划的衔接，以及各部门之间计划的衔接。若发现计划不衔接，应当及时提出，并提出修改意见。

（二）生产制造的组织与工艺流程审计

生产组织是将各种生产资料和劳动力在时间和空间上合理安排的过程。审计人员应注意审查其生产过程是否连续、是否平衡，能否适应市场条件的变化、及时组织生产等。

生产工艺流程的审查，主要是分析企业所选择的工艺流程是否适用、合理和可靠，即选择的工艺方案能否适应客观条件要求，所选择的工艺流程是否最经济，同时又能满足生产要求，采用的生产工艺流程是否既安全又符合质量及维修服务的要求。

（三）生产制造计划完成情况审计

考核企业生产计划完成情况，主要从产品产量、品种、质量等方面来进行。

（1）衡量企业产品产量可用三种不同的尺度来表示：实物量、劳动量和价值量。审查时要注意反映各个指标的完成情况，不能片面地反映个别指标。

（2）衡量产品品种计划完成程度，可用以下公式：

$$\text{品质计划完成程度}=\frac{\text{各品种完成计划产量百分比之和（超额部分不计）}}{\text{百分比之和（超额部分不计）}}$$

（3）产品质量审查，主要是对产品质量的计划完成情况、产品质量效益和产品质量管理工作进行审查。

①反映产品质量计划完成情况的指标有产品合格率、废品率、返修率、产品等级率、平均等级以及等级系数等。其中，最主要的是产品合格率，其计算公式为：

$$\text{产品合格率}=\text{合格产品产量}\div\text{全部产品产量}$$

②产品质量效益审计，是对改善产品质量而发生的费用与由此而产生的经济效益的比值进行评价。该比值大于1，说明有效益；若小于1，说明无效益。

③质量管理工作审查。产品质量管理工作的审查，包括产品质量检验和质量保证系统的审查。产品质量检验主要是针对企业日常质量控制而进行的，如是否订立产品质量标准，质量检验部门的职权是否有效发挥作用等。产品质量保证系统主要从产品的设计、生产、技术服务等过程来审查其质量保证程度。

（4）生产制造均衡性的审查。企业管理层要按预期计划保证产品的市场供应，应均衡地安排生产制造活动。内部审计人员应审查其均衡性并发现影响均衡生产的各种原因，及时寻求对策，解决问题，以保证满足市场的需求。

三、成本管理活动审计

成本是商品生产中所耗费的活劳动和物化劳动的货币表现。成本管理审计是以提高经济效益为目的，对成本预测的可靠性，成本决策和成本计划的先进性和可行性，成本计算的正确性和成本控制的有效性所进行的审计评价活动。成本管理审计的工作内容与任务是根据成本核算资料和报表资料，运用适当的审计方法，对下列的成本管理活动及其效果加以审查和评价：

（1）成本预测和成本决策的可靠性、科学性和可行性；

（2）为实现成本决策和成本计划所实施的成本控制是否有效；

（3）成本计划的完成执行情况和成本管理的实现情况，包括实际成本水平的衡量和实际成本管理指标的测算，以及成本变动差异的分析；

（4）降低产品成本，提高成本管理的途径。

成本管理审计主要包括企业经营成本的管理事先审计、成本管理事中审计和成本管理事后审计三个方面。

（一）企业成本管理的事前状况审计

成本管理事前审计的重点是对成本决策效益进行审查评价。成本决策包括确立目标成本和规定成本的构成。目标成本是指一定时期内，产品成本应达到的水平，它是根据企业的生产技术经济条件和可能采取的各种措施、方案对未来成本水平及其变动趋势的科学估算。成本决策是成本管理活动的重要环节，对成本管理起至关重要的作用。

1. 目标成本审计

制定目标成本的基础是调查和预测。目标成本的审查，一方面，审查是否进行了认真的厂内外调查，包括向社会、市场和同行企业调查了解用户购买力、产品价格，产品及主要零部件的成本，以及原材料、元器件、外协件的价格变动等情况；另一方面，要审查是否进行了科学的成本预测，即根据企业一定时期内产品品种、产量和利润等方面的目标和生产技术，经营管理、重大技术组织措施，分析过去和当前与成本有关因素的状况，预测成本在一定时期内的发展趋势。目前我国企业制定目标成本的方法，一是根据目标利润和目标产销量的计算；二是根据上年实际成本水平和本年成本降低因素加以调整确定，或根据同行业实际平均成本和本企业条件调整确定。审计时应根据上述不同情况采用不同标准和方法加以评审。

2. 成本构成审计

成本构成是成本中各项目或各费用要素在成本中所占的比重，审计时需要注意两个问题：（1）不同行业产品成本的构成是不同的，同一行业的不同企业，由于生产技术和组织管理等方面存在的差异，成本构成也不尽相同；（2）对上期的实际成本构成进行深入的分析，掌握本企业成本形成的特点，计划期的成本构成要明确降低成本的重点，抓住降低成本的关键。

（二）成本管理的事中状况审计

成本管理事中审计主要是对成本形成过程的控制工作的审计评价。

对成本控制工作的审查，主要是对控制方法、控制手段、控制工作的有效性进行分析、评价和提出改善意见。

1. 费用成本的内部控制情况审计

提高成本经济效益的有效途径之一是成本控制。因此成本管理审计的重要步骤是对被审计单位的成本内部控制制度加以评审，从制度上、程序上了解成本管理高低的根本原因。对于成本管理来说，内部控制制度的作用主要是抑制不利于经济效益提高的因素，如损失、浪费、高消耗和低产出等，通过制度、计划、定额、预算等措施、方法和程序对成本管理进行内部控制。审计人员在开展成本管理审计前，就应了解、调查有关内部控制制度的建立情况，到车间、仓库、设计、计划部门等现场进行观察和测试。费用成本内部控制制度中与成本管理有关的有：生产计划、料工费消耗定额、生产费用预算、产品生产计划、计划成本指标向各生产部门进行分配实施并定期检查的制度，限额领料制度，剩余材料和边角料的退库制度，费用开支的审批报销制度等。对上述的制度内容应拟订调查表（提纲）进行查询和符合性测试，评价其健全程度和可信程度。对于成本控制制度上的薄弱环节，应提出审计建议，促使制度的健全和有效。

2. 成本计划编制情况审计

对成本计划编制情况应着重审查是否与生产、技术、财务等计划进行了综合平衡，主要技术经济指标是否达到历史先进水平，主要产品单位计划措施是否按责任归口进行了层层落实，主要产品的变动成本是否经过价值分析，可比产品降低任务是否达到下达的指标，管理费用是否实行了预算控制，其他产品与新产品是否均有成本计划。

3. 成本日常控制情况审计

目标成本和成本计划编制审定以后，能否如期完成，必须进行日常的成本控制，目前许多企业开展了划小核算单位，成本指标归口分级管理，核算责任成本等活动，加强了成本控制，审计工作为了适应这些活动的需要，必须进行成本控制的审查评价。

（1）成本费用归口分级管理的审查。费用、成本的归口分级管理，是在厂长的领导下，以财务部门为主，明确各职能部门和车间等方面的费用、成本管理（控制）中的责任，把厂部、车间、班组和个人岗位的费用与成本管理（控制）结合起来。我国企业的实践证明，归口分级管理是动员全员的力量和智慧，进行成本管理和控制的有效方法。

审计人员在对成本控制进行审计时，应先调查、了解财务部门是否建立科学、合理的收费、成本归口分级管理系统。所谓科学和合理，一是指该系统能全面覆盖企业费用，成本的发生范围；二是指该系统是否与被审计企业的生产经营特点、费用成本的形成过程以及成本管理上的具体要求相适应；三是指财务部门按各口各级分解费用成本指标是否合理，能否调动全体人员提高成本管理的积极性。

（2）责任成本核算的审查。责任成本核算，是以生产费用发生的责任（责任中心）作为成本计算对象。对其审查，应注意下几个方面：一是核算哪一级的责任成本。由于责任成本的核算要求与传统的（现行的）生产费用归集方法并不一致，因此会耗费一定的核算工作量，一般来说，责任成本核算主要应抓车间和班组这两级。二是责任成本的核算是否贯彻可控的原则。即每一成本中心的责任成本只能由该成本中心所能控制的成本、费用构成，否则起不到成本控制的积极作用。三是各责任中心之间的内部转移价格制定是否科学合理，一般应以计划成本作为半成品，各种劳务的内部转移价格，若以实际成本转移，则会转嫁功劳和过失，不利于各责任中心的业绩考核。四是各责任中心业绩评价，是否与效益（奖金）的分配挂钩，提高节约成本费用的开支积极性。

（三）成本管理的事后状况审计

成本管理的事后审计，主要对成本管理的实现情况进行审查评价。对成本管理实现情况的审计，主要是对产品成本升降原因的分析和对成本降低计划指标的完成情况进行分析和评价，并提出改进意见。

1. 成本计划完成情况审计

企业的成本计划完成情况，主要反映在两个指标，即全部商品产品成本计划完成率和可比产品成本降低计划完成率，这两个指标是成本计划完成情况审计的重点。

（1）全部商品产品成本计划完成率。审计时根据“商品产品成本表”所列资料计算。

$$全部商品产品成本完成率 = \frac{\sum(计划期实际产量 \times 实际单位成本)}{\sum(计划期实际产量 \times 计划单位成本)} \times 100\%$$

（2）可比产品成本降低完成情况。审计时可先根据“商品产品成本表”计算可比产品成本实际降低率，然后对比计划规定的降低率评价其完成情况。

$$可比产品成本降低额 = 计划期实际产量 \times (上期实际单位成本 - 计划期实际单位成本)$$

$$可比产品成本降低率 = \frac{可比产品成本降低额}{实际产量 \times 上期实际单位成本} \times 100\%$$

$$可比产品成本降低计划完成率 = \frac{1 - 可比产品成本实际降低率}{1 - 可比产品成本计划降低率} \times 100\%$$

审计时应注意，这两类指标数值如大于100%，说明成本降低任务没有完成，小于100%，说明成本降低任务完成较好。

2. 审计成本经济效益实现程度

成本经济效益的实现程度，可反映在两个方面：一方面是费用效益，也就是各项活动和物化劳动的消耗与相应产出之比；另一方面是总成本管理，也就是总成本与相应的总收入、商品产值、营销利润之比。审计时，可通过下列指标的计算来评价。

（1）费用效益指标。

①单位产品材料费用 = 某产品应分配的材料费用 ÷ 某产品合格数量

$$②单位产品工资费用 = \frac{某产品定额工时（或实际工时）\times 工资分配率}{某产品合格产品数量}$$

$$工资分配率 = \frac{生产工人工资总额}{\sum 各种定额工时(或实际工时)}$$

（2）总成本管理指标。总成本管理指标主要用于综合衡量生产过程中全部生产耗费的经济效果。

①产值成本率：是一定时期内商品产成品总成本和商品产值（按不变价格计算）之间的比率，一般用“百元商品产值成本”来表示。

$$百元商品产值成本 = (商品产品总成本 \div 商品产值) \times 100$$

②营销收入成本率

$$百元收入的营销成本 = (营销总成本 \div 营销总收入) \times 100$$

③成本利润率

$$成本利润率 = (产品营销利润 \div 产品营销成本) \times 100\%$$

该指标可按不同产品品种分别计算，作为改善和优化产品品种结构的依据。审计时还应对主要产品的成本利润率进行深入细致的敏感性分析，分析时可根据下列关系式：

$$成本利润率=\frac{营销量\times[价格（1-税率）-单位成本]}{营销量\times单位成本}$$

上式可见，成本利润率的影响因素主要有营销量、营销单位成本、价格营销税率，如果是多种产品的综合成本利润率，还要受营销结构的影响。一般来说，单位产品营销成本是敏感程度较强的因素，降低成本是提高成本利润的主要途径。

3. 重点产品单位成本审计

产品单位成本审计是成本管理审计的重点内容。重点产品是指成本比重大，在成本计划完成中起关键性作用的产品。重点产品单位成本审计的目的，在于按成本项目计算成本差异，确定差异异常的成本项目，分析生产差异的原因以及部门、个人的工作责任，控制不正当的费用支出，促进成本管理的提高。

（1）原材料成本差异的分析。

$$材料用量差异=材料计划单位成本\times(实际单耗-单耗定额)$$

材料用量差异一般属于生产部门的工作业绩或责任，它又可进一步划分为材料出库差异，利用率差异和废损差异等。

$$材料价格差异=材料实际单耗\times(实际单位价格-计划单位价格)$$

材料价格差异一般属于供应部门的工作业绩或责任，它又可进一步分为材料价格差异，材料附加费用差异和材料入库差异。

（2）工资成本差异的分析。

①计件工资下工资成本项目的审查。计件工资属于变动成本，其成本差异也可分析为用量差异和价格差异两部分。

$$计件工资=合格产品数量\times计价单价$$

在多种产品生产的条件下，产量可用所完成的定额工时综合计算。

$$计件工资=\sum 单价产品工资成本=单位产品耗用工时\times工时单价$$

工时单价也就是小时工资率。

由于实际工时耗用量脱离计划（定额）工时耗用量而引起的工资成本差异，称为工时耗用率差异。或者人工效率差异，它一般反映了劳动力的合理利用，以及劳动者的操作熟练程度，工作创造性和积极性的发挥等。综合起来就是劳动生产率的因素，属于生产、调度部门的责任范围。

$$工时耗用量差异=(单位产品实耗工时-单位产品工时定额)\times工时计划单价$$

由于实际工时单价脱离计划工作单价而引起的工资成本差异，称为工时单价差异，或称工资率差异。

$$工资率差异=(实际工时单价-计划工时单价)\times单位产品实耗工时$$

工资率差异一般反映工资总额水平的变动情况，受到工资增长因素影响，主要属于劳动工资部门和财会部门的责任范围。

②实行固定计时工资制下的工资成本审查。在计时工资制度下，假如工资总额不变，那么单位产品的工资成本会受产量的变动影响，当产量增长，则单位产品工资成本下降；反之，则相反。这种随产量变动差异，称为工资的相对变动（或称量差异）。

工资相对变动额 = 基期固定工资总额 × 报告期产量增长率

由于职工人数增加，结构变化或工资水平的上升，引起工资总额支出数也相应增长，也会造成单位产品工资成本的变动。这种由于固定工资支出数变动而引起的工资单位成本的变动，称为工资的绝对变动。

工资的绝对变动额 = 固定工资报告期支出额 − 固定工资基期支出数

工资成本实际变动 = 工资相对变动 + 工资绝对变动

以上对固定计时工资分析为相对变动和绝对变动两部分，其意义在于明确两种变动引起的原因和责任（业绩）的不同。

③管理费用成本差异的分析。管理费用中一部分内容（明确项目）属固定费用，可按上述方法分析为绝对变动额加以审查；另一部分则属于半变动费用或变动费用，可按前述计件工资的分析方法加以审查。因此，这两项成本项进行审查时，可先按管理费用账户的各明细科目划分为固定费用和变动费用两部分，然后按各自的方法进行分析审查。但实际工作中，某产品应负担的管理费一般用下列公式来分摊计算：

管理费用总额 = 实耗工时数 × 费用分配率

某产品单位费用成本 = 该产品实际工时单耗 × 用费计划分配量

这样，管理费差异可分析为工时消耗量差异和费用分配率差异。

工时消耗量差异 =（该产品实际工时单耗 − 该产品工时定额）× 费用计划分配率

费用分配率差异 = 该产品实际工时消耗 × 费用实际分配率 − 费用计划分配率

如前所述，工时消耗量差异反映劳动生产率水平，它受到劳动力的开发利用程度、劳动者的操作熟练程度以及积极性、创造性的发挥等因素的影响，而费用分配率差异反映车间经费和企业管理费的总支出水平的变动，涉及费用预算的执行情况。

四、企业营销服务业务审计

营销服务业务是指企业通过提供各种宣传、推广、展销、广告、赠送产品等经营营销服务以便推销更多的产品，获取更多生产份额的活动。营销服务环节是产品价值和使用价值的实现阶段，也是企业实现获取经济效益和社会效益的最关键实现环节。企业生产经营的目的，就在于既要满足社会的需求，又要实现资产的增值，以维持企业的生存和发展，关系到企业的生死存亡。因此，营销服务业务的经济效益审计具有重要的意义。

营销服务业务经济效益审计，主要包括营销计划的制订及其执行情况审计，营销业务审计及市场开发审计。

（一）营销计划的制订和执行情况审计

1. 营销计划的制订审计

（1）应将计划营销量与生产计划中的计划需要量相核对，判断其是否一致。

（2）将市场调查的营销预测与每种产品计划营销量相核对，判断其是否一致。最后，将实际营销量与计划进行比较，确定所订计划是否先进，并考核营销收入计划的制订情况，确定营销价格是否遵循国家物价政策。审查时可利用下列公式验证计划营销收入的正确性：

$$计划营销收入 = \sum（某种产品计划期销量 \times 该产品的单位售价）$$

2. 营销部门执行营销计划的情况审计

内部审计人员应注意从如下三个方面来分别进行审查：

（1）审查营销计划的总体完成情况，将实际营销收入与计划营销收入进行比较，检查计划完成程度，并做出审计评价。

（2）确定企业营销计划中国家指令性计划的完成情况，有无单纯追求高利润，只完成国家计划外营销，而未完成计划内营销任务的情况。

（3）对于实际执行与计划的差异进行分析，分别确定营销数量变动及营销单价变动所产生的影响，并进一步查明原因。其计算公式为：

$$营销数量变动的影响 = \sum [（实际营销数量 - 计划营销数量）\times 计划单位售价]$$

$$营销单价变动的影响 = \sum [（实际单位售价 - 计划单位售价）\times 实际营销数量]$$

（二）营销过程审计

营销过程审计，主要是审查企业营销业务过程的各个环节工作的合理性、健全性和有效性。该过程的审查内容主要包括营销方式审查、营销定价审查，以及促销活动的审查。

1. 营销方式审计

企业营销方式主要有两种，即按国家计划任务与用户签订合同，以及统购、包销；企业根据市场需求，自行营销，包括与商品流通部门签订购销合同进行营销。企业应在完成国家任务的前提下，以合理的营销渠道把产品转移到消费者手中，加速资金周转，提高企业经济效益。审计人员在评价被审计单位的营销方式时，应注意有无国家政策，自营自销统配物资，有无利用现有的商品流通渠道进行市场开发，营销过程的成本管理如何等，并提出改进建议和措施。

2. 营销定价审计

企业营销定价关系到是否执行国家物价政策，直接影响消费者的利益。故定价决策制定，决定了企业收入及其经济效益。目前，企业产品的定价方式有国家定价、浮动定价、议价、自定价格等。不同的定价方式，将对企业产生不同的效应。营销定价的审查内容主要包括：

（1）审查被审计单位执行国家物价政策的情况；

（2）审查企业定价的依据是否准确可靠；

（3）审查定价策略的运用是否正确，其促销活动是否有效；

（4）审查定价能否给企业带来最佳的经济效益。

3. 促销措施审计

企业营销过程中有多种多样的促销方式，如广告推销、宣传推销、人员推销、参加展销会、订货会等。内部审计人员应注意评价各种不同促销措施的优劣及其促销效果，企业应选择最为有利的促销方式。对企业所采用的不合理促销措施，审计人员应及时提出改进建议，以提高促销活动的效率。

（三）市场开发审计

市场开发审计是对企业发现和开辟新的市场或扩大现有市场过程的合理性、有效性、可行性进行的审查。主要包括对被审计单位市场研究分析的全面性、准确性，市场目标确定的科学性、可行性，市场开发策略的有效性、经济性进行的审查。

1. 市场调研审计

市场调研就是对市场环境及潜力的分析，是市场开发的基础和前提。只有充分进行市场研究，了解市场需求，掌握竞争对手的实力，才能知己知彼，制订出可行的市场开发计划，发挥产品优势，占领市场。

内部审计人员主要应了解被审计单位的市场研究是否建立在科学的基础上，是否进行充分的市场调查，掌握市场并准确地预测市场。审查内容主要包括：

（1）企业对市场是否了解。企业对市场的了解包括所有影响市场的因素，即政策因素、经济因素、文化因素、道德因素、心理因素等。

（2）企业是否及时地研究了市场开发对策，寻找适合市场开发的有利环境和措施，包括产品适合消费地的习惯，符合当地政策的要求（如符合环保要求）等。

（3）企业是否根据市场要求来改进产品的功能、价格、外形和售后服务等，以适应需求。

（4）企业是否制订了市场开发策略，伺机进入市场，并在市场中站稳脚跟。

2. 审计目标市场的选择

目标市场选择的科学性、可行性审计，主要应审查其确立目标市场是否有充分的依据；目标市场的确立是否与企业年度营销计划相衔接，是否正确处理现有市场和目标市场的关系。具体审计内容包括：

（1）应查证确立目标市场的依据，包括市场潜在需求的预测，市场容量、竞争对手的实力及其可能采用的对策等。通过对大量数据的调查和分析，确定其可靠性。

（2）审查目标市场开发所带来的后果，市场供应是否会与企业营销计划、生产计划相脱节，包括产品数量、产品功能、产品质量，以及特殊性能的要求等，只有全面吻合，才能实现市场需求，满足消费。

（3）审查目标市场的开发与现有市场的关系，研究其对现有市场的影响作用及其可能产生的各种后果，分析其利弊，保证企业总体效益目标的实现。

3. 审计目标市场的开发

目标市场开发审计主要是审查其开发策略及执行情况。

（1）审查开发策略的制定是否适应企业外部环境、企业经营目标及企业内部条件之间的动态平衡，是否适合现阶段市场的特点，具有科学性和可行性。

（2）审查市场开发策略的执行情况，如执行进度、执行效果等。如有偏差，则应进一步分析原因所在，并及时调整市场开发计划或寻找更有效的执行市场开发策略的措施和方法。

第五节　运营管理舞弊审计

一、企业运营管理舞弊的含义与特征

（一）企业运营管理舞弊的含义

基于不同的立场或研究视角，企业的运营管理舞弊可能存在多种理由与成因，因此，目前不同的机构与组织对该概念并未形成完全一致的看法。关于企业运营管理舞弊定义的具体内容见表5－2。

表5－2　不同组合对企业运营管理舞弊含义的几种解释

组织	含义解释
美国注册会计师协会	2002年10月颁布的99号审计准则公告：舞弊是一个范围很广的法律概念，审计人员不必对一个公司是否存在舞弊做出法律意义上的决定，而应关注是否存在使公司财务报表产生重大错报的舞弊行为。舞弊与错误的区别就在于前者是故意的，后者是无意的
国际内部审计师协会	1993年发布的《内部审计实务标准》：舞弊包含一系列故意的非法欺骗行为，这种行为是由一个组织外部或内部的人来进行的
国际审计鉴证准则理事会	2005年，发布的《国际审计准则》第240号公报：舞弊是指管理层、治理层、雇员或第三方的一个或多个人使用欺骗的手段获得不公正的或非法利益的故意行为
中国注册会计师协会	2006年颁布的《独立审计准则1141号——财务报表审计中对舞弊的考虑》：舞弊是指被审计单位的管理层、治理层、员工或第三方使用欺骗手段获取不当或非法利益的故意行为
中国内部审计协会	2013年颁布的《第2204号内部审计具体准则——对舞弊行为进行检查和报告》第一章第二条规定：舞弊，是指组织内、外人员采用欺骗等违法违规手段，损害或者谋取组织利益，同时可能为个人带来不正当利益的行为

企业运营管理舞弊是企业管理层及员工在进行内部组织管理活动过程中存在的一种有目的的行为，通常涉及欺骗、信任和计谋以及故意掩盖事实真相、谋取不正当利益、损害个人或组织的非诚信行为。人们对于舞弊的认识，应有以下方面考虑：

(1) 舞弊的基本目的是获取一定利益(包括政治利益和经济利益); (2) 舞弊的动机是有意识的; (3) 舞弊的手段是欺骗、信任和计谋; (4) 舞弊给受害者造成损失。

对企业运营管理舞弊产生原因的分析目前主要有国外有著名的“舞弊三角理论”“GONE理论”“冰山理论”等。容易导致舞弊产生的风险因素主要是内部控制薄弱点，如未经批准的经济业务、越权管理、未说明理由的价格差异以及不正常的大额产品损失。如果一次出现一个以上的迹象，就会增加出现舞弊的可能性。根据企业管理实践的已有经验，防止舞弊最有效的办法是保持一个有效的内部控制系统。建立有效的内部控制系统主要是管理层的责任，内部审计师的责任是通过评价内部控制系统的有效性来揭露业务经营部门存在的风险，协助防止舞弊。内部审计师可以通过了解企业是否重视内部控制、是否有切实可行的组织目标、是否有书面的办事规章制度、是否有恰当的授权制度、是否有保护资产安全的制度、是否有适当的渠道使管理层及时了解情况进而提出相应的改进建议。

(二) 企业运营管理舞弊的主要分类

目前为止，关于企业管理舞弊的类型可以有如下四种情况，具体内容可见表5-3。

表5-3　　企业运营管理舞弊的分类

依据	类型	内容	特征
舞弊行为主体	管理层舞弊	管理层蓄谋的舞弊行为，它主要通过发布带有误导性或严重歪曲事实的财务报告来欺骗投资者、债权人、政府以及社会公众等外部利益团体	通常不受内部控制结构约束；经常以财务报告舞弊为手段；若是非法侵占资产，往往用复杂业务交易来掩盖，且经常牵扯到外部第三方
	雇员舞弊	非管理层凭借靠近生产一线容易接近资产的优势，利用职务之便或管理层缺陷，非法获取公司资产或其他个人利益的行为	
舞弊行为对象	侵占资产舞弊	是指舞弊者的目的是占有公司的财产，包括贪污、挪用、盗窃等行为。这类行为可以通过伪造凭证或编制错误记录来完成	行为人多是公司雇员，但管理层也可能进行此类舞弊，如建小金库等
	财务报告舞弊	是指公司不遵循财务会计报告标准，有意识地利用各种手段，歪曲反映企业某一特定日期财务状况、经营成果和现金流量，对经营活动情况做出不实陈述的财务报告，误导信息使用者的决策	通常表现为编制或提供虚假信息的财务报告
舞弊性质	组织舞弊	由组织进行的损害外部利益集团的舞弊行为，如偷逃税款、发布虚假财务信息等，一般属于管理舞弊	常用的手段是编制舞弊性财务报告
	职务舞弊	是指组织内员工利用工作机会并针对组织自身或组织外部的舞弊，如贪污、挪用等，是为谋取个人利益而损害公司利益的行为	常用的方式一般是侵占资产，但往往也会涉及舞弊性财务报告
舞弊者与公司关系	外部舞弊	是与公司相关的外部利益主体通过多开账单、重复报账或用低价商品替代等手法所从事的欺瞒公司的行为	外部利益主体主要是指供应商、零售商和承包商等
	内部舞弊	是由公司内部经营管理者或从事业务操作的人员所从事的舞弊	内部串通型舞弊通常难以发现

二、企业运营管理舞弊审计原理

（一）企业运营管理舞弊审计特征与责任

1. 舞弊审计含义

注册舞弊审核师协会（ACFE）认为舞弊审计是一种发现舞弊的先发制人的方法，即运用会计记录和其他信息进行分析性复核，识别出舞弊行为及其隐瞒方法。这种针对舞弊行为所进行的审计，就其广义来说，它不仅应包括舞弊发生之后的审计调查，还应当包括针对舞弊正在或将要发生的整个防范和监督活动。

舞弊审计是集会计学、审计学、法学及管理学、心理学、犯罪学等为一身的边缘学科，舞弊行为可能有线索也可能没有线索，注重的不仅仅是方法，更重要的是思维方式，选择内部控制链条最薄弱的环节人手。

2. 企业运营管理舞弊审计的基本特征

（1）舞弊审计目标有一定的局限性。舞弊审计目标十分明确且具体，它负责发现并揭露有意曲解事实的记录和非法占用资产行为。在舞弊审计中，审计人员应当特别注意发现与具体违法行为相关的证据，确定具体的舞弊细节，以及舞弊带来的损失金额和影响范围、内部控制的薄弱环节和控制效率问题。

（2）舞弊审计工作的性具有重要性。从现象上看，一旦发生舞弊，说明被审计单位内部控制系统出现了薄弱环节，若不加以改进，会影响经营目标的实现。实际上，不论舞弊涉及的金额多高，它都是重要的。不加以制止的舞弊行为会迅速蔓延，不但危及组织的生产与发展，而且会侵害国家及社会公众的利益，制约整个社会的正常、有序发展，妨碍人们日常的工作与生活。

（3）舞弊审计的实施时间具有灵活性。根据《内部审计实务标准》实务公告1220－1指出："无论何时开展内部审计，审计师都应该考虑存在重大违法乱纪现象或不遵守有关规定的现象的可能性。"常规审计一般具有较强的计划性和次序性，舞弊审计却不然，它要求审计人员在常规审计的每时每刻都高度警惕，不断提高专业熟练性，发现有嫌疑的舞弊行为，随时进行检测与调查。

（4）舞弊审计的范围具有广泛性。受经济利益目标的驱使，在注重经济发展的形势下，舞弊行为大肆蔓延，具体表现便是涉及人员众多，从政府部门到企事业单位，舞弊现象无所不在。

（5）舞弊审计的实施过程有风险性。舞弊审计较大的风险性主要表现在审计执行过程及审计报告两个阶段。在舞弊审计过程中，审计人员很难把握深度和职责范围，容易越权审计而触犯有关法律，从而导致审计风险。编制审计报告的时候，也往往会忽略舞弊审计报告不同于常规审计报告，不征求法律顾问的建议导致措辞或定性不当，造成审计报告违法。管理当局不当地施加压力、审计难度、关联方影响、内部控制环境薄弱以及对实物账户的估价等众多因素的存在，也会对审计的独立性造成一定的影响，从而给舞弊审计带来较大的风险。

3. 企业运营管理舞弊审计的责任

企业运营管理舞弊审计责任是审计人员在承办舞弊审计业务中所应履行的职责。

对舞弊审计责任的认识和划分影响到审计的效果。预防、发现和纠正舞弊行为是组织管理层的责任。健全有效的内部控制可以遏制舞弊行为的发生。管理层负有建立健全内部控制制度的责任，应根据内部审计人员提交的报告和建议，制止和纠正已发生的舞弊行为，追查、预防可能的舞弊，不断完善内部控制制度。

实施运营管理舞弊审计是内部审计人员的基本职责之一。内部审计机构是内部控制制度的重要组成部分，内部审计人员要审查、评价组织内部控制的适当性、合法性和有效性来协助遏制舞弊，有责任发现组织内部控制的重大缺陷。即使是在不以舞弊行为为主要目标的常规内部审计过程中，内部审计人员也应以应有的职业谨慎，警惕可能引发舞弊的机会。内部审计人员必须在预防和发现财务报表舞弊的过程中扮演前缀角色，具备足够的舞弊知识来识别可能发生舞弊的线索。

（二）企业运营管理舞弊审计的内容

企业运营管理舞弊审计主要包括：管理层舞弊审计、雇员舞弊审计和财务报表舞弊审计等内容。

1. 企业管理层舞弊审计

（1）了解企业运营过程中管理层审计的对象。管理层舞弊审计的对象就是企业管理中管理层的人员为获利而实施的欺骗性行为。根据目的不同，管理层舞弊又分为获取组织利益的舞弊和为获取个人利益的舞弊。管理层舞弊从实施者的性质到舞弊的手段，都不同于其他类别的舞弊。管理层舞弊最为常见的形式就是管理当局对于财务报表的舞弊操纵。

（2）掌握企业管理层舞弊的主要手段。企业管理层舞弊的手段可谓多种多样，但从审计角度看舞弊的具体表现形式是粉饰或者掩盖舞弊的事实。以人为的手段改善运用资本情况，粉饰经营业绩或财务状况，实现财务报表的情形或经营成果表现良好，误导财务信息使用者。舞弊手法各种各样，但就管理层的财务报表舞弊来说，常见手段主要是不恰当地确认收入、高估资产、低估费用，利用虚构经济业务和交易事项等调节利润，其利用关联方交易进行舞弊粉饰利润早已成为管理层乐此不疲的把戏。管理层通过虚构经济业务和交易事项来虚列资产、虚增利润的主要操作手法如伪造、篡改、制假单据、虚开发票；虚构合同、协议、文件；采用高于或低于市场价格的方式进行购销活动、资产转换和股权置换；低息或高息发生资金往来，调节财务费用；收取或支付管理费用或分摊共同费用调节利润；关联交易的非关联化和非货币性交易的货币化等。

（3）识别出企业管理层可能舞弊的信号。企业管理层之所以成为审计中的高风险领域，主要源于管理层舞弊自身的复杂性及管理层舞弊审计的困难性。管理层舞弊的主要表现如下：

来自管理层角度的原因：①相关管理人员压力或期望业绩异常，管理层过度关注保持或提高公司股价或收益趋势，焦点在利润或股价上而不是企业核心竞争力上；②资金出现短缺，影响经营周转；③会计政策突然变更；④与经营成果相挂钩的管理层薪酬；⑤会计人员、信息技术人员频繁变动，或缺乏胜任能力；⑥异常交易或大量的账项调整；难以获取充分、适当的审计证据等；⑦管理层对内控认识不足，决策的制度由一个人或少数几个人垄断或把持，公司治理结构流于形式，管理层约束机制实效差；⑧管理层与当前或前任审计师关系紧张，频繁更换审计师；管理层诚信存在明显问题，如诉讼案及不诚实记录、业界声誉不佳；管理层低报酬甚至无报酬等。来自企业经营管理环境压力方面的原因主要表现有：组织机构复杂或不稳定，复杂程度不合理；存在重大异常交易：关联方交易、资产重组等业务；与同行业相比，增长异常快或存在非常收益；经营净现金流量为负，净收益为正或持续上升；存在筹资等巨大压力；财务方面出现了可能导致持续经营能力受到重大影响的迹象；行业竞争异常激烈、公司利润迅速下降等现象。

2. 企业雇员舞弊审计

（1）掌握企业雇员舞弊的主要手段。大多数雇员舞弊一开始金额都比较小，如果没有被发现，则后来舞弊的金额就变得越来越大。大多数舞弊的规模都会随着时间的推移急剧扩大。雇员舞弊一般试图以现金或资产为个人谋利。常见的雇员舞弊包括三步：偷窃有价值财产；将财产偷换成现金；隐瞒罪行与躲避检查。具体而言，雇员舞弊的手段包括但不仅限于以下几种：①偷窃商品、工具、存货和其他设备；②从现金和现金登记簿中转移小额资金；③没有记录商品营销，同时将现金据为己有；④通过少记使现金和现金登记簿发生溢余；⑤扩大费用账户范围或将货品预付款变为个人使用；⑥从某账户中收款，将钱据为己有，同时将该账户冲销；从已核销的账户中收款，但是不报告；⑦为虚假客户做索赔申请并返还款项；⑧没有每日将现金存入银行，或只将部分现金存入银行；⑨在工薪表上填制虚假的额外帮工，或提高工资率或增加小时数；⑩员工实际离职日期后的很长时间内，其他雇员舞弊的手段还有：比如员工保留在工薪表中；在工薪表上伪造其他名字，将无人索要的工资留下来；还有比如通过串通，增加供货商发票上的金额；通过不正确使用采购订单的办法，由组织为个人采购付款；将偷来的商品运到某员工或亲戚家；伪造库存商品以便掩盖偷盗行为或失职；将应付给组织或供货商的支票扣留下来；插入虚假的分类账账页；形成虚假错误的现金收入和支出账簿的脚注；“卖掉”门钥匙或保险库及金库的秘密；获得空白支票并伪造签名；给予客户特定价格或特殊优惠，或将业务交给其偏向的供货商，目的是获得回扣。

（2）识别出企业雇员可能舞弊的信号。对雇员个体生活习惯和方式及其变化的观察，可以在一定程度上发现舞弊的信号。如舞弊者通常有以下的个人生活特征：失眠、醉酒、吸毒、神经质等。同时，舞弊者也无法掩饰一些生活方式改变的现象，如购买高档住宅、汽车和宝石等，而这些现象又无法用其正常的工薪收入来解释。雇员舞弊方面的主要表现有：雇员有不法前科记录；雇员有大额负债或具有吸毒、赌博等不良嗜好；由某人处理某项重要交易的全部业务；会计信息系统失效或内部控制设计不合理等。

3. 财务收支舞弊审计

（1）虚构收入舞弊审计。企业虚构收入的舞弊常见手段主要包括：①虚假营销

（无中生有）；②高估营销收入（虚增金额）；③提前确认收入（截止错误）；④低估坏账准备，从而高估应收账款；⑤拖延坏账注销时间；⑥客户退回商品，在会计期末之后记录；⑦在折扣期限内收款，未记录给客户的折扣。

关于收入舞弊的要点：

①收入金额绝对值比较（以三年为限）。

②毛利率 =（营销净额 – 营销成本）÷ 营销净额。

如果上市毛利率上升（高估收入、低估营销折扣退回，高估存货、低估购货、低估营销成本），该企业可能发生舞弊。

③应收账款周转率 = 营销净额 ÷ 应收账款。

④应收账款周转期 =365 ÷ 应收账款周转率，由于虚构的应收账款无法收回，所以延长了收账期。

⑤净利率 = 净利润 ÷ 营销净额，当发生收入舞弊时，公司在虚增收入时未能增加相应费用，从而使该指标上升。

（2）存货与营销成本的舞弊审计。存货与营销成本的基本原理分析：期初存货 + 本期购货 – 期末存货 = 销货成本。

由上述公式可知，高估期末存货是实施舞弊又一好的选择，因为这样一来，不仅增加了净利润，而且也增加了资产，从而达到粉饰资产负债表的目的。

收入舞弊是高估利润表上的收入与资产负债表上的应收账款，不会对下一会计期间产生影响。而存货舞弊在高估了某一会计期间“期末存货”的同时，也高估了下一会计期间的“期初存货”，使得下一会计期间的净利润可能被低估。如果管理当局想在以后的会计期间继续高估净利润，就需要继续高估期末存货，而且高估的金额必须能够抵销由于上期期末存货被高估而引起的本期净利润的减少。这样一来，势必会导致存货更大金额的错报，从而使舞弊更容易被发现。

存货或营销成本舞弊常见的手段包括：不计、少计购货；推迟购货记录（截止错误）；高估购货退回；提前记录购货退回（截止错误）；未将折扣从存货成本中扣除（在折扣期限内）；低估单位销货成本；未结转销货成本；陈旧存货未注销；未计提存货跌价准备；高估存货价值、高估存货数量；记录虚购存货、存货数量与单价乘积计算错误。

存货与营销成本舞弊的审计要点：①关注会计报表金额本身的变动情况；②比较同行的会计报表数字；③比较会计报表数字与实物资产数字；④毛利率分析：当高估存货余额时，销货成本通常被低估，毛利率就会增加，表明可能发生收入舞弊或存货舞弊；⑤存货周转率 = 销货成本 ÷ 平均存货，高估存货、低估销货成本，使该比率下降；⑥存货周转期 =365 ÷ 存货周转率，高估存货时，存货周转率下降，存货周转期延长；⑦存货舞弊会使存货账户余额不断增加，使毛利率上升、存货周转率下降、存货周转期延长；⑧财务指标的大小并不重要，真正应关注的是各个会计期间财务指标的变动。

（3）低估负债舞弊审计。低估负债的常见舞弊手段：①漏计、少计、推迟应付账款、各种借款和应付工资等负债；②将预收款、定金确认为营业收入；③未记录各种预提费用；未经授权，以公司资产抵押借款。④未记录可能发生的或有负债。

负债舞弊的审计要点：①关注相关负债账户余额是否过小；②与同行业进行比较分析；③连续几个年度的账户余额比较，特别关注：已注销的负债、负债减计额的重大变动、本期确认的金额远远小于前期；④流动比率和速动比率上升，有可能发生了舞弊；⑤财务费用分析：财务费用 = 借款平均余额 × 平均借款率 + 应付票据平均余额 × 平均利息率 − 应收票据平均余额 × 平均利息率 − 银行存款平均余额 × 平均存款利率。

（4）会计报表披露舞弊审计要点：

①流动与长期项目的分类是否正确，特别是流动负债与长期负债的分类。

②有无带有误导性的报表附注，如未披露重大事项、抵押、贴现、或有事项等。

③计算一项比率 =（净利润 − 经营活动现金流量）÷ 资产总额。根据计算结果判断该比率应当在零附近上下波动，如果该指标表现为正数且不断增大，要么公司存在财务问题，要么发生了会计报表舞弊。

三、企业运营管理舞弊审计的方法

企业运营管理舞弊审计方法包括：舞弊预防、舞弊检查和舞弊报告三个基本工作流程。

（一）运营管理舞弊预防的主要途径

舞弊预防是指采取适当行动防止舞弊的发生，或在舞弊行为发生时将其危害控制在最低限度以内。由于各类舞弊行为总是带有故意欺骗的特征，造成了组织的内部控制失效，如果没有及时制止，可能会使这些舞弊行为蔓延，给组织带来重大的损失。因此，舞弊行为不论其涉及金额的大小，在性质上都应被认为是严重的。组织应当建立健全有效的内部控制，预防舞弊行为的发生。

建立健全组织的内部控制并使之得以有效实施是预防舞弊的主要途径。有效的内部控制通过职责分离、监督性检查、双重控制、合理性校验、完整性校验和正确性校验等各种控制手段，可以减少舞弊行为发生的机会。因此，建立健全有效的内部控制，是预防舞弊的主要途径。但是，应当注意到，即使是有效的内部控制，也有可能因为人员的串通等各种因素而失效。因此，还需要有舞弊的检查、报告等措施，对确实发生的舞弊行为进行追查、报告，将可能的损失降低到最低限度。

1. 内部审计人员在工作中应关注的方面

内部审计人员在审查和评价内部控制时，应当关注以下主要内容以协助组织预防舞弊。

（1）组织制定运营目标的可行性。

（2）组织控制意识和态度的科学性。

（3）员工行为规范的合理性和有效性。

（4）经营活动授权制度的充分适当性。

（5）风险管理机制的合理性与有效性。

（6）管理信息系统的设计与运行的有效性。

上述内容是内部控制中与舞弊预防密切相关的要点。

组织目标设置不当，超越了执行人的能力范围，反而会对执行人产生不当的压力，使执行人可能会为达到目标而采取各种手段，甚至包括舞弊。因此，组织的目标应当充分考虑组织的客观环境与实际情况，设置得当，使执行者通过努力可以达到。

组织控制意识和态度是否正确、科学决定了组织能否设计出符合组织实际情况、有效的内部控制。员工行为规范对员工的行为直接起到了指导和规范的作用，行为规范是否合理、有效将决定员工的各种行为是否会与组织目标相一致。经营活动授权制度是对各种舞弊行为最为直接的监控手段，各种职责的分离、授权，确保了各个层次的执行人难以滥用职权，做出超越权限的指令，限制了舞弊行为发生的机会，同时也限制了舞弊行为确实发生时的损失程度。

风险管理机制是组织用于应对、消除面临的各种风险的解决方法和策略。因此其有效性对于最大限度地消除风险、减少风险带来的损失，具有重要的意义。

组织的管理信息系统不仅处理组织内部的信息，同时也处理外部的信息。信息在组织内部的交流与沟通，可以使员工更好地完成其职责。同时，管理信息系统对信息的收集与整理也使得员工的工作得到了一定的监督和约束，可以有效地降低舞弊行为发生的机会。

内部审计人员应当对上述几个要点加以关注，并对可能存在的缺陷及时进行反映，以完善组织的内部控制。

2. 对发现舞弊迹象的处理

内部审计人员应根据审查和评价内部控制时发现的舞弊迹象或从其他来源获取的信息，考虑可能发生的舞弊行为的性质，向组织适当管理层报告，同时就需要实施的舞弊检查提出建议。内部审计人员应当在日常工作过程中对可能存在的舞弊保持警惕，当审计人员发现舞弊的迹象时，就应报告适当的管理层，使后者能尽快采取措施，遏制舞弊造成的影响。报告的形式可以是口头报告，也可以是书面报告，无论审计人员的报告结果如何，其在做出报告时，都应有合理的证据支持。

（二）企业运营管理舞弊审计的检查

1. 运营管理舞弊的审计及其实施者

舞弊检查是指实施必要的检查程序，以确定舞弊迹象所显示的舞弊行为是否已经发生。遏制舞弊是组织管理层的责任，决定是否进行舞弊的检查及如何进行舞弊的检查也同样是组织管理层的责任。内部审计人员的责任是协助管理层完成这一责任。

舞弊的检查通常由内部审计人员、专业的舞弊调查人员、法律顾问及其他专家实施。在某些情况下，由内部审计人员负责检查舞弊可能更为有效，但针对舞弊的检查与内部审计人员日常工作内容毕竟不相同，因此，往往还需要其他专业人士的共同努力才能完成检查舞弊的工作。

2. 内部审计人员审计舞弊的工作要点

内部审计人员舞弊检查的要求有以下几个方面：

（1）评估舞弊涉及的范围及复杂程度，避免对可能涉及舞弊的人员提供信息或被其所提供的信息误导。由于舞弊者通常会消除舞弊痕迹，或者破坏、篡改记录，提供虚假的信息，以及舞弊时往往伴随着相关内部控制被破坏，因此，在常规审计中可以信任的审计证据，或同样条件下取得的可靠审计证据，在舞弊检查中就可能存在着不足以信任或不可靠情形，审计人员应对此保持警觉，以获取可靠的审计证据。

（2）对参与舞弊检查人员的资格、技能和独立性进行评估。通常，在舞弊检查工作中所面临的工作内容往往比较复杂，时间要求紧迫，因此，对内部审计人员的技能要求也高于日常审计工作，需要经验丰富的人员，以应对复杂的局面。在一般性内部审计工作中强调独立性，在舞弊检查中特别强调独立性，除了与前者有相同的要求外，特别强调审计人员应尽可能排除个人偏见和先入为主的思维模式。

（3）设计适当的舞弊检查程序，以确定舞弊者、舞弊程度、舞弊手段及舞弊原因。舞弊检查的工作程序与常规审计不同，它可能需要专门技术与专业人员的支持，针对已经发现的舞弊线索，采取特殊的审计程序与方法，属于发现性工作。例如在日常审计工作中，审计人员寻求整体的合理性、有效性，则舞弊检查中除了从整体的分析中查找线索外，更侧重于微观的、细节的合理性。在舞弊检查中需要对经济利益流出和流入组织的环节特别注意，重点突出那些容易受到舞弊影响的资产。

（4）在舞弊检查过程中与组织适当管理层、专业舞弊调查人员、法律顾问及其他专家保持必要的沟通；在舞弊检查过程中，人员的配置往往无法事先预测，因为随着检查所发现的内容不同，要求马上跟进检查的方面也不同。审计人员应与参与检查舞弊的各个方面和人员保持有效的沟通，利用其他专业人士的经验与能力，使检查工作能达到效果。

（5）保持应有的职业谨慎，以避免损害相关组织或人员的合法权益。在舞弊审计中，审计人员应对法律知识有所了解，以免由于采取了不恰当的审计程序或方法，损害相关组织和人员的合法权益，使自己处于不利的地位。

3. 企业运营管理舞弊检查结束后的工作内容

在舞弊检查工作结束后，内部审计人员应评价查明的事实，以满足下列要求。

（1）确定强化内部控制的措施。

（2）设计适当程序，对组织未来检查类似舞弊行为提供指导。

（3）使内部审计人员了解、熟悉相关的舞弊迹象特征。

内部审计的工作不仅是具有监督和评价的功能，更重要的是应当对组织的建设起到促进作用，即内部审计工作应具有指导性。确定强化内部控制的措施和设计适当程序，为组织未来检查类似舞弊行为提供指导就体现了内部审计的这一作用。同时，通过对检查过程中所了解的舞弊迹象特征的总结，使内部审计人员在工作过程中不断地自我完善。

（三）企业运营管理舞弊审计的报告

1. 企业运营管理舞弊审计的报告方式

运营管理舞弊审计报告是指内部审计人员以书面或口头形式向适当管理层报告舞弊预防、检查的情况及结果。由于舞弊检查具有机密性，因此舞弊的报告提交对象应是适当的管理层，通常向组织的高级管理层或董事会报告，报告的层次至少应比舞弊涉及层次高一级。舞弊的报告形式可以是口头的，也可以是书面的；可以在检查工作结束后提交，也可以在检查工作进行过程中提交。采取口头报告和在检查过程中进行报告的目的是为了及时让适当管理层知晓目前所发现的情况，以便其决定是否采取和采取什么措施来遏制舞弊行为。而在完成舞弊检查工作后，应提交正式的书面报告。

2. 需要向适当管理层报告的情形

发现舞弊是一个渐进的过程，由线索引起而逐渐地深入。审计人员在发现舞弊线索或需要适当管理层采取措施时，就应及时向后者报告，报告的形式可以是口头报告，也可以是书面报告。在舞弊检查过程中，出现下列情况时，内部审计人员应及时向适当管理层报告。

（1）可以合理确信舞弊已经发生，并需深入调查。

（2）舞弊行为已导致对外披露的财务报表严重失实。

（3）发现犯罪线索，并获得应当移送司法机关处理的证据。

内部审计机构的工作是检查舞弊，其本身没有权力对如何处置舞弊行为做出决策，因此当确信舞弊已经发生或舞弊行为已导致对外披露的财务报表严重失实时，审计人员需要通报适当管理层，使其决定是否需要采取进一步的措施。内部审计人员应和适当的管理层讨论所发现的舞弊行为，由后者决定是否向外部权力机构通报所发现的问题。此时，审计人员的责任范围将扩大到对组织内部适当管理层负责。

3. 完成舞弊检查后的审计报告

审计人员在完成舞弊检查后，应提交书面报告。内部审计人员完成必要的舞弊检查程序后，应从舞弊行为的性质和金额两方面考虑其严重程度，出具相应的审计报告。

（1）报告内容应包括：舞弊行为性质、涉及人员、舞弊手段及原因、检查结论、处理意见、提出的建议及纠正措施。内部审计人员在完成舞弊检查工作后提交的报告中，应体现检查的过程及审计人员的专业判断，不仅阐明舞弊的成因、责任人、性质，还应提出改进的建议和纠正措施，后者体现了内部审计机构的建设性，也是为了实现组织利益的最大化。

（2）从成本效益原则考虑，内部审计人员对不同性质和金额的舞弊行为的处理应不同。性质轻且金额小的舞弊行为，对组织造成的危害较小，可以不特别指出，一并纳入常规审计报告；对性质严重或金额较大的舞弊行为，为引起管理层足够的重视，应单独出具专项审计报告。如果该舞弊行为涉及公众利益，对公众有重大影响或十分敏感，即该行为极可能引发法律后果，则应当取得法律专业人士的帮助。需要强调说明的是，对舞弊性质和金额的判断同等重要，即使某些金额较小但性质严重的舞弊行为也应被重视。决定采取何种方式报告舞弊检查结果时，需要运用内部审计人员的职业判断。

第六节　建设项目管理审计

在企业成长与发展的过程中之中，许多企业都会进行固定资产等方面的建设项目投资。建设工程项目审计是指组织内部审计机构和人员对建设项目实施全过程的真实、合法、效益性所进行的独立监督和评价活动。

一、建设工程项目管理审计的重点与方法

在开展建设项目内部审计时，各企业可根据企业实际要求，参照中国内部审计协会颁布的《内部审计实务指南第 1 号——建设项目内部审计》的规定，结合本组织内部审计资源和实际情况，考虑成本效益原则，确定建设项目审计的方式，既可以进行项目全过程的审计，也可以进行项目部分环节的专项审计。

（一）建设项目管理审计的工作重点

针对企业的业务状况，主要对招投标、合同管理、工程管理、工程造价、竣工验收等内容进行审计，大中型建设工程项目也可以委托具有相应资质的中介机构进行审计。在审前调查阶段，应关注以下方面：建设单位（或代建单位）职责范围或业务经营范围、机构设置、人员编制情况、财务会计机构及其工作情况；项目立项及可行性报告批准情况；项目概算的批准与调整情况；项目年度预算安排情况；项目基本建设程序执行情况（含土地、计划批复情况）；项目勘察、设计、施工、监理、采购、供货等方面的招投标和承发包情况；项目征地拆迁、三通一平等主要前期工程支出情况；项目建设资金筹措计划与实际筹集、到位情况；项目现场管理、财务核算、物资收发、价款结算、合同管理等内部控制制度的建立情况；其他需要了解的情况。

（二）建设项目管理审计的主要方法

审计实施过程中，应围绕提高监督实效，根据项目的具体情况综合运用各种审计手段。主要包括以下几个方面：

（1）限时告知。审计组应要求被审计单位建立重大事项告知制度。对需要告知的重大事项，被审计单位均应以书面形式及时告知审计组。

（2）召开例会。例会的主要内容是听取被审计单位及项目参建单位工作情况汇报，提出审计意见或建议。所提意见或建议需要被审计单位执行或落实的，审计组应于会后补办相关手续。每次例会均应形成会议记录备查。

（3）应邀参会。被审计单位召开与项目建设有关的重要会议时，审计组应派出人员参加，从审计角度提出意见或建议。所提意见或建议需要被审计单位执行或落实的，审计组应于会后补办相关手续。

（4）现场检查。根据工作需要，审计组应独立或会同有关方面深入施工现场，适时对施工进度、工程质量、安全生产、文明施工、造价控制、各相关监督部门及参建

单位履行职责等情况进行检查。

（5）资料审查。审计过程中，审计组应对建设项目的审批文件和证件、概预算编制资料、征地拆迁资料、工程和设备、材料的招投标与合同资料、工程图纸、设计变更、相关签证、各参建单位资质证书、有关技术人员资格证书、会议纪要及工程管理相关资料的真实性、完整性、合规性进行审查。

（6）数据核查。对预算控制价、各项规费的缴纳标准、建设单位管理费、技术服务费、设计费、监理费等费用的计取标准、所购材料、设备数量和价格、工程量计量、议价项目的价费计取、关键工程部位的检测结果等数据的真实性、准确性、合规性进行全面核查。

（7）账务核查。对项目成本核算、账务处理、交付使用资产的真实性与合规性应逐一进行核查。对实行电子记账的项目，可运用计算机技术辅助核查。

（8）资金审查。对项目建设资金来源、管理、使用的真实性与合规性，资金到位的及时性进行全过程审查。必要时，对参建单位取得的建设资金可进行延伸调查。

（9）驻场办公。根据工作需要，审计组可在项目现场设立办公场所，以便于了解项目的进展情况，加强与被审计单位的沟通与联系。办公场所由被审计单位提供。

（10）其他手段。除采用上述手段外，还可以根据项目的实际情况，合理运用访谈、问卷调查、内控测评、统计分析等手段或方法进行审计调查。

（三）建设项目管理审计必要资料

（1）项目批文、项目建议书、可行性研究报告、初步设计或技术设计（含概算）、施工图设计（含施工图预算）及批复文件，土地证、建设规划许可、施工许可等相关行政许可证书。

（2）招投标资料：包括招标文件、投标书、投标承诺、中标通知书及有关会议纪要、过程记录等。

（3）建设项目咨询、设计、监理、施工、安装等相关单位的资质文件、专业人员资质证书等。

（4）经济合同：包括咨询、设计、评估、监理、施工、咨询、材料（含设备）采购等合同及与项目有关的协议、纪要、变更洽商、签证等。

（5）验收月报（计量报告）及竣工验收资料等。

（6）竣工图：包括土建、装饰、安装、园林、市政、电力等专业图纸（含工程变更）等。

（7）工程结算资料：包括工程量计算资料、单价测算资料、工料分析单（含钢筋翻样单）及汇总计算资料等。

（8）“基本建设项目概况表”“竣工财务决算表”“交付使用财产总表”“交付使用资产明细表”“竣工财务决算说明书”等。

（9）项目财务收支账册、凭证、报表及交付使用财产、项目结余物资清单、未完工程项目资料等。

二、招投标活动的审计

（一）招投标活动的审计

招投标审计是指对建设项目的咨询、勘察设计、监理、施工、设备和材料采购等方面的招标和工程承发包的质量及绩效进行的审查和评价。

（二）招投标活动审计的重点内容

招标审计主要审查符合公开招投标要求的项目是否组织了公开招投标，招投标程序是否合规；有无肢解项目规避公开招投标的情况；邀请招标或单一来源采购程序是否合规，是否经主管部门批准和备案；招投标文件是否按照规定编制等。具体来说，应重视并做好以下几方面的工作。

（1）招标前准备工作的审计。重点检查：建设工程是否按规定招标；招标的程序和方式是否符合有关法规和制度的规定，采用邀请招标方式时，是否有三个及以上投标人参加投标；是否公开发布招标公告、招标公告中的信息是否全面、准确，重点检查，防止将必须进行公开招标的项目改用邀请招标方式。

（2）资格预审文件、招标文件及标（或招标控制价）底的审计。检查资格预审文件、招标文件的内容是否合法、合规，是否全面、准确地表述招标项目的实际状况；设备、材料的规格和技术参数与批复文件、设计要求和基本建设计划是否相符；审核标底的合理性，标底应当根据批准的初步设计和投资概算编制，不能超出批复的投资概算，重点检查：采取工程量清单计价方式招标时，其综合单价是否按《建设工程工程量清单计价规范》规定填制，工程量是否按经审核的招标图纸准确计算。

（3）开标、评标、定标的审计。检查开标、评标、定标的程序是否符合相关法规的规定，评标标准是否公正；检查投标文件是否符合招标文件的规定，签章、密封是否完整齐全，有无存在将废标作为有效标；是否存在因有意违反招投标程序的时间规定而导致的串标风险；检查与中标人签订的合同是否有悖于招标文件的实质性内容。

三、建设工程的合同管理审计

各类专项建设工程的合同审计，审计对象主要包括：审查代建、勘察、设计、监理、施工、采购、供货、咨询、评估机构、拆迁、招投标代理等工作是否依法签订了合同；合同价款计取依据是否充分、有效；合同条款与招标文件和投标承诺是否一致，有无明显缺漏或违背事实的条款。具体内容如下：

（1）设计（勘察）合同的审计。应检查合同是否明确规定建设项目的名称、规模、投资额、建设地点，具体包括：检查合同是否明确规定勘察设计的基础资料、设计文件及其提供期限；检查合同是否明确规定勘察设计的工作范围、进度、质量和勘察设计文件份数；检查勘察设计费的计费依据、收费标准及支付方式是否符合有关规定；检查合同是否明确规定双方的权利和义务；检查合同是否明确规定协作条款和违约责任条款。

（2）施工合同的审计。检查合同是否明确规定工程范围，工程范围是否包括工程地址、建筑物数量、结构、建筑面积、工程批准文号等；检查合同是否明确规定工期，以及总工期及各单项工程的工期能否保证项目工期目标的实现；检查合同的工程质量标准是否符合有关规定；检查合同工程造价计算原则、价款的约定方式、风险范围及调整方法是否合理；检查合同是否明确规定设备和材料供应的责任及其质量标准、检验方法；检查合同付款的比例、周期和结算方式是否合适；检查隐蔽工程的工程量的确认程序及有关内部控制是否健全，有无防范价格风险的措施；检查中间验收的内部控制是否健全，交工验收是否以有关规定、施工图纸、施工说明和施工技术文件为依据；检查质量保证期是否符合有关建设工程质量管理的规定，是否有履约保函；检查合同所规定的双方权利和义务是否对等，有无明确的协作条款和违约责任。

（3）委托监理合同的审计。检查监理公司的监理资质与建设项目的建设规模是否相符；检查合同是否明确所监理的建设项目的名称、规模、投资额、建设地点；检查监理的业务范围和责任是否明确；检查总监及现场监理工程师的资格证书；检查所提供的工程资料及时间要求是否明确；检查监理报酬的计算方法和支付方式是否符合有关规定；检查合同有无规定对违约责任的追究条款。

（4）设备和材料采购合同的审计。检查设备和材料的规格、品种、质量、数量、单价、包装方式、结算方式、运输方式、交货地点、期限、总价和违约责任等条款规定是否齐全；检查对新型设备、新材料的采购是否进行实地考察、资质审查、价格合理性分析及专利权真实性审查；检查采购合同与财务结算、计划、设计、施工、工程造价等各个环节衔接部位的管理情况，是否存在因脱节而造成的工期延误、造价增加等问题。

（5）合同变更的审计。检查合同变更的原因，以及是否存在合同变更的相关内部控制；检查合同变更程序执行的有效性及索赔处理的真实性、合理性；检查合同变更的原因以及变更对成本、工期及其他合同条款的影响的处理是否合理。

四、工程管理审计

（一）工程管理审计的含义

工程管理审计是指对建设项目实施过程中的工程进度、施工质量、工程监理和投资控制所进行的审查和评价。其主要审计目标是，对工程管理工作的改进情况以及目前工程管理内部管理控制状况进行审计检查，做出客观评价，揭示其中存在的控制风险，总结管理经验和进步，对企业的工程管理工作提出有价值的建议。

（二）工程管理审计的内容

（1）工程进度控制的审计。检查施工许可证、建设及临时占用许可证的办理是否及时，是否影响工程按时开工；检查现场的原建筑物拆除、场地平整、文物保护、相邻建筑物保护、降水措施及道路疏通是否影响工程的正常开工；检查是否有对设计变更、材料和设备等因素影响施工进度采取控制措施；检查进度计划的制订、批准和执行情况；检查是否建立了进度拖延的原因分析和处理程序，对进度拖延的责任划分是否明确、合理（是否符合合同约定），处理措施是否适当；检查有无因不当管理造成的返工、窝工情况。

（2）工程质量控制的审计。审查建设单位是否按照相关规定对工程质量实行政府监督、社会监理和企业保证相结合的管理体系；审查施工单位是否建立相应的规章制度，质量、安全、文明施工责任制是否落实，是否按照质量管理体系的要求施工；审查监理单位是否按要求开展现场旁站、巡视或平行检验等形式的监理，是否按照监理规划核查施工单位的质量管理体系；是否按照监理规范对隐蔽工程、分部分项及单位工程进行验收；审查政府质量监督机构是否按规定对工程实体质量进行了抽查、核查；审查工程分包单位和试验室的资质是否符合要求，建筑材料、配件、设备报验签认材料是否齐全，是否符合工程设计要求、施工技术标准的要求和合同约定；审查施工现场工程质量是否与质检资料相一致。

（3）工程投资控制的审计。检查是否建立健全设计变更管理程序、工程计量程序、资金计划及支付程序、索赔管理程序和合同管理程序，看其执行是否有效；检查支付预付备料款、进度款是否符合施工合同的规定，金额是否准确，手续是否齐全；检查设计变更对投资的影响；检查是否建立现场签证和隐蔽工程管理制度，看其执行是否有效。

五、工程造价审计

（一）工程造价审计的定义

工程造价审计是指对建设项目全部成本的真实性、合法性进行的审查和评价。工程造价审计是投资审计的基础，其目标主要包括：检查工程价格结算与实际完成的投资额的真实性、合法性；检查是否存在虚列工程、套取资金、弄虚作假、高估冒算的行为等。

（二）工程造价审计的内容

（1）施工图预算的审计。主要检查施工图预算的量、价、费计算是否正确，计算依据是否合理。施工图预算审计包括直接费用审计、间接费用审计、计划利润和税金审计等内容。一是直接费用审计，包括工程量计算、单价套用的正确性等方面的审查和评价；二是其他直接费用审计，包括检查预算定额、取费基数、费率计取是否正确；三是间接费用审计，包括检查各项取费基数、取费标准的计取套用的正确性；四是计划利润和税金计取的合理性的审计。

（2）合同价确定的审计。即检查合同确定价的合法性与合理性，包括固定总价合同确定的审计、可调合同价的审计、成本加酬金合同的审计。重点检查合同价的开口范围是否合适，若实际发生开口部分，应检查其真实性和计取的正确性。

（3）工程量清单计价的审计。检查实行清单计价工程的合规性；检查招标过程中，对委托的中介机构编制的工程实体消耗和措施消耗的工程量清单的准确性、完整性；检查工程量清单计价是否统一项目编码、统一项目名称、统一计量单位和统一工程量计算规则；检查由投标人编制的工程量清单报价文件是否响应招标文件；检查投标报价的综合单价有无畸高或畸低的现象。

（4）工程结算的审计。检查与合同价不同的部分，其工程量、单价、取费标准是否与现场、施工图和合同相符；检查工程量清单项目中的清单费用与清单外费用是否合理；检查前期、中期、后期结算的方式是否能合理地控制工程造价。

六、项目竣工验收审计

项目竣工验收审计是指对已完工建设项目的验收情况、试运行情况及合同履行情况进行的检查和评价活动。法规和建设项目的概（预）算文件，对建设项目所需资金进行合理筹集、正确使用、科学控制的一系列活动，其基本任务是：贯彻执行国家有关法律、法规、方针、政策，做好基本建设资金的预算、控制、监督和考核工作，依法、合理、及时筹集、使用建设资金，严格控制建设成本，提高投资效益。

七、建设项目财务管理审计

建设项目财务管理审计内容主要包括以下几项：

（1）根据在建工程明细表，复核数据，并与报表数、总账数和明细账合计数核对是否相符，核对期初余额与上期审定期末余额是否相符。

（2）抽查工程款是否按照合同、协议、工程进度或监理进度报告分期支付，其付款授权批准手续是否齐备，是否按合同规定扣除了预付工程款、备料款和质量保证期间的保证金，会计处理是否正确。

（3）抽查建设工程物资领用的会计处理是否正确。

（4）对于计入固定资产成本的借款费用，检查是否按照会计准则处理，会计处理是否正确。

（5）检查工程管理费资本化的金额是否合理，会计处理是否正确。

（6）检查“在建工程”科目累计发生额是否真实，是否存在设计概算外其他工程项目的支出，是否列入了不属于本科目工程支出的其他费用。

（7）建设期间发生的工程物资盘亏、报废及毁损净损失，会计处理是否恰当。

（8）检查是否按照合理的方法计算和分配待摊支出。

（9）检查在建工程转销额是否正确，有无造成交付使用的固定资产价值不实的问题；是否存在将已达到预定可使用状态的固定资产挂列在建工程。

（10）检查已完工程项目的竣工决算报告、验收交接单等相关凭证以及其他转出数的原始凭证，检查会计处理是否正确。

（11）检查在建工程项目保险情况，复核保险范围和金额是否足够。

（12）检查有无长期挂账的在建工程，若有，了解原因并关注是否会发生损失。

本章习题

一、单选题

1. 企业成本节约的审查与评价属于（　　）业务。

A. 项目结果审计　　　　B. 财务审计

C. 合规性审计　　　　　D. 经营审计

2. 在对采购业务进行审计时，审计师发现目前的程序与公司规定的程序不符，但通过审计测试发现该程序能提高效率，缩短处理时间，控制方面也无明显减弱，此时审计师不应该采取下列（　　）项审计措施。

A. 将未遵守规定程序作为一项经营缺陷进行报告

B. 绘制新程序的流程图并加入到给管理当局的报告中

C. 报告这一变化并建议将程序上的变动文件化

D. 暂停业务的工作，直到业务客户将新程序文件化

3. 以下关于基准比较法的陈述正确的是（　　）。

A. 将一个公司的业绩与其最接近的竞争对手的业绩进行比较是基准比较法的典型做法

B. 可以通过质量或数量的比较来进行

C. 通常局限于制造业操作和生产过程

D. 将一个公司的业绩与业绩最佳的公司进行比较来完成

4. 以下是效率衡量方法范例的是（　　）。

A. 缺勤率　　B. 成为制造业领头羊的目标

C. 每天处理的保险索赔案件数　　D. 顾客投诉比率

5. 如果即时采购政策成功减少了某制造公司的库存总成本，那么最有可能发生成本变化的组合是（　　）。

A. 采购成本增加，缺货成本降低　　B. 采购成本增加，质量成本降低

C. 质量成本增加，订货成本降低　　D. 缺货成本增加，储存成本降低

6. 在经济订货量模型中，每份订货成本和储存成本都是估计数目。变动那些估计数量，以便确定这种变化如何影响最优经济订货量，此种分析方法叫做（　　）。

A. 预测模式　　B. 敏感性分析　　C. 关键路径法分析　　D. 决策分析

7. 以下内容对预测库存需求时没用处的是（　　）。

A. 对商业周期行为的了解

B. 将成本在公司内部各部门之间进行会计分摊

C. 关于季节性需求变化的信息

D. 计量经济模型的建立

8. 公司规定，必须从经过审批的卖方清单上的供应商处进行采购，这是以下（　　）种控制的范例？

A. 预防型控制　　B. 检查型控制　　C. 纠正型控制　　D. 监测型控制

9. 某公司 1 月份发生大额的材料效率差异。下述不能解释该大额差异发生原因的是（　　）。

A. 削减了预防性维修费用支出

B. 生产人员缺乏足够的培训和有效的监督

C. 公司需要处理大量的紧急订单任务

D. 超出预算多生产

二、多选题

1. 下列各项中，属于企业会计核算业务审计主要内容的是（　　）。

A. 经济订货量适当性审计　　B. 企业资产使用情况审计

C. 企业现有负债情况审计　　D. 企业所有者权益的审计

2. 财务管理审计应对注意把握内部审计的（　　）。

A. 相对独立性　　B. 准确性

C. 完整性　　D. 审计客观性

3. 下列项目中，属于人力资源管理审计工作基本要求的有（　　）。

A. 注意把握审计重点　　B. 定性分析与定量分析相结合

C. 注意审计结果的应用效果　　D. 关注企业人才潜力

4. 下列项目中，属于成本管理事前业务审计的项目有（　　）。

A. 目标成本审计　　B. 仓储物资审计

C. 成本构成审计　　D. 采购规模审计

5. 建设项目管理审计的主要内容包括针对企业建设项目管理中的业务状况，比如对（　　）及竣工验收等内容进行审计活动。

A. 合同管理　　B. 招投标

C. 工程造价　　D. 工程管理

三、简答题

1. 什么是资产审计？资产审计的目标是什么？
2. 企业财务管理审计主要包括哪些内容？
3. 简述成本事先状况审计的内涵与审计工作要点？
4. 什么是舞弊审计？经营管理舞弊审计主要包括哪些内容？
5. 简述建设项目审计的重点与主要方法。

四、案例分析题

1. 资料：2010 年 1 月 21 日，审计人员对某企业进行会计报表审计，查得资产负债表中“货币资金”项目库存的现金金额为 1 150 元，1 月 21 日下午下班前，对出纳人员管理的现金进行了清点，该企业 1 月 21 日现金账面余额为 900 元。清点结果如下：

情况 1：现金库存 600 元。

情况 2：保险柜中有下列单据：

（1）王某借条一张，金额 200 元，日期是 2005 年 12 月 30 日，未批准。

（2）李某借条一张，金额 150 元，日期是 2005 年 12 月 29 日，已批准。

（3）已收款未记账凭证 3 张，金额合计 100 元。

情况 3：经核对 2010 年 1 月 1 日至 21 日的收、付款凭证和现金日记账，核实 1 日至 21 日收入现金 30 500 元，支出现金 30 800 元，正确无误。

要求：

（1）根据以上资料，核实库存现金实有数，并调整核实 2009 年 12 月 31 日资产负债表所列的数字是否公允。

（2）对现金收支、留存管理的合法性提出审计意见。

2. 审计人员在审查天一股份有限公司2011年12月31日资产负债表中的“应付债券”项目时，收集到下列资料：

（1）本年度该公司发行为期5年的公司债券，债券合同中规定，凡违反合同内任何条款，所有公司债券立即自动到期；

（2）公司应保持不低于1∶1的速动比率，如果低于该比率，该年度中公司高级经理人员的工资应低于50万元；

（3）该公司应将为公司债券担保的财产，按其实际价值向保险公司投保；

（4）该公司提供担保的财产，应按规定及时纳税。

要求：针对上述情况，审计人员在审计时应关注哪些方面的内容？

第六章

经济责任审计

导入案例

长信集团公司是一家主要以大中型船舶为主要运输工具的航运物流公司，也是一家中央企业，资产规模达120亿元，国内外航线有100条以上，近几年在海外设立了多家子公司。2013年，李明开始在长信集团公司下属二级子公司长顺公司（公司经营注册地新加坡）担任董事长，负责长顺公司包括副总经理马哲在内的经营班子的任命，并代表长信集团与长顺公司签订考核协议。集团公司与子公司的任期绩效考核协议只对运输箱量和公司整体利润予以规定，并未对具体航线的利润做出规定。该公司副总马哲按照长顺公司领导班子分工主要负责东亚航线运价的制定。2016年，集团公司内部审计部在对集团公司及下属子公司的高管层进行的年度经济责任审计过程中，发现在其任职期间利用职权，违反只有超过大额运货量的业务运载合同才能获得优惠运价的规定，在某些局部船舶运输航线上以低于公司确定的最低运价的超低价承运自己亲属实际出资成立的货物代理公司的货物，并从中牟取了巨额的个人利益，严重损害了长顺公司及长信集团公司的国有资产的利益，造成了国家资产和国家税收的大量流失，据审计项目组的初步估计该公司直接损失达1 100万元。

该案例发生后，经新闻媒体曝光，引起了国资委的关注，责成长信集团公司治理层进行深入调查，尽快查清子公司管理层的经济责任，总结和纠正其存在的内部管理缺陷和漏洞。该集团公司为此专门组织新的审计项目组决定对子公司长顺公司的高管层进行专项经济责任审计。

同学们，请问在该案例中，马哲作为长顺公司副总负责某航线的运价制定，他利用这种职权为亲属牟利，并由此导致长顺公司国有收益受到损失。马哲能得到这种为亲属牟利的权力，是由董事长李明任命的，那我们能不能就说李明对国有资产损失应当承担直接责任呢？在该案例中，国有资产的损失是由马哲滥用职权、违法犯罪直接造成的，而不是因为李明任命马哲为主管该航线的副总造成的，也就是说，李明任命马哲为副总经理，只是国有资产流失的充分条件，而不是必要条件。那么，如果是你负责进行此次经济责任审计，你认为该案例中，长信公司董事长及总经理是否应当承担失职的责任？长顺公司领导李明及马哲是否应当承担责任？谁应该承担直接责任和领导责任。

同学们，如果你们想了解上述问题的答案，就请认真阅读本章内容吧！

学习目标

1. 理解经济责任审计的内涵与作用；
2. 了解经济责任审计的目的、主体和客体；
3. 掌握经济责任审计的特征、范围与内容；
4. 熟悉经济责任审计结果的报告及其运用。

学习内容

第一节　经济责任审计概述

经济责任审计是指由审计部门对企业或行政事业单位中的经理人及其他行政事业单位负责人在任职期间因其所担任职务，依相关审计法规对其所从事的相关经济管理活动引起的资产负债、财务收支以及有关经济活动进行监督、鉴证和评价，并最终确定其应当履行的经济管理职责与应尽到的法定义务的一种专项审计监督行为。如果是由内部审计机构接受上级机关的委托，对企业组织内部各部门经理人员的经济责任进行专业评价的行为，就是指本章中的经济责任的内部审计行为，其审计的主要对象是在企业组织和其他单位组织内担任管理职能人员的经济责任，主要包括：企业的法定代表人（总经理）；实际履行部门经济责任的正职经理人员或者主持工作一年以上的实际履行经济责任的副职经理人员；上级单位领导人员兼任下属企业的正职经理人员，且不实际履行经济责任时，实际负责本单位常务工作的副职经理人员。

一、经济责任审计的主要作用

在我国企业或行政事业单位中，经济责任审计一经推出与实践就显示了其他审计无法替代的积极作用，无论是在保护国家财产的安全、完整、保值、增值方面，还是在健全领导干部的监督管理，促进廉政建设方面，都取得了显著的成效，发挥了重要的作用。

（1）经济责任审计有利于从专业监督角度公正且客观地评价前后任领导的经营业绩和经济责任。经济责任审计立足领导干部所在部门和单位的财政与财务收支的真实、合法、效益的情况，一方面能够摸清家底，有利于继任者了解接任单位的真实情况，明确工作思路，缩短适应期，尽快进入角色；另一方面由于明确了离任者的经济责任，事实上也就划清了前后任的责任，改变了单位前后任领导互不认账的正常状况，有利于单位领导管理工作的顺利交接，从而保持组织内部经营管理工作的连续性。

（2）经济责任审计有利于正确评价和使用高管责任人并加强干部监督管理。社会主义市场经济体制的逐步建立为领导干部施展才干提供了广阔的舞台，但同时也向我们的干部考察工作提出了挑战。传统的干部考察工作，一般都是通过领导干部自我评价和召开座谈会等形式来调查了解，很少涉及单位的经济行为，对干部本人的廉政情况也难以全面、准确把握。这种考察方法很难从深层次的经济活动中了解干部的真实情况，以致一些干部在任职期间表面上表现不错，但离开岗位后问题就逐渐暴露出来，经济上负债较多，单位效益低下，出借资金难以收回，使国家、集体受到损失，这类事例屡见不鲜。实施领导干部经济责任审计，倡导定性与定量相结合，联系领导干部任期目标，通过对相关的经济指标等情况进行分析考核，对其任期工作业绩做出评价，能够达到客观、公正地确认其经济业绩，全面评价考核领导干部任期业绩的目的，为正确评价和使用干部提供了依据，同时有利于干部更好地履行职责，防止短期行为。

（3）经济责任审计有利于发现组织或单位的制度缺陷与促进反腐廉政建设。经济责任审计立足于财政、财务收支审计，落脚点在于查明个人经济责任，既对事又对人，而且审计涉及的领导干部的任职期间一般较长，往往能够发现年度财政、财务收支审计不易发现的问题，有利于揭露和惩治腐败分子。另外，经济责任审计着眼于防范，健全了监督制约机制，有利于发现财务管理漏洞，健全财务管理制度，提高财务管理水平，促使领导干部自我约束、自我完善，增强了纪律观念，促进了廉政建设。

二、经济责任审计的工作规范

我国的经济责任审计应遵照《内部审计实务指南第 5 号——企业内部经济责任审计指南》《第 2205 号内部审计具体准则——经济责任审计》《中共中央办公厅、国务院办公厅关于印发（党政主要领导干部和国有企业领导人员经济责任审计规定）的通知》（中办发［2010］32 号）以及 2014 年 7 月颁布的《党政主要领导干部和国有企业领导人员经济责任审计规定实施细则》等关于领导人员经济责任审计的规定要求开展。根据《第 2205 号内部审计具体准则——经济责任审计》，经济责任是指领导干部任职期间因其所任职务，依法对所在部门、单位、团体或企业（含金融机构）的财政、财政收支以及有关经济活动应当履行的职责、义务。经济责任审计，是指审计机关依法依规对党政主要领导干部和国有企业领导人员经济责任履行情况进行监督、评价和鉴证的行为。企业领导人员的经济责任审计依照干部管理权限确定，由企业人事部门提出书面委托，内部审计部门依据委托内容进行审计。经济责任审计应当以促进领导干部推动本地区、本部门（系统）、本单位科学发展为目标，以领导干部任职期间本地区、本部门（系统）、本单位财政收支、财务收支以及有关经济活动的真实、合法和效益为基础，重点检查领导干部守法、守纪、守规、尽责情况，加强对领导干部行使权力的制约和监督，推进党风廉政建设和反腐败工作，推进国家治理体系和治理能力现代化。

根据我国企业高管管理监督的需要，可以在领导人员任职期间进行任中经济责任审计，也可以领导人员不再担任所任职务时进行离任经济责任审计。因此，经济责任审计应坚持任中审计与离任审计相结合，对重点地区（部门、单位）、关键岗位领导干部任期内至少审计一次（在职审计或者离任审计）。

三、经济责任审计的目的与任务

1. 经济责任审计的目的

经济责任审计的目的不同于其他经营状况等常规审计。经营审计的主要目的是维护财经法纪、改善经营管理、提高经济效益，其出发点是被审计单位和国家经济秩序。经济责任审计主要目的则是分清经济责任人任职期间在本部门、本单位经济活动中应当负有的责任，为组织人事部门和纪检监察机关及其他部门考核使用干部或者兑现委托合同等提供参考依据。

2. 经济责任审计的任务

经济责任审计的任务是为企业或行政单位的人事管理部门正确考察、使用和管理干部提供真实可靠的依据；强化领导干部和法定代表人的经济责任意识，保护其合法权益；加强对领导干部和法定代表人的监督与管理，促进廉政建设；维护财经法纪，规范经济行为，促进企业健康发展。具体包括以下两方面。

（1）实施现场审计。在对企业风险与内部控制进行了解测试的基础上，对企业资产、负债和管理成果的真实性、财务收支的合规性，重大经济决策等情况进行审计。

（2）经济责任评价。根据现场审计的情况，对企业领导人员任职期间的主要业绩和应承担的经济责任进行评价，并得出较为全面、客观和公正的结论。

四、经济责任审计的主体与客体

1. 经济责任审计的主体

经济责任审计的主体是专门的机构或专职人员，同其他审计一样，经济责任审计也必须由专门的机构或专职人员来实施，以保证实施经济责任审计的机构和审计人员在工作和经费上的独立性。从我国开展经济责任审计的实际情况来看，具体承担经济责任审计工作的单位主要有国家审计机关、内部审计机构和社会审计组织。对党政领导干部的任期经济责任审计，一般都由审计机关进行审计，而对国有企业、事业单位，则争取审计机关、内部审计机构和社会审计组织相结合的方法。审计机关可以直接进行审计，也可以由社会审计组织或者内部审计机构进行审计，在经济责任审计工作中，审计机关可以利用内部审计和社会审计的审计成果，并应当加强对内部审计和社会审计业务的指导和监督。

2. 经济责任审计的客体

经济责任审计的客体是经济责任人所在部门、单位，审计的对象是所在部门、单位的财政与财务收支。审计监督的本质就是对被审计单位的财政、财务收支情况进行监督检查，是一种综合性的经济监督活动，这是审计监督与组织人事部门、纪检监察机关等直接对作为个体的自然人进行监督的根本区别。因此，经济责任审计的客体不是经济责任人，而是其所在的部门或单位。

五、被审计部门需要提供的备检资料

经济责任审计主要内容一般包括：①贯彻执行党和国家有关经济方针政策和决策

部署，推动组织可持续发展情况；②组织治理结构健全和运转情况；③组织发展战略的制定和执行情况及其效果；④遵守有关法律法规和财经纪律情况；⑤各项管理制度的健全和完善，特别是内部控制制度的制定和执行情况，以及对下属单位的监管情况；⑥财政、财务收支的真实、合法和效益情况；⑦有关目标责任制完成情况；⑧重大经济事项决策程序的执行情况及其效果；⑨重要项目的投资、建设、管理及效益情况；资产的管理及保值增值情况；本人遵守廉洁从业规定情况；对以往审计中发现问题的整改情况。因此，需要被审计单位提供以下资料：

（1）任期内企业营业执照、企业基本情况、法人代码证书、开户许可证、企业在银行和非银行金融机构设立的全部账户。

（2）任期内企业内部管理制度和内部机构设置、职责分工资料，任期服务目标、服务计划及重大经济事项决策会议记录，任期内上级部门历年下达的国有资产保值增值等考核指标。

（3）任期内历年资产经营计划、经济指标完成情况、重大投资项目及其实施结果、经济合同、对外投资明细表、任期前后有关经济遗留问题（含重大诉讼等）的专门材料。

（4）任期内历年财务报表、账簿、凭证等会计资料，财产物资盘点表，债权、债务明细及账龄分析表。

（5）任期内企业上级内部审计部门的审计报告、委托社会审计组织出具的审计报告、验资报告、资产评估报告以及办理合并、分立等事宜出具的有关报告。

（6）任期内有关经济管理监督部门及检察机构出具的重大检查事项结果、处理意见及纠正情况的资料。

（7）任期内企业年度工作总结。主要包括年度内部本部门工作的计划、工作内容、人力资源管理状况和全员绩效评价等相关情况。

（8）被审计企业领导人员基本情况、任期期限、述职报告及年度个人总结等。上述材料需要求被审计企业及时提供，如不能完整地提供，须要求被审计企业说明原因，提供的资料要分门别类，编号单独保存。

六、经济责任审计方式

经济责任审计采用任中和离任审计结合的方式，逐步建立健全重点部门、重点单位和关键岗位领导干部任期内轮审制度，确保对重点领导干部任期内经济责任履行情况至少审计一次。

（1）离任经济责任审计。根据企业领导人员管理的需要，领导人员不再担任所任职务时，应当接受离任经济责任审计。在进行离任经济责任审计评价时，要注意分清离任者与前任的经济责任。

（2）任中经济责任审计。指在领导人员任期内，对其履行经济责任情况进行的审计。领导人员任职满一定年限的，可以有计划地安排任中经济责任审计。

（3）同步审计。根据干部管理监督的需要，企业法定代表人和不担任法定代表人但行使相应职权的董事长（总经理）等主要领导干部进行同步经济责任审计。

（4）经济责任审计与其他审计相结合。经济责任审计与投资项目审计等相结合，实现不同审计项目之间的资源共享。

七、经济责任审计的种类

对经济责任审计进行适当的分类，有助于从各种经济责任审计的不同特点出发，加强经济责任审计的针对性，以便突出重点，抓住主要矛盾，客观、公正地做出审计评价，分清被审计人的经济责任。按照审计的内容、审计的时间、被审计单位的性质，可以将经济责任审计分成如下几类，具体内容见表6－1。

表6－1　　经济责任审计的主要类型

依据	类型	内容	说明
审计内容	目标经济责任审计	指对经济责任人完成其承担的承包目标、租赁目标、任期目标等目标责任情况进行的审计	是根据经济责任人与上级主管部门、发包单位或本级政府部门所签订承包、租赁合同或目标责任进行审计。审计内容合同有明确规定，审计目标、范围明确且重点突出
	破产经济责任审计	指根据《企业破产法（试行）》的规定主要审查和确认企业破产的原因；确定对企业破产应当承担责任的主要责任人；监督破产企业的财产物资，包括破产清算时资产与负债项目的确认、资产价值的评估、破产资财的变卖和分配等	此审计可全面地对企业整个破产过程进行审计，确认责任人应当承担的经济责任，保证破产清算的顺利进行
审计时间	事前经济责任审计	指在经济责任关系确立之前，对经济责任关系主体的资产、负债及损益的真实、合法、效益情况进行审计，以保证经济责任关系各方合法、合理、正确地确定有关方案和合同，以保证经济责任的合理性、有效性的监督活动	目的：是维护有关经济责任关系各方的合法权益
	事中经济责任审计	指在经济责任人任职期间对其进行的审计。在经济责任履行过程中，审计机构可根据需要对领导干部或经济责任人经济责任履行情况进行审查和评价，以检查机关财务收支、企业生产经营活动是否存在差错或舞弊行为的一种监督活动	目的：是督促责任人正确履行经济责任，以及时发现问题，防患于未然，保障国有资产的安全、完整和保值、增值。 事中经济责任审计包括例行的年度审计和不定期的临时性审计
	事后经济责任审计	指在终止经济责任关系或者领导职责的干部调离所在部门、单位后，对其履行经济责任情况进行的审计	当承包、租赁经营合同期满时，对经济责任关系主体经济活动和经营成果合法性、真实性、有效性进行审查和评价，确认经济责任履行情况，以解脱责任人所负的经济责任

续表

依据	类型	内容	说明
审计单位性质	党政领导干部任期经济责任审计	指对党政机关、审判机关、检察机关、群众团体和事业单位的党政正职领导干部的任期经济责任审计	该分类主要是从政企分开的改革思路出发，充分考虑到党政机关与国有企业在工作性质、工作内容、管理体制和运行机制等方面的不同特点，以便审计机关能够分层次、有重点地对党政机关和国有企业实施审计
	国有企业领导人员任期经济责任审计	指对国有独资企业、国有资产占控股地位或者主导地位的股份制企业的法定代表人（董事长或总经理）的任期经济责任审计	

第二节　经济责任审计的特点与内容

一、经济责任审计的特点

1. 工作基础——财政财务收支审计

经济责任审计要在财政财务收支审计的基础上，进一步的工作内容是查清领导人员任职期间财政财务收支工作目标完成情况；遵守国家财经法规情况；分清领导干部对本部门与本单位财政财务收支不真实、资金使用效益差以及违反国家财经法规等问题应该负有的责任；查清领导干部个人在财政财务收支中有无侵占国家资产、违反领导干部廉政规定和其他违法违纪问题。

2. 工作组织——审计部门与纪检、组织、监察、人事等其他监督部门共同组成

经济责任审计首先要由干部管理部门（一般为组织部门）提出审计意见，经党委、人民政府同意后，再由干部管理部门书面委托审计机关进行。审计机关接受委托后负责具体实施。可见，经济责任审计不单纯是审计机关的工作，而是审计机关与纪检、组织、监察、人事等部门共同承担的工作，并建立经济责任审计工作联席会议制度。参加联席会议的各部门根据各自职责有所侧重：审计部门主要负责组织实施经济责任审计和对审计查出的被审计领导干部所在单位和其他相关单位违反财经法纪行为依法进行处理、处罚；纪检和监察部门主要负责对审计发现的领导干部违反党纪、政纪等问题进行处理；组织和人事部门主要负责确定经济责任审计计划并正确、有效地使用审计结果。

3. 工作对象——经济责任审计（核心内容 = 对事检查 + 对人评价）

经济责任审计是审计监督与干部监督管理相结合的中国特色。经济责任审计既是

审计机关的法定职能，又是干部监督管理的重要环节和组成部分。经济责任审计的结果是干部监督管理部门选拔、任用、奖惩干部的重要参考依据，在干部监督管理工作中发挥着重要作用；而其他审计工作作为审计机关的法定职能，通常与干部监督管理工作没有直接关联，这是经济责任审计有别于其他审计工作的重要特征。

4. 工作类型——财务审计和绩效审计

财务审计是对被审计单位的会计凭证、会计账簿及会计报表的真实性、公允性、合法性进行审计监督。绩效审计是对政府行为所产生的经济活动的经济性、效率性、效果性、公平性和环保性进行客观的评价。经济性是以最低费用取得一定质量的资源，是实际所耗费资源与计划所耗费资源之比。效率性是确保以最小的资源投入取得一定数量的产出，或从一定的资源投入中，力争取得最大产出，是实际所耗费资源与实际所得收益之比。效果性是确保一定的经济活动实现预期目标，是实际业绩与计划业绩之比。公平性是投入资源的社会影响、社会秩序的稳定。环保性是对自然资源的有效利用和生态环境的有效维护，是计划所耗费资源与计划业绩之比。

二、经济责任审计的范围

审计范围是审计客体的外延，即被审计单位或者部门及其业务活动。经济责任审计不同于一般的审计监督活动，它是通过审计被审计单位，在对被审计单位的财政与财务收支真实、合法、效益做出评价的同时，对被审计单位法定代表人或者负责人的经济责任做出评价。因此，经济责任审计的范围是被审计单位的法定代表人或者负责人。从目前我国开展经济责任审计的情况来看，经济责任审计的范围如下：

（1）党政领导干部任期经济责任审计的范围。从目前正式开展党政领导干部任期经济责任审计的国务院有关部门和一些地方的情况看，接受经济责任审计的党政领导干部主要有：省、地级市、县三级直属的党政机关、审判机关、检察机关、群众团体和事业单位的党政正职领导干部，以及乡、镇党委、政府正职领导干部。开展经济责任审计的国务院部门，接受审计的领导干部一般为部、委直属事业单位的主要负责人。按照《县级以下党政领导干部任期经济责任审计暂行规定》的规定，接受任期经济责任审计的党政领导干部包括：县（旗）、自治县、不设区的市、市辖区直属的党政机关、审判机关、检察机关、群众团体和事业单位的党政正职领导干部，以及乡、民族乡、镇的党委、人民政府正职领导干部。

（2）国有企业领导人员任期经济责任审计的范围。按照《审计法》及其实施条例的规定，审计机关对国有企业的资产、负债、损益进行审计监督；对有国有资产的其他企业进行审计监督，则必须是国有资产占控股地位或者主导地位的企业。据此，目前国有企业领导人员任期经济责任审计的范围主要是国有独资企业、国有资产占控股地位或者主导地位的股份制企业的法定代表人（董事长或总经理）。

三、经济责任审计的内容

我国经济责任审计工作是从地方开展起来的，每个地方经济责任审计工作又大多立足于本地的实际情况，以致种类较多，做法不一，在目前尚未形成一个统一规范情况下，只能以经济责任人应当承担的经济责任为依据，对与经济责任人有关的经济行为、与经济责任人有关的经济结果、与经济责任人有关的各种内部管理制度三个方面内容进行阐述。

（一）审计内容之一——党政领导干部任期经济责任的审计

党政领导干部的任期经济责任是指领导干部任职期间对其所在部门、单位财政与财务收支的真实性、合法性和效益性，以及有关经济活动应当负有的责任，包括主管责任和直接责任。因此，对党政领导干部任期经济责任进行审计，应当主要围绕领导干部所在部门、单位的财政与财务收支，重点查明以下内容：

（1）党员干部对自己负责管理的财政、财务收支的内部控制制度及其执行情况。

（2）预算的执行情况和决算或者财务计划的执行情况和决算。比如：党员领导干部对其应当负责任的单位财政、财务收支会计核算数据的真实性和合规性；有无挤占、挪用、挥霍浪费国家资财的行为。

（3）预算外资金收入、支出和管理情况。其中主要查明：管理和使用预算外资金和财政有偿使用资金情况的真实性和合规性；有无违反规定设置账外账、小金库，将预算内资金列入预算外管理、使用的行为；有无违反国家规定乱摊派、乱罚款、乱集资、乱收费等问题。

（4）资产管理、使用及保值增值情况。主要查明：账实是否相符，有无白条抵库、坐支、侵占、挪用货币资金的行为；公共财产有无因被侵占、损毁造成的浪费或者流失现象；有无党政机关经商办企业，导致国有资产被无偿占用和流失的现象；有无党政机关侵占企业经营性资金、财产，损害企业合法权益的现象；是否按照规定管理和使用党政机关固定资产，有无擅自购置、报废、转让、变卖公有资产，给国家造成损失的现象；有无违反规定挪用公共财产或者私自借贷资金对外投资经商以谋取私利的行为；所在部门、单位的债权、债务情况。

（5）领导干部个人借用公款、使用公共财产的情况。

（6）遵守国家财经法律、法规和规章制度的情况。

在审计的基础上，查清领导干部任职期间财政与财务收支工作目标的完成情况，以及遵守国家财经法规的情况等，分清领导干部对本部门、本单位财政与财务收支中不真实、资金使用效益差以及违反国家财经法规问题应当负有的责任；查清领导干部个人在财政与财务收支活动中有无侵占国家资产、违反领导干部廉政规定和其他违法违纪问题。

（二）审计内容之二——企业领导人员任期经济责任的审计

国有企业领导人员任期经济责任是指国有企业领导人员任职期间对其所在企业资产、负债、损益的真实性、合法性和效益性，以及有关经济活动应当负有的责任，包括主管责任和直接责任。因此，对企业领导人员任期经济责任进行审计，应当主要围绕领导人员所在企业资产、负债、损益，重点查明以下内容：

（1）国有资产的使用、管理及保值增值情况。其中主要包括：账实是否相符，有无白条抵库、搞两本账和私设小金库的行为，有无侵占、挪用货币资金的行为；存货是否定期清查盘点，有无因被侵占、损毁而造成的资产盘亏现象；流动资产管理是否恰当，特别是应收账款是否真实存在，有无国有资产流失现象；有无经营性固定资产闲置、被侵占的现象，企业净资产增值部分是否按规定入账；投资资金来源是否合法，投资效益是否达到预期目标，有无因投资决策不当造成国有资产流失的现象；外汇收支是否符合国家规定，有无逃、套外汇等行为；有无虚盈实亏、虚亏实盈或者潜亏挂账的问题。

（2）国有企业的债务状况如何。其中主要包括：工资总额的计提是否超过主管部门下达的工资计划，有无超提工资问题，新增效益工资的计算是否正确；企业领导人员的个人收益、分配状况和借用与使用企业财产的情况；有无将已实现的销售、劳务收入、收取其他单位的回扣等隐匿在应付款或者预收款账户；负债项目是否予以真实、完整地反映和揭示；企业是否及时申报纳税，是否按照国家规定及时、足额上缴各种税收及附加，有无少交、长期拖欠等现象，有无偷逃各种国家税款的行为；各项长期和本期应付款的计提、支付是否正确，有无侵占国有资产的行为。

（3）企业的损益情况。其中主要包括：有无乱计、乱摊成本费用，随意调节利润的行为；盘盈、盘亏、毁损、报废及在建工程的净损益的核算是否正确，有无随意调节成本和利润的行为；出口退税是否真实、合法，退税计算是否正确，会计核算是否合规；各种投资收益的核算是否正确，是否按规定计入利润总额；是否按规定程序和比例分配利润，有无隐瞒和转移各种收入，利润解缴的账务处理是否合规，有无截留利润的行为；有无因领导责任造成企业虚盈实亏、虚亏实盈或者潜亏挂账的问题；有无因领导违反规定擅自决定担保，造成企业亏损的问题。

（4）在企业产权变动过程中，有无因企业领导人员的责任造成国有资产流失的问题。

（5）与财政、财务收支相关的经济指标实现情况。

（6）遵守国家财经法律、法规和规章制度的情况。

（7）与上述经济活动有关的内部控制制度及其执行情况。

在审计基础上，查清企业领导人员在任职期间与企业资产、负债、损益目标责任制有关的各项经济指标的完成情况，以及遵守国家财经法纪的情况，分清企业领导人员对本企业资产、负债、损益不真实和投资效益差，以及违反国家财经法规问题应当负有的责任；查清企业领导人员个人有无侵占国家资产，违反与财务收支有关的廉政纪律和其他违法违纪的问题。

第三节　经济责任审计的基本程序与评价方法

一、经济责任审计的基本程序

（一）审计项目的选择与确立

审计机关根据党委、政府经济责任审计领导机构和组织、人事、纪检、监察部门委托，确立审计项目和审计工作计划。

企业领导人员任期经济责任审计应当由企业领导人员管理机关报本级人民政府批准，由人民政府下达审计指令。实施企业领导人员任期经济责任审计前，企业领导人员管理机关应当以书面形式向审计机关出具委托书。委托书的内容应当包括审计对象、范围、重点及有关事项。审计机关可以直接进行审计，也可以由社会审计组织或上级内部审计机构进行审计。按照干部管理权限和审计管辖范围，分级分层次组织实施。具体办法由审计机关与企业领导人员管理机关共同协商决定。

审计应考虑的因素：预计的审计作用、财务的重要性、管理方面的风险、对于被审计单位或组织的重要意义、政治敏感性或者对于国家的重要性、以往被监督检查的经历、可审性。

（二）审计工作的主要环节

（1）组织审计工作团队。经济责任审计之前，首先需要组织审计力量并形成审计小组。

（2）进行审前尽职调查。审前尽职调查的主要内容有：①被审计单位基本情况，如机构设置、隶属关系、规模特点等；②领导干部职责分工情况；③财务收支基本情况和内部控制设置、运行情况；④领导干部任职期间发布的财经工作规范文件；⑤被审计单位相关年度审计档案，了解存在的问题及改正情况。

此外，如有必要内部审计机关在实施审计之前，应听取纪检、监察、企业领导人员管理机关、企业监事会等有关部门对被审计的企业及其领导人员的意见，纪检、监察、企业领导人员管理机关、企业监事会等部门应当向审计机关通报有关情况。

（3）制订审计工作方案。审计工作方案主要包括审计依据，审计目标，被审计单位的基本情况，审计的范围、内容、重点、方式、步骤、工作时间、人员分工，重要性确定与风险评估以及其他内容。

任期经济责任审计应当按计划进行，每年年底前，企业领导人员管理机关提出下一年度任期经济责任审计的建议计划，与审计机关共同协商，列入审计机关年度审计项目计划。在年度审计项目计划执行中，因干部管理和监督工作的需要，确需增加审计项目，应由企业领导人员管理机关与审计机关共同协商，在审计机关力量许可范围内安排。

（4）下达审计通知书与审计承诺书。要求被审计单位和被审计领导干部提供相关资料。应在实施审计前三日，向审计单位送达审计通知书，同时抄送被审计的企业领导人员。审计通知书下达后，被审计部门领导人员所在企业应按照审计机关的要求，及时并如实提供有关资料，包括：企业计划、财务会计资料、统计资料及经济活动分析资料；现行企业章程、管理制度、年度经营计划；重要经济合同、协议及与企业经营管理相关的办公会议纪要（记录）和年度工作总结；经济监督部门对企业的检查报告、处理意见及企业纠正情况等资料。被审计企业领导人员应当按照要求，写出自己负有主管责任和直接责任的企业资产、负债、损益事项的书面材料，并于审计工作开始后五日内送交审计组。

被审计的企业领导人员向审计组提交的书面材料包括：①企业领导人员的职责范围；②企业领导人员任职期间与企业资产、负债、损益目标责任制有关的各项经济指标的完成情况；③企业领导人员遵守国家财经法规和廉政规定的情况；④应当向审计组说明的其他情况。

被审计部门的领导人员应当对所提供资料的真实性、完整性做出书面承诺。对提供虚假材料的有关责任人，可以建议企业领导人员管理机关或纪检监察机关给予必要的组织处理或党纪政纪处分。

（5）召开进点会与张贴审计告示。

参加进点会的人员主要有：经济责任审计项目组组长、财务审计组组长、绩效评价组组长及相关人员、被审计企业原主要负责人、现任企业主要负责人、企业相关部门负责人员（包括审计、财务、人事、办公室等部门的负责人）、企业总部所在地的二级子企业主要负责人和其他相关人员。

召开进点会应注意的问题：①审计项目人员应与企业及时沟通，协商召开进点会的时间；②认真做好有关准备工作，准时参加会议；③在进点会上，审计项目组应明确审计的目的、范围、程序、时间安排和工作要求等内容；④召开进点会后，企业应按照审计项目组要求发布审计公告，设置意见箱，并将审计公告以文件形式下发各级子企业。审计告示范例如下：

审计公告

根据《关于对××集团有限公司原总经理×××同志进行××经济责任审计的通知》（××［201×］××号），×××派出审计组，自201×年×月至×月对××集团有限公司原总经理×××同志进行离任经济责任审计工作。为做好本次经济责任审计工作，客观、公正评价经营业绩和经济责任，根据有关规定，审计项目组将对部分职工进行访谈，并进行问卷调查，听取企业员工的意见，广大员工可通过专门设置的意见箱、访谈电话和电子邮箱向我们反映情况。

访谈电话：×××××××××
电子部件：×××××××××
审计组办公地点：×××××××××
通信地址：××××××××××××
××离任经济责任审计项目组
201×年×月×日

（6）接受被审计单位和被审计人提供的资料，调查取证并审核资料，形成审计工作底稿，重大问题请示报告。

（7）审计终结阶段，内部审计组实施审计后，应当向审计机关提交审计报告。审计报告报送审计机关前，应当征求被审计的企业领导人员所在企业及本人的意见。审计组应对其提出的审计报告承担有关责任。

审计报告的内容包括：①实施审计工作的基本情况；②被审计的企业领导人员的职责范围和与所在企业资产、负债、损益目标责任制有关的各项经济指标的完成情况；③审计中发现违反国家财经法规和领导干部廉政规定的主要问题；④企业领导人员对审计发现的违反国家财经法规和领导干部廉政规定问题应负有的主管责任和直接责任；⑤对被审计的企业领导人员及其所在企业存在的违反国家财经法规问题的处理、处罚意见和改进建议；⑥需要反映的其他情况。

（8）审计处理、审计处罚和审计建议。内部审计机关中审定审计报告后，审计机关对被审计的企业领导人员及其所在企业违反财经法规问题，应在法定职权范围内做出处理决定，或向主管部门提出处理、处罚意见；认为需要依法给予处理、处罚的，应在法定职权范围内做出审计决定或者向有关主管机关提出处理建议，同时对企业领导人员本人任期内的经济责任做出客观评价，向本级人民政府提交企业领导人员任期经济责任审计结果报告，并抄送企业领导人员管理机关及有关部门。审计机关审定审计报告后，向本级党委或人民政府提交审计结果报告，并附被审计的企业领导人员及其所在企业的意见，同时抄送企业领导人员管理机关、纪检监察机关及企业监事会等有关部门。

（三）经济责任审计报告基本内容

根据我国现行的《经济责任审计准则》的规定，单位经济责任审计报告的基本内容主要包括如下七个方面：

（1）报告的标题；

（2）报告的导言（立项依据、审计时间、范围、内容、方式等）；

（3）单位基本情况与总体评价；

（4）个人经济责任评价；

（5）主要问题和相关责任；

（6）审计建议；

（7）其他说明事项（未能查明问题，严重违纪处置情况等）。

（四）经济责任审计成果运用

经济责任审计能否发挥应有的作用，关键在于审计成果的正确处理和运用。审计机关实施经济责任审计后，应当对领导干部所在部门、单位违反财经法规的问题依法做出处理，对领导干部本人任期内的经济责任做出客观评价。向本级政府提交领导干部任期经济责任审计结果报告，同时抄送同级组织人事部门、纪检监察机关和有关部门。组织人事部门接到审计机关提交的领导干部任期经济责任审计结果报告后，应当将其作为对领导干部的调任、免职、辞职、退休等提出审查处理意见时的参考依据。

应当给予党纪政纪处分的，由任免机关或纪检监察机关处理；应当依法追究刑事责任的，移送司法机关处理。

二、经济责任审计的基本评价方法

1. 主观因素与客观因素分析

对具体行为或事项进行主客观分析，推究其具体的主客观成因，分析该具体行为或事项是成因于领导干部的主观过错，还是成因于客观因素的影响，进而做出审计评价。主观因素是责任人为谋取私利及小团体利益，滥用职权、徇私舞弊、官僚主义、玩忽职守等。客观因素包括来自外部的行政干预、国家宏观政策调整、国家税收政策变化、价格变动、市场需求变化、自然灾害等。对于领导干部任职期间的重大决策失误，要分析是否遵循了正常的决策程序，属于客观原因的，应在审计评价中给予分析说明。

2. 正确区分不同责任

领导干部的责任有现任责任与前任责任、个人责任与集体责任、直接责任与主管责任之分，正确区分不同责任之间的界限和不同责任人之间的界限，使审计评价做到责任明确清楚、客观公正。

3. 量化指标比较分析

良好的指标比较分析是运用能够反映领导干部履行经济责任情况的相关经济指标，分析其完成情况。比较方法有纵向比较和横向比较。纵向比较是上任时与离任时的业绩比较，横向比较是将相关业绩与同行业的一般状况比较。

三、经济责任审计结果运用

（一）经济责任审计成果运用的主要领域

企业董事会、管理层、干部管理部门或其他相关部门要加强审计结果运用，内部审计部门将审计成果区别不同情况提供给组织人事、纪检监察、财务管理等部门参考使用。组织人事部门应当将其作为考核、任免、奖惩被审计领导人员的重要依据；纪检监察部门对严重违纪违规的问题按相关法律法规进行处理；财务管理等部门应结合审计中存在的问题进行督查整改并规范管理。经济责任使用的具体领域如下：

（1）管理层可委派或委托内部审计机构对企业内管干部进行经济责任审计的管理层或部门，可以采取适当的方式在公司内部一定范围内通报审计结果，以便起到警示作用。

（2）对管理者的经济责任审计结果，应当作为对企业高管业绩考核、任免、奖惩的重要依据，并以适当方式将审计结果运用情况反馈给内部审计机构。

（3）企业管理层还可以将经济责任审计结果报告归入企业人事部门的本人档案之中。

（4）对于有轻微违纪行为或有苗头性、倾向性问题的企业管理人员，管理者可以开展诫勉教育。

（5）对于因经济决策失误给企业造成重大损失，或存在资产状况不实、经营成果虚假等问题，企业最高管理层应当视其影响程度对相关管理工作的责任人做出严肃的经济处罚和行政处理。

（二）经济责任审计结果利用的途径

（1）完善联席会议制度。一是健全协调机制。联席会议要定期沟通，互通信息，相互配合，形成合力。二是建立重大问题讨论制度。对审计过程中发现的重大问题的定性、处理、评价，可由联席会议讨论商定。三是健全审计成果利用反馈制度。内部审计机构要向组织人事部门报送审计报告，必要时可抄送联席会议成员部门。纪检监察、组织人事和财务等部门对审计报告中有用的信息要加以利用。

（2）健全审计信息报告制度。一是重大问题做专题报告。对审计发现的重大问题要及时向党政领导班子汇报，反映存在的问题、分析产生的原因、请示处理的意见。二是同类问题做综合报告。对多个同类型的部门进行经济责任审计后，要进行归纳分析，找出规律性，提出意见和建议，形成综合报告向党政领导班子汇报，为领导决策提供依据。三是普遍性、倾向性问题做分析报告。对审计过程中发现的带普遍性、倾向性的问题，进行深入的分析和加工，注意从体制、机制、制度和管理上提出预防和解决的意见和建议，向党政领导班子报告，为领导决策服务。

（3）建立审计结果整改落实制度。审计结果的整改制度主要包括如下三个方面的内容：一是对管理者的经济责任审计结果进行跟踪检查。审计报告出具后，内部审计部门或审计联席会议对被审计单位落实整改情况实行跟踪检查，督促整改。二是应该向审计对象和企业高管层及时通报整改结果。对整改彻底，落实审计意见较好的单位进行通报表扬，对拒不整改的单位进行通报批评，以严肃财经纪律。三是严格规范案件线索移送制度。审计部门应与纪检监察等部门建立健全案件线索移送制度。审计部门对审计中发现的重大违法违纪案件线索及时移送纪检监察部门；对审计中发现的经济犯罪案件线索及时移送司法部门，纪检监察、司法部门及时将线索利用情况反馈给审计部门，以便及时督促被审计部门领导层的预期整改。

本章习题

一、单选题

1. 经济责任审计应坚持任中审计与离任审计相结合，对重点地区（部门、单位）、关键岗位领导干部任期内至少审计（　　）。

A. 一次　　B. 二次　　C. 三次　　D. 四次

2. 市县党政主要领导任期经济责任审计报告格式不包括（　　）。

A. 基本情况　　B. 审计评价

C. 存在的主要问题及责任认定　　D. 审计建议

3. 在某次高校党政主要领导干部经济责任审计中，审计组总共发现该校某下属企业存在一起性质严重的违法问题，则指标下属单位经济活动合法性应评价为（　　）。

A. 优　　B. 良　　C. 中　　D. 差

4. 国有企业领导人员经济责任审计的对象是指（　　）。

A. 党委书记　　B. 总经理　　C. 法定代表人　　D. 董事长

5. 高校党政主要领导干部经济责任审计重点是（　　）。

A. 学校科学发展情况、权力运行公开化情况、资源配置市场化情况、学校操作行为规范化情况、高校领导干部廉洁从业情况

B. 高校党政主要领导干部任职期间履职情况、其所在学校财务收支的真实合法效益、重大经济事项的决策、经济管理、遵守财经法规及其他经济活动应当负有的经济责任

C. 学校科学发展、重大经济事项的决策、经济管理、遵守财经法规、高校领导干部廉洁从业情况

D. 权力运行公开化情况、资源配置市场化情况、学校操作行为规范化情况、高校领导干部廉洁从业情况

6.《浙江省高校党政主要领导干部经济责任审计操作规程》的主要制定依据有（　　）。

A.《中华人民共和国审计法》及审计法实施条例、《国家审计准则》《党政主要领导干部和国有企业领导人员经济责任审计规定》《浙江省党政主要领导干部和国有企业领导人员经济责任审计办法》

B.《浙江省党政主要领导干部和国有企业领导人员经济责任审计办法》《党政主要领导干部和国有企业领导人员经济责任审计问效问责办法》和《浙江省审计厅审计项目复核审理工作试行办法》

C.《中华人民共和国审计法》《党政主要领导干部和国有企业领导人员经济责任审计规定》《浙江省党政主要领导干部和国有企业领导人员经济责任审计办法》

D.《国家审计准则》《浙江省党政主要领导干部和国有企业领导人员经济责任审计办法》《党政主要领导干部和国有企业领导人员经济责任审计问效问责办法》

二、多选题

1. 市、县（市、区）、乡（镇、街道）党政主要领导干部经济责任审计的重点内容有（　　）。

A. 贯彻落实科学发展观情况　　B. 经济社会发展、经济结构调整情况

C. 民生保障和改善情况　　D. 经济决策的管理情况

2. 省、市、县（市、区）党政工作部门、审判机关、检察机关、事业单位和人民团体等主要领导干部经济责任审计的重点内容有（　　）。

A. 重要经济决策的制定和执行情况

B. 重要经济事项管理制度的建立和执行情况

C. 部门预算的执行情况；国有资产管理情况

D. 民生保障和改善情况

3. 国有企业领导人员经济责任审计的重点内容有（　　）。

A. 国有资产保值增值情况

B. 贯彻执行法律法规和有关产业政策情况

C. 企业发展战略、改制重组等情况

D. 企业履行社会责任情况

4. 高校负责人经济责任审计的重点内容有（　　）。

A. 重要经济决策的制定和执行情况

B. 预算的执行情况学校

C. 内部重要经济事项管理制度的建立和执行情况

D. 财务收支的真实、合法效益情况

5. 在实施经济责任审计过程中，审计人员可以向（　　）等调查了解与被审计领导干部履行经济责任有关的情况。

A. 有关领导干部

B. 党代表

C. 被审计单位人员

D. 关联单位人员以及被审计领导干部服务对象

6. 审计机关履行经济责任审计职责时，可以依法提请有关部门提供（　　）情况。

A. 责任制考核情况

B. 各种专项检查结果

C. 信访查办情况

D. 提请其他有关单位提供有关情况或就特定事项做出说明

7. 审计机关实施经济责任审计，应当进行（　　）。

A. 审计公示　　B. 访谈

C. 民意调查　　D. 问卷调查

8. 经济责任履行情况包括（　　）。

A. 履责的基本情况　　B. 存在的主要问题

C. 应承担的相应责任　　D. 审计建议

三、简答题

1. 什么是经济责任审计？经济责任审计有什么作用？
2. 我国经济责任审计包括哪些工作方式？
3. 简述我国经济责任审计的特点与范围。

第七章

内部控制审计

导入案例

新城公司是一家从事食品批发、兼营食品零售的商业企业，该公司的产品一直比较畅销，业务增长比较快速，2017 年销售规模达 20 亿元，但是每年的年终财务结果却不尽如人意，年度会计报表显示每年的盈利不够理想，成本费用比较大为 19 亿元，比如 2017 年净利润只有 6 000 多万元，公司总经理张成认为公司的内部控制制度设计与运行可能存在较多缺陷与漏洞，需要尽快弥补，为了尽快找出问题所在，他亲自指派公司审计部派出由资深审计师刘华负责的 5 人审计项目组对该公司内部控制进行专项审计。公司审计部在公司 2017 年度内部控制审计中发现了公司管理控制活动存在如下错误和舞弊行为：

（1）货物发出后，为向顾客收款而开具的销售发票的销售价格不对，因为在进行计算机输入时，输入了错误的销售价格。

（2）有一笔购货发生了重复付款。在第一次付款 3 周后，独城公司收到供货商发货单的复印件，因而又重复支付了一次货款。

（3）仓库的员工将部分牛肉带回家。收到购入的牛肉后，仓库的员工将一小部分牛肉放入自己的手提袋，其余部分则放入公司的冷冻冰柜。然后，按照总共收到的数量而不是入库的实际数量填写入库单，送交财会部。

（4）在对零售商店的存货进行盘点时，某些柜组将一些商品的数量误记在另一些商品的名下，在盘点数量时也出现了错误。

（5）12 月 31 日，公司有一批牛肉已经装车，但尚未发运，存货盘点时将它纳入了盘点范围。但是，发货单是 12 月 31 日填制的，因此，这批存货对应的销售也在上年确认了。

项目组成员晓东是一位新入职的研究生，缺乏实务工作经验，审计前向审计项目组负责人刘华询问了一些问题：

1. 一家公司的内部控制究竟包括哪些内容？与企业管理活动的有区别吗？

2. 审计人员该如何进行内部控制专项审计？需要做好哪些准备工作呢？

3. 对内部控制进行审计主要需要关注的重点是什么？一般可以运用哪些常用的内部控制审计方法才能取得比较好的审计效果呢？

这些问题的答案正是本章内容所要阐述的内容，请各位同学开始阅读本章内容，并帮助小伙伴晓东找到答案，帮助他更好地开始新的审计工作之旅吧！

学习目标

通过本章内容的学习，可以达到如下目标：

1. 熟悉企业组织的内部控制程序的主要内容；
2. 理解内部控制审计的主要对象与内容；
3. 了解内部审计人员进行内部控制审计的主要程序；
4. 掌握进行内部控制审计的主要方法。

学习内容

第一节　内部控制概述

一、内部控制概念与目标

（一）内部控制的含义

内部控制是指一个企业单位为了实现其盈利的经营目标、确保企业的经营行为符合国家法律法规、保护资产的安全与完整、保证会计信息资料的正确与可靠、确保战略经营方针的贯彻执行、保证经营活动的经济性和效率性以及效果性而在单位内部采取的自我调整、约束、规划、评价和控制的一系列方法、手续与措施的总称。

（二）内部控制的目标

内部控制具有一定的目的性，是为达成某种目标而实施的，至少应该包括以下几个方面：

（1）确保国家法律法规的执行。这既是企业要达到的一个宏观目标，也是具体业务执行过程中要坚决实施的具体目标。

（2）确保将各种风险控制在适当的范围之内。控制风险是企业经营的具体目标，也是内部控制的核心目标。

（3）确保自身发展战略和经营目标的全面实施与充分实现，这是内部控制的直接目标。

（4）有利于查错防弊，堵塞漏洞，消除隐患，保证业务稳健进行，这是内部控制微观目标，是企业内部各部门和各岗位在具体的操作过程中要实现的目标。

二、内部控制要素

内部控制包括五要素：内部环境；风险评估；信息与沟通；控制活动；内部监督。

（一）内部环境

内部环境是指企业内部的物质、文化环境的总和，包括企业资源、企业能力、企业文化等因素，也称企业内部条件。即组织内部的一种共享价值体系，包括企业的指导思想、经营理念和工作作风。

1. 治理结构

治理结构是指公司治理，它是指为实现公司目标而做的关于股东、管理人员以及其他相关利益者之间的法律关系和公司组织机构的制度安排。健全的治理结构、科学的内部机构设置和权责分配，是实施内部控制的前提，更是影响企业内部环境的重要因素。

2. 机构设置

企业的管理机构是企业高效运转的基础，应该在保证实现企业目标、满足企业经营管理正常运转的前提条件下，力求精简机构设置。机构设置不合理，就会降低运营效率，而内部控制的目的之一就是提高运营效率，因此，机构和人员的设置要坚持权责明确、相互制衡的原则。

3. 人力资源政策

人力资源政策是影响企业内部环境的关键因素。企业的人力资源政策应科学、规范、公开、公平，有利于调动员工在内部控制和生产经营中的积极性、主动性、创造性。

企业的人力资源政策至少应包括下列内容：员工的聘、退与培训；员工的薪酬、考核、晋升与奖惩；财会等关键岗位的轮岗制衡要求；对掌握重要商业秘密或核心技术等关键岗位员工离岗的限制性规定。

4. 内部审计机制

健全内部审计机构、加强内部审计监督是营造守法、公平、正直的内部环境的重要保证。

在我国财政部颁布的《内部会计控制规范——基本规范》中以及证监会也要求上市公司在董事会下设立审计委员会，审计委员会对董事会直接负责。内部审计是企业依法设立、依照法律规定和企业授权进行审计监督、构造企业内部控制环境的要求。

5. 企业文化是由企业成员所共同分享和代代相传的各种信念、期望、价值观念的集合

企业文化为职工提供了一种认同感，激励职工为集体利益工作，增强了企业作为一个社会系统的稳定性，可以作为职工理解企业活动的框架和行为的指导原则。企业文化规定了企业成员的行为规范，对于企业战略的实施具有十分重要的影响。

（二）风险评估

对风险的管理是现代企业管理的主要内容之一。所谓风险，是指一个潜在事项的发生对目标实现产生的影响。风险评估则是企业及时识别、系统分析经营活动中与其实现内部控制目标可能发生的风险，合理确定风险应对策略的过程，是实施内部控制的重要环节。风险评估主要包括目标设定、风险识别、风险分析和风险应对。

（三）信息与沟通

与财务报告相关的信息系统，包括用以生成、记录、处理和报告交易、事项和情况，对相关资产、负债和所有者权益履行经营管理责任的程序和记录。与财务报告相关的信息系统所生成信息的质量对管理层能否做出恰当的经营管理决策以及编制可靠

的财务报告具有重大影响。

与财务报告相关的沟通包括使员工了解各自在与财务报告有关的内部控制方面的角色和职责，员工之间的工作联系，以及向适当级别的管理层报告例外事项的方式。

注册会计师应当了解与财务报告相关的信息系统及与财务报告相关的沟通情况。

（四）控制活动

控制活动是指企业根据风险评估结果，采用相应的控制措施，将风险控制在可承受范围之内，是实施内部控制的具体方式。其主要包括授权、业绩评价、信息处理、实物控制、独立稽核和职责分离等相关的活动。

（五）内部监督

内部监督是指被审计单位评价内部控制在一段时间内运行有效性的过程，该过程包括及时评价控制的设计和运行，以及根据情况的变化采取必要的纠正措施。例如，管理层对是否编制银行存款余额调节表进行复核，内部审计人员评价销售人员是否遵守公司关于销售合同条款的政策。

三、内部控制设计的原则

企业建立与实施内部控制，应当遵循下列原则（见表7－1）。

表7－1　内部控制设计的主要原则

原则	内容
全面性原则	内部控制应当贯穿决策、执行和监督全过程，覆盖企业及其所属单位的各种业务和事项
重要性原则	内部控制应当在全面控制的基础上，关注重要业务事项和高风险领域
制衡性原则	内部控制应当在治理结构、机构设置及权责分配、业务流程等方面形成相互制约、相互监督，同时兼顾运营效率
适应性原则	内部控制应当与企业经营规模、业务范围、竞争状况和风险水平等相适应，并随着情况的变化及时加以调整
成本效益原则	内部控制应当权衡实施成本与预期效益，以适当的成本实现有效控制

四、内部控制核心措施

（一）不相容职务分离控制

所谓不相容职务，是指那些如果由一个人担任既可能发生错误和舞弊行为又可能掩盖其错误和舞弊行为的职务。不相容职务一般包括授权批准与业务经办、业务经办与会计记录、会计记录与财产保管、业务经办与稽核检查、授权批准与监督检查等。对于不相容的职务，如果不实行相互分离的措施，就容易发生舞弊等行为。不相容职务分离的核心是“内部牵制”，因此，单位在设计、建立内部控制制度时，首先应确定哪些岗位和职务是不相容的；其次要明确规定各个机构和岗位的职责权限，使不相容岗位和职务之间能够相互监督、相互制约，形成有效的制衡机制。

（二）授权审批控制

授权批准是指单位在办理各项经济业务时，必须经过规定程序的授权批准。授权审批形式通常有常规授权和特别授权之分。常规授权是指单位在日常经营管理活动中按照既定的职责和程序进行授权，用以规范经济业务的权力、条件和有关责任者，其时效性一般较长。特别授权是指单位对办理例外的、非常规性交易事件的权力、条件和责任的应急性授权。单位必须建立授权审批体系，明确：（1）授权审批的范围；（2）授权审批的层次；（3）授权审批的程序；（4）授权审批的责任。

单位对于重大业务和事项，应当实行集体决策审批或者联签制度，任何个人不得单独进行决策或者擅自改变集体意见。

（三）会计系统控制

会计作为一个信息系统，对内能够向管理层提供经营管理的诸多信息，对外可以向投资者、债权人等提供用于投资等决策的信息。会计系统控制主要是通过对会计主体所发生的各项能用货币计量的经济业务进行记录、归集、分类、编报等而进行的控制。其内容主要包括：

（1）依法设置会计机构，配备会计从业人员。从事会计工作的人员，必须取得会计从业资格证书，会计机构负责人应当具备会计师以上专业技术职务资格。大中型企业应当设置总会计师或者财务总监，设置总会计师或者财务总监的单位，不得设置与其职权重叠的副职。

（2）建立会计工作的岗位责任制，对企业组织全部会计人员进行科学、合理的分工，使之相互监督和制约。

（3）按照规定设计、取得和填制原始凭证；对凭证进行连续编号；按照规定确定及时进行凭证的合理传递程序；明确凭证的装订和保管手续、责任。

（4）合理设置账户，登记会计账簿，进行复式记账。

（5）按照《会计法》和国家统一的会计准则制度的要求编制、报送、保管财务报告。

（四）财产保护控制

内部控制中的财产保护控制主要包括如下三个方面的内容：

（1）财产记录和实物保管。财产记录和实物保管关键是要妥善保管涉及资产的各种文件资料，避免记录受损、被盗、被毁。对重要的文件资料，应当留有备份，以便在遭受意外损失或毁坏时重新恢复，这在计算机处理条件下尤为重要。

（2）定期盘点和账实核对。它是指定期对实物资产进行盘点，并将盘点结果与会计记录进行比较。盘点结果与会计记录如不一致，可能说明资产管理上出现错误、浪费、损失或其他不正常现象，应当分析原因、查明责任、完善管理制度。

（3）限制接触控制。限制接触控制是指严格限制未经授权的人员对资产的直接接触，只有经过授权批准的人员才能接触该资产。限制接近包括限制对资产本身的接触和通过文件批准方式对资产使用或分配的间接接触。一般情况下，对货币资金、有价证券、存货等变现能力强的资产必须限制无关人员的直接接触。

（五）预算控制

预算控制的内容涵盖了单位经营活动的全过程．单位通过预算的编制和检查预算的执行情况，可以比较、分析内部各单位未完成预算的原因，并对未完成预算的不良后果采取改进措施，确保各项预算的严格执行。在实际工作中，不论是采用自上而下或是自下而上的方法，预算编制的决策权都应落实在内部管理的最高层，由这一权威层次进行决策、指挥和协调。预算确定后由各预算单位组织实施，并辅之以对等的权、责、利关系，由内部审计部门等负责监督预算的执行。

预算控制的主要环节包括：（1）确定预算的项目、标准和程序；（2）编制和审定预算；（3）预算指标的下达和责任人的落实；（4）预算执行的授权；（5）预算执行过程的监控；（6）预算差异的分析和调整；（7）预算业绩的考核和奖惩。

（六）运营分析控制

运营分析控制要求单位建立运营情况分析制度，管理层应当综合运用生产、购销、投资、融资、财务等方面的信息，通过因素分析、对比分析、趋势分析等方法，定期开展运营情况分析，发现存在的问题，及时查明原因并加以改进。

（七）绩效考评控制

绩效考评控制要求单位科学设置考核指标体系，对单位内部各职能部门和全体员工的业绩进行定期考核和客观评价，并将考评结果作为确定员工薪酬以及职务晋升、评优、降级、调岗和辞退等的依据。此外，常用控制类型还有内部报告控制、复核控制、人员素质控制等。

五、内部控制中相关各方的职责

由于内部控制是企业综合管理系统，涉及企业治理层和管理层等各个利益主体，是各个利益主体相互作用的结果，因此，内部审计人员需要了解内部控制中各利益群体的职责与要求，才有可能客观评价和检查内部控制的真实情况。各方面主体主要职责与作用的相关内容见表 7－2。

表 7－2　企业相关方面在内部控制中的责任

方面	性质	职责
董事会	是公司常设权力机构，向股东大会负责，实行集体领导，是股份公司的权力机构和领导管理、经营决策机构，是股东大会闭会期间行使股东大会职权的权力机构。对外是公司进行经济活动的全权代表，对内是公司的组织、管理的领导机构。董事会由股东大会选出的董事组成。董事一般由本公司的股东担任，也有的国家允许有管理专长的专家担任董事，以有利于提高管理水平	科学选择恰当的管理层并对其进行监督；清晰了解管理层实施有效的风险管理和内部控制的范围；知道并同意单位的最大风险承受能力；及时知悉最重大的风险以及管理层是否恰当地予以应对。董事会负责单位内部控制的建立健全和有效实施

续表

方面	性质	职责
审计委员会	是董事会设立的专门工作机构，主要负责公司内、外部审计沟通、监督和核查工作。审计委员会的主要职责包括：审核及监督外部审计机构是否独立客观及审计程序是否有效；就外部审计机构提供非审计服务制定政策并执行；审核公司的财务信息及其披露；监督公司的内部审计制度及其实施；负责内部审计与外部审计之间的沟通；审查公司内部控制制度对重大关联交易进行审计	主要目标是督促提供有效的财务报告，并控制、识别与管理许多因素对公司财务状况带来的风险。涉及竞争、环境、财务、法律、运营、监管、战略与技术等方面。审计委员会本身无法监管所有这些风险，应该由各方共同合作。负责人应具备相应的独立性、良好职业操守和专业胜任能力
管理层	直接对一个单位经营管理活动负责。总经理在内部控制中承担重要责任为高级管理人员提供领导和指引；定期与主要职能部门高级管理人员进行会谈，以对他们的职责，包括如何管理风险等进行核查。管理层负责组织领导单位内控日常运行	
风险管理部门	职责是建立风险管理政策；确定各业务单元对于风险管理的权利和义务；提高整个单位的风险管理能力；指导风险管理与其他经营计划和管理活动的整合；建立一套通用的风险管理语言；帮助管理人员制订风险管理报告规程；向董事会或管理层等报告单位风险管理进展和暴露的问题	
财务部门	①单位的财务活动应当贯穿单位经营管理全过程。财务部门负责人在制定目标、确定战略、分析风险和做出管理等决策时应扮演一个关键的角色； ②管理层应赋予财务部门及其负责人参与决策的权力，并支持其关注经营管理更广范畴，局限财务负责人的关注领域和知悉范围，会削弱、制约单位的管理能力	
内部审计部门	①内部审计部门负责人的任免应当慎重；内部审计部门负责人与董事会及其审计委员会应保持畅通沟通；应当赋予内部审计部门追查异常情况的权力和提出处理处罚建议的权力； ②内部审计部门及其人员在评价内部控制的有效性，以及提出改进建议方面起着关键作用。单位应当授予内部审计部门适当的权力以确保其审计职责的履行	
单位员工	所有员工都在实现内部控制中承担相应职责并发挥积极作用。管理层应当重视员工的作用，并为员工反映诉求提供信息通道	

第二节　内部控制审计的含义与内容

内部控制审计是对内部控制制度及其活动的审计。按照《国际内部审计实务框架》和《中国内部审计准则》的规定，内部控制审计已经成为内部审计的核心内容之一。内部控制一直以来就是审计人员关注的一个焦点所在，随着世通、安然、银广夏等会计造假案件的不断发生，人们要求对公司的内部控制进行审计的呼声就更高了。

设计、建立与执行内部控制是管理者的责任，审计和评价内部控制则是内部审计的责任。内部控制审计是指组织内部审计机构和人员通过系统、规范的方法审计和评价被审计单位内部控制的适当性、合法性和有效性。IIA 最新发布的 IPPF 中的标准“2130 控制”指出“内部审计部门必须评估控制的效果和效率，并促进控制持续改进，从而协助组织维持有效的控制”。中国内部审计协会《内部审计具体准则——内部控制审计》中明确了针对内部控制的内部审计的内容主要包括：内部控制环境、风险评估、控制活动、信息与沟通及内部角度等内部控制五大要素的专项审计。

一、内部环境审计

（一）审计目标

内部环境审计是指对内部控制组成要素基础的审计。其审计的主要目标是：

（1）查明组织是否科学界定决策、管理、执行、监督各层面的地位、职责与任务，形成有效的分工和制衡机制；组织相关机构是否切实发挥了其职能作用；组织有无为内部控制建立和执行提供强有力的组织结构保障和工作机制保障。

（2）查明组织在经营管理过程中有无形成有效的精神、意识和理念，并查明它们对内部控制有效性和组织管理目标实现的影响。

（3）查明组织人力资源政策是否科学、规范、公平、公开与公正，是否有利于调动员工的积极性、主动性和创造性。

（4）查明组织是否有健全的内部审计机构，是否重视和加强其内部审计监督工作，内部审计工作对于营造守法、公平、正直的内部环境和形成有权必有责、用权受监督的管理氛围是否发挥了应有的作用。

（5）查明组织有无建立健全反舞弊机制，是否明确有关部门在反舞弊工作中的职责权限和协调机制，是否规范反舞弊调查处理程序和建立情况通报制度。

（二）审计内容

内部环境审计主要包括对治理结构、内部机构设置与权责分配、企业文化、人力资源政策、内部审计机制和反舞弊机制五方面内容的审计。其要点如下：

1. 审计治理结构、内部机构设置与权责分配情况

审计重点要点：（1）组织内部机构的设置是否能够适应组织经营管理的实际需要和外部环境的变化，是否符合减少管理层级和提高效能的原则，有无机构重叠和效率低下的情况。（2）组织是否根据经营目标、职能划分和管理要求，明确高管人员、职能部门和分支机构及基层作业单位的职责权限，权利与责任是否分解到具体岗位。（3）组织有无通过有效途径和方式使所有员工了解和掌握内部机构设置及权责分配情况，各层级员工是否明确自己的职责和如何履行自己的职责以及如何正确接受对权责履行的监督。（4）组织有无内部管理制度汇编、员工手册、组织结构图、业务流程图、职务说明书、权限指引等。

2. 审计企业文化建设情况

审计重点内容包括：（1）组织高管人员有无在组织范围内培育健康向上的整体价

值观，有无培养遵纪守法意识，是否倡导爱岗敬业、进取创新、团队协作和遵规守纪的精神。（2）组织高管人员是否树立有利于实现组织内部控制目标的管理理念和经营风格，是否强化风险意识并克服个人风险偏好。（3）组织是否分别制定适合不同层级人员的职业操守准则或行为准则，并明确相应的监督约束机制。（4）高管人员是否恪守以诚实守信为核心的职业操守，是否有损害投资者、债权人、客户、员工和社会大众利益的行为；组织有无制定并完善信息披露管理，是否明确规定重大信息披露事项的判定标准、报告程序及披露程序。（5）高管人员有无加强员工职业道德宣传，引导、教育、培训和监督检查；组织员工是否遵守行为守则，加强职业道德修养和业务学习，是否自觉遵守各项规定，是否勤勉尽责。

3. 审计人力资源政策的制定与执行情况

审计重点内容：（1）组织有无建立完善的人力资源管理方面的制度，其内容是否包括员工的聘退与培训，员工的薪酬、考核、晋升与奖惩，财会等关键岗位员工轮岗制衡要求，对掌握重要商业秘密或核心技术等关键岗位员工离岗的限制性规定等。（2）组织是否将职业道德和专业胜任能力作为选拔和聘用员工的重要标准，是否关注应聘人员的价值取向和行为特征是否与本组织的企业文化和内部控制要求相适应。（3）组织是否重视和加强员工培训，是否制订有科学、合理的培训计划，培训是否具有针对性和实效性，是否有利于员工道德素养和业务素质的提升。（4）组织有无建立和完善针对各层级员工的激励约束机制，奖惩制度的目标是否合理、标准是否明确，考核是否严格、奖惩是否兑现，是否有利于促进员工责、权、利的有机统一。

4. 审计内部审计机制的设立情况

审计重点内容包括：（1）组织设立的审计委员会成员是否具备良好的职业操守和专业胜任能力，审计委员会主席是否由符合规定的人选担任，审计委员会及其成员是否具有相对的独立性。（2）审计委员会在内部控制建立和实施中是否全面履行了职责。如审核内部控制实施情况并向董事会报告，指导企业内部审计机构的工作，处理有关投诉与举报，审核财务报告及有关信息披露内容，内部审计与外部审计之间的沟通协调等。未设立审计委员会的单位，董事会有无授权或企业章程中有无规定有关部门履行审计委员会的职责。（3）设有专门的内部审计机构的组织，是否能保证内部审计机构具有相对的独立性，是否配备有相适应的人员和给予一定的工作条件；未设立内部审计机构的组织，是否由董事会授权或者由企业章程规定有关部门履行内部审计的职责；内部审计机构是否单独设置，是否与财务机构合署办公或在财务机构领导下工作；内部审计机构其审计工作范围是否受到人为的限制，内部审计机构负责人是否可直接向审计委员会或者董事会报告；内部审计人员是否具备内部审计人员的从业资格，是否拥有与工作职责相匹配的道德操守和专业胜任能力。

5. 审计反舞弊机制的设立与执行情况

内部审计部门针对管理层反舞弊机制的设置与执行情况进行审计的重点内容包括如下三个基本方面：

（1）企业组织内部有无建立健全反舞弊机制，职责权限是否明确，查处程序是否规范，情况通报是否畅通和及时。

（2）企业组织有无根据自身的经营范围、业务流程和其他情况明确反舞弊的重点领域、关键环节和主要内容。组织是否将财务报告和信息披露方面的弄虚作假、以不法方式侵占挪用资产、通过业务活动非法使用单位资产以牟取不正当利益、高管人员的舞弊给单位造成的重大影响、员工单独或串通舞弊造成的损失等列入重点关注对象。

（3）企业组织有无建立和完善投诉、举报管理制度，是否设置有舞弊举报热线，是否明确投诉、举报处理程序、办理时限和办理要求等。

内部环境审计的主要资料依据包括国家有关法律法规、企业章程、各项管理制度汇编、员工手册、组织结构图、业务流程图、职务说明书、权限指引、统计资料、会议记录工作日志及各种宣传、规划、决策、合同、投诉、诉讼、表彰、惩罚处理等资料。

二、风险评估审计

（一）目标设定审计要点

（1）组织是否按照战略目标，分别设定相关的经营目标、财务报告目标、合规性目标（遵循目标）与资产安全完整目标。

（2）目标设定是否注意到层级性及相互重叠、相互补充与相互衔接问题。

（3）是否根据设定的目标合理确定企业整体风险承受能力和具体业务层次上可接受的风险水平。

（二）风险识别审计要点

（1）组织是否在充分调研和科学分析的基础上，准确识别内部风险因素和外部风险因素。是否关注人员素质、管理、基础实力、技术、安全环保等内部风险因素，是否关注经济、法律、社会、科技、自然环境等外部风险因素。

（2）是否采取了有效方法识别风险，如召开座谈会、问卷调查、案例分析、咨询专业机构意见等；是否特别注意总结、吸取组织过去的经验教训和同行业的经验教训，以加强对高危性和多发性风险因素的关注。

（三）风险分析审计要点

（1）是否从因果两个方面去分析风险发生的可能性和影响程度。因为找不出风险发生的原因，就无法判定风险发生的可能性（或然率）及难以找出预防风险的方法；如果不知道其结果，也就无法判定风险的影响程度（重大性），也就难以确定用多少资源来控制风险。

（2）所采用的定性、定量分析标准和方法是否科学合理。审计人员应重点考虑已识别的风险特征，相关历史数据的充分性和可靠性，管理层进行风险评估的技术能力和成本效益的考核与衡量。

（3）是否根据风险分析的结果，运用专业判断，按照风险发生的可能性大小及其对企业影响的严重程度进行风险排序，其风险排序是否准确，所拟订的风险管理决策是否恰当，有无确定重点关注的重要风险。

（四）风险应对策略审计要点

（1）是否区别不同情况采取风险回避、风险承担、风险降低和风险分担等风险应对策略。采取应对策略时，是否充分考虑到风险分析情况、风险成因，整体风险承受能力、具体业务层次上可接受风险水平等。

（2）实行风险回避策略，其风险重大性是否超出了整体风险承受能力或具体业务层次上可接受的风险水平。

（3）实行风险承担策略，其风险重大性是否在组织风险承受能力和接受风险水平的范围之内，在权衡成本效益之后是否无须采取进一步控制措施。

（4）实行风险降低策略，其风险重大性是否在组织风险承受能力和可接受风险水平的范围之内，但又必须采取进一步的控制措施以降低风险，减轻损失或提高收益。

（5）实行风险分担策略，其风险重大性是否在组织风险承受能力和可接受风险水平范围之内，但又必须借助他人的力量，采取业务分包、购买保险等控制措施来减轻损失或提高收益。

风险评估审计方法由于其特殊性，审计人员还应对风险与控制明细表、风险/控制工作清单及组织风险数据库等进行检查。

三、控制活动审计

控制活动审计，主要包括应对职责分工、授权、审核批准、预算、财产保护、会计系统、内部报告、经济活动分析、绩效考评、信息技术等控制措施审计。其审计要点如下：

（一）职责分工审计要点

（1）查明组织是否根据单位目标和职能任务，按照科学、精简、高效的原则，合理设置职能部门和工作岗位，明确各部门、各岗位的职责权限。

（2）查明职责分工确定过程中，是否充分考虑到对授权、批准、执行、记录、保管、稽核检查等不相容职务相互分离的制衡要求。

（3）组织是否根据各项经济业务与事项的流程和特征，分析与梳理执行该项业务与事项涉及的不相容职务，并结合岗位职责分工采取分离措施。

（4）组织是否结合岗位特点和重要程度，建立规范的岗位轮换制度、强制休假制度，以强化职责分工。

（二）授权控制审计要点

（1）组织是否根据职责分工，明确各部门、各岗位办理经济业务与事项的授权范围、审批程序和相应责任等。

（2）组织是否根据业务经营需要规定常规性授权和临时性授权两种方式。常规性授权内容是否编制权限指引予以发布，以提高权限透明度；是否对每一次临时性授权都有严格的规定并要求应有详细的记录以反映执行过程和结果。

（3）对于金额重大、重要性高、技术性强、风险程度高及影响范围广的经济业务与事项的处理，是否采用集体决策审批或者联签制度。

（4）组织有无未经授权或超越授权处理经济业务与事项的现象。

（三）审核批准审计要点

组织各部门、各岗位是否遵循授权程序和岗位责任，对相关经济业务与事项的真实性、客观性、合理性及资料的完整性进行复核与审计，并通过签字、盖章或签署意见以示负责。

（四）预算控制审计要点

组织有无建立科学、适用的预算控制制度，预算项目是否明确，预算标准是否合理，预算的编制、审定、下达和执行程序是否科学可行，是否及时分析和控制预算差异，有无积极采取改进措施，确保预算执行。

（五）财产保护审计要点

组织有无采取财产记录、实物保管、安全防护、定期盘点、账实核对、财产保险、岗位轮换及限制接近等确保财产安全完整的措施，措施是否得到贯彻执行，组织有无发生重大财产损失事故。

（六）会计系统控制审计要点

（1）查明组织是否根据会计法及国家统一的会计制度，制定适合本单位需要的会计制度。

（2）会计制度中是否明确会计凭证、会计账簿和财务报告以及相关信息披露的处理程序。

（3）会计制度中是否规范了会计政策的选用标准和审批程序

（4）会计制度中是否规定了会计档案保管和会计工作交接办法。

（5）会计制度中是否规范了会计岗位责任制、会计监督职责，以确保会计信息及财务报告的真实、可靠和完整。

（七）内部报告控制审计要点

（1）组织有无建立和完善内部报告制度，以明确相关信息收集、分析、报告和处理程序。

（2）能否及时提供业务活动中所需的主要信息，能否全面反映经济活动情况，以增强内部管理时效性和针对性。

（3）组织有无采用多种报告形式，如例行报告、实时报告、专题报告、综合报告等。

（八）经济活动分析控制审计要点

组织有无建立经济活动分析制度，综合运用生产、购销、投资、财务等方面的信息，利用比较分析、比率分析、因素分析、趋势分析等方法，定期对经营管理活动进行分析；是否根据存在问题及其原因，提出改进意见和应对措施。

（九）绩效考评控制审计要点

组织是否根据需要科学设置业绩考核指标体系，并对照预算指标，盈利水平、投资回报率、安全生产目标等方面的业绩指标，对各部门和员工当期业绩进行考核和评价；是否根据考核结果及时兑现奖惩，以强化对各部门和员工的激励与约束。

（十）信息系统控制审计要点

（1）组织是否结合实际需要和计算机信息技术应用程度建立本单位的信息化控制流程，以提高业务处理效率，减少或消除人为操纵因素。

（2）组织是否加强了对计算机信息系统开发与维护、访问与变更、数据输入与输出、文件储存与保管、网络安全等方面的控制，以保证信息系统安全及有效运用。

四、信息与沟通审计

信息与沟通审计，主要是查明组织所建立的信息收集系统和信息沟通渠道，能否确保与影响内部控制其他要素有关的信息有效传递，促进决策层、管理层和全体员工正确履行相应的职能。其主要内容包括信息收集审计和信息沟通审计，审计要点如下：

（一）信息收集与加工审计要点

（1）组织能否准确识别、全面收集来源于单位外部及内部的财务及非财务信息，为内部控制的有效运行提供信息支持。

（2）组织是否通过会计资料、经营管理资料、调查研究报告、会议记录纪要、专项信息反馈、内部报刊网络等渠道和方式获取所需的内部会计信息、生产经营信息、资本运作信息、人员变动信息、技术创新信息、综合管理信息等。

（3）组织是否通过立法监管部门、社会中介机构、行业协会组织、业务往来单位、市场调查研究、外部来信来访、新闻传播媒体等渠道和方式获取所需的外部政策法规信息、经济形势信息、监管要求信息、市场竞争信息、行业动态信息、客户信用信息、社会文化信息、科技进步信息等。

（4）组织管理层是否能及时、完整地知悉自己为履行职责所必须知道的信息；组织如何把详细的信息及时提供给适当的员工，使他们有效率和有效果地执行任务。

（5）组织建立或修正资讯系统，是否适应单位整体规划的需要，是否有利于单位整体目标和作业层级目标的实现；组织资讯系统有无整理、加工和储存信息的功能。

（6）管理层是否重视和支持信息系统工作，在人力、物力及财力上投入程度如何、有哪些方面的承诺。

（二）信息沟通审计要点

（1）组织是否采取互联网络、电子邮件、电话传真、手机短信、信息快报、例行会议、专题报告、调查研究、员工手册、教育培训、内部刊物等多种方式，对所需的信息在单位内部准确、及时传递与共享。

（2）所沟通的信息是否通过筛选和核对，以保证其真实、可靠和适当，不至于产生负面影响。

（3）员工是否知道自己的工作目标、工作任务和控制责任，是否了解控制责任，是否正确履行。

（4）组织是否允许员工对不当行为的反映采取特别沟通方式，如匿名沟通、绕过直属上司向上级呈报；对反映疑似不当行为的人，是否提供回馈，是否不打击报复。

（5）组织是否建立有开放性与外界沟通的渠道，是否建立有收集回馈资讯的机制，回馈资讯是否能及时、准确地传达给有关内部人员。

（6）外部沟通是否关注与投资者和债权人的沟通，与客户的沟通，与供应商的沟通，与监管机制的沟通，与外部审计的沟通和与律师的沟通，与新闻媒体的沟通等。是否强化本单位的道德和标准的对外沟通。

（7）当管理层收到外界对单位不良反应或投诉时，是否积极地采取追查的行动，并把追查结果及时告知反映或投诉的单位和个人。

五、内部监督审计

内部监督审计，主要是查明组织所采用的对内部控制制度监督检查方式方法的合理性和有效性，主要包括对持续监督、专项监督、缺失报道和追查行动等内容进行审计。

（一）持续监督审计要点

持续监督，是指组织对建立和实施内部控制的整体情况所进行的连续的、全面的、系统的、动态的监督检查。对其审计应关注以下问题：

（1）审计委员会、内部审计机构或者实际履行内部控制监督检查职责的其他有关机构是否根据国家法律法规要求和组织授权，采取适当的程序和方法，对内部控制的建立与实施情况进行监督检查，形成检查结论并出具书面检查报告。

（2）履行监督职责的机构，是否加强了队伍职业道德建设和业务能力建设，其成员能力及经验水平是否适合其履行职责所需，监督检查的范围、责任和计划是否适当，监督检查机构在单位中的地位是否适当，能否直接向最高决策层或管理层报告工作，有无权威性。

（3）对日常经营过程中的管理、监督、比较、调节和其他例行的行动，是否关注监督检查下列问题：

①负责营运的管理层，在履行日常管理职责时，有无取得内部控制持续发挥功能的原始记录（证据）。

②是否利用外部信息来验证内部产生信息的正确性。

③是否利用健全的组织结构和职责分工来监督控制的有效性，并辨别其缺失。

④有无将记录与实体资产进行定期或不定期的核对，以揭示其差异，并追究原因。

⑤有无利用内审、外审及其他方面检查所取得的信息、建议来强化内部控制。

⑥有无通过各种会议形式取得内部控制是否有效的信息，并进行反馈和采取对策。

⑦有无定期要求员工汇报他们是否了解单位的员工守则，是否贯彻执行守则，是否对所取得的汇报信息进行验证。

⑧管理层是否通过培训、会议等形式而获知内部控制是否有效的程度，员工建议是否由下向上传递，对合理的建议能否及时采取行动。

（二）专项监督审计要点

专项监督，是指组织对内部控制建立与实施的某一方面或者某些方面的情况所进行的不定期的、有针对性的监督检查，也叫做个别评估。对其审计应关注以下问题：

（1）专项监督的内容是否属于应该检查的内容，其范围的广度、深度是否适当。

（2）专项监督的程序是否适当，检查人员是否认真了解被检查活动，是否深入了解该项活动应该如何运作，是否将实际运作与应该如何运作作比较并分析其差异。

（3）专项监督所使用的检查表、问卷或其他评估工具是否适当，检查小组是否充分发挥其集体智慧，负责检查人是否具有权威性。

（4）是否拥有必要的评估资料，是否详细记录了检查过程和结果。

（三）缺失的报道审计要点

（1）已发现的内部控制缺失（设计和执行中的缺陷）是否进行汇集并报道。

（2）报道的方式方法是否适当，或直接告诉职工或其上级，或向更高层的主管和董事会报告等。

（3）是否调查了发生问题的原因，是否针对缺失采取了更正措施，是否对更正行为效果进行了追查。

第三节 内部控制审计程序与方法

内部控制审计方法是实现内部控制审计目标、完成审计任务的技术手段。内部控制审计方法穿插在内部控制审计活动的流程之中。内部控制审计活动，可以划分为描述内部控制、测试内部控制、评价内部控制和出具审计报告四个阶段，我们在内部控制审计活动过程中具体介绍内部控制审计的方法。

一、组织内部控制的描述

描述组织的内部控制，先要调查组织内部控制的现状。企业内部控制主要包括两个方面：一是整体控制，如管理者态度、素质、政策文件及机构设置、机构的权利和责任，各机构的业务管理范围等。二是应用控制，即企业业务处理程序，在程序中设置的控制环节和相关的控制措施等。一般而言，审计人员对组织内部控制的了解主要有以下方法：文字叙述法、调查问卷法和流程图法。

（一）文字叙述法

文字叙述是指审计人员对被审部门业务的授权、批准、执行、记录、保管等程序及其实际执行情况，用叙述性的语言记录下来，形成内部控制说明书。对内部控制进行书面叙述时，审计人员应按照不同的业务循环编写，阐明各项工作的负责人、经办人以及相关的文件凭证。

文字叙述法通常用于记录控制环境、一般控制和实物控制等方面的情况，适用于内部控制程序比较简单、比较容易描述的中小企业。其优点是简便易行、比较灵活、不受限制，可对调查对象做出比较深入和具体的描述。但缺点也比较明显：描述文字较冗赘，不能简明扼要地说清内部控制的各个细节。

（二）调查问卷法

调查问卷又称调查表法，就是将那些与确保会计记录的正确性和可靠性以及与确保资产的安全、完整有密切关系的事项列作调查对象，由审计人员制作成表格交由有关人员填写或审计人员根据调查结果自行填写，以此来了解被审计单位的内部控制情况的一种方法。调查表大多采用问答式，一般按调查对象分别设计，审计人员采用此方法时一定要紧紧围绕企业经营活动的关键控制点安排调查内容。所谓关键控制点，是指未加控制就容易产生错误或舞弊的业务环节。在设计调查问卷时要注意以下几点：

（1）设计调查表要尽量做到内容完整，覆盖内部控制实质范围。

（2）设计调查表要回避内部控制系统中很敏感的问题。

（3）设计调查表问题要以中性的方式，避免提出诱导性的问题

调查表已为不少国家所采用，其优点：一是能对所调查的对象提供一个简括的说明，有利于审计人员作分析评价；二是调查问卷可以在审计开始前编制完成，有利于提高审计效率。这种方法的缺陷在于按审计调查项目分别调查，难以形成完整、系统、全面的分析评价，对于不同行业的企业或小企业标准的调查表显得不太适用。

（三）流程图法

流程图是指用特定的符号和图形，将被审计单位内部控制中各经营环节的业务处理程序，以及各种文件或凭证的传递流程以图解的方式直观地描述出来的图表。流程图能清晰地反映各项业务的职责分工、授权、批准和复核等内部控制措施与功能，是审计人员常用的评价内部控制工具。内部审计人员既可以为整个会计系统或某特定业务循环绘制总括的流程图，也可以为描述某类交易的处理而绘制详细的流程图。应用流程图进行审计时应注意以下技术要点：

1. 确定流程图的特定符号

流程图符号是人们理解流程图意义的语言，它是由一系列的几何图形符号组成。绘制流程图，需事先确定各个符号所代表的特定含义。目前，世界上并无统一的流程图符号，选择任何符号都无所谓，关键是要对它进行说明。

2. 选定流程图控制的主线

所谓控制主线，就是贯穿某项业务活动始终的基本业务处理流程线。据此绘制流程图，才能全面反映业务处理控制系统。

3. 决定控制点

绘制流程图应重点反映业务处理的控制点、关键控制点及相关控制措施，并能显示出各种不相容职务的分离。

4. 选择流程图的绘制方式

流程图的绘制方式有两种：一种是上下式，另一种是矩阵式。上下流程图是最常见的一种流程图，它仅表示上一步与下一步的顺序关系。矩阵流程图不仅表示上下关系，还可以看出某一过程的责任部门。这两种流程图没有本质的区别，都可以对企业的业务流程进行较好的描述，我们以物资采购为例，具体看看这两种流程图。

流程图的主要优点是：以相关联图形反映内部控制系统，直观明了、形象清晰，便于了解内部控制的特征，也能揭示内部控制中各个环节的内在联系及存在的缺陷。当然，流程图也不可避免地存在一些缺陷，主要是绘制流程图需要一定的技术和理

解、分析能力，特别是当被审计单位业务复杂时，绘制难度较大，不易掌握。调查了解内部控制的上述三种方法各有千秋，在工作中可以结合实际，选择一种或几种一起使用。

二、内部控制制度测试

在进行完内部控制的调查和描述后，审计人员初步了解了内部控制的基本情况，但是内部控制能否发挥作用，还取决于内部控制的实际执行情况。因此，审计人员还要对内部控制进行测试，收集证据加以证实。

内部控制测试中常用的方法主要有：询问、实地观察、书面文档的检查、穿行测试、限制测试、小样本测试和扩大性测试。询问与实地观察法是非常常用和普通的方法，在本节我们不详细介绍。

（1）书面文档检查。书面文档检查即评价人员查阅被评价机构的政策和规章制度，如行为守则、业务政策、业务程序、财务会计制度、组织结构图等，审计执行内部控制体系生成的文件，如账本、报表、凭证、记录、合同、报告等，检查其是否存在控制痕迹，以判断内部控制措施是否得到有效执行。由于企业文档众多，一般情况下选择调查表或流程图中最有可能出现问题的文档部分进行测试。

（2）穿行测试法。穿行测试法即评价人员在每一类交易循环中选择一笔或若干笔业务，从头到尾检查其实际处理过程，以验证所描述的内部控制的客观性和真实性。这种测试主要是针对关键控制点选择交易业务，测试一般通过以下两个途径进行：一是凭证穿行测试，即根据组织的凭证记录来追踪交易的整个过程；二是程序穿行测试，就是根据审计人员亲自处理这些交易来了解某一业务控制的全过程。

穿行测试是通过选取一定数量的交易，追踪交易的每一步骤来评价内部控制的执行情况。通过穿行测试，审计人员可以获得对被审计单位业务处理程序和内部控制的感性认识。

（3）限制测试。系统限制测试是指用抽样来检查系统的各个要素：文件、记录、材料、产品等。这种测试往往要注重审计人员的职业判断，在执行时审计人员一般主观选择少许项目而不采取正式的抽样。

（4）小样本测试。小样本测试是指审计人员抽取少数的真实交易数据进行测试，小样本测试目的是审计样本如何进行处理的，并使内部审计人员了解交易的实际情况与预期的一致性，以及内部控制有效执行情况。小样本测试注重抽样数量，而限制测试则注重审计的职业判断，限制性测试还夹杂审计观察等其他搜集相关信息的手段。

（5）扩大性测试（范围）。扩大性测试是建立在小样本测试基础上，或建立在对组织信息系统初步测试的基础上，再进一步扩大测试范围以证实上述测试结果，通过审计经营活动所反映的书面记录或文件、与被审计部门或者相关业务的管理层进行面谈、实地观察经营活动或项目、检查资产、函证查询等方法达到充分核实的目的。

三、内部控制评价

（一）内部控制评价的含义与要求

1. 内部控制评价的含义

内部控制评价是指由企业董事会和管理层实施的，对企业内部控制有效性进行评价，形成评价结论并出具评价报告的过程。内部控制有效性是指企业建立与实施内部控制能够为控制目标的实现提供合理的保证。企业应当根据国家有关法律法规和《企业内部控制基本规范》的要求，结合企业实际情况，对战略目标、经营管理的效率和效果目标、财务报告及相关信息真实完整目标、资产安全目标、合法合规目标等单个或整体控制目标的实现进行评价。

2. 内部控制评价的要求

内部控制评价就是将之前对内部控制的了解和测试过程中掌握的有关情况与相关标准进行对比，从而对内部控制的适当性和有效性做出评价。评价内部控制的前提是有合适的标准。内部控制的标准，即内部控制所要达到的目标，一般来讲，它是由高级管理层制定的。内部审计人员应选择合适的标准，如果标准不合适应向管理层报告，协助管理层制定新的合适标准；如果标准不存在，内部审计应综合考虑组织价值最大化原则自行制定标准。总之，内部审计人员在评价内部控制时一定要特别重视标准问题，没有恰当的标准而对内部控制进行评价是没有意义的。

对内部控制评价，应从两个方面做出实质性的分析：一是评价内部控制系统的适当性和有效性；二是评价组织的风险。所谓内部控制的适当性是指内部控制为组织任务或目标的完成提供合理保证。由于成本效益原则及内部控制本身的局限性，我们不能要求内部控制“天衣无缝”不出现任何偏差，只能是以适当的内部控制措施来保证任务或目标的执行。对内部控制有效性进行评价主要是评价内部控制措施的实际执行情况。对内部控制的适当性和有效性评价之后，内部审计人员应对那些内部控制不能防止或者发现、纠正组织中存在的违背既定标准的风险情况进行评估，促使管理层加强风险管理，实现经营风险的最小化。

（二）内部控制评价的原则

企业内部审计部门实施内部控制评价应当遵循下列原则：

（1）标准一致性原则。内部控制评价应当采用统一可比的评价方法和标准，保证评价结果的可比性。

（2）风险导向原则。内部控制评价应当以风险评估为基础，根据风险发生的可能性和对企业单个或整体控制目标造成的影响程度来确定需要评价的重点业务单元、重要业务领域或流程环节。

（3）公允性原则。内部控制评价应当以事实为依据，评价结果应当有适当的证据支持。

（4）独立性原则。内部控制评价机构的确定及评价工作组织实施应当保持相应的独立性。

（5）成本效益原则。内部控制评价应当以适当的成本实现科学、有效的评价。

企业董事会及其审计委员会负责领导本企业的内部控制评价工作。监事会对董事会实施内部控制评价进行监督。企业可以授权内部审计部门负责组织和实施内部控制评价工作。具备条件的企业，可以设立专门的内部控制评价机构。

（三）内部控制评价的内容

内部审计人员应遵循风险导向、自上而下的原则确定评价的内容，内部控制审计评价内容主要包括：

内部控制评价的内容应根据内部控制审计的范围和内容而定。原则上是审什么评什么，未经审计不得评价，未经查明也不得评价，评价后形成的结论性意见必须要有充分的证据。对一个单位内部控制进行综合评价应注意以下重点：

（1）单位的组织机构是否健全，职责分工是否明确。

（2）反映制度的各种文件是否规范。

（3）各种管理制度、会计制度及审计制度是否完整。

（4）业务处理与记录程序是否完善、正确。

（5）授权、审批、执行、记录、核对、报告等手续是否完备。

（6）干部、职工的选聘、使用、培训、考核、晋升及职务轮换是否科学合理。

（7）是否有严格的岗位责任制和奖惩制度。

（8）关键的控制是否都建立有必要的控制措施。

（9）内部控制制度及有关职能措施是否经济有效。

（四）内部控制评价的方法

内部审计部门可以根据《企业内部控制评价指引》第十五条规定选择适当的评价方法对内部控制进行客观公允地评价。内部控制评价工作应当对被评价单位进行现场测试，综合运用个别访谈法、调查问卷、专题讨论、穿行测试、实地查验、抽样和比较分析等方法，充分收集被评价单位内部控制设计和运行是否有效的证据，按照评价的具体内容，如实填写评价工作底稿，研究分析内部控制缺陷。内部控制评价的具体方法见表7－3。

表7－3　　内部控制评价的主要方法

方法	含义	要求
个别访谈法	采取对与内控相关的人员分别一对一的询问与谈话。用于了解公司内部控制现状，在企业层面评价及业务层面评价的了解阶段经常使用	访谈前应据内控评价需求形成访谈提纲，撰写访谈纪要，记录访谈内容。对于同一问题应注意不同人员的解释是否相同
调查问卷法	采取发放纸质或电子文稿问卷的方式获取关系内部控制的资料。主要用于企业层面评价	调查问卷应尽量扩大对象范围，包括各层级员工，应注意事先保密性，题目尽量简答易答（如答案只需为“是”“否”“有”“没有”等）

续表

方法	含义	要求
穿行测试法	是指在内部控制流程中任意选取一笔交易作为样本，追踪该交易从最初起源直到最终在财务报表或其他经营管理报告中反映出来的过程	即该流程从起点到终点的全过程，以此了解控制措施设计的有效性，并识别出关键控制
抽样法	分为随机抽样和其他抽样。随机抽样是指按随机原则从样本库中抽取一定数量的样本；其他抽样是指人工任意选取或按某一特定标准从样本库中抽取一定数量的样本	①注意样本库要包含符合测试要求的所有样本，测试人员应先对样本库完整性进行确认；②确定选取的样本应充分和适当。充分是指测试的证据的数量应当能合理保证相关控制的有效性；适当是指获取的证据应当与相关控制的设计与运行有关，并能可靠地反映控制的实际运行状况
实地查验法	亲自去被审计对象的工作场所进行检查与核算账面资料所记录的相关信息，以评价内控运行可靠性	主要针对业务层面控制，它通过使用统一的测试工作表，与实际的业务、财务单证进行核对的方法进行控制测试
比较分析法	指通过数据分析，识别评价内部控制每个环节关注点是否存在缺陷的方法	比较数据分析的方法可以是与历史数据、行业标准数据或行业最优数据等进行比较
专题讨论法	主要是集合有关专业人员就内部控制执行情况或控制问题进行分析，既可以是控制评价的手段，也可以是形成缺陷整改方案的途径	如对于同时涉及财务、业务、信息技术方面的控制缺陷，就需要由内部控制管理部门组织召开专题讨论会议，综合各部门的意见，确定整改方案

此外，除了上表提到的内部控制评价方法之外，还可以使用观察、重新执行等方法，也可以利用信息系统开发检查方法，对于企业通过系统进行自动控制、预防控制的，应在方法上注意与人工控制、发现性控制的区别。

（五）内部控制评价工具

目前是内部控制审计实务中，用来进行内部控制自我评价的工具主要是使用内部控制矩阵图和内部控制评价表。

1. 内部控制矩阵图

内部控制矩阵图就是用规范的符号图——表格矩阵来表示组织内部控制情况的图表。利用内部控制矩阵，审计师可以就控制目标和控制风险等问题对内部控制制度的质量做出初步评价。一般的内部控制矩阵应包括以下内容：

①具体的审计目标；②通过初步调查和测试获得的结果；③相关的风险及严重程度；④适当的控制方法和标准；⑤内部审计人员的评价。

内部控制矩阵图具有直观、清晰的格式，内容表达严密，易于被人们快速了解掌握，并且可以与流程图等其他方式结合使用，是一种良好的内部控制评价工具。

2. 内部控制评价表

企业内部控制评价表是对组织内部控制状况进行评价的重要工具，它可以对整个组织的内部控制进行评价，也可以对内部控制的要素或某项业务流程进行全面的评价。

管理层在使用内部控制评价表时有一个难题：将内部控制的状况量化成具体的评价分值。内部控制评价是否客观取决于该评分标准是否客观，内部审计人员在决定该评价标准分值时可以听取有关管理层、专家的意见。在内部控制审计过程中，内部审计人员可以根据具体的实际情况，综合运用各种审计方法完成审计目标。内部控制审计与其他类型的审计，虽然审计对象有所不同，但在程序与技术手段上没有太大的差异，可以相互借鉴。

四、出具内部控制审计报告

完成内部控制评价以后，内部审计人员就着手撰写审计报告。在对组织的内部控制评价的基础上，报告内部控制的缺陷、内部控制执行情况及改进建议。在内部控制审计报告的撰写过程中，内部审计人员应充分听取被审计单位的意见，可能需要反复修改。提交审计报告之后，审计人员还必须关注有关审计意见的落实，并进行后续审计。

本章习题

一、单选题

1. 内部审计师要确定是否只有经过授权的采购才会被验收部门接受时，应检查（　　）。

A. 提货单　　B. 采购订单的复印件

C. 发票　　D. 验收部门的政策和验收程序

2. M公司管理层要求内部审计部对位于外地的主要分部电话营销业务情况开展审计，并要求其对提高该经营管理控制问题提出相应的程序与政策上的建议。审计师应当（　　）。

A. 不接受该业务，因为建议控制措施将有损于未来对该分部进行审计的客观性

B. 不接受该业务，因为审计部门精通的是会计控制，而非市场营销控制

C. 接受该业务，但是需要向管理层指出提供控制方面的建议将有损于客观性，将

来在市场营销领域的业务也会受损

D. 接受该业务，因为没有损害客观性

3. 在对无法解释的存货减少进行测试过程中，某内部审计师对在永续盘存记录下的存货增加进行测试。由于内部控制测试的缺陷，记录在验收报告中的信息可能并不可靠。在这种情况下，下列文件中能提供关于存货增加的最佳证据的是（　　）。

A 采购订单　　B. 采购申请　　C. 供应商发票　　D. 供应商对账单

4. 属于检查性控制的是（　　）。

A. 对客户的信用进行审核以减少坏账的发生

B. 编制银行存款调节表

C. 采用招标方式选择理想的供应商

D. 会计与出纳职责分离

5. 以下项目中，（　　）项对控制进行了最佳定义。

A. 控制是管理层恰当计划、组织和领导的结果

B. 控制是对组织选择的要完成内容的陈述

C. 控制就是组织所采取的将偏差限定在可接受水平的成本效益考评方法

D. 控制是以准确、及时、经济的方式实现组织的目标和目的

6. 控制的设计是为以下（　　）项提供合理的保证。

A. 组织目标和目的经济、有效率地实现

B. 员工串通起来就会绕过管理层的计划

C. 内部审计活动对管理层业绩的指导和监督是经济、有效地实现的

D. 管理层的计划、组织和领导过程得到恰当的评价

7. 控制可根据其所实施的职能来分类，比如，检查性控制、预防性控制或指导性控制。以下（　　）项是指导性控制。

A. 月度银行对账单

B. 在专用账户上对所有的支出进行双重签名

C. 当天记录发生的每项交易

D. 要求内部审计活动的所有成员都是注册内部审计师

8. 下列选项中包含在控制环境中的是（　　）。

A. 治理结构、组织构架和管理理念

B. 诚实和道德价值、信息处理、人力资源政策

C. 员工的胜任能力、辅助设备、法律和规章

D. 风险评估、职责安排以及人力资源实务

9. 内部控制系统包括对资产的接触及记录的实物控制。下列选项中脱离了上述控制目标的是（　　）。

A. 接触保险箱需要两名人员

B. 只有仓库人员和一线的管理员可以接触原材料仓库

C. 邮局汇集了已收到的支票清单

D. 只有销售人员和销售管理员使用销售部门的汽车

10. 2011 年，甲公司针对各类资金支出的审批权限和程序建立了专门的制度。2012 年，甲公司对组织机构和岗位设置进行了调整，但甲公司没有及时对该制度进行修订，导致该制度规定与公司的实际操作并不相符。这种情形表明该公司内部控制存在（　　）缺陷。

A. 设计缺陷　　B. 运行缺陷

C. 既不属于设计缺陷也不属于运行缺陷　　D. 制度缺陷和运行缺陷

二、多选题

1. 关于同一企业的内部控制审计和财务报表审计的审计意见之间的关系，下列说法正确的有（　　）。

A. 如果注册会计师对企业的财务报表审计出具了否定意见的财务报表审计报告，对于该企业的内部控制审计，通常应当出具否定意见的内部控制审计报告

B. 如果注册会计师对企业的内部控制审计出具了否定意见的内部控制审计报告，对于该企业的财务报表审计，应当出具否定意见的财务报表审计报告

C. 如果注册会计师对企业的财务报表审计出具了否定意见的财务报表审计报告，对于该企业的内部控制审计，应当出具无法表示意见的内部控制审计报告

D. 如果注册会计师对企业的内部控制审计出具了否定意见的内部控制审计报告，对于该企业的财务报表审计，可能出具无保留意见的财务报表审计报告

2. 内部控制评价工作组应当对被评价单位进行现场测试，运用的方法通常包括（　　）。

A. 个别访谈　　B. 实地查验　　C. 函证确认　　D. 调查问卷

3. 关于工程立项内部控制，下列说法正确的有（　　）。

A. 企业应指定专门机构归口管理工程项目

B. 工程项目可行性研究必须由企业自行开展，不得委托外部专业机构开展

C. 企业可以委托具有相应资质的专业机构对可行性研究报告进行评审，出具评审意见

D. 企业应当按照规定的权限和程序对工程项目进行决策，决策过程应有完整的书面记录

4. 下列关于上市公司分类分批实施企业内部控制规范体系的要求，正确的有（　　）。

A. 中央和地方国有控股上市公司，应于 2012 年全面实施企业内部控制规范体系，并在披露 2012 年公司年报的同时，披露董事会对公司内部控制的自我评价报告以及注册会计师出具的财务报告内部控制审计报告

B. 非国有控股主板上市公司，且于 2011 年 12 月 31 日公司总市值（证监会算法）在 50 亿元以上，同时 2009 年至 2011 年平均净利润在 3 000 万元以上的，应在披露 2013 年公司年报的同时，披露董事会对公司内部控制的自我评价报告以及注册会计师出具的财务报告内部控制审计报告

C. 选项A、B范围之外的其他主板上市公司，应在披露2014年公司年报的同时，披露董事会对公司内部控制的自我评价报告以及注册会计师出具的财务报告内部控制审计报告

D. 新上市的主板上市公司应于上市当年开始建设内控体系，并在上市的下一年度年报披露的同时，披露内部控制自我评价报告和审计报告

5. 集团性企业在确定内部控制评价范围时，应当关注重要业务单位。下列选项中属于重要业务单位的有（　　）。

A. 集团总部

B. 资产占合并资产总额比例较高的分公司和子公司

C. 营业收入占合并营业收入比例较高的分公司和子公司

D. 利润占合并利润比例较高的分公司和子公司

6. 关于注册会计师对非财务报告内部控制重大缺陷的责任，下列说法错误的有（　　）。

A. 注册会计师没有任何责任发现和报告非财务报告内部控制存在的重大缺陷

B. 对财务报告内部控制审计过程中注意到的非财务报告内部控制重大缺陷，注册会计师应当在内部控制审计报告中增加“非财务报告内部控制重大缺陷段”予以披露

C. 注册会计师应当对非财务报告内部控制是否存在重大缺陷提供合理保证

D. 注册会计师应当实施有限的审计程序以识别非财务报告内部控制存在的重大缺陷

7. 下列各项中符合有效控制原则的有（　　）。

A. 为了加强投资控制，公司聘请有实力的咨询公司做投资项目的可行性研究报告，明确投资方案、回报率等内容

B. 与员工签订协议，规定不得以私人名义经营与公司有关的业务、保守商业秘密等，并规定相应的处罚条款

C. 企业研究成果的开发应当分步推进，通过试生产充分验证产品性能，在获得市场认可后方可进行批量生产

D. 资金管理信息系统允许多人用同一用户名在同一个IP地址操作

8. 企业开展内部控制评价工作，可以采取的组织形式有（　　）。

A. 授权内部审计机构具体实施内部控制有效性的定期评价工作

B. 成立专门的内部控制机构组织实施内部控制评价工作，其工作直接向董事会或类似权力机构负责

C. 根据自身特点，成立内部控制评价工作的非常设机构，抽调内部审计、内部控制等相关机构的人员组成内部控制评价小组，具体组织实施内部控制评价工作

D. 委托中介机构实施内部控制评价

9. 企业内部控制评价报告的内容应当包括（　　）。

A. 高级管理层对内部控制报告真实性的声明

B. 内部控制评价的依据、范围、程序和方法

C. 内部控制缺陷及其认定情况和整改情况

D. 内部控制有效性的结论

三、简答题

1. 什么是内部控制？内部控制有何目标？内部控制包括哪些要素？

2. 风险评估审计主要包括哪些内容？

3. 什么是文字叙述法？主要可应用在内部控制的哪些领域和方面？

4. 什么是内部控制评价？内部控制评价的主要原则是什么？

四、思考题

1. 某集团公司下设若干分公司，集团公司设立了审计部，归高管层直接领导，问：如果该审计部审计下属分公司的内部控制情况时，其审计重点是什么？如果审计集团公司的内部控制的话，审计重点又应该放在哪些方面？

2. 按照 COSO 的内部控制一体化架构报告要求，内部控制涉及整体层面的内部控制和作业层面的内部控制两个主要部分，问：整体层面内部控制审计的主要依据和主要思路是什么？

3. 以企业采购业务活动为例，对其分别从内部控制审计、经营审计和效益审计等不同的角度进行审计，问：各自的重点和难点是什么？它们之间的区别与联系是什么？

4. 如何理解内部控制与内部控制审计之间的关系。

5. 按互相牵制和不相容职务分离的原则，企业财务部分设了会计与出纳岗位，但如果会计与出纳合谋的话，这种内部控制将会无效，你认为有哪些补偿性措施有助于解决这类问题。

五、案例分析题

杰克公司的前身是一家国有企业，始建于 1978 年。1998 年转制为民营公司，经过数十年的发展积累了相当丰富的工艺技术和一定的管理经验，有许多公司管理制度。公司经过多年的不间断改造、完善，提高了产品的生产能力和产品市场竞争能力，并引进了先进的生产设备。公司具有较强的新产品开发能力，主要生产 5 大系列 28 个品种 120 多种规格的低压和高压、低速和高速、异步和同步电动机。公司具有完整的质量保证体系，2002 年通过 ISO9000 系列质量管理体系认证。公司年创产值 2 800 万元，实现利润 360 万元。企业现有员工 600 多人，30% 以上具有初、中级技术资格，配备管理人员 118 人，专职检验人员 86 人，建立了技术含量较高的员工队伍。随着公司的发展壮大，在经营过程中出现了一些问题，已经影响到公司的发展。

该公司出纳员李敏，给人印象兢兢业业、勤勤恳恳、待人热情、工作中积极肯干，不论分内分外的事，她都主动去做，受到领导的器重、同事的信任。而事实上，李敏在其工作的一年半期间，先后利用 22 张现金支票编造各种理由提取现金 98.96 万元，均未记入现金日记账，构成贪污罪。其具体手段如下：

（1）隐匿 3 笔结汇收入和 7 笔会计开好的收汇转账单（记账联），共计 10 笔销售收入 98.96 万元，将其提现的金额与其隐匿的收入相抵，使 32 笔收支业务均未在银行存款日记账和银行余额调节表中反映；

（2）由于公司财务印鉴和行政印鉴合并，统一由行政人员保管，李敏利用行政人员疏于监督开具现金支票；

（3）伪造银行对账单，将提现的整数金额改成带尾数的金额，并将提现的银行代码“11”改成托收的代码“88”。杰克公司在清理逾期未收汇时曾经发现有3笔结汇收入未在银行日记账和余额调节表中反映，但当时由于人手较少未能对此进行专项清查。

李敏之所以能在一年半的时间内作案22次，贪污巨款98.96万元，主要原因在于公司缺乏一套相互牵制的、有效的约束机制和监督机制，从而使李敏截留收入贪污得心应手，猖狂作案。

要求：请你从审计的角度分析杰克公司的内部控制什么有效。该公司的内部控制存在哪些缺陷？应该如何防范？

第八章

风险管理审计

导入案例

A 集团有限公司是中国最大的肉制品生产企业之一，其产品包括冷鲜肉、冷冻肉以及以猪肉为主的低温肉制品、高温肉制品。集团总部设于中国江苏省南京市，拥有多处冷鲜肉、冷冻肉生产基地及深加工肉制品生产基地。集团拥有最先进的生产设备和工艺技术，以其独有的技术方法，研制出一系列符合消费者口味的优质产品。基于肉制品业务的经验，集团于 1997 年开展冷鲜肉和冷冻肉业务。2002 年、2003 年，冷鲜肉、冷冻肉的国内市场占有率分别位列第二名、第三名。低温肉制品，自 2002 年至 2004 年，其市场占有率连续三年居中国大型零售商销售首位。对某集团而言，企业的迅速壮大是成功的标志，更是企业所面临的挑战。作为一家迅速发展中的企业，集团深刻意识到专业化管理对于企业壮大的重要性。因此，集团时刻致力于强化企业的专业化管理，增强企业的核心竞争力。

A 集团虽然在香港联合证券交易所上市，但其实质仍是一家民营企业，该企业按照香港的《上市规则》建立了法人治理结构，建立健全了一系列“法治”的规章制度，但其“人治”的色彩非常浓厚。内部控制对高级管理层的约束力较弱。

在公司现有的组织结构里，没有专职的风险管理机构。董事会下既没有设风险管理委员会，也没有设审计委员会。风险管理职能由其他部门（如总经办、审计部、投资发展部）根据需要分散承担，由于风险管理职责不明确，缺少对各种风险的整合管理。

公司董事会就全面风险管理工作的有效性对股东大会负责。在董事会下设风险管理委员会，整合现有风险管理资源。明确总经理就全面风险管理工作的有效性对董事会负责。总经理委托的高级管理人员负责主持全面风险管理的日常工作，成立风险管理部，负责组织协调全面风险管理的日常工作，除 1 ~ 2 个专职人员外，其他人员可暂由其他部门派人兼任。内部审计部门在风险管理方面主要负责研究提出全面风险管理监督评价体系，制定监督评价相关制度，开展监督与评价，出具监督评价审计报告。

A 公司现在进行重点管理的十三种风险，还是一年前管理层通过讨论识别、评估确认的，一年来没有重新进行识别、评估、排序。而一年来公司内外部环境都发生了很大的变化，原来识别的风险范围是否充分、评估排序是否恰当，亟须进行重新审视。公司现有的针对十三种风险采取的防范措施几乎全部可归结为抑制与控制策略，以期降低损失发生的可能性、频率，缩小损失程度。这十三种风险范围之外的风险可以说是采取了风险接受策略。而对于风险规避策略、风险转移策略、风险利用策略则极少采用。在风险管理策略与方法的选择上显得比较保守，缺乏灵活性。而对于机会，则没有明确的策略进行利用。

公司目前没有专职人员对风险管理进行监控，对风险管理的监控依赖于对日常经营活动进行监控的日报、月报系统，而在日报、月报内容中并无专门对风险管理情况进行报告。内部审计系统在执行审计任务时，偏重于财务审计、舞弊审计、经营管理审计，而对于风险管理审计尚处于探索阶段，尚未全面开展风险管理专项审计。高级管理层则没有对风险管理进行专门的监控与检查。此外，A 公司缺乏专业的高水平的风险管理师，缺少专门的风险管理沟通渠道，而沟通与咨询存在于风险管理的各个环节当中，这也是风险管理难以有效开展的重要原因。

如果你是公司内部审计部的经理受总经理等高管的委托对 A 公司整个风险管理过程进行审计，你认为公司风险管理机制是否存在问题？如果存在问题，请指出公司的风险管理究竟存在什么问题？应该如何对企业的风险管理活动进行审计？

鉴于本章《风险管理审计》将会为同学们介绍企业风险管理内部审计的基本内容，因此，上述问题的答案可通过学习本章内容来获取！

学习目标

通过本章内容的学习，可以达到如下目标：

1. 明确风险管理与风险管理审计的概念；
2. 熟悉企业组织的风险管理机制的主要内容；
3. 理解企业风险管理审计的主要对象与内容；
4. 了解内部审计人员进行风险管理审计的基本程序；
5. 正确把握进行风险管理审计的内容与方法。

学习内容

第一节　风险管理的概述

伴随着世界各国社会经济不断演化与发展，经济全球化、企业国际化和内部管理信息化的趋势越来越明显，全世界范围内专业人才、技术、资本、商品等要素的流动性日益加快，不确定性因素越来越多，使得经济社会中风险无处不在。为了实现企业组织目标、增强组织的抗风险能力和企业组织整体风险防控能力及水平，许多企业组织开始在不断建立和完善内部控制制度的基础上，强化对企业组织风险的识别和评估，并逐步将这项工作移交以内部控制为主要对象的内部审计师去负责实施。因此，企业管理层日常管理工作的一个重要内容就是需要坚持不断加强风险管理审计研究，发挥内部审计在审查、评估和报告风险管理过程中的积极作用。

一、风险的含义与类型

1. 风险的含义

任何一个组织中，不同的利益相关者基于不同的立场与视角，对于其遇到的风险有不同的感受，也有着不同的认识与解释。具体内容见表 8－1。

表 8－1 关于风险的不同含义

视角	来源	释义
一般定义	《韦氏词典》	风险解释有两层含义：①损失或伤害的可能性；②引起或预示一种危害的人或事
	《牛津辞典》	对风险注释是遭遇危险、受到损失或伤害等的可能性或机会
	《辞海》	对风险的解释是人们在生产建设和日常生活中遭遇可能导致人身伤亡、财产受损及其他经济损失的自然灾害、意外事故和其他不测事件的可能性
经济学	1895 年经济学家海恩斯（美）	①不确定性观——风险是损失的不确定性； ②危险损失观——风险是可能发生的危险和损失； ③结果差异观——风险是实际结果与预计结果之间的差异
社会学		大多从人的主观角度解释，认为风险是人的一种感受或认知，是"一种对客观事物的主观估计"
统计学		风险是实际结果与预期结果的离差程度
保险学		风险是一个事件的实际结果偏离预期结果的客观概率
国际内部审计协会	《国际内部审计专业实务框架》	对实现目标有影响的事件实际发生的可能性。风险通过影响程度和发生的可能性来衡量
国资委	《中央企业全面风险管理指引》	未来的不确定性对企业实现其经营目标的影响。这些定义表明，组织的经营活动存在不确定性因素，如果组织的这些内外部因素是确定的，则不存在风险。这些不确定性因素带来了组织运行结果的不确定性
共同特征	①结果具有不确定性；②结果的不确定性可能是损失，也可能是收益，但令人关注的是损失；③客观存在性，但在一定程度上可以用概率和统计学工具进行预测；④风险评估的过程受诸多主观因素的影响	

2. 风险的来源

基于企业组织立场，我们可以根据风险的来源方向将风险分为外部风险和内部风险。

（1）来源于外部的风险——企业外部风险，即外部环境中对组织目标的实现产生影响的不确定性。外部风险主要因素包括：国家法律、法规及政策规定变化风险，经济环境变化的风险，科技快速发展的风险，行业竞争，资源及市场变化的风险，自然灾害及意外损失的风险，产品更新换代，消费者口味变化以及政治环境变化的风险。

（2）来源于内部的风险——企业内部风险。即内部环境中对组织目标的实现产生影响的不确定性。内部风险主要因素包括：组织治理结构的缺陷、组织经营活动的特点、组织资产的性质及资产管理的局限性、信息系统的故障和中断、职业道德、业务素质未达到要求等。

3. 风险的要素

风险要素是构成风险特征，影响风险产生、存在和发展的因素，风险的三个要素分别是：

（1）前提要素——风险条件，又称风险因素。是指引发风险事故发生的条件。

（2）过程要素——风险事故，又称风险事件。是指引起损失的直接或外在原因。它是使风险造成损失的可能性转化为现实性的媒介。

（3）结果要素——风险损失，又称风险后果。是指非故意的、非计划的、非预期的经济价值减少的事实。

4. 风险分类

由于不同的工作需要，对企业组织的风险可以有不同的分类方式，比如：

（1）按照风险的对象划分的风险：财产风险、人身风险、责任风险、信用风险。

（2）按照风险的性质划分的风险：纯粹风险和投机风险。

（3）按照承受风险的能力划分的风险：可接受风险和不可接受风险。

在我国，国资委根据内、外部风险的来源，将国有企业的风险分为企业战略风险、财务风险、市场风险、运营风险及法律风险。具体的内容见表 8－2。

表 8－2　　我国国有企业的主要风险类型

风险类型	内部风险	外部风险
战略风险	影响新产品、新技术、并购风险、品牌建立、收益变化等风险	需求变化、失去主要的供应商和客户、出现新的竞争对手等风险
市场风险	促销及定价政策变化风险	外汇汇率、贷款利息、期货及股票市场的变化等
财务风险	导致现金流、资产流动性降低风险	困难的经济周期、高信用风险
运营风险	影响生产安全、网络技术安全、人力资源、环境保护、网络安全、价格谈判	因为管理责任、供应链、偷盗、恐怖袭击等原因导致的风险
法律风险	员工纠纷、知识产权等风险	合规、诉讼、法律改变风险

二、风险管理的要素与阶段

2004 年，COSO 颁布的《企业风险管理——整合框架》中指出：企业风险管理是一个过程，是由企业的董事会、管理层以及其他人员共同实施的，应用于战略制定及企业各个层次的活动，旨在识别可能影响企业的各种潜在事件，并按照企业的风险偏好管理风险，为企业目标的实现提供合理的保证。COSO 认为这个定义反映了许多基本概念，例如：（1）企业风险管理是一个贯穿整个企业的持续的过程；（2）受组织内部各个层级的员工（这里指雇员）的影响；（3）可用于组织战略的制定过程；（4）可以应用于组织内部的所有层级和部门；（5）企业风险管理是企业各层级风险的组合；（6）企业风险管理的目的在于识别可能会发生的事项；（7）对风险进行管理的手段，使风险在可接受的容忍度内；（8）能够为组织的管理层和董事会提供合理的保证；（9）帮助一个部门或者多个独立但存在交叉的部门实现其目标。

2005 年，中国内部审计协会根据各方的观点，在其颁布的《内部审计具体准则第 16 号——风险管理审计》中给出的风险管理的定义为：风险管理是对影响组织目标实现的各种不确定事件进行识别与评估，并采取相应措施将其影响控制在可接受范围内的过程。风险管理旨在为组织目标的实现提供合理的保证。

从上述定义中我们可以容易地得出：企业的风险管理是一个持续不断进行的过程，而且会牵涉企业各方面的资源及运营作业。为了更好地将风险管理融入每天的经营活动，需要对组成风险管理的要素及风险管理的阶段有所了解。

1. 风险管理的基本要素

根据企业风险管理框架的规定：企业组织的风险管理主要包括八大相互关联的要素，这八个要素形成了一个全面性的行动架构。这八个要素具体内容如下：

（1）内部环境。内部环境是管理层制定的关于风险的哲学以及风险的偏好。内部环境包括组织氛围，并为组织内个体如何看待强调组织和控制奠定了基础。内部环境是风险管理的基础。内部环境影响到战略和目标的制定、活动的设置，而且影响到对风险的识别、评估和控制，它同样影响到信息和沟通系统以及监督活动的设计和运行。内部环境受到企业历史和文化的影响，包含许多因素，COSO 对以下因素进行了详细探讨：①风险管理哲学，主要是关于如何看待组织运营中的各类风险；②风险偏好，代表组织愿意接受的风险数量——由董事会决定；③董事会作为组织首要的治理主体履行监督功能；④忠诚和伦理价值；⑤胜任能力，包括完成任务所需的知识和技能；⑥组织结构、框架；⑦授权和责任，指个体或小组被授权并鼓励主动处理解决问题的程度，以及对其权利的限制；⑧人力资源标准，指雇用、适应环境、培训、评估、薪酬以及员工辅导等活动。

（2）目标设定。只有先制定目标，管理层才能识别影响目标实现的事件。组织的目标包括组织整体目标以及职能部门的目标两个层次。各层次的目标又包括战略目标、经营目标、报告目标和合规性目标。风险管理促使管理层从组织广泛的战略角度及其风险偏好角度来设定目标。

（3）事件识别。企业经营环境充满不确定性，没有任何企业能够 100% 地确定特定事项是否发生或何时发生，以及其结果是怎样的。管理者需要考虑影响其策略和目标实现的内外部因素。这些内外部因素既包括风险事件也包括机会事件。对企业有潜在负面影响的风险事项，要求企业的管理者对其进行评估和建立反应方案。对企业有潜在正面影响的事项，可以在企业战略或目标制定的过程中加以考虑。

（4）风险评估。风险评估是主体能够考虑潜在事项影响目标实现的程度。管理层通过两个角度——发生的可能性和影响程度，对事项进行评估，并且通常采用定性和定量相结合的方法。应该个别或分类考察整个主体中潜在事项的正面和负面影响。基于固有风险和剩余风险来进行风险评估。

（5）风险对策。在评估了相应的风险后，管理层需要选择风险应对策略，并采取一些将风险控制在企业的风险容忍度和风险承受能力之内的措施。值得注意的是，管理对策通常需要根据过去的情形进行复核，以做出可能的改进。

（6）控制活动。控制活动是管理层设计的政策和程序，用以合理确保所选取的风险对策得到实施。但是，由于每个企业的目标及选择的实现目标方式的不同，管理层设计的控制活动也有所不同。

（7）信息与沟通。风险识别与评估，风险应对及控制活动都能提供组织各个层面必要的风险信息，但是与财务信息及其他信息一样，风险信息需要以某种形式在一定期间传递，使员工、管理层以及董事会能够各司其职。同时，信息的深度还须与组织需求相一致，以便识别、评估和应对风险，并保持在组织的风险容忍度内。最后，信息质量必须满足决策制定的需求。COSO 指出信息必须符合：①信息详细程度是否正确；②当需要时是否有信息，并且信息是否及时；③是否是当前的信息，是否反映最新的财务或运营情况；④准确和值得信赖；⑤能否被需要的人获取。对于沟通，有效信息沟通的外延比较广泛，它既包括向下的信息流动（将管理层的计划及已知的风险传递给员工），也包括平行流动（员工在部门间传递生产和销售的风险），还包括向上流动（员工将意外情况告知上级管理层）。

（8）内部监督。内部监督要求整个企业的风险管理处于监控之下，并且在必要时进行修正。这种方式不仅能反映风险管理的状况，还能够使之根据条件的变化而变化。当前，企业主要是通过日常监督以及单独评价来监控企业风险管理及其组成要素的有效性。

通过上述的介绍，可以得出风险管理的八个要素只有同时存在并能顺利运作，才能发挥其作用。但是，值得一提的是，任何一种风险管理的程序，不论其设计及执行得多好，都不能对其结果加以保证，但风险管理的程序一定有助于管理层增加实现其目标的信心。

2. 风险管理的主要阶段

（1）风险识别阶段。这个阶段根据组织目标、战略规划等识别所有可能发生的、影响组织目标实现的重要风险。识别的风险可能会影响组织整体，也可能仅影响单个的职能部门。

（2）风险评估阶段。这个阶段对已识别的风险，评估其发生的可能性及影响程度。风险评估是做出恰当的风险应对决策的基本前提。风险评估的方法可以是定性的也可以是定量的。

（3）风险应对阶段。这个阶段采取应对措施，将风险控制在组织可接受的范围内。应对措施应根据风险的严重程度，在考虑成本效益原则的基础上，或采取措施，降低风险，或不采取措施，接受风险。

第二节 风险管理审计

一、风险管理审计含义与特征

（一）风险管理审计含义

我国《内部审计具体准则第 16 号——风险管理审计》颁布实施，为内部审计开展风险管理审计提供了依据。风险管理审计是适应企业风险管理产生的新生事物，我国学者卓继民（2005）出版了关于风险管理审计的第一本著作《现代企业风险管理审计》，指出风险管理审计是风险基础审计的一种延伸，它基本吸收了风险审计的各种特点，只是在此基础上扩大审计关注点到企业的主要战略目标、管理层对风险的容忍度、主要风险评价指标以及企业绩效评价分析等涉及现代企业整体风险管理领域的多方位角度。尹丽珍、郑建昆等（2005）在《刍议企业风险管理审计》一文中指出，风险管理审计是审计部门采用一种系统化、规范化的方法，通过对企业风险管理部门制定的程序、对策及体制的合理性进行监督、评价和咨询，来改善企业风险管理，增进企业价值的一种审计，是按审计的内容和目的来分类的，它是一种职业工作。靳建堂（2005）在《风险管理审计初探》一文中指出，风险管理审计是建立在全面风险管理基础上的一种内部审计技术方法，这种方法作为成功的全面风险管理规划的一个重要组成部门，更加关注企业的经营目标、管理层的风险承受度、关键风险衡量指标以及风险管理能力。综观这些学者的观点，我们可以归纳出风险管理审计的定义为：

风险管理审计是指公司内部审计机构根据公司全面风险管理的目标和政策，采用一种系统化、规范化的方法对公司风险管理过程中的风险评估、风险应对和风险控制活动进行评价和测试，以识别、预警和纠正公司在实施风险管理过程中可能存在的不适或缺陷，进而提高公司风险管理的效率和效果，保障企业战略目标的实现。

风险管理审计是在账项基础审计和制度基础审计的基础上发展起来的一种审计模

式，是指审计人员在对被审计单位的内部控制充分了解和评价的基础上，运用一定的审计手段，分析、判断被审计单位的风险所在及其程度，针对不同风险因素状况、程度采取相应的审计策略，加强对高风险点的实质性测试，将内部审计的剩余风险降低到可接受水平。

风险管理审计是对风险管理的设计与执行情况进行测试和评价，并为管理层提供有关风险管理信息的适度保证。风险管理审计的主要任务是审核风险管理政策和经营战略方针；目标是考察风险管理政策设计的适当性、执行的有效性、风险损失处理的合理性；方法包括风险因素优先性策略、预警分析和综合评价等。

其中，风险因素优先性审计规划策略包括：①确定审计领域；②确定风险因素；（根据风险程度确定风险性质，根据固有风险和控制风险的可能性、损失额、频率确定风险等级）；③确定单项因素风险的权重；④计算风险分值，进行审计打分；⑤进行风险排序，依据风险程度优先选择高风险项目；⑥配置审计资源，编制审计计划。

预警分析基本程序包括：①分析风险因素、风险事故，捕捉风险征兆；②确定风险存在；③确定可能性、频率、损失额；④评判风险性质和级别；⑤评估风险，与风险评价标准比较，排定风险次序。

综合评价基本程序包括：①测评、定性、风险排序；②鉴别风险管理措施；③评估风险管理措施；④准备风险措施计划；⑤执行风险措施计划。

风险管理审计基本程序包括：①审计计划制订，具体包括年度审计计划、项目审计计划、审计方案；②风险因素识别、分析与评价；③风险管理措施、方法评价；④风险审计报告；⑤后续审计。

作为现代企业管理的重要内容，内部审计与风险管理的联系日趋紧密。内部审计本身就是企业管理的一种手段和方式，是内部管理的延伸；风险管理是企业管理的重要内容，同时也是现代内部审计的重要内容之一，内部审计负有识别和评估风险的责任。风险管理作为管理层一项关键责任，企业管理层对其负有不可推卸的责任；内部审计人员则有职责定期评价并协助其他部门进行风险管理，在改善管理层的风险管理流程效果和效率方面进行检查、评价、报告和提出审计建议，帮助识别、评价和实施风险管理方法和控制。内部审计和风险管理在企业中的目标是一致的，都是为了实现企业的组织目标。

（二）企业风险管理审计的特征

企业风险管理审计是指企业内部审计部门采用一种系统化、规范化的方法来进行以测试风险管理信息系统、各业务循环以及相关部门的风险识别、分析、评价、管理及处理等为基础的一系列审核活动，对机构的风险管理、控制及监督过程进行评价进而提高过程效率，帮助机构实现目标。企业风险管理审计是一种现代审计模式，它具有以下特征。

（1）审计思路和观念发生根本性转变。账项基础审计注重具体交易事项的审查测试；制度基础审计注重内部控制的控制测试，而企业风险管理审计则是注重确认和测试风险管理部门为降低风险而采取的方式和方法。

（2）审计工作重心开始转移。审计人员的审计工作由原来的内部控制审计扩展到所有风险管理技术审计，审计范围扩大了很多。

（3）企业风险管理审计的方法更科学、更先进。企业风险管理审计是利用战略和目标分析的结论，确定关键风险点，进行风险评估，采取必要的措施降低或消除风险。企业风险管理审计还广泛运用数学分析、统计分析和计算机等技术方法，使审计工作更加简单、快捷。

二、风险管理审计目标与内容

（一）风险管理审计的目标

对企业风险管理进行监督和评价是现代内部审计发展的结果，企业风险管理审计的目标取决于对企业内部审计的功能定位。众所周知，企业内部审计的目标在于帮助企业实现目标，增加组织的价值和改善组织的经营。企业内部审计的目标决定了企业风险管理审计的目的在于：通过内部审计机构和人员对企业风险管理过程的了解，审查并评价其适当性和有效性，提出改进建议，促使企业目标的实现。

（1）风险管理审计的总目标。总目标是审计主体通过审计活动所期望达到的境地或最终结果。企业风险管理审计的总目标是审计部门和审计人员按照组织风险管理方针和策略的部署，以风险管理目标为标准，审核被审计部门在风险识别、评价和管理等方面的合理性和有效性，在损失可能发生之前做出最有效的安排，使损失发生后所需的资源与保持有效经营必要的资源能够达成适度平衡，帮助组织实现预期目标。

（2）风险管理审计的具体目标、审计具体目标包括一般审计目标和项目审计目标。前者是所有审计项目必须达到的目标；后者则是按每个风险管理项目分别确定的审计目标，仅适用于某一特定项目的审计。企业风险管理审计的一般审计目标包括：①风险范围确定的合理性，如组织战略范围、业务范围、风险范围等；②风险评价标准与指标体系的科学性，如评价方法、指标设置、指标计算等；③风险识别、评价的科学性；④风险管理措施、计划和程序的合理性；⑤风险实际处理的合理性。

（二）风险管理审计的内容

风险管理包括组织整体及职能部门两个层面。内部审计人员既可对组织整体的风险管理进行审查与评价，也可对职能部门的风险管理进行审查与评价。除此之外，本节还对主要风险领域审计内容进行具体概括。

1. 风险管理审计内容之一——审查与评价组织的风险管理机制

企业的风险管理机制是企业进行风险管理的基础，良好的风险管理机制是企业风险管理是否有效的前提。因此，内部审计部门或人员需要审查以下方面，以确定企业风险管理机制的健全性及有效性。具体内容如下：

（1）审查风险管理组织机构的健全性。企业必须根据规模大小、管理水平、风险程度以及生产经营的性质等方面的特点，在全体员工参与合作和专业管理相结合的基础上，建立一个包括风险管理负责人、一般专业管理人、非专业风险管理人和外部的风险管理服务等规范化风险管理的组织体系。该体系应根据风险产生的原因和阶段不断地进行动态调整，并通过健全的制度来明确相互之间的责、权、利，使企业的风险管理体系成为一个有机整体。

（2）审查风险管理程序的合理性。企业风险管理机构应当采用适当的风险管理程序，以确保风险管理的有效性。

（3）审查风险预留系统的存在及有效性。企业进行风险管理的目的是避免风险、减少风险，因此，风险管理的首要工作是建立风险预警系统，即通过对风险进行科学的预测分析，预计可能发生的风险，并提醒有关部门采取有力的措施。企业的风险管理机构和人员应密切注意与本企业相关的各种内外因素的变化发展趋势，从对因素变化的动态中分析、预测企业可能发生的风险，进行风险预警。

2. 风险管理审计内容之二——审查风险识别的适当性及有效性

风险识别是指对企业面临的以及潜在的风险加以判断、归类和鉴定风险性质的过程。内部审计人员应当实施必要的审计程序，对风险识别过程进行审查与评价，重点关注组织面临的内外部风险是否已得到充分、适当的确认。

（1）审查风险识别原则的合理性。企业进行风险评估乃至风险控制的前提是进行风险识别和分析，风险识别是关键性的第一步。

（2）审查风险识别方法的适当性。识别风险是风险管理的基础。风险管理人员应在进行实地调查研究之后，运用各种方法对尚未发生的、潜在的及存在的各种风险进行系统的归类，并总结出企业面临的各种风险。风险识别方法所要解决的主要问题是：采取一定的方法分析风险因素、风险的性质以及潜在后果。

需要注意的是，风险管理的理论和实务证明没有任何一种方法的功能是万能的，进行风险识别方法的适当性审查和评价时，必须注重分析企业风险管理部门是否将各种方法相互融通、相互结合地运用。

3. 风险管理审计内容之三——审查风险评估方法的适当性及有效性

内部审计人员应当实施必要的审计程序，对风险评估过程进行审查与评价，并重点关注风险发生的可能性和风险对组织目标的实现产生影响的严重程度这两个要素。同时，内部审计人员应当充分了解风险评估的方法，并对管理层所采用的风险评估方法的适当性和有效性进行审查。

（1）审查风险评估方法应重点考虑的因素。

内部审计人员应当对管理层所采用的风险评估方法进行审查，并重点考虑以下因素：①已识别风险的特征；②相关历史数据的充分性与可靠性；③管理层进行风险评估的技术能力；④成本效益的考核与衡量；⑤其他。

（2）评价风险评估方法适当性和有效性的原则。

内部审计人员在评价风险评估方法的适当性和有效性时，应当遵循以下原则：①定性方法的采用需要充分考虑相关部门或人员的意见，以提高评估结果的客观性；②在风险难以量化、定量或评价所需数据难以获取时，一般应采用定性方法；③定量方法一般情况下会比定性方法提供更为客观的评估结果。

4. 风险管理审计内容之四——风险应对措施的适当性和有效性审查

（1）风险应对措施的主要类型。内部审计人员应当实施适当的审计程序，对风险应对措施进行审查。根据风险评估结果做出的风险应对措施主要包括以下几个方面：①回避，是指采取措施避免进行会产生风险的活动；②接受，是指由于风险在组织可接受的范围内，因而可以不采取任何措施；③降低，是指采取适当措施将风险降低到组织可接受的范围内；④分担，是指采取措施将风险转移给其他组织或保险机构。

（2）评价风险应对措施的适当性和有效性。内部审计人员在评价风险应对措施的适当性和有效性时，应当考虑以下因素：①采取风险应对措施之后的剩余风险水平是否在组织可以接受的范围之内；②采取的风险应对措施是否适合本组织的经营、管理特点；③成本效益的考核与衡量。

除此之外，内部审计人员还应向组织适当管理层报告审查和评价风险管理过程的结果，并提出改进建议。风险管理的审查和评价结果应反映在内部控制审计报告中，必要时应出具专项审计报告。

5. 风险管理领域审计的主要内容

（1）人力资源风险审计。

人力资源风险是由于外部环境的不确定性、人力资源的特殊性以及管理能力的有限性导致人力资源本身发生低效率、损失浪费或人力资源本身给组织带来损失的可能性。人力资源风险的类型：人力资源录用风险，是在录用过程中，由于录用时的信息不对称导致不合格人员被录用而形成的潜在风险；人力资源使用风险，是在使用和培养过程中，由于管理措施不当或人力资源本身原因；对组织目标造成损害的可能性；人力资源流失风险，是由于人力资源流出可能给组织造成损失的可能性，如关键人物离职、泄密导致竞争力下降等。

人力资源审计的要点：①个体目标与组织目标的差异。由于追求自己的目标而损害组织利益，或过于迁就组织目标而损害个体利益导致个体积极性受损。②感情因素。组织对个体的认同感和成就感是重要因素，如果失衡，则会导致个体积极性的挫伤，矛盾冲突引发风险。③事业发展。如果组织不存在个体发展空间，或组织发展空间与个体发展空间不一致，则导致人力资源流出风险。④公平因素。组织内部不同员工之间的公平、员工投入与报酬的公平、员工与组织外部比较的公平等，不公平必然引发风险。⑤薪金福利待遇。薪金福利待遇低下或持续止步不前必然引发风险。感情留人、事业留人、待遇留人，是最好的风险防范措施。

（2）采购风险管理审计。

采购风险类型主要有两个方面：一是外部风险。物资采购外部风险是由于自然环境、价格变动、经济政策、技术进步、质量下降、合同欺诈等因素造成的意外风险。二是内部风险。物资采购内部风险是由于采购量不能及时供应生产之需要，造成缺货损失导致生产中断，或者是盲目采购物资，造成积压，产生巨大机会成本，这主要是计划不周带来的风险。

采购风险审计的重点如下：

一是采购决策方案适当性审计。采购决策是指根据企业经营目标的要求，提出各种可行采购方案，对方案进行评价和比较，按照满意性原则，对可行方案进行抉择并加以实施和执行采购方案的管理过程。采购决策是企业经营管理的一项重要内容，其关键问题是如何制订最佳的采购方案，确定合理的商品采购数量，为企业创造最大的经济效益。

采购决策的方法既包括定量决策方法，也包括定性决策方法，主要有采购人员估计法、期望值决策法、经理人员意见法、数学模型法和直接观察法。采购人员估计法是召集一些采购经验较丰富的采购人员，征求他们对某一决策问题的看法，然后将他们的意见综合起来，形成决策结果；期望值决策法是根据历史资料来进行决策；经理人员意见法是先征求部门经理的意见，再做出决策；数学模型法是企业为了达到采购存储总费用最低的目的必须采用的方法，以计算最佳采购批量；直接观察法是采购部门的决策者在对简单问题决策时，按照一定的标准或按关键采购标准，淘汰不符合标准的方案，对符合标准的方案按优劣顺序及可行性排列，选择满意的方案。总之，根据决策问题的特点，选择一种方法或几种方法结合起来，能提高采购决策的正确性，减少采购风险。

二是采购计划完成情况审计。采购计划是指企业管理人员在了解市场供求情况，认识企业生产经营活动过程和掌握物料消耗规律的基础上对计划期内物料采购管理活动所做的预见性的安排和部署。采购计划是根据生产部门或其他使用部门的计划制订的包括采购物料、采购数量、需求日期等内容的计划表格。为了保证采购计划的顺利完成，在实际工作中要建立强有力的管理机构，并保持领导班子的稳定性和连续性，切实加强领导，保证项目采购工作的顺利进行。此外，还要尽早做好采购准备工作，选择合适的采购代理机构等。

三是采购成本审计。采购成本指与采购原材料部件相关的物流费用，包括采购订单费用、采购计划制订人员的管理费用、采购人员管理费用等。就企业采购来说，节约成本的方法主要有以下八种：价值分析法与价值工程法、谈判、早期供应商参与ESI、杠杆采购、联合采购、为便利采购而设计 DFP - 自制与外购的策略、价格与成本分析以及标准化采购。

四是仓储保管审计。保管仓储是指保管人储存存货人交付的仓储物，存货人支付仓储费的一种仓储经营方法。在保管仓储中，仓储经营人以获得仓储保管费最多为经营目标，仓储保管费与仓储物的数量、仓储时间和仓储费率三者密切相关。仓储企业要加强仓储技术的科学研究，不断提高仓库机械化、自动化水平，组织好物资的收、发、保管保养工作，掌握监督库存动态，保持物资的合理储备。建立和健全仓储管理制度，加强市场调节和预测，与客户保持联系，不断提高仓储工作人员的思想政治水平和业务水平，培养一支业务水平高、技术水平高、管理水平高的仓储工作队伍。

（3）营销风险管理审计。

营销风险类型主要包括：①营销环境风险。营销环境风险是由于国家的相关政策及风俗习惯的变化对产品销售产生的风险。②竞争对手风险。竞争对手风险是竞争对手的明显优势、市场份额的增加等给自己带来的风险。③消费者需求变化风险。消费者需求变化风险是消费者需求变化、替代品的出现导致产品积压带来的风险。④营销人员风险。营销人员风险是营销人员自身素质与道德造成营销业务的错误与舞弊给企业带来的风险。

营销风险审计的重点如下：

一是销售决策审计（销售方式、最优售价、特殊定价）。销售决策包括选择企业服务的市场面，确定企业向市场销售的具体产品的性质和质量，制定合理的价格，展开有效的促销宣传以及分布合理的销售渠道。

二是销售计划执行审计。销售计划是企业为取得销售收入而进行的一系列销售工作的安排，包括确定销售目标、销售预测、分配销售配额和编制销售预算等。从时间长短来看，销售计划可以分为周销售计划、月度销售计划、季度销售计划、年度销售计划等；从范围大小来看，销售计划可以分为企业总体销售计划、分公司销售计划、个人销售计划等。

三是销售客户信用审计。对客户信用的审核主要包括以下几方面内容：第一，审核客户的财务状况。财务信息直接反映客户经营状况、资产状况和支付能力，需要认真加以核查，从中判断客户的信用能力和风险。通过财务信息审查的客户财务状况主要包括客户利润的增长情况、客户的营运资金状况、客户的资产负债状况及客户资本规模四个方面。第二，需要审核客户的产品特征。客户的信用能力往往与其产品的生产和销售特征密切相关。审计人员可以通过仔细了解、核查客户的产品特征，发现客户的信用特点并对风险进行预警分析。第三，审核客户的信用记录。通过对客户的交易行为的考察和记录，对其信用程度进行判断。

四是销售开单结算审计。销售开单是将货品发出并交付客户的业务处理过程，当所销售的货品发出时，企业可以在发货后开具销售开单。

五是市场研究、目标市场选择与开发审计。市场研究是指为实现信息目的而进行研究的过程，包括将相应问题所需的信息具体化、设计信息收集的方法、管理并实施数据收集过程、分析研究结果、得出结论并确定其含义等。所谓目标市场，就是指企业在市场细分之后的若干“子市场”中，所运用的企业营销活动之“矢”而瞄准的市场方向之“的”的优选过程。通过市场细分，有利于明确目标市场，通过市场营销策略的应用，有利于满足目标市场的需要。

第三节　风险管理审计程序与方法

一、风险管理审计的基本程序

审计人员在进行风险管理审计的过程中也应遵循一定的工作顺序和过程。可行、合理的审计程序不仅有利于提高风险管理审计工作的工作效率和质量，而且还有利于风险管理审计工作的规范化。详细的风险审计程序具体内容如图 8 - 1 所示。

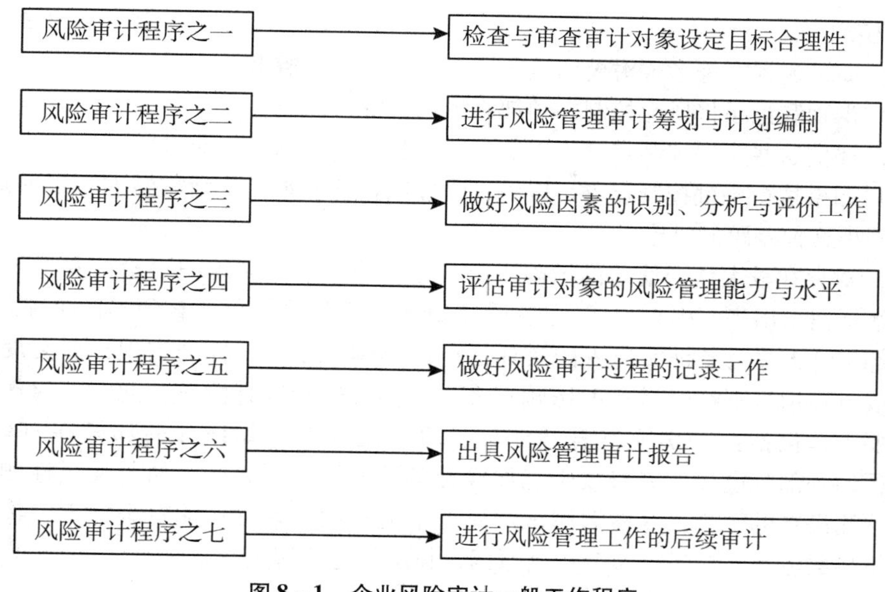

图8－1　企业风险审计一般工作程序

1. 工作程序之一——检查已经设定的目标

风险管理审计的开始和结束都是帮助组织实现目标。组织的目标包括高层次的公司目标以及从整体战略计划中衍生出来的低层次运营目标等。风险包括所有影响业务目标的不确定性因素，其形式有真实的威胁、观察到的威胁和错过的机会等。建立风险管理系统的第一步通常是重新检查已经设定的目标并保证这个目标定义清晰，以及所有人都正确理解该目标。

2. 工作程序之二——制订风险管理审计计划

审计的目的之一是向管理层提供信息，以减少组织在实现目标过程中可能的风险。作为风险管理审计的负责人应当根据年度审计计划的要求进行审前调查，在对可能影响组织目标实现的风险评估的基础上，编制科学、合理的项目审计计划和审计方案。

（1）项目审计计划是对具体风险业务、项目或因素实施审计的全过程所做的综合计划和安排，主要包括审计的目标、范围、重要审计领域、审计组成员、预计审计时间、利用的外部专家等。

（2）审计方案是对具体审计业务、因素的审计程序及其时间等所做的详细安排，主要包括具体审计的目标、审计程序和方法、预定的执行人员和执行时间、拟获取的审计证据等。

3. 工作程序之三——风险因素识别、分析与评价

审计人员通过访谈、发放调查表、召开座谈会等形式收集相关信息，按照重要性、可能性以及容忍度等标准，使用专家评分法、风险评估模型、风险指数法等方法确定哪些是主要风险、次要风险、低级风险等，从而为保证核心风险能够得到有效管理奠定坚实的基础。识别风险要素后，需要对流程进行分析。这一步骤所涉及的工作主要

有以下几项：

（1）通过流程图等形式对公司流程及流程管理形成清晰的认识；

（2）识别和记录将风险控制在预期水平的关键控制点；

（3）评估这些关键控制点是否能够有效地将风险控制在预期水平；

（4）如果执行关键控制点不足以将风险控制在预期水平，则需要进一步识别差距，并确定缩小这种差距的措施；

（5）对存在较大认识偏差的风险进行了解，或者由公司组织讨论，并将不同的风险认知水平揭示出来，引导责任人进行再次理解、判断和评估，直到不存在较大偏差。

内部审计人员为了证实流程的实际运行能够确保预期目标的实现，证实没有相应的流程或流程运行不畅时潜在的影响有多大，需要进行审计测试。此时，内部审计人员的主要工作包括：①实施符合性测试，验证流程是否如设计的那样在有效运行；②当流程的一部分设计不完善或未能如设计的那样顺畅运行时，执行实质性测试，以推算或预测潜在的影响；③根据测试结果评估流程的有效性；④对设计不完善的流程或运行不畅的流程，应进一步分析其原因，找出可能的解决方案。

4. 工作程序之五——评估风险管理能力

风险管理的综合能力体现在战略与政策、流程、人力资源、技术、信息、管理报告等方面，这些能力的水平可以划分为若干级别，如初始阶段、可重复阶段、确定阶段、管理阶段、优化阶段。本步骤的具体工作包括：

（1）内容审计人员基于流程分析和审计测试的结果描述每一项能力的具体特征，并对照五个阶段的界定来确定企业风险管理水平当前所处的阶段；

（2）综合考虑管理层对风险的容忍度与公司治理的相关要求，确定每种能力的预期；

（3）针对各项风险管理能力当前所处的阶段与期望阶段之间的差距，考虑各种改进技术方法和政策措施。

5. 工作程序之五——风险审计的实施

风险评估的结果可能会产生风险图和风险记录，这些文件记录了每一项风险以及相应步骤、程序、产品、方案、项目或者部门的风险。风险记录的结果是对控制措施的书面化，而管理人员会将这些风险每年在内部控制报告中进行说明。与其说审查流程是对以往的风险评估进行简单更新，不如说审查流程与培养正确的企业文化更为相关。

6. 工作程序之六——出具风险管理审计报告

审计工作的最终结果表现为审计报告，报告阶段在整个审计过程中有着重要的作用。风险管理审计报告应当主要反映整个审计的要点，既要肯定企业在风险管理中先进、有效的管理方式，又要针对风险管理中的漏洞和不足之处进行分析，并提出改进的建议。

内部审计师递交的风险管理审计报告的基本要素包括标题、收件人、正文、附件、签章、报告日期。其中，风险管理审计报告的正文是实施风险管理审计结果的综合反映，是风险管理审计报告的核心内容。其内容主要包括：

（1）审计概况。主要描述风险管理审计的依据、审计目的和范围、审计重点和审计标准、主要实施程序等内容。

（2）审计单位风险管理基本情况。主要反映审计期内被审计单位的情况、存在的问题以及成因。其中，需要反映的被审计单位的情况包括：

①风险管理基本流程运转情况，即，是否收集风险管理初始信息，是否组织进行风险评估，是否制定相应的风险管理策略，是否提出和实施风险管理解决方案；等等。

②风险管理监督与改进情况，即，是否能以重大风险、重大事件和重大决策、重要管理及业务流程为重点对风险管理的基本运转情况进行监督；是否采用压力测试、返回测试、穿行测试以及风险控制自我评估等方法对风险管理的有效性进行检验；是否根据风险变化情况和存在的缺陷及时进行整改；等等。

③风险管理组织体系建设情况，即是否建立健全了规范的公司法人治理结构，形成高效运转、有效制衡的监督约束机制；董事会是否履行了在风险管理方面的职责，风险管理委员会的召集人是否符合规定要求，下设的风险管理委员会是否履行了相应的职责任务；各个层级的管理人员是否指导、制定、实施风险管理工作要求。

④风险管理信息系统建设情况，即，是否建立了涵盖风险管理基本流程和内部控制系统各个环节的风险管理信息系统；输入系统的信息是否准确、及时、可靠、完整；是否设置了对数据信息更改的控制与管理措施。

⑤风险管理文化建立情况。

（3）审计评价。主要反映通过审计得出的对审计期内被审计单位在风险管理方面的结论性评价。

（4）审计建议。主要描述对已查明的审计事实和审计评价结果提出改进和完善内部风险管理的建议。风险管理审计的建议应主要包括风险回避、降低、分担、承受。

风险管理审计报告由内部审计人员撰写结束后，与被审计单位进行交流沟通，征求意见，提交本单位董事会或管理层审核和应用。

7. 工作程序之七——进行风险管理后续审计

后续审计是指在风险管理审计项目完成后，审计人员对其所提出的改进措施的落实情况进行审计。其实质就是对被审计单位执行审计决定的一种继续监督。通过后续审计，既可以监督审计决定的执行又可以帮助被审计单位解决一些他们不好解决的问题，帮助他们落实有关措施。后续审计是内部审计重要的审计环节，因为风险是时刻变化的，如不及时落实有关措施，风险可能会加大。进行后续审计可以提高内部审计工作的质量和审计监督的权威性，保证决定的正确执行以及企业面临的风险得到有效的控制。

后续审计的程序包括：

（1）确定后续审计项目。后续审计项目应根据审计项目所涉及风险的大小以及实施改进措施的难易程度来确定。原审计项目所涉及的风险越大，实施改进措施越困难的，就越需要后续审计。

（2）确定后续审计的人员。可以选择内部审计人员，以查明被审计者是否采取了适当的措施、是否取得了理想的效果，也可以由高级管理层直接实施后续审计，监督被审计单位的后续工作。

（3）开展具体的后续审计工作。内部审计部门根据被审计单位对改进建议的书面回复内容，与其探讨存在的问题和误解，如果有重大的审计发展，则需进行现场审计，对已改善了的控制环境的风险进行重新评估，判断其是否在合理范围内。

（4）出具后续审计报告。内部审计人员实施后续审计后，应向被审计单位出具后续审计报告，与被审计单位管理者共同探讨上次审计决定或建议未得以落实的原因。

二、风险管理的主要方法

1. 风险识别审计

风险识别主要是根据企业的组织目标、战略规划等识别企业所面临的各类内外部风险，是对企业所面临的潜在的各类内外部风险加以判断、归类和鉴定风险性质的过程，实质上就是对风险进行定性研究。内部审计人员熟悉公司的经营管理过程，以风险敏感性分析为起点开展工作，有效识别风险，从潜在的事件及其产生的原因和后果来检查风险，收集、整理可能的风险，并充分征求各方意见以形成风险列表。内部审计人员通常要关注的主要风险有：企业财务和经营信息不足而导致决策错误；企业现有资产的流失或损失、企业资源的无谓浪费和无效使用；顾客对企业提供的产品不满意，企业信誉受损等。

2. 风险评估审计

风险评估是对已识别的风险，评估其发生的可能性及影响程度。风险评估主要应用各种管理科学技术，采用定性与定量相结合的方式，找出主要的风险源，并评价风险的可能影响，最终定量估计风险大小。风险评估的目的是确定每个风险要素的影响大小，一般是对已经识别出来的风险进行量化估计，从风险发生的可能性和影响两方面对风险进行评估，通过公式：风险值 = 风险概率 × 风险影响，计算出风险值。审查时重点考虑以下因素：已识别的风险的特征、相关历史数据的充分性与可靠性、管理层进行风险评估的技术能力、成本效益的考核与衡量及其他因素。

3. 风险识别审计

风险识别是企业风险管理审计的第一步，是对企业面临的以及潜在的风险加以判断、归类和鉴定风险性质的过程，应遵循全面性、系统性、制度化和经常化等原则。由于风险随时存在，因此风险识别和风险分析的过程是一个循环往复的过程。了解企业风险可以使审计师确认影响其审计的风险并追溯其源头，还可以使审计师发现对该企业进行改造的机会。风险识别方法很多，如环境分析法、财务报表分析法、流程图法、幕景分析法、决策分析法、动态分析法、文献检查法、实地勘察法、专家调查法、分解分析法等。每种方法都具有自己的优势和局限性，可以根据具体情况综合使用。分解分析法是目前常用的方法。企业是个大系统，将大系统分解为按一定标志构成的子系统，使系统内部的各要素更具同质性，这样有利于探明企业风险的生产源。分解分析法就是将复杂的事物分解成简单的容易识别的事物，从而识别可能存在的风险的方法。如前所述，将影响企业风险的主要因素进行分析后，可以将企业风险分为四类：战略风险、经营风险、财务风险、人力资源风险。然后再对每一种风险进行分析，这种分析可以从不同角度、不同层次进行，并有不同的形式。

审计师在进行内部审计时，可以通过以下方法对企业风险的主要因素进行分析：了解被审计单位的性质、管理体制、经营品种、经营规模、人员结构等，对被审计单位的概况有一个轮廓性的掌握；查阅被审计单位及其下属机构的各种文件，收集被审计单位管理中以文件形式体现的管理制度部分；与被审计单位领导、各层面的管理人员以及其他部门人员进行谈话，全面了解被审计单位的风险管理情况；现场查看并查阅被审计单位的财务管理、生产管理、产品质量管理、原材料和产品进出库管理、销售发票管理、业务合同管理，以及各种经营经济事项的审核、批准、指令等资料，深入了解被审计单位在处理经济业务时的相互关系，并深入了解其各项经济业务的处理程序。

4. 风险分析及方法

风险分析是结合企业特定条件（寿命周期、经营战略等），将识别出来的风险的可能性、损失额、发生频率等性质进行鉴别。风险分析的目的是判断风险程度，为合理制定风险管理策略与决定风险处理方案提供充分根据。

（1）风险分析的目标。风险分析的目标是要将比可接受风险严重的次要风险从主要风险中分离出来，并提供数据以有助于风险的评价和处理。

（2）风险分析的程序。风险分析的程序一般包括：①分析风险因素、风险事故，捕捉风险征兆，确定风险的存在；②分析风险可能性、风险发生的频率；③分析风险发生的可能影响——波及面及损失额。

（3）风险分析的内容。风险分析的内容包括对风险要素（风险因素、风险事故、损失）进行分析，找出风险源，捕捉风险征兆；分析风险后果、可能性及发生频率。风险分析是制定风险策略、确定风险处理方法的前提。

（4）风险分析的方法。企业组织的风险分析可以采取如下几种方法：

①寿命周期分析法。所谓寿命周期分析法，是指根据组织处在不同的寿命周期阶段经营风险、财务风险等表现出的不同特征来进行风险分析与管理的方法。企业处于不同的生命周期，经营风险和财务风险也不同。

②SWOT 分析法。SWOT 分析法是指对优势（strengths）、劣势（weaknesses）、机会（opportunities）和威胁（threats）四个方面进行的分析比较，借以明确企业自身面临的境界，抓住机遇、迎接挑战，扬长避短、创长补短，制定出适合企业实际可行的竞争战略。取其英文的字头，简记为“SWOT 分析法”。使用 SWOT 法就是找出企业内部的强项和弱项、外部的机遇与威胁，根据竞争需要找到关键的成功要素。

③盈亏临界点分析法。临界点是一触即发的时点。风险管理人士和内部审计人员都应特别注意风险评价标准中的界定值是否到达，从而决定对风险进行何种级别的警报。风险分析的盈亏临界点分析法是利用管理会计中盈亏临界点的理论原理，事先根据经营战略确定盈亏及不同程度的关键临界值，通过收集的实际会计数据分析是否接

近或达到这些临界值点，并将有关信息报告给有关负责人，为风险管理决策提供参考信息。

④DCCS 分析法。DCCS 分析法又称 Boston 矩阵分析模型。D－Dog，瘦狗，表示负现金流，亏损；C－Cats，问题猫（也有叫 Children，问题小孩），表示财务指标和市场行情有时出现背离状态，往往有高市场增长潜力，暂时的现金流为负数；C－Cows，现金牛，表示现金流和利润皆为正数，但市场潜力需要探讨；S－Stars，明星产品，表示虽然暂时的现金流为负数，但存在高市场份额和高市场增长潜力。以风险为导向理解：Dog 代表危机产品，Cats 代表风险产品，Cows 代表赚钱产品，Stars 代表优势产品。该方法是将组织经营的产品或项目逐个地进行财务分析，对其现金流量、盈利情况等重要指标进行计算，并分析每种产品或项目的市场份额和增长潜力，然后将这些产品或项目放在一个矩阵图中，对其现有的市场份额和未来的市场潜力进行对比，物竞天择，根据企业自身的资源和市场环境，做出投资决策，一般原则是“杀狗、养猫、挤奶、向明星”。

⑤财务会计与统计指标分析法。财务会计与统计指标分析法是指通过会计、财务、统计指标数值，分析企业的生存状态、运营情况、经营结果及未来趋势，与设定的风险可能性分析、频率分析应该遵循“大数法则”，即如果有足够的事例可供观察，则这些未知与不测力量将有趋于平衡的自然倾向。那些在个别情况中存在的不确定性和风险，将在大数中消失。大数法则告诉我们，在足够多的风险单位中，实际损失结果与预期损失结果的误差将很小。不过，在确定坏账准备率过程中，要求有足够多的赊款数额，才能得出合理坏账准备提取率。

风险可能性分析的结果一般有“很少的”、“不太可能的”、“可能的”、“很可能”、“几乎是确定的”等几种情况。“很少的”意味着在例外情况下可能发生，“不太可能的”意味着在某些时候不大能够发生，“可能的”意味着在某些时候能够发生，“很可能”意味着在多数情况下很可能发生，“几乎是确定的”意味着在多数情况下预期会发生。

5. 风险评估及审计计划

风险评估是对已识别的内部风险和外部风险的分析确认和衡量，之所以要对风险进行评估，是因为风险影响企业单位实现其目标或危害其经营。这种评估能帮助确定何处存在风险、风险的大小、确定风险预警的级别以及需要采取何种措施，也是风险管理审计的基础。风险评估包括两个方面即风险损失频率估计和风险损失程度的估计。

（1）风险损失频率估计。估计风险损失频率，主要是通过计算损失次数的概率分布，这需要考虑三个因素：风险暴露数、损失形态和危险事故，三个因素的不同组合，影响着风险损失次数的概率分布。如果企业建有完善的风险管理信息系统，也可根据信息系统提供的历史数据来估计损失频率。一般依据风险发生的可能性可将风险分成五类：几乎不发生，约每一百年或更长时间发生一次；可能但未曾发生，约每二十年发生一次；发生过数次，约每五年发生一次；经常发生，每两年发生一次；绝对发生，一年发生一次或几次。不同的企业还可予以细分。

（2）风险损失程度的估计。风险损失程度的估计也需考虑三个事项：同一危险事故所致各种损失的形态、一个危险事故牵连的风险暴露数与损失的时间性和金额。而对于财务风险损失程度的估计，最新的方法则是风险值法，即在既定的风险容忍度下，市场状况最坏时确认投资组合最大的不可预期损失。同样，也可按风险损失程度将各种风险划分为五类：①最严重；②很严重；③中等；④不严重；⑤可忽略。当然，不同规模企业可按不同比例予以划分或细分。审计人员在评估风险时需考虑如下因素：金额的重要性、资产的流动性、管理能力、内部控制的质量、变化或稳定程度、上次审计业务发展的时间、复杂性、与雇员及政府的关系等。在开展审计业务时，用于检测、证实风险暴露的技术与方法应该能够反映出风险暴露的重大性与发生的可能性。

风险评估的方法分为定性和定量两种方法。定性方法是指运用定性术语评估并描述风险发生的可能性及其影响程度。例如上述矩阵表中，具体到两个要素上，风险发生的可能性可以为绝对发生、经常发生、几乎不发生等，而风险的严重程度可以是后果严重、中等、不严重，这均是用定性方式所做的描述，应用起来较简单，但是不够精确。定量方法，是指运用数量方法评估并描述风险发生的可能性及其影响程度。这种描述方式比较精确，也比较客观，但应用难度较大，而且并非适用于所有情况。风险评估过程中，要充分考虑各方面的情况，选择适当的方法，做出客观的评估结论。我国内部审计具体准则第16号指出：定量方法一般情况下会比定性方法提供更为客观的评估结果。在风险难以量化、评价所需数据难以获取时，一般都采用定性方法。定量方法是目前提倡使用的方法。风险定量评估的方法主要有专家打分法、层次分析法、风险暴露计算模型、沃尔评分法、风险价值法、记分法等。

三、基于风险评估的审计计划

基于风险评估的审计计划可分为两个步骤。

（1）评测可利用的资源。企业的风险点众多，而内部审计资源有限且相对不足。编制审计计划的第一步就是要评测共有的内部审计资源，通常根据不同级别的内部审计师可提供专业服务的小时数来计算。在计算可供配量的审计资源时要考虑审计人员和其他参与审计的专业人员的级别。审计人员有审计员、高级审计人员、审计经理等不同级别，其他部门的工作人员也要按照级别统计审计资源。

（2）风险分析及风险排序。根据风险分析和风险排序分配审计资源，按照前述风险评估得出的风险因素分值，在可用审计资源范围内，做出审计资源的配置，编制审计计划。通常审计部门优先对风险较大的项目进行审计，并配备最好的人力资源。在确定审计范围时，要考虑并反映整个公司的战略性计划目标，并每年对审计范围进行一次评估，以反映机构的最新战略和方针。编制审计方案时，应该在评估风险优先次序的基础上安排审计工作。

可见，在审计计划阶段，选择被审计对象是审计工作的起点。被审计对象指的是在企业内部被审计的某个部分，它可以是某个子公司、某项经营活动或某个方案，也可以是一个独立的过程或活动。虽然风险发生的概率及造成的损失难以确定，但选择被审计者时对风险的考虑却是毋庸置疑的，这也是风险导向内部审计的第一步。选择的策略是风险因素优先策略。内部审计师以其特有的视角，系统地分析、识别、衡量企业面临的风险，按照风险的高低，制订年度审计计划，确定被审计者的先后次序，当然，要对特殊要求适当考虑，进而对审计资源进行合理配置。

四、基于风险矩阵图与风险测试的审计实施

1. 形成风险矩阵图

充分运用风险评估技术，估计风险严重程度和发生的可能性，形成风险矩阵图。如果说以风险评估为基础的审计计划更多地体现了企业整体层面的风险的话，其目的是确定全年审计范围和审计活动项目及先后顺序，那么，风险矩阵图的绘制更突出具体经营过程中的风险，是微观层面风险的显示，是审计计划执行的必然环节，是风险管理审计的深入。其目的是进一步确认审计业务本身面临的风险和风险的严重程度，以此为基础进一步明确审计实施阶段的审计内容和审计重点，如果必要的话，需要按照程序调整审计计划。编制审计计划发生在审计准备阶段，绘制风险矩阵图发生在审计实施阶段。

2. 数字化的风险测试与风险评价

审计测试是审计实施阶段的主要内容，意味着将选择测试的项目变成证据。在风险管理审计中，内部审计师应获得足够的证据，确认企业风险管理目标是否实现。审计测试中通过运用抽样、观察、提问、分析、证实、调查与评估等方法获取有关风险的审计证据，并且揭示出它们的内在品质或特征，目的是为内部审计师形成审计意见提供基础。对内部控制制度进行测试，需要经过穿行测试和小样本测试两个主要阶段。其中，穿行测试可以通过两种途径达到：一是“凭证穿行测试”，即根据组织的记录来追踪整个活动过程；二是“程序穿行测试”，即由审计人员对活动的每一步进行一次到两次的测试。穿行测试是从控制点的分析开始的，审计人员针对项目建设活动中的控制点，对项目建设活动分层进行测试。小样本测试的实质是选择少量的行为活动进行测试，其目的是检查内部控制制度实施的有效性程度，即实际活动效果是否达到了预期的目标。

上述两种测试方式依然适用于风险管理审计的测试。这一过程表现在风险管理审计的实施阶段，通过对审计活动风险的实质性测试，得出被审计业务风险情况的真实结论，并形成审计发现，为审计报告的编写奠定基础，提供数据和支撑。

3. 前瞻性的风险管理审计报告

与常规业务审计报告不同，因不确定性的存在，风险管理审计报告也存在“风险”。如何突出审计报告的前瞻性和可用性？如何体现不同使用者对风险管理审计报告的不同需求？如何降低风险管理审计报告的风险？诸多问题需要讨论和关注。

（1）披露风险表现和风险排序。常规业务审计报告主要表达业务执行过程中在真实性、合规性和效益性方面存在的问题及原因分析等内容，而风险管理审计报告的内容应该披露被审计事项的风险点，并按照风险大小的程度进行排列，明确重要风险和关键风险控制点。比如，采购业务的重要风险是舞弊风险，其后果是“质低价高拿回

扣”，关键风险控制点是“供应商的选择环节”。

（2）披露被审计单位对利用风险、防范风险的制度、措施及执行情况。常规业务审计报告一般不涉及这方面内容，但风险管理审计报告要从公司治理、内部控制和全面风险管理的整体系统中寻找与具体的风险防范、风险利用有关的规定，并表达这些规定执行的情况。

（3）披露利用风险、风险防范的效果。重点表达风险转化、风险防范的成本、效率和效果，突出风险管理的绩效。

（4）披露风险管理审计的方法、风险评价的条件和标准。结合被审计活动特点，使用恰当的方法和标准，是风险管理审计的必然要求。为提高审计信息的对称性，风险管理审计报告应该对这样的内容有所披露，这样也有助于降低审计报告的风险。

（5）谨慎披露舞弊事项。舞弊是企业面临的主要风险之一，内部审计人员在舞弊审计中的责任是：保持职业警惕性和审慎性，在常规审计过程中注意发现舞弊线索，一旦迹象明朗，则要向组织内合适的部门（一般是纪检监察部门）和高管层、董事会报告。因为舞弊更多地涉及“人”的问题，所以，审计人员在对这部分事项报告时，要注意合法性，最好要咨询法律专家后再做适当披露，以降低越权或违法的风险。

（6）前瞻性地规划提高风险管理质量的建议。常规业务审计报告的“审计建议”部分比较集中在“就事论事”的微观层面，就审计发现的问题，其审计建议一一对应，更有针对性。与之相比较，风险管理审计报告应该在微观建议的基础上，更加关注战略管理、方案选择等方面的建议，以便指导被审计单位高管层今后能够更加重视企业风险管理工作，从根本上提高风险管理审计的增值功能。

本章习题

一、单选题

1. 内部审计工作的范围包括了一个系统的、规范的方法，它能评估和提高下列除了（　　）过程以外的所有过程的适当性和有效性。

A. 风险管理　　B. 控制　　C. 财政决算　　D. 治理

2. 下列（　　）项活动有可能削弱内部审计人员的独立性。

A. 参与设计企业风险管理制度

B. 鉴定企业风险管理情况

C. 对管理层风险过程适当性和有效性的评估

D. 制定风险管理审计方案

3. 根据内部审计准则的规定，正在评价公司风险管理程序是否充分的内部审计师应该开展的工作是（　　）。

A. 承认所有公司在管理风险方面所应用的技术大同小异

B. 寻求关于风险管理程序的主要目标正得到实现的保证

C. 确定并接受公司的风险水平

D. 以相同方式对待风险管理程序和评估工作及计划审计业务所用的风险分析工作

4. 下列选项中，对内部审计中使用的“风险评估”一词的陈述不正确的是（　　）。

A. 风险评估是将内部审计活动中发现的风险的预期水平用金额表示的一种判断过程。通过它，内部审计负责人可以选取能导致审计节约额最大的被审计部门

B. 内部审计负责人应将各种渠道的信息用于风险评估过程，包括与董事会、管理当局、外部审计人员的讨论，审查法规，分析财务及经营数据

C. 风险评估是一个评价并汇总有关可能对组织不利的条件或事件的职业判断，并为形成内部审计日程安排提供手段的系统过程

D. 作为审计或初步调查的结果，内部审计负责人可以随时修正被审计单位的估计风险水平，并对工作日程表进行适当调整

5. 下列选项中，最可能是企业管理层可能存在的财务报表舞弊迹象的反映的是（　　）。

A. 趋势分析透露：（1）销售额增长50%；（2）销售成本增长25%

B. 比率分析透露销售成本占销售额的一半

C. 同等规模的行业分析显示：（1）公司的销售成本占销售额的40%；（2）行业平均销售成本占销售额的50%

D. 同等规模的行业分析显示：（1）公司的销售成本占销售额的50%；（2）行业平均销售成本占销售额的40%

6. 认为风险是指未来的不确定性对企业实现其经营目标的影响的是（　　）。

A. 国有资产监督管理委员会　　B. 国际内部审计协会

C. 中国内部审计协会　　D. 中国注册会计师协会

二、多选题

1. 针对企业经营管理而言，按照风险的对象可以把风险划分为（　　）。

A. 财产风险　B. 责任风险　C. 信用风险　D. 纯粹风险

2. 下列项目中，属于风险管理基本要素的有（　　）。

A. 控制环境　B. 风险评估　C. 外部监督　D. 事件识别

3. 下列项目中，属于营销风险审计重点内容的有（　　）。

A. 销售决策审计　　B. 销售计划执行审计

C. 销售客户信用审计。　　D. 销售开单结算审计

4. 在下列项目中，属于企业内部风险管理审计报要素之一的有（　　）。实施风险管理审计结果的综合反映，是风险管理审计报告的核心内容。

A. 标题　　B. 收件人

C. 正文　　　　　　　　　　D. 附件、签章和报告日期

5. 下列选项中，属于风险定量评估的方法主要有（　　）。

A. 专家打分法　　　　　　　B. 层次分析法

C. 风险暴露计算模型　　　　D. 分类评分法

三、简答题

1. 什么是风险管理？风险管理主要包括哪些要素？
2. 风险管理审计有哪些目标？风险管理审计的主要内容是什么？

四、思考题

1. 分析企业风险管理审计与企业内部控制审计有什么样的区别与联系。
2. 企业内部审计部门实施风险管理审计对审计人员有什么样的要求？
3. 企业内部审计部门进行风险管理审计的难点和重点是什么？
4. 内部审计工作中应当如何结合风险导向审计模式才能实现审计目标？
5. 如何理解内部审计在公司治理中的作用？

第九章

信息系统审计

导入案例

2005 年 3 ~ 7 月，软件研发工程师程稚瀚利用互联网 4 次侵入中国移动通讯集团公司北京移动充值中心数据库，盗取充值卡密码并在网上出售，共获利 370 余万元。程稚瀚利用他为西藏移动做技术时使用的密码（此密码自程稚瀚离开后一直没有更改），轻松进入了西藏移动的服务器。通过西藏移动的服务器，程稚瀚又跳转到了北京移动数据库，并取得了数据库的最高权限，通过读取数据库日志文件，反推破译出密码，取得了数据。2005 年 3 ~ 7 月，程稚瀚先后 4 次侵入北京移动数据库，修改充值卡的时间和金额，将已充值的充值卡状态改为未充值，共修改复制出上万个充值卡密码。他还将盗出的充值卡密码通过淘宝网出售，共获利 370 余万元。

一直到 2005 年 7 月，由于一次"疏忽"，程稚瀚将一批充值卡售出时，忘了修改使用期限，使用期限仍为 90 天。购买到这批充值卡的用户因无法使用便投诉到北京移动，北京移动才发现有 6 600 张充值卡被非法复制，立即报警。

2005 年 8 月 24 日，程稚瀚在深圳被抓获，所获赃款全部起获。

请同学们思考如下几个问题，

1. 对于拥有先进技术网络和信息系统的中国移动北京数据充值中心而言，是否应该定期对其信息系统进行内部审计？
2. 如果需要对公司信息系统进行审计，应该从哪些方面开始重点审查和评价？
3. 该公司的内部审计部门针对信息系统进行审计时可常用哪些方法？

学习目标

通过本章内容的学习，应实现如下目标：

1. 全面熟悉与理解信息系统审计的内涵；
2. 了解信息系统环境对内部审计的影响；
3. 熟悉企业信息系统审计的内容与要点；
4. 熟悉企业信息系统审计的程序与步骤；
5. 理解内部审计部门实施信息系统审计的常用方法；
6. 了解从事信息系统审计的内部审计人员应具备的专业胜任能力。

学习内容

第一节　信息系统审计概述

本章中的信息技术（Information Technology，IT）是指特定人员运用微型电子计算机、手机及其他平板电子设备和互联网、局域网、大数据、云计算等现代通信手段实现获取信息、传递信息、存储信息、处理信息、输出信息、分配信息和使用信息等的相关技术活动、技术方法和技术类型。而现代信息技术则是指20世纪70年代以来，随着微电子技术、计算机技术和通信技术的发展，围绕信息的产生、收集、存储、处理、检索和传递，形成的一个全新的、用以开发和利用信息资源的高技术群，包括微电子技术、新型元器件技术、通信技术、计算机技术、各类软件及系统集成技术、光盘技术、传感技术、机器人技术、高清晰度电视技术等，其中微电子技术、计算机技术、软件技术、通信技术是现代信息技术的核心。

伴随着现代信息技术以及供应链管理（SCM）、客户关系管理（CRM）等企业管理模式的不断发展与进步，企业将会在网络的基础上实现其内部管理与外部市场的完全整合。当电子商务成为网络经济时代商务活动的核心业务和主流活动时，企业的物流、资金流、价值流和信息流等商业业务对象就会更大程度地存在于并依靠基于网络的信息系统。因此，在当今信息技术快速发展及互联网应用程度越来越广泛企业的经营方式、业务活动和内部管理控制等方面均发生了巨大变化新环境下，针对信息系统的审计将会是现代企业内部审计不可缺少的主要内容，相应地，内部审计部门信息技术审计的重点将是对网络系统的审计，其审计的内容主要有：对网络系统的开发进行审计，对企业内部网络和外部网络的运行功能与安全控制进行审计，对网上认证机构、网上银行等与电子商务活动支付相关的单位及活动进行审计等。内部审计人员还会建立内部审计网络作为辅助手段对企业信息系统进行网上实时审计，以及建立审计专家系统和采用并行审计技术等。

一、信息系统审计的内涵

（一）信息系统审计的含义

《内部审计具体准则第28号——信息系统审计》中明确定义："信息系统审计，是指由组织内部审计机构及人员对信息系统及其相关的信息技术内部控制和流程开展的一系列综合检查、评价与报告活动。"而国际信息系统审计领域的权威专家Ron Weber则将信息系统审计定义为："收集并评价证据，以便客观判断一个计算机系统（信息系统）是否有效做到保护资产、维护数据完整、完成组织目标，同时最经济地使用资源。"ISACA则将信息系统审计定义为是一个获取并评价证据，以判断计算机系统是否能够保证资产的安全、数据的完整以及有效率地利用组织的资源并有效果地实现组织目标的过程。

综上所述，我们可以将信息系统审计理解为——是根据公认的标准和指导规范，对信息系统从计划、研发、实施到运行维护各个环节进行审查评价，对信息系统及其业务应用的完整、效能、效率、安全性进行监测、评估和控制的过程，以确认预定的业务目标得以实现，并提出一系列改进建议的管理活动。我们可以从以下几个方面理解信息系统审计的含义：

（1）信息系统审计的主体——有胜任能力的信息系统独立审计机构或人员。从事信息系统审计人员的专业胜任能力是指在信息系统审计领域，胜任管理层与其他利益方的委托、履行其信息系统审计职能所应拥有的相关知识、技能和素质。信息系统审计人员应当熟悉内部审计业务并具备必要的信息技术及信息系统审计的专业知识。由于信息系统审计的专业性要求，且与传统审计方式下对审计人员的要求有了不同，因此，从事信息系统审计的人员必须具备完成审计工作所需要的专业知识和技能，并取得相应的资格。实施信息系统审计的人员称为信息系统审计师（IS Auditor）；ISACA 是国际唯一可授权信息系统审计师的权威机构，注册信息系统审计师证书被世界各国广泛认可。此外，审计项目负责人员应具有三年以上信息系统审计相关工作经验，或六年以上相关业务的从业经验。由于组织特殊性而产生的例外情况，应当获得组织管理层的特别授权。组织应当建立信息系统审计人员培训制度，鼓励审计人员取得注册信息系统审计师等执业资格，以保证审计人员的专业胜任能力。必要时，信息系统审计可利用外部专家的服务。

（2）信息系统审计的对象——被审计的信息系统。包括由计算机软硬件组成的信息系统和与信息输入、输出相关的活动。即信息系统以及信息系统生命周期的所有活动。由于计算机技术、网络通信技术等的应用，使得信息系统审计的对象具有多样性、复杂性、特殊性和高技术性等特征，并且随着信息技术的发展而不断扩展。

（3）信息系统审计的核心——客观地收集和评估证据。收集审计证据是进行信息系统审计工作的出发点，在对信息系统审计中，审计人员的主要工作环节就是收集足够的证据和评价证据的符合程度，并为此判断和确定一个计算机化的信息系统是否能有效地保护资产、维护数据的完整，以及是否能以最低的成本费用和最少的时间达到企业目标的过程。在审计过程中，信息系统审计师应获得充分、可靠、相关和有用的证据，以有效地实现审计目标，审计结论应当以建立对证据合理分析和解释为依据与基础。

（4）信息系统审计的目的——集合组织信息、支持组织管理和实现组织目标。任何信息系统的建立均具有特定的目的，在信息系统审计业务中，内部审计人员可通过实施信息系统审计工作，对组织是否达成信息技术管理目标进行综合评价，并基于评价意见提出管理建议，协助组织信息技术管理人员有效地履行其受托责任以达成组织的信息技术管理目标。判断信息系统是否达到设计目的主要有如下三个方面的标准：

①信息系统是否具有可用性。企业高度依赖的信息系统能否在任何需要的时刻为管理层提供信息支持服务？信息系统是否被完好保护以应对各种的损失和灾难？

②信息系统的内容是否具有完整性。信息系统提供的信息是否始终保持正确、可信、及时？能否防止未授权的对系统数据和软件的修改？

③信息系统是否具有保密性。企业信息系统保存的信息是否仅对需要这些信息的人员开放，而不对其他任何人开放？

（二）信息系统审计的相关术语

除了信息系统审计的概念以外，与信息系统审计相关的术语还有如下三个：

（1）计算机审计。计算机审计是与传统审计相对称的概念，它是随着计算机技术的发展而产生的一种新的审计方式，其内容包括利用计算机进行审计和对计算机系统进行审计。即计算机审计的含义包括计算机系统作为审计的对象和作为审计的工具。由此可见，计算机审计的内涵和IT审计的内涵相似。

（2）计算机辅助审计。计算机辅助审计是基于计算机的技术，它能帮助审计人员提高工作效率，并能通过借助计算机的能力和速度提高收集审计证据的审计功能。计算机辅助审计技术（Computer Assisted Audit Techniques）就是指能用来帮助以更有效、高效、及时的方式进行审计的技术。综上所述，计算机辅助审计可以概括为：为了满足信息化环境下审计的需要，基于计算机的应用来对信息系统或被信息系统处理的数据进行审计的技术。

（3）大数据应用审计。大数据应用审计是指内部审计人员借助互联网、云计算等大数据技术平台，可短时间内利用海量被审计部门的信息数据库进行组合分析、数据分析和数据挖掘，从而更全面、更精准地整理数据，快速地检查与发现审计对象会计信息及财务信息中是否可能存在重大错报（金额、分类、列报和披露错误），并最终充分披露给审计报告信息使用者的一种新型审计类型。

二、信息系统审计的发展进程

（1）手工信息系统审计。在计算机产生以前，企业内部的信息处理最初是以手工处理的方式进行的。一个企业的会计部门，通过不同岗位之间的分工协作，将日常经营活动中产生的财务资料进行加工处理，形成企业内部和外部需要的各种纸质会计信息。这种情况下的审计方式毫无疑问是手工的形式。

（2）计算机信息系统审计。随着计算机的普及尤其是微型计算机的大众化，一些企业开始用计算机来处理部分会计资料。例如，企业内部自行开发的工资管理程序、存货管理程序等，逐步用机器替代了部分人工劳动。但由于计算机处理的范围还比较小，内部审计人员可以忽略计算机的存在，直接对打印出来的纸质文档进行审计。

（3）信息化技术处理审计。由于会计信息技术化的大规模普及，大部分企业的会计处理已经实现信息化。内部审计人员开始意识到信息技术审计的重要性，但这时人们对信息技术审计的认识还停留在对财务数据的采集和分析阶段，内部审计人员仍然可以绕过信息系统，对财务数据和报表进行核实，以获取审计证据。

（4）企业信息系统审计。伴随着会计信息技术化的成熟，以 ERP 为代表的企业信息系统的高度集成逐渐开始兴起。这时的企业信息系统已不仅仅是一个孤立的系统，而是集财务、人事、供销、生产为一体的综合性系统，财务信息只是这个系统所处理信息的一部分，因此，内部审计人员必须在规划和执行审计工作时对企业信息技术进行全面考虑。

三、信息技术及其系统对审计过程的影响

信息技术在企业中的应用并不改变内部审计师在制定审计目标、进行风险评估和了解内部控制等方面的原则性要求，基本审计准则和财务报告审计目标在所有情况下都适用。不过，内部审计人员必须更深入了解企业的信息技术应用范围和性质，因为系统的设计和运行对审计风险的评价、业务流程和控制的了解、审计工作的执行以及需要收集的审计证据的性质都有直接的影响。概括而言，企业的信息技术系统的应用与发展程度，可直接对内部审计过程产生以下几个方面的影响：

（1）信息系统应用与发展对审计线索的影响。审计线索对内部审计工作来说极其重要。传统的手工会计系统，审计线索包括凭证、日记账、分类账和报表。内部审计人员通过顺查和逆查的方法来审查记录，检查和确定其是否正确地反映了被审计单位的经济业务，检查企业的会计核算是否合理、合规。而在信息技术环境下，从业务数据的具体处理过程到报表的输出都由计算机按照程序指令完成，数据均保存在磁性介质上，从而会影响到审计线索，如数据存储介质、存取方式以及处理程序等。

（2）信息系统应用与发展对审计技术手段的影响。过去，内部审计人员的审计都是手工进行的，但随着信息技术的广泛应用，若仍以手工方式进行审计，显然已经难以满足工作的需要，难以达到审计的目的。因此，内部审计人员需要掌握相关信息技术，把信息技术作为一种有力的审计工具。

（3）信息系统应用于发展对内部控制的影响。现代审计技术中，内部审计人员会对被审计单位的内部控制进行审核与评价，以此作为制定审计方案和决定抽样范围的依据。随着信息技术的发展，内部控制虽然在形式及内涵方面发生了变化，但根据内部控制的概念，完善的内部控制的目标并没有发生改变，即：①提高管理层决策制定的效果和业务流程的效率；②提高会计信息的可靠性；③促进企业遵守法律和规章，但必须关注的是，在高度电算化的信息环境中，业务活动和业务流程引发了新的风险，从而使具体控制活动的性质有所改变。

（4）信息系统应用与发展对审计内容的影响。信息化条件下由于信息化的特点，

审计内容发生了相应变化，在信息化的会计系统中，各项会计事项都是由计算机按照程序进行自动处理的，信息系统的特点及固有风险决定了信息化环境下审计的内容包括对信息化系统的处理和相关控制功能的审查。比如，在审计账龄分析表时，在信息技术环境下，我们必须考虑其数据准确性以支持相关审计结论，因而需要对其基于系统的数据来源及处理过程进行考虑。

（5）信息系统应用与发展对内部审计师专业背景的影响。信息技术在被审计单位的广泛应用要求内部审计人员一定要具备相关信息技术方面的知识。因此，内部审计人员要成为知识全面的复合型人才，他们不仅要有丰富的会计、审计、经济、法律、管理等方面的知识和技能，还需要熟悉信息系统的应用技术、结构和运行原理，有必要对信息化环境下的内部控制做出适当的评价。

因此，内部审计人员必须对系统内的风险和控制都非常熟悉，然后对审计的策略、范围、方法和手段做出相应的调整，以获取充分、适当的审计证据，支持发表的审计意见。

第二节 信息系统审计的程序

企业信息系统内部审计通常可划分为以下阶段：审计计划阶段、审计实施阶段、审计报告与后续工作阶段。与普通审计基本相同，这里着重介绍信息系统审计中各阶段的工作特点。

一、信息系统内部审计计划阶段的内容

信息系统内部审计计划阶段的工作内容主要包括：确定信息系统审计的目标与范围、初步评价信息系统可能存在的审计风险、估算完成信息系统审计或专项审计所需要的资源与工作顺序、组建信息系统审计工作小组、了解被审计信息系统的基本情况和制订信息系统审计计划等六大基本步骤与要求。具体内容概述如下：

（1）确定信息系统审计的目标与范围。内部审计人员在执行信息系统审计之前，需要确定审计目标和范围，如审计什么问题、IT 将在这次审计任务的哪些方面发挥作用。

（2）初步评估审计风险。与其他审计相比较，在信息系统审计中，审计人员应采用以风险为导向的审计方法进行信息系统审计，风险评估应贯穿审计的计划、实施、报告与后续工作各个阶段。

（3）估算完成信息系统审计或专项审计所需的资源，确定重点信息系统审计领域及审计活动的优先次序。根据优先顺序有计划的安排审计人员、审计时间和审计设备等资源投入。

（4）组成信息系统审计的工作小组。当审计任务确定以后，应根据任务的繁重程

度，配备信息系统审计人员，成立信息系统审计小组，明确小组成员的职责。审计小组中应有 IT 人员，应选择审计技术业务较强的审计人员担任主审或审计小组负责人，必要时可邀请被审计单位的内部审计人员参加。

（5）了解被审计信息系统的基本情况。信息系统审计小组成立后，应对被审计系统的基本情况进行进一步的调查与了解，为拟订信息系统审计方案打好基础。内部审计人员应着重了解被审计信息系统的如下内容：

①硬件设备，包括主机的机型、所配置的外围设备、辅助设备等；

②系统软件，包括所选用的操作系统、数据库管理系统等；

③应用软件，包括软件的取得方式，是购买的商品化软件，还是单位自行开发的软件，软件的主要功能和模块结构；

④文档资料，包括系统的操作手册、维护手册、系统和程序的框图等。根据了解的情况，决定需要测试的项目，是否需要聘请 IT 专家参加系统的审计，准备采用哪些 IT 审计技术，是在被审计单位的计算机上进行审计，还是在审计人员自己的计算机上进行审计，被审计单位的计算机与审计人员的计算机是否兼容等。

（6）制订信息系统审计计划。信息系统审计作为综合性内部审计项目的一部分时，审计人员在审计计划阶段首先需要综合考虑相关内部审计的审计目标及要求，信息系统审计必须符合总体计划的安排；其次，制订信息系统审计计划时，应遵循其他相关内部审计具体准则规定的要求等因素；此外，针对信息系统审计的特殊性，审计人员还应充分考虑以下因素：

①高度依赖信息技术、信息系统的关键业务流程及相关的组织战略目标；

②信息技术管理的组织架构；

③信息系统框架和信息系统的长期发展规划及近期发展计划；

④信息系统及其支持的业务流程的变更情况；

⑤信息系统的复杂程度；

⑥以前年度信息系统内、外部审计等相关的审计发现及后续审计情况。

二、信息系统审计实施阶段的内容

信息系统内部审计实施阶段是指在做好上述各项计划准备阶段的工作之后，内部审计人员到达被审计部门进行具体工作的阶段。其主要任务是：按照信息系统审计计划所确定的审计内容、范围、重点和方式等要求，采用相应的审计方法，查明情况，对取得的各种证据进行鉴别、分析，判明是非和问题的性质，做出客观公正的评价，并酝酿处理意见和改进建议。其主要工作环节有信息技术风险的评估、对有关信息系统的内部控制制度进行健全性调查和符合性测试、对账表单证或数据文件实质性审查等三个方面的内容。具体内容分述如下：

（一）信息技术风险评估

IIA 2009 年发布的《国际内部审计专业实务标准》（Interactional Standards for the Professional Practice of Internal Auditing）中明确强制要求内部审计部门必须评估与信息

系统有关的风险（2120. Al）及其风险控制的适当性和有效性（2130. Al）。此外，IIA于2006年11月29日审议通过GAIT，这是一套基于风险的IT一般控制评价的原则和方法，随着IPPF的发布，GAIT成为IIA强烈推荐的IT审计指南。GAIT采用基于风险的IT一般控制评估方法论，关注业务与IT风险，评估IT一般控制缺陷，使IT与内部控制、风险管理融合，帮助企业识别合理范围内信息系统一般控制中的关键因素和关键控制点，帮助评价企业信息系统控制的成本收益以及效率与效果，以满足企业遵守《萨班斯—奥克斯利法案》404条款的要求。

因此，企业的内部审计人员在进行信息系统审计时，应当识别组织所面临的与信息技术相关的内、外部风险，并采用适当的风险评估技术与方法，分析及评价其发生的可能性及影响程度，为确定审计目标、范围和方法提供依据。本节中的信息技术风险是指组织在信息处理和信息技术运用过程中产生的、可能影响组织目标实现的各种不确定因素。信息技术风险包括：组织层面的信息技术风险、一般性控制层面的信息技术风险及业务流程层面的信息技术风险等几个方面的风险评估。

1. 组织层面及一般性控制层面信息技术风险的评估

审计人员在识别、评估组织层面、一般性控制层面的信息技术风险时需要关注以下几方面：（1）业务关注度，即组织的信息技术战略与组织整体发展战略规划的契合度及信息技术（包括硬件及软件环境）对业务和用户需求的支持度；（2）信息资产的重要性；（3）对信息技术的依赖程度；（4）对信息技术部门人员的依赖程度；（5）对外部信息技术服务的依赖程度；（6）信息系统及其运行环境的安全性、可靠性；（7）信息技术变更；（8）法律规范环境；（9）其他信息技术风险的影响因素。

2. 业务流程层面信息技术风险的评估

业务流程层面的信息技术风险受行业背景、业务流程的复杂程度、上述组织层面及一般性控制层面的控制有效性等因素的影响而存在差异。一般而言，审计人员应了解业务流程并关注以下几方面信息技术风险：（1）数据输入；（2）数据处理；（3）数据输出。

总之，内部审计人员在审计过程中进行风险评估，应充分考虑风险评估的结果，以合理确定信息系统审计的内容及范围，然后对组织的信息技术内部控制的设计有效性和执行有效性进行测试，并在此基础上依据信息技术内部控制评估的结果重新评估审计风险，并根据剩余风险来进一步设计审计程序。

（二）对信息系统内部控制制度进行健全性调查和符合性测试

1. 对被审计信息系统内部控制制度进行健全性调查

对内部控制制度进行调查和测试，是现代审计区别于传统审计的重要特征之一，是对账表单证或数据文件进行审查的前提和基础。对内部控制制度的测试应在调查的基础上进行。审计人员一般可以通过与被审计单位有关人员座谈、实地观察、查阅系统的文档资料，并跟踪若干业务处理的全过程，了解被审计信息系统的处理过程和内部控制，然后把它描述出来。常用的对内部控制描述的方法有：（1）书面描述；（2）内部控制问卷；（3）流程图。

2. 对被审计信息系统内部控制制度进行符合性测试

内部审计人员在了解并描述了被审计系统的内部控制后，需要对系统关键的控制功能进行测试，以证实系统的控制功能是否恰当、有效。对信息系统手工控制的测试，可采用手工测试方法，询问、观察、调查、查阅有关文件等。对信息系统程序控制测试，则需要利用IT辅助审计技术，有关内容将在后面详细论述。

通过调查与测试。最后对被审计系统的内部控制进行评价。评价主要考虑以下三个问题：

（1）经过测试，被审计系统现行的内部控制制度中有哪些满意或比较满意的控制制度；

（2）各项控制制度是否确实发挥作用，其符合程度如何；

（3）各项控制制度是否可以依赖，其符合程度如何。

（三）对账表单证或数据文件的实质性审查

在信息系统审计中，实质性审查的目的与手工审计一致，都是要通过审查以证实被审计系统数据的真实性与合法性。实质性审查的重点和范围由审计人员对被审计系统内部控制制度的审查和评价决定。如果被审计系统内部控制是健全有效的，则可减少实质性审查的范围和数量，反之，应扩大实质性审查的范围和数量。

在信息系统审计中，许多实质性的审查工作与手工审计相同，都要进行检查、取证、分析和评价。例如，进行账证、账账、账表、账实核对，复核各种计算，如折旧计算、成本计算、利息计算等，对财务报表进行分析等。所不同的是，上述工作主要是由计算机来进行，审计人员可通过审计软件或被审计信息系统的查询、分析等模块进行实质性审查。这些计算机辅助审计技术将在后面详细介绍。

审计工作底稿应以正式的书面或电子形式进行记录，其中应包含审计程序、审计发现和审计结论以及支持审计结论的审计工作细节及审计证据。审计过程中获取的电子数据应建立严格的电子数据归档措施，并对敏感数据进行严格的保密管理。

三、信息系统审计报告与后续阶段的工作

在审计实施结束后，审计人员应以充分、可靠及相关的审计证据为依据形成审计结论与建议，出具审计报告，形成审计结果，追踪审计建议的落实并执行相应后续审计程序。其主要工作包括如下整理归纳审计资料、撰写审计报告、发出审计结论和决定和审计治疗的归档和管理等四个方面的工作，具体内容可分述如下：

1. 整理归纳信息系统审计的相关资料

首先，编出资料目录，将计算机输出资料和审计小组的工作底稿以及旁证材料，按审计项目、内容进行整理。其次，需要对这些资料做进一步的分析，看证据是否齐全，能否说明问题，缺什么补什么。最后，需要对审计资料装订成册，作为编写审计报告的依据，同时也便于存档。

2. 撰写信息系统专项审计报告

审计报告主要是对信息系统审计结果的综合归纳，由审计小组撰写。在审计报告

中，应着重说明采用了哪些 IT 辅助审计技术，发现了哪些问题，特别是对计算机会计信息系统的审计，若发现程序的控制和处理功能不符合财政部颁发的《会计核算软件基本功能规范》，应在审计报告中说明，并建议被审计单位进行改进。审计报告初稿完成后，在征求被审计单位的意见后，报审计机关审定。

3. 发出信息系统审计的结论和决定

这是审计机关对审计报告经审计会议审定后，向被审计单位及其主管部门发出的具有指令性的文件，被审计单位应按审计决定的要求，做出改进处理，并将改进结果报告审计机关。

4. 信息系统审计资料的归档和管理

审计任务完成后，为了便于今后查考或复审的需要，按照谁审谁主卷的原则，除必须将审计工作的所有纸性资料归类存档外，还必须把计算机内此次审计的资料分别保存到 U 盘等介质上，并按文件保管要求进行保管。

四、信息系统审计的组织方式

信息系统审计既可以作为传统内部审计项目的延伸与扩展而共同开展（即结合式），也可以作为独立的审计项目专门组织实施（即独立式）。

1. 作为整理审计业务一部分的结合式信息系统审计方式

结合式即信息系统审计与财务审计等其他类型的传统内部审计项目相结合的组织方式，是在传统审计的过程中运用信息系统审计的有关手段所进行审计的组织方式。

结合式信息系统审计方式主要特点是：首先，该审计方式事前没有专门设立审计项目计划。内部审计通常都需要经过立项或规划后才能实施，与财务审计等其他类型的内部审计项目相结合的组织方式不针对信息系统审计的专门立项计划，只是在审计过程中发现信息系统出现问题或者根据需要的时候才进行信息系统审计。其次，该审计方式只是针对部分业务或系统进行与传统审计相结合进行的信息系统审计是在传统审计过程中根据发现的问题或者根据需要而进行的。此定位决定了结合式审计方式不可能对信息系统进行全面的审计，而是根据财务审计中发现的信息系统的缺陷，或者根据需要，针对部分业务或系统模块进行审计。最后，没有专门编制和提交信息系统审计报告。与传统审计相结合的信息系统审计在立项的时候是以财务审计等内部审计项目的名义立项的，因此审计报告的结果应该是传统审计的内容，没有单独就信息系统存在的问题编制与提交专门的信息系统审计报告。信息系统审计人员应及时与其他相关内部审计人员沟通信息系统内部审计的发现。

2. 专门安排进行的独立式信息系统审计方式

独立式信息系统审计即专门进行信息系统审计的组织方式。所谓专门进行是指项目经过单独立项、单独实施并单独出具审计报告。

独立式信息系统审计方式有三个方面的基本特点：第一个特点是单独立项。审计项目立项是根据事业发展的需要和各方面综合意见，将拟开展的审计项目的审计依据、内容、范围、方式、时间、人员等基本情况报送审计委员会批准同意。第二个特点是单独实施。专门进行信息系统审计的组织方式，必须单独实施。单独实施意味着信息系统审计要在人员、时间、经费等审计资源方面与财务审计等其他类型的内部审计项目分开。第三个特点是单独出具审计报告。专门进行的信息系统审计还必须单独出具审计报告。审计报告作为审计工作的最终成果，在审计项目中具有标志性意义。

此外，相比与财务审计相结合的组织方式，专门进行信息系统审计的组织方式的目标不在于减少财务审计风险，而是在于对信息系统本身进行审查。主要内容有：①要审查的是信息系统的性能，看信息系统的性能是否满足系统设置的目标，即满足信息系统本身的安全、可靠、效率和效果等目标。②要审查信息系统的大环境，看信息系统是否符合信息化发展战略和业务发展战略的要求，也就是说，信息系统本身的目标如何与整个组织的目标相适应。

第三节　信息系统审计的内容

一、信息系统的控制

信息技术控制通常包括对组织层面信息技术控制、信息技术一般性控制及业务流程层面相关应用控制。信息系统内部控制的各个层面都包括人工控制、自动控制和人工、自动相结合的控制形式，审计人员应根据不同的控制形式采取恰当的审计程序。

（一）信息系统的组织层面控制

信息系统的组织层面控制是指管理层及治理层对信息技术治理职能及内部控制重要性的态度、认识和措施，审计人员应考虑以下控制要素中与信息技术相关的内容（见表9－1）。

表9－1　　信息系统组织层面控制的关联因素

关联因素	具体内容说明
控制环境	审计人员应关注企业信息技术战略规划对业务战略规划的契合度、信息技术治理制度体系的建设、信息技术部门的组织结构和关系、信息技术治理相关职权与责任分配、信息技术人力资源管理、对用户信息技术教育和培训等
风险评估	审计人员应关注组织风险评估的总体架构中信息技术风险管理的框架、流程和执行情况、信息资产的分类以及信息资产所有者的职责等方面
信息与沟通	审计人员应关注组织信息系统架构及其对财务、业务流程的支持度、管理层及治理层信息沟通模式、信息技术政策和信息安全制度传达与沟通等方面
内部监控	审计人员应关注组织的监控管理报告系统、监控反馈、跟踪处理程序及组织对信息技术内部控制的自我评估机制等方面

（二）信息系统的一般控制

信息系统的一般控制是指与所有的或绝大多数的信息技术环境下的活动都相关的控制，包括与网络、操作系统、数据库、应用系统及其相关人员有关的信息技术政策和措施，以确保信息系统持续稳定地运行，支持应用控制的有效性。例如，对计算机设备及数据文件使用的授权控制等。内部审计人员对信息技术一般控制的审计评价应考虑如下四个方面的管理与控制活动：

1. 系统信息安全管理

审计人员应关注组织的信息安全管理政策，物理访问及针对网络、操作系统、数据库、应用系统的身份认证和逻辑访问管理机制，系统设置的职责分离控制等。

2. 系统控制变更管理

审计人员应关注组织的应用系统及相关系统基础架构的变更、参数设置变更的授权与审批，变更测试，变更移植到生产环境的流程控制等。

3. 系统开发和采购管理

审计人员应关注组织的应用系统及相关系统基础架构的开发和采购的授权审批，系统开发的方法论，开发环境、测试环境、生产环境严格分离情况，系统的测试、审核、移植到生产环境等环节。

4. 系统运行过程管理

审计人员应关注组织的信息技术资产管理、系统容量管理、系统物理环境控制，系统和数据备份及恢复管理，问题管理和系统的日常运行管理等。

（三）信息系统的应用控制

信息系统的应用控制是指在业务流程层面为了合理保证应用系统准确、完整、及时完成业务数据的生成、记录、处理、报告等功能而设计、执行的信息技术控制，与某种单项应用程序相关，例如有关支付卖方货物的应付账款账户的应用程序。应用控制的目的在于确保应用系统对电子数据资产安全的保护，对数据一致性的保证及对数据进行有效的加工等；其功能是恰当地保证数据的记录、加工和报告过程的正确进行。

信息系统的应用控制可以设置在贯穿整个信息系统处理流程的任一阶段，一般可包括如下三个方面内容：输入控制、处理控制和输出控制。

1. 输入控制

输入控制是指正式确认为进行电子数据处理（EDP）可接受的数据，将其转换为机器能够感知的形态并能被机器所识别，而且要合理地保证数据（包括由通信线路传送的数据）没有丢失、删除、外加、重复或不应有的变更。输入控制包括对不正确的初始数据予以拒绝，或者给予修正后重新提供这方面的控制。要做好输入控制，首先应当制定操作制度以对输入进行适当的授权，严禁未经授权的人员输入文件资料。其次应做好输入的数据文件的审批工作，这种审批控制应独立于信息系统部门之外，以遵守一定的职责分工；数据一经输入后就应当对其进行各种测试，比如有效特征测试、有效信号测试、冗余数据测试、结果测试、限制性和合理性测试等。最后纠正在测试中出现问题的输入并删除重复的无用的输入，添加必要的输入，以保证输入的完整性与正确性。

2. 处理控制

处理控制是指对计算机系统进行的内部数据处理活动的控制措施。处理控制用以保证经济业务由计算机做出正确的处理，保证经济业务不被泄露、非法添加、重复或不适当地更换，并能够实行限制性和合理性测试对处理过程中的错误加以识别和改正。计算机处理过程是应用系统当中最关键的一环，要做好应用程序的控制就必须加强处理控制。

3. 输出控制

输出控制是指是为了保证处理结果（诸如会计科目一览表或账户余额显示、报告书、磁性文件、发货票、付款支票等）的正确性，以及保证只由指定的人员接收输出而进行的控制。输出部分通常包括输出显示器或更新的文件以及打印结果。输出控制这一步经常被人们所忽略。而实际上，没有对输出结果进行适当的控制会产生极大的危害。内部审计人员可以利用输出数据的即刻形成技术来保证输出信息的安全可靠以控制报告文件的生成；也可以将输出数据与输入、处理的数据进行核对，进行数据的合理性检查，及时地将输出报告传递给用户，利用反馈信息做好输出控制；还应当对输出介质进行安全管理，输出数据不管是存放在纸介质上还是磁介质上都应实行登记，对其妥善保管，防止被破坏以及被盗，定期检查介质的性能，保证介质上数据的完整性与使用效能。

内部审计人员对业务流程层面应用控制的审计应考虑以下与数据输入、数据处理以及数据输出环节相关的控制活动：授权与批准；系统配置控制；异常情况报告和差错报告；接口与转换控制；一致性核对；职责分离；系统访问权限；系统计算。

信息系统审计除上述常规的审计内容外，审计人员还可以根据组织当前面临的特殊风险或需求，设计专项审计以满足审计战略，具体包括：

（1）信息系统开发实施项目的专项审计；

（2）信息系统安全专项审计；

（3）信息技术投资专项审计；

（4）业务连续性计划的专项审计；

（5）外包条件下的专项审计；

（6）法律法规、行业规范要求的内部控制的合规性专项审计；

（7）其他专项审计等相关领域的内容。

二、信息系统一般控制的审计

信息系统一般可分为大型机系统与小型商务系统，因为二者特点的不同，对信息系统一般控制进行审计时，也应分清该系统属于大型机系统还是小型商务系统。这样有利于审计人员找出审计的规律、方法以及重点。

（一）大型机系统的一般控制审计

在手工会计控制领域，内部审计始终会关注关键职能的职务分离，这在信息技术时代仍是重要的控制点。自动化的信息系统（大型计算机信息系统）通常具备专用的主机系统，它有自己的信息系统开发团队，其中某些人专门负责应用程序的开发，另一些人负责信息系统操作，还有一些人负责其他的技术领域，比如通信管理、数据库管理及计算机系统逻辑安全等。所以审计人员首先必须了解大型信息系统的组织结构，确保职责分离存在于各个信息系统组织结构中。

内部审计人员针对大型自动化信息系统一般控制的内部审计通常包括如下内容：

1. 信息系统控制的初步审核

这种审核的目的在于对信息系统控制环境取得大致的了解。内部审计人员通常会通过询问、观察操作系统以及审核系统文档等审计程序来对信息系统控制进行初步审核，这种测试很有限。然而，初步审核有助于确定是否需要更为详尽的一般控制审核，或确定是否需要在将来扩大控制风险评估，或是收集初步的控制信息用于特殊应用程序的审核。

2. 针对系统操作的详细审核

详细的信息系统一般控制审核通常涉及系统操作的各个方面，比如系统编程、通信控制和数据库管理等。在对程序库的控制进行测试时，一般通过运行特定程序来比较源版本和程序生成版本之间的差异。系统的详细审核需要由很了解信息系统控制和程序的高级内部审计人员执行，要求他们对信息系统操作与开发职能开展大量的外勤审核。在这个审核过程当中，内部审计人员除了不断地回顾信息系统操作是如何运行的之外，还应花费一定的时间审核控制日志报告以及操作指令，以了解系统作业是如何调度的并关注存储介质的管理情况，以判断计算机操作人员是否蓄意引入不准确的文档。内部审计人员还应大致了解大型机系统的操作程序或指令，这有助于设计专项审计测试。应注意的是，内部审计测试的类型和性质取决于用户的输入程序。

3. 特殊控制领域的审核

特殊控制领域的审核又称“专项审核”，它是应管理者的要求或根据内部审计人员可感知的某种风险，对整个信息系统职能的专门领域开展的有限审核。对于特定信息系统控制领域的专项审核，内部审计人员可以扩展该领域的一般控制审核程序并在必要时执行额外的审计测试。

4. 法律法规的遵循性审核

COSO 框架指明，内部控制的主要目标之一是确保组织遵守法律法规。对信息系统进行法律法规的遵循性审核通常可以合并在初步的或详细的一般控制审核当中，但是内部审计人员必须非常了解政府机构发布的、对审计提出要求的相关规程和规章制度。

（二）小型商务信息系统的一般控制审计

小型商务系统一般具备大型机系统的许多特点，但它系统规模较小，通常不需要像大型机那样在职责分离上要求严格。正因为小型商务系统部门本身结构不太规范，对其进行审计会存在额外的风险。内部审计人员应当采取在大型系统中实施的类似的审计方法，只不过在具体实施时应针对小型系统的特点作一些修正，具体内容包括：

1. 对小型系统数据和程序访问权限控制的审计

内部审计人员在审核小型商务系统时，应把对数据和程序的访问权限设置视为最主要的一般控制目标，特别要注意查明信息系统部门的系统软件是外购的还是自行开发的，审核不同来源的系统软件的访问权限的适当性。

2. 对通过工作站非法访问数据情况的审核

小型机并没有大型机系统复杂的安全控制方式，一般通过用户名和密码结合识别的方式访问登录。在一些组织中，登录代码得不到定期更改，很容易被有心人掌握，组织信息的安全性受到很大威胁。为了审核这一领域的内部控制，内部审计人员首先应该在了解管理者对信息系统权限控制的重视程度基础上，查询有权访问系统管理员菜单的人员；其次应了解组织安装的数据安全系统以及数据安全系统在整个组织信息系统中是如何建立的；最后，内部审计人员应确定系统的使用方法，具体地，可以审核更改系统登录的方法。

3. 对正常访问信息系统数据和程序的情形进行的审计

小型系统的不规范使得一些用户通过正常的信息系统操作就可以访问未经授权的数据，这种通过正常途径获得非授权数据产生的控制风险远远大于通过非法途径获得数据的风险，因为这种行为存在很多不确定因素，是系统的“隐形杀手”。内部审计人员要控制审计风险，就应该安装合适的应用程序，使得系统日志记录所有程序的变更或程序库的软件包更新，实际审计时就比较有针对性，对于异常的更改严加审核。

三、信息系统应用控制的审计

正如前面所讲的应用控制包括输入、程序处理、输出三个部分的控制，而内部审计面对系统中大量的应用程序时，要审计所有程序的输入控制、处理控制以及输出控制，精力显然不够。这样，就要求内部审计人员选择重要的应用程序来进行审计。当选好了要审计的应用程序后，应执行初步审计工作，确定应用程序审核控制目标。最后执行具体的程序进行详细审计。下面将对这些审计步骤展开说明。

（一）选择内部审计要审核的应用程序

内部审计人员总是会面对审核大量的应用程序的要求，但具体选择将要审计的应用程序时，一般会考虑以下因素：

1. 管理层的要求

管理层经常要求内部审计人员审核新建的或其他重要的应用程序的控制，这经常是审计人员选择程序的首要考虑。但需要注意的是，管理层并不总是清楚应用程序本身的作用或运行情况，当一些并不影响应用程序控制作用的因素使得管理层要求审计人员对其进行审计时，在审计人员事先不知情的情况下执行常规审计程序就会浪费审计资源。

2. 新投入的应用程序

在新的应用程序投入使用之前，内部审计人员一般都会对其控制作用进行审计，以做好事前控制，可以减少程序投入使用之后的组织的控制风险以及内部审计风险。

3. 关键的应用程序

对于组织很重要的应用程序，比如制定组织战略决策或者控制组织重要资产等系统，在投入使用之后，应当对其进行经常性的控制审核，以免关键程序的控制失效给组织带来较大的风险。

（二）执行内部审计的初步审核工作

在选定了需审计的应用程序后，接下来就是对具体应用程序进行初步审核，这些都是预备审计步骤，为更为重要的应用控制开展详尽的审计测试。初步审计可以按照以下流程进行：

1. 审核关键的应用程序记录

内部审计人员在执行审核的过程当中，一般应审核系统开发方法初始化文本、功能设计说明书、程序更改记录、用户文本手册等。

2. 进行应用程序的穿行测试

在总体了解该应用程序的基础上对其进行描述，从组织系统中挑选关键的交易在应用程序当中穿行，并对穿行结果进行记录，以加深对该应用程序运行方式的了解。

3. 制定应用控制审核目标

在审核文本记录并进行符合性穿行测试以后，内部审计人员就应制定详细的审计目标和程序，以完成对应用程序的审核。

（三）完成信息系统应用控制审计

要进行详细的应用程序控制审计，应先了解该应用程序是从供应商处购买的，还是组织自行开发的；该应用程序是与其他程序集成的，还是独立的；对它进行的控制是系统自动完成的，还是需要大量的人工操作——这些都是详细审计所需要事先掌握的信息。在此基础上，内部审计人员应理解并记录信息系统应用程序，根据初步审核制定的审计目标进行详细的测试，针对关键控制点进行重点测试。测试的过程中可以采用持续的审计监控的办法对手工过程或自动化过程进行观察并审核程序源代码，必要时重新执行应用程序功能或运算以完成对应用控制的审计。

第四节 信息系统审计的方法

由于信息系统审计是非常专业化的审计类型，需要运用专业化的审计方法和技术从有可能完成信息技术审计的目标与任务。企业内部审计人员在进行审计与信息技术相关内部控制及流程中可以单独或综合应用下列的审计方法来获取充分、适当的审计证据，以评估信息技术内部控制的设计有效性和执行有效性：①询问相关的控制人员。②观察特定控制的运用。③审阅文件和报告。④根据信息系统特性进行穿行测试，追踪交易在信息系统中处理过程。⑤验证系统控制和计算逻辑。⑥登录信息系统进行系统查询。⑦利用计算机辅助审计工具和技术。⑧保证独立性、客观性及职业技能的质量控制前提下，利用其他专业机构的审计结果或组织对信息技术内部控制的自我评估结果。⑨其他审计方法。内部审计人员在对信息技术内部控制进行评估时，应获得充分、可靠及相关的审计证据以支持审计结论完成审计目标，并应充分考虑系统自动控制控制效果的一致性及可靠性的特点，在选取审计样本时可根据情况适当减少样本量。在系统未发生变更的情况下，可考虑适当降低审计频率。

截至目前，在现代信息技术环境下常用的内部审计方法主要可分为：绕过计算机（信息系统）审计、穿过计算机（信息系统）审计和使用计算机（信息系统）审计等三种主要审计方式与途径，具体内容可分述如下：

一、绕过计算机审计

绕过计算机（信息系统）审计最早出现在20世纪50年代，这时信息系统技术还处于起步阶段，各种系统结构与组织环境都较为简单，计算机技术还没有得到普及，审计人员也未来得及掌握这些技术。这就使得信息系统看起来像一个“黑箱”，进行审计时，审计人员不检查系统内部的实际操作过程，直接用传统的手工方式选择和汇总输入到系统的原始凭证并与输出结果比较，而不考虑计算机系统对数据的处理过程。

这种审计方法的优点是：直接测试输入和输出，不影响系统正常运行，适用于简单应用程序测试。然而，绕过计算机的审计，忽略了对应用控制中最关键的一环——“处理过程”进行控制，在当今组织复杂的信息系统中，采用这种审计方式风险很大，可靠性比较低，不适用于容量大且功能复杂的应用程序测试，需要充分文件打印支持，正处于淘汰的边缘。

二、穿过计算机审计

穿过计算机（信息系统）审计是对计算机的输入、处理过程和输出过程进行审计，重点强调对处理过程进行审计。这种方法在“绕过计算机审计”方式的缺陷上加以改进，以对“处理过程”进行审计为重点。组织信息系统日益复杂，输入与输出之间的对应关系越来越模糊，而且联机处理以及在线处理使得数据处理过程几乎没有留下痕迹。审计活动只能通过评价组织系统硬件和软件环境的控制情况来确定“看不到”的操作是否真正可靠。在这种情况下，审计人员不得不进入系统内部，以确定数据处理、内部控制、文件内容的正确性和可靠性。

穿过计算机审计模式的最大优点就是扩大了信息系统审计的深度，扩大了审计范围。它既可以在计算机程序中实现对内部控制的测试，也可以对只有计算机才能识别的电子资料进行测试，由于在面对如今审计所面临是海量数据情况下，它还可以节省在验证输出时的人力、物力和时间上的耗费，为在内部控制评审基础上的抽样审计应用于信息系统提供了科学的依据。正因为穿过计算机审计适应了会计及管理信息系统发展的特点及要求，因此，未来的企业内部审计中，穿过计算机审计应成为信息系统审计的主要方式。

内部审计实务中，穿过计算机审计包含多种不同的具体控制测试方法，如测试数据法、平行模拟法和整体测试法就是其常用的主要方法，具体内容可分述如下：

1. 测试数据法

测试数据法的基本思想是，按照交易处理的基本步骤，使用有限的数据，确定每一个控制是否都按照文档规定有效地执行了。这在某种程度上运用了分层抽样的原理，使用不同层次上的数据进行处理测试，看是否与期望的输出一致，尽量分散的选择或设定有代表性的数据。使用这种方法，审计人员应相当熟悉组织的业务流程以及信息系统处理过程，能够准确预计输入与输出的对应关系，能够合理分配每种控制的重要性，还应分清自我设定的数据与真实的数据，不至于篡改真实数据文件。

测试数据法的优点是适用范围广，应用简单易行，对审计人员的计算机技术水平要求不高。因此，它被广泛应用于各种系统的测试和验收。其主要的缺点是可能不能发现程序中所有的错弊。采用测试数据法时需注意：测试数据应涵盖审计师想要测试的所有有关情况，测试对象应与被审计当期实际使用的信息系统相同，必须从组织有关记录中删除数据的痕迹，测试数据本身应包含正常和非正常的数据类型。

2. 平行模拟法

在平行模拟法中，审计人员使用专门的审计程序对组织的数据进行处理，将其输出结果与组织的处理结果进行比较并最终得出结论。这种思想类似于“条条道路通罗马”，即在一定输入的情况下，正确的控制过程会产生正确的输出。运用平行模拟法时，审计人员可以使用组织真实系统的输入数据，调用相同的文件，并在较关键的环节设立控制（这需要一定的经验）。这样，在环境一致、逻辑一致的情况下，比较模拟系统与组织真实系统的输出结果，就可以得到测试结果，从而反推组织的程序处理过程是否有效。

平行模拟法的优点是一旦取得了模拟程序，可以随时对被审计系统进行抽查，也可以用模拟系统重新处理全部的真实业务数据，进行比较全面的审查。与抽查相比，可以进行更彻底的测试。其主要缺点是模拟系统的开发通常需要花费较长的时间，开发或购买费用都较高。另外，如果被审计的系统更新，则模拟系统亦要随之更新，相应要增加费用。

3. 整体检测法

整体检测法是通过在正常的应用系统中创建一个虚拟的部分或分支，虚拟数据和被审计真实数据一并处理，分析处理结果。整体检测法是在系统正常处理过程中进行测试的，因此可直接测试到被审计系统在真实业务处理时的功能是否正确有效；而且可以持续不断地测试，不影响被审计系统的正常运行。然而，整体检测法也有弊端。因为测试是在系统真实业务处理过程中进行的，如果未能及时、恰当地处理虚拟的测试数据，这些虚拟的测试数据可能会对被审计单位真实的业务和汇总的信息造成破坏或影响，因此需编制调整分录或使用特殊软件加以查阅和删除。

本章习题

一、单选题

1. （　　）是基于计算机的技术，它能帮助审计人员提高工作效率，并能通过借助计算机的能力和速度提高收集审计证据的审计功能。计算机辅助审计技术（Computer Assisted Audit Techniques）就是指能用来帮助以更有效、高效、及时的方式进行审计的技术。综上所述，计算机辅助审计可以概括为：为了满足信息化环境下审计的需要，基于计算机的应用来对信息系统或被信息系统处理的数据进行审计的技术。

A. 计算机辅助审计　　B. 计算机审计

C. 信息系统审计　　D. 网络审计

2. 内部审计部门可以连续参加系统开发、在各开发阶段结束时参加、在系统实施后参加，或根本不参加系统开发。相对于其他参加方式，内部审计部门连续参加的好处是（　　）。

A. 审计参与的成本可以降低到最低程度

B. 存在可以发表审计意见的明确时间点

C. 重新设计成本可以降低到最低程度

D. 缺乏审计独立性的威胁可以降低到最低程度

3. 内部审计人员在了解被审计信息系统的过程中，关于软件的取得方式，是购买的商品化软件，还是单位自行开发的软件，软件的主要功能和模块结构等内容属于（　　）。

A. 系统软件　　B. 应用软件　　C. 文档资料　　D. 信息软件

4. 下列信息系统组织层面控制的关联因素中，有关审计人员应关注组织风险评估的总体架构中信息技术风险管理的框架、流程和执行情况、信息资产的分类以及信息资产所有者的职责等方面内容是指（　　）。

A. 控制风险环境　B. 风险评估　　C. 风险应对　　D. 风险控制

5. 以下（　　）项信息系统控制措施的设计目的是确保系统软件得到恰当的安装和维护。

A. 处理控制　　B. 预防控制　　C. 一般控制　　D. 应用控制

6. 下列项目中，除（　　）项外，都是内部审计人员进行信息系统审计时需要审查的内容。

A. 检查控制有效性　　B. 检查应急程序和文档标准

C. 进行实质性测试　　D. 检查人事政策和实践

7. 下列项目中不属于信息系统审计报告与后续阶段需要进行的必要工作的是（　　）。

A. 撰写信息系统专项审计报告　　B. 发出信息系统审计的结论和决定

C. 评价信息系统审计计划的完整性　　D. 信息系统审计资料的归档和管理

8. 2017年底审计师汪平计划对客户信息系统进行审计。该系统使用局域网与个人电脑，与大型机系统相比，该系统会增加除了以下（　）以外的风险。

A. 缺乏操作过程的文档记录，以致不能保证数据的完整性

B. 留存在个人计算机上数据的安全性低

C. 处理数据的硬件故障带来的问题

D. 不完整的数据通讯

9. 当审计某个计算机应用程序时，以下（　）项是使用整体测试法的缺点？

A. 整体测试法在证实账户余额的正确性可能有用，但是在确定处理控制的存在性时可能没有用

B. 测试数据可能进入真实的数据环境

C. 应用测试时，整体测试不能与模拟的主文件记录一起使用

D. 测试数据必须由具有丰富技术技能的信息技术员工处理

10. 在审查某公司对外出售已用过的计算机的政策时，审计人员最关心的是以下哪项内容（　）。

A. 硬盘驱动器上已经删除的文件是否彻底消除

B. 电脑是否有病毒

C. 电脑上的所有软件是否恰当许可

D. 电脑上是否存在终端仿真软件

二、多选题

1. 内部审计部门信息技术审计的重点将是对网络系统的审计，其审计的内容主要有（　）。

A. 对网络系统的开发进行审计

B. 对企业内部网络和外部网络的运行功能与安全控制进行审计

C. 对网上认证机构、网上银行等与电子商务活动支付相关的单位及活动进行审计

D. 存货系统安全性审计

2. 由于计算机技术、网络通信技术等的应用，使得信息系统审计的对象具有（　）等特征，并且随着信息技术的发展而不断扩展。

A. 多样性　　B. 复杂性　　C. 特殊性　　D. 动态性

3. 下列项目中，属于信息系统审计实施阶段内容的有（　）。

A. 信息技术风险的评估

B. 对信息系统的内部控制制度进行健全性调查

C. 对账表单证或数据文件实质性审查

D. 对信息系统内部控制进行符合性测试

4. 下列项目中，属于执行内部审计初步审核工作的有（　）。

A. 审核关键的应用程序记录　　B. 进行应用程序的穿行测试

C. 制定应用控制审核目标　　D. 关键软件控制审核目标

5. 穿过计算机审计是对计算机的输入、处理过程和输出过程进行审计，重点强调对处理过程进行审计。主要包括（　　）。

A. 平行模拟法　B. 测试数据法　C. 系统测试法　D. 整体测试法

三、简答题

1. 什么是信息系统审计?
2. 针对信息系统审计的特殊性，审计人员应考虑哪些因素?
3. 什么是穿过计算机审计? 穿过计算机审计有哪些优点?

四、思考题

1. 内部审计人员在进行信息系统审计时应该考虑哪些信息技术风险?
2. 信息技术及其环境的变化可能会对信息系统审计产生什么样的影响?
3. 企业信息系统审计过程中可能会存在什么样的困难或风险?
4. 内部审计对自动化控制下的进行信息系统审计过程中是否需要运用职业判断?

第十章

内部审计管理与控制

导入案例

大峰王集团有限公司创办于1994年，现有员工1 000多人，总资产10亿元，下属6家子公司，是一家以生产瓦楞纸箱、彩印及纸浆模塑为主导产品，集工业、贸易、科研、房地产、实业投资于一体的跨地区、跨行业民营股份制企业集团，是全国最大的纸包装生产基地之一。2004年7月，大峰王集团有限公司为适应快速发展和扩张，加强风险控制，成立了审计监察部。目前审计监察部共有专职审计人员5人，兼职审计人员7人，全面负责公司内部控制设计及检查、风险控制、工程审计、财务审计、投资审计、内部监察等工作。自2008年以来，审计监察部努力完善内部审计监督体系，创新内部审计工作方法，加强投资审计和风险控制工作，3年来共开展审计项目64个、专项调查36个、提出审计整改方案368个、处理干部19人次。已开展的审计项目涵盖公司经营管理所有层面，为公司实现年度经营目标、规避运营风险提供了有力的保障。

一、完善审计监督体系

审计监察部以规范管理、降低成本、控制风险、客观评价为目标，以“防范胜于查处，审计寓于服务”为口号，以“只审计，不披露，等于没审计；只披露，不整改，等于没披露；只整改，不见效，等于没整改”为内训，行使监督和评价的职能，不断探索和构建更加完善的审计监督体系，全心全意为公司服务。在深入学习贯彻《审计法》与《中国内部审计准则》等法规的同时，逐步制定适合公司实际的内部审计制度。在形成《内部审计制度》与《内部审计工作规范》两份基本制度的基础上，2008年起陆续制定了以内部控制审计办法、基建项目审计办法、财务审计办法、合同审计办法等具体审计办法为核心，以财务审计细则、采购控制审计细则、基建项目审计细则等实务操作指南为外围，以审计公示、年度审计会议、审计奖惩办法、审计监察部考核办法等为保证措施的制度体系，从而有层次、有步骤地健全了审计监督体系，并将此汇编成《企业管理审计手册》，要求严格按照手册执行，在手册指导下有条不紊地开展审计工作。

二、拓展审计业务范围

（1）开展专项调查，解决突出问题。审计监察部对审计过程中发现的主要问题或重要投诉进行专项调查，及时解决一些突出问题。通过专项调查，明确责任，深度曝光，以点带面，促进职能部门采取措施，修改程序或制度，防止类似投诉再次发生。

如2010年5月，有关人员向审计监察部反映公司模具采购存在问题。审计监察部立即对模具的采购流程和采购执行现状进行调查，特别关注各项重要单据的流转和模具的验收环节。通过对采购、验收等各个环节出现的问题进行分析，最终发现在模具的采购过程中有关人员存在失职行为，致使公司采购成本升高，造成严重的浪费。按照公司《内部审计奖惩办法》规定对责任人提出了处理建议，并督促相关责任部门进行整改。在调查后，及时跟踪，使公司辅助品采购得到规范，采购成本得到有效控制。

（2）加强符合性测试，确保规章制度贯彻落实。在审计过程中，审计监察部严格以审计法规、公司制度及文件为标准对被审计部门进行审查，检查各部门对法规制度的落实执行情况。如2010年5月，在进行物流部仓储管理审计时，严格按照《成品仓库兼运输管理作业指导书》等相关规章制度的要求对入库、仓库管理、出库、发货等各个环节进行符合性测试，发现了一些违规操作行为。在督促责任部门整改的同时，审计部门要求相关子公司领导和责任部门积极完善作业指导书，以保证规章制度适应公司的经营发展。

（3）审计监察部重点做好前期的招标工作和后期的结算过程。通过招标，在相同的质量要求下控制价格；通过验收，核实数量的准确性，保证工程的质量。在参与过程中，审计监察部实施了事前控制，对投标单位资格的审查、价格的确定、质量的保证及合同等都进行事前审计。针对集团公司及其所属公司的重点工程项目建设，审计监察部均派工程审计专员进行过程监督，实施全过程工程造价审计。自2008年至今，集团公司共实施了大小26项工程项目招标实施，审计监察部全部参与了全过程工程造价审计工作，为公司共节省基建成本1 300多万元，挽回直接损失达600多万元。

（4）重抓销售风险审计，加强风险控制。自2008年全球金融危机爆发后，公司一些客户由于业务的影响，出现了资金紧张的现象，致使公司逾期应收账款不断增加，市场风险加剧，个别客户还因资金链断裂倒闭，形成坏死账。为此，审计监察部重抓销售风险审计，对销售过程中发生的市场风险和信用风险进行全面审计，包括客户评审、合同签订、货款回笼、对账管理和坏账处理等方面。通过审计，信用体系建设更加完善，客户信用控制关口前移。对于新进客户，在产品打样之前，必须得到审计监察部的信用评估和业务评估的确认，确保所开发的客户信用良好、具有增长潜力。保证开发良好信用和潜力增长的客户。对于已经发生业务的客户，在信用政策控制前提下，加强对应收账款的预警，及时提醒业务部门和人员采取措施。对于已经逾期的客户，督促跟踪催讨。对于逾期时间确实较长、多次催讨无果的客户，及时建议诉讼。通过审计的监督、督促，今年集团在销售额增加的情况下，应收账款总量基本保持不变，客户结构不断改善，坏账数额没有明显增多。

（5）开展投资审计，降低投资风险。近几年公司发展迅速，为了开拓发展空间，加大了对外投资力度，包括股权投资、实业投资、合资等。为确保投资安全和投资效益最大化，审计监察部积极制定投资审计办法，开展投资审计工作。从项目可行性分析开始，到项目的筹建，再到投产，审计监察部一直参与其中，并积极向公司董事会提出投资建议，确保投资利益最大化。集团核心子公司浙江上峰包装有限公司为拓展市场，计划自2010年起在全国多个省市设立分公司。因此，在今后的工作中，审计监察部将把投资审计当作一项常规工作来抓，以降低投资风险，提高投资效益。

三、创新审计工作方法

（1）开展内审营销，宣传审计工作。在集团公司内部开展内审营销工作，拓展渠道宣传审计工作。一是利用公司内部办公自动化（OA）系统，建立内审网站，搭建一个有效的沟通平台，同时拓宽审计证据收集的途径；二是在公司报纸《上峰报》上开辟审计专栏，宣传审计工作，并对审计情况进行公示。

（2）开展模拟审计，促进事前整改。模拟审计就是在正式审计之前，被审计单位主动要求内部审计帮助其开展自我检查、提供咨询服务、事前解决问题、实现公司目标的一种方式。自2008年12月份以来，我们创新审计模式，通过模拟审计的方式，帮助被审计单位及时揭露问题，共同解决自身难以解决的问题。在俞建虎董事长的大力支持下，模拟审计在公司得以全面开展。一方面提升了部门的管理水平，更好地实现部门、公司的管理目标，实现了由立场对立或职能不相关的刚性审计向主动要求、沟通无顾虑、友好合作、共商对策、共谋发展的柔性审计过渡，促进了优化管理和企业的更大发展；另一方面也拓宽了内部审计的视野，拓展了内部审计的职能。通过为被审计单位提供咨询服务，扩大了内部审计的作用，提升了内部审计的工作水平，增强了内部审计的权威，推动了内部审计的发展。

（3）倡导协同审计，提高审计效率。在开展工作的过程中，审计人员发现，由于知识面的局限及公司实际情况的影响，单靠审计监察部的力量不能很好地发挥作用。因此，审计监察部积极与财务部、品管部、总务部等相关部门或人员建立协同机制，不但节省了工作量，提高了工作效率，减少了被审计对象的麻烦，而且开拓了审计范围，充分识别风险，提高了审计效果。譬如在物料管理审计中，审计部与财务部、品管部一同组成审计组，对物料的入库、领用、保管、报废的控制进行了专项审计。根据各部门的工作特点，有针对性地分工，提高了工作效率，增加了专业化程度，达到了预期目标。另外，审计监察部也聘任了一些资深业务人员为“兼职审计员”，在上下交叉审计中发挥积极作用，取得较好效果。

（4）编制审计案例，杜绝问题复发。根据审计调查情况，形成审计案例，供大家学习借鉴，杜绝问题重复发生。如2009年9月某彩盒退货事件，审计监察部通过对事件发生的前因后果进行全面调查，对事件关键点进行分析，明确各个部门的责任，形成审计案例，供大家借鉴，有利于相关责任人进行思考，防止类似事件再次发生。通过审计监察部的有效工作和其他部门的通力协助，集团继续保持良好的发展势头。2008～2010年，集团公司销售额和利润同比增长20%以上，累计盘活资金近1.9亿元，节约成本费用2 100多万元，全体员工的责任意识和风险意识进一步增强，企业应对金融危机的能力显著提高。

案例问题：

（1）该集团公司内部审计工作之所以能够取得一定成果，主要原因有哪些？

（2）该集团公司的内部审计工作进行了哪些有特色的管理？关键的因素是什么？

（3）该企业集团内部审计管理工作取得了哪些成效？

学习目标

通过本章内容的学习，应实现如下目标：

1. 了解内部审计机构管理的含义与主要内容；
2. 掌握内部审计项目管理的内容与主要方法；
3. 理解什么是内部审计质量？如何进行内部审计管理与评价？
4. 熟悉与掌握组织内部审计风险的识别过程与防范措施；
5. 了解内部审计制度建设的含义与主要内容。

学习内容

第一节　内部审计机构管理

本节所介绍的内部审计机构管理是指由组织中的内部审计机构对内部审计人员及其实施的相关内部审计活动，主要包含计划、组织、领导、控制和协调等管理性的工作。内部审计机构应当接受组织董事会或最高管理层的指导和监督，内部审计机构负责人对内部审计机构管理的适当性和有效性负完全责任。内部审计部门需要在整个报告年度的内部审计中对内部审计工作管理体系中的各项管理制度进行诸多的协调与配合，合理地调配审计部门的人、财、物，协调审计任务，并通过审计作业过程的严格监督和控制取得满意的结果，以保证内部审计工作能在一个良好的环境中高质量、高效率地运行。

一个较为健全的内部审计工作管理体系应包括：支持保障系统、人力资源系统和业务管理系统等内容。其中支持保障系统可以为审计业务工作提供财力、物力和其他行政方面的保障，使审计工作能有一个良好的物质环境；人力资源系统为审计业务工作提供具备资格和能力的审计人员，并通过建立责任体系和培训管理，保证和提高审计工作的质量；而业务管理系统通过期间计划的制订和落实来控制审计业务工作的进程，保证审计任务的完成。

一、内部审计机构管理的主要目标

企业高管层对内部审计进行机构管理的根本目的是为了有效发挥内部审计部门的组织功能，提高审计工作效率和完善为企业实现监督过失、弥补缺陷及增加企业价值服务的重要功能。具体而言包括如下四个方面的目标：

目标一：实现管理层为内部审计确立的目标；

目标二：使内部审计资源得到经济、合理和有效的利用；

目标三：提高整个审计业务期间内部审计工作的质量，更好地履行内部审计部门承担的监督与评价的基本职责；

目标四：确保内部审计部门及其人员的活动能够符合内部审计准则的要求等。

二、内部审计机构管理的内容、方式与途径

（一）内部审计机构管理的内容

内部审计机构管理的内容主要包括：内部审计计划的编制；内部审计人力资源管理；内部审计与其他部门间的组织协调；内部审计的领导与沟通；审计项目业务控制等内容。

（二）内部审计机构管理的方式

内部审计机构应建立合理、有效的组织机构，多层级组织的内部审计机构可实行集中管理制或分级管理制。在集中管理制下，可对下级组织实行内部审计派驻制或委派制；在分级管理制下，上级内部审计机构应通过适当的组织形式和方式对下级内部审计机构进行指导和监督。

（三）内部审计机构管理的途径

内部审计机构应当制定内部审计章程。章程应当采用书面形式对内部审计活动的目标、权限和职责进行正式规范，并报经董事会或最高管理层批准。内部审计章程应包括：内部审计目标；内部审计机构在组织中的地位；内部审计机构的职责和权限范围和其他需要明确的事项等内容。

三、内部审计机构管理的层次

内部审计机构管理可以分为部门管理和项目管理两个层次。其中项目管理在下一节说明。

内部审计部门管理是指内部审计机构在运行过程中的一般性行政管理。主要内容如下：

（一）年度内部审计计划管理

内部审计机构应当在考虑组织风险、管理需要和审计资源等因素的基础上编制年度审计计划。该计划是指内部审计部门未来一个年度里预计需要进行的主要审计工作安排，主要包括未来年度内的各种审计项目计划、人员招聘计划及实施审计时间的计划、财务资金计划以及将要进行的质量控制复核工作计划等内容。

（二）内部审计人力资源管理

内部审计机构应当根据内部审计目标和管理需要，加强人力资源管理，确保人力资源利用的充分性和有效性。包括：审计人员需求计划的编制；审计人员的聘用；内部审计人员的培训；内部审计人员的工作任务安排；内部审计人员的知识结构及专业能力分析；内部审计人员的工作任务安排；内部审计人员业绩评价等内容。关于人才需求计划、内部审计人力资源管理和内部审计业绩评价等方面的具体内容如下：

1. 制订内部审计人才需求计划

内部审计部门应该有科学、合理的人员组织架构才能有效地执行内部审计工作。

一个较为成熟的内部审计部门的人员组织架构一般安排如下：

首先，是需明确内部审计人员的专业能力和沟通能力要求。包括如下三方面的要求：

（1）内部审计人员应具备专业胜任能力。内部审计人员应具备履行其各自职责所需要的知识、技能和其他能力。包括：在开展业务时熟练运用内部审计标准、程序和技术所必需的专业能力，在工作中广泛涉及财务报告和记录的审计人员必须拥有的、与会计原则和技术有关的专业能力，确认和评价偏离良好实务行为的重要性所必需的对管理原则的理解，开展业务所必需的会计学、经济学、商法、税收、金融、计量方法和信息技术等领域的基本内容的了解。因此，内部审计部门负责人应当每年对审计部门的知识和技术构成进行分析，帮助整合内部审计人力资源，以保证内部审计工作质量，帮助组织增加价值。

（2）内部审计人员应具备良好交流沟通和书面表达能力。在审计中内审人员与组织管理层和其他相关人员有着紧密的联系，与组织内外各种相关人员进行沟通、协调，是内部审计工作正常开展和顺利完成的重要基础。因此，作为一个合格的内部审计人员，应当具备合理的沟通能力、流畅的口头及书面表达能力，能够处理好人际关系，与业务客户保持良好关系，以便清楚有效地表达业务目标、评价工作、结论和建议等事项，并获得业务客户的支持。

（3）内部审计人员应具备良好的思想品质和职业道德。内部审计人员在思想上应当保持超然独立，解除对被审计单位的任何偏见，提出公正的、不偏不倚的判断意见。内部审计人员在履行职责时，应当做到独立、客观、正直和勤勉，不得从被审计单位获得任何可能有损职业判断的利益。内部审计人员应诚实地为组织服务，不做任何违反诚信原则的事情，遵循保密性原则，按规定使用其在履行职责时所获取的资料。

其次，是需要确定内部审计人员的编制。内部审计工作要能顺利执行，必须依据职权给予适当的人员编制。人员编制一般有四级，主要包括：

（1）内部审计部门负责人：负责整个内部审计部门的目标设定、政策制定、制度建立、机构管理，以及年度审计计划和审计报告的最终审核等工作。

（2）审计项目小组负责人：负责指定审计项目的全部审核工作，规划及掌握审计项目的有关工作，并对审计人员进行指导、监督。

（3）审计工作人员：负责规划指定范围内的具体审计工作，并指导、监督助理审计人员的工作。在一些规模不大的组织内，内部审计部门最低阶人员便是此级人员，则由其个人单独执行审计工作，并受审计项目小组负责人的监督。

（4）审计助理人员：作为刚刚从事内部审计工作的新人，须有人指导、监督其实地审计工作才能掌握工作重点，提高工作效率。

最后，是需要配备一定数量行政人员。为了内部审计部门能够有序运作，需要一定的行政人员。根据成本效益的原则，在规模较小的组织，行政工作可以由审计人员兼办。在规模较大的组织内，内部审计部门审计人员较多，行政工作较繁重，这时需要有专任的行政人员从事各项行政工作，发挥支持内部审计工作的功能。

2. 内部审计人力资源的培养

内部审计人力资源的培养是内部审计部门的一项重要工作。IPPF属性标准1230要求内部审计人员“通过持续的职业发展来增加知识，提高技能和其他方面的能力”。

在许多大型组织里，审计人员参加正式的内部培训课程，包括课堂培训、导师制、现场培训等。此外，有些组织通过对在职审计人员进行交叉培训，使其能够熟悉整个组织的情况。有些组织采取更为灵活、宽松的培训方式，让内部审计人员自己制订个人培训计划。

3. 内部审计人员业绩评价

在监督招聘和招聘方法选择的效果、做出增加报酬和提拔决策、评价培训计划及确定培训需求时，衡量和评估内部审计人员的个人业绩就显得十分重要。此外，在对内部审计人员的个人业绩进行评估时，内部审计部门负责人能够同时收集到有助于评价整个内部审计部门业绩的重要信息。我国和国际内部审计准则都要求内部审计机构建立有效的质量控制制度、内部激励约束制度，对内部审计人员的工作进行监督、考核，评价其工作业绩。业绩考评可以通过定期的内部评价、持续的质量保证监督和定期的外部评价等多种方式进行。例如，可以客户满意度、审计工作质量、后续教育水平、资格证书等为基础，对内部审计人员做出评价。业绩评估结果应当记入档案，以建立和保持内部审计人员的成长记录。

（三）内部审计部门的财务预算管理

内部审计机构应当根据年度审计计划和人力资源计划编制财务预算。编制财务预算时应考虑内部审计人员的数量、审计工作的安排、内部审计机构的行政管理活动、内部审计人员的教育及培训要求、审计工作的研究和发展、其他有关事项等因素。

（四）内部审计工作手册的编制

内部审计机构应当根据组织的性质、规模和特点，编制审计工作手册，以指导内部审计人员的工作。审计工作手册应包括：内部审计机构的目标、权限和职责的说明；内部审计机构的组织、管理及工作说明；内部审计机构的岗位设置及岗位职责说明；主要审计工作流程；内部审计质量控制政策与程序；内部审计道德规范和奖惩措施；内部审计工作中应注意的事项等内容。

（五）内部审计组织的内外部沟通管理

内部审计机构和人员应在组织董事会或最高管理机构的支持下，做好与组织其他机构和外部审计的协调工作，以减少重复工作，提高审计效率。内部审计机构应当接受组织董事会或最高管理层的指导和监督，在日常工作中保持经常的沟通，定期向其提交工作报告。内部审计机构应当制定内部审计质量控制政策与程序，通过实施持续、有效的督导、内部自我质量控制与外部评价，保证审计质量。主要包括：内部审计组织内沟通管理与组织外沟通管理。

1. 内部审计组织内沟通的管理

根据IPPF实务公告2020－1：首席审计执行官应每年将内部审计活动关于工作安排、人员配备和财务预算等方面的概要，报董事会及主要管理层批准。首席审计执行官还应该将所有重大的临时性变化提交审批。业务工作安排、人员配备和财务预算应该将内部审计的工作范围以及对这种范围的限制告知高级管理层和董事会。

（1）内部审计部门与董事会之间公开和详细的沟通有助于改善组织治理。需要思考的是与董事会、管理层建立何种沟通模式会使得内部审计工作更加有效？确认业务与咨询业务的沟通方式有何不同？沟通方式是否会因为内部审计外包而有所不同？等等问题。

（2）有效的沟通也是建立“客户”关系的基础，无论内部审计部门是服务于董事会、管理层还是其他主体，都必须清楚地界定其活动并传达给这些主体。内部审计人员必须利用沟通技巧，说服客户接受其建议。内部审计人员可以通过及时的反馈，召开事前、事中、事后的项目会议对客户需求进行讨论，让客户完成项目的某些方面，积极就审计过程中出现的问题进行沟通等方法来改善与客户的关系。内部审计人员如果能使用有效的协商策略，创造双赢，不但使客户愿意执行审计建议，同时也增进了双方未来的合作关系。

（3）内部审计人员在小组内部和小组之间可以进行持续的互动交流。内部审计负责人应当积极促成审计人员之间的工作经验、审计成果沟通，以便更大程度地实现审计部门内部的信息交换和共享，扩大以前审计成果的应用面，为更好地开展内部审计活动服务。

2. 内部审计组织外沟通的管理

由于大中型企业需要根据国家有关规定和工作需要委托社会中介机构进行年度财务报表审计、资产评估等，因此，内部审计人员应积极地配合外部审计的工作，保持与外部审计必要的联系和沟通，做好与外部审计的协调工作。加强内外部审计协调，是节约内部审计资源的重要措施。

IPPF 建议，在协调内外部审计工作时，内部审计负责人应确保内部审计工作不与外部审计工作重复，内部审计可以利用外部审计成果来保障内部审计适当的覆盖面。内部审计应当加强与外部审计之间的协调，在制订审计计划时，充分考虑到外部审计因素，尽量避免工作重复，最大限度地节约内部审计资源。《内部审计具体准则第 10 号——内部审计与外部审计的协调》第七条也明确指出：内部审计机构应在外部审计为本组织提供审计服务时做好协调工作。尽管外部审计的目标、范围、重点与内部审计有所不同，但是通过必要的沟通，在必要的范围内互相交流相关审计工作底稿，互相评价工作质量，以达到充分利用审计工作成果，降低审计成本，减少重复审计，提高审计效率的目的。为此，在制订年度审计计划时，必须考虑外部审计的工作，以确保选择适当的审计范围，最大限度地减少重复性工作。

第二节　内部审计项目管理

企业项目管理是企业组织的内部审计机构对特定时间内的某个审计项目业务工作的计划、组织、执行和监督等方面的管理与控制。根据当前我国社会经济发展与改革之路所显示出的复杂化、市场化和国际化的现实状况，为了有效应对国际化中的各类不确定性的时间或风险，企业内部审计事业及其日常管理工作的战略方向都在逐渐走向规范化、透明化和现代化。因此，我国的企业内部审计项目管理迫切需要与国际内部审计职业界进行接轨，需要突出公司制企业内部审计的特点和模式。

一、内部审计项目管理的目标

根据IIA《内部审计实务标准——专业实务框架》实务公告2000－1："首席审计执行官应当有效地管理内部审计活动，以保证其为组织增加价值。"以便达到以下目标：

第一，审计工作实现经高级经理层和董事会通过的内部审计活动章程所规定的总体目标并履行章程所规定的责任；

第二，内部审计活动的资源得到有效率、富有成果的使用；

第三，审计工作的开展遵循国际内部审计实务框架。

二、内部审计项目管理的要素

审计项目管理包括主体、对象和标准三大要素。所谓主体是指项目审计主体，加强对项目审计主体的管理是项目审计管理的主要因素。所谓对象是指项目审计过程，项目审计过程是项目审计产品的生产加工过程，主要体现在审计据的搜集和审计报告的编制过程。所谓标准，是指衡量审计过程和审计结果优劣的尺度。

（一）审计主体管理

审计小组的工作质量很大程度上取决于审计人员的素质。一个优秀的审计工作组的主要特点是整体协调、精干和高效。首先，应该挑选一名有一定政策水平和工作经验、作风踏实、专业能力强的审计人员担任审计小组负责人，对项目进行总体把握；其次，要合理调配审计组成员，注意保持审计队伍的梯形结构，明确每一名成员的责任，以促进审计人员钻研业务，提高工作质量。

在实际工作中，由于审计方案确定的审计内容是分解给每个审计组成员来完成的，所以就有可能出现由于分工脱节而造成审计的遗漏，或者审计重点不突出等情况。为了发挥审计小组的整体作用，就要积极做好审计组的内部协调工作。审计小组负责人应当及时召开审计组会议，分析审计发现，明确下一步工作。如果遇到重大或疑难问题，小组会议应当根据实际情况，确定审计的深度和详尽的取证方法，并根据工作进度，及时调整审计力量。

（二）审计对象管理

当审计人员按照取证的要求，对被审计单位存在的问题取证后应进行核对。

核对人员应对审计证据进行全面分析和鉴定，并注意检查取证人员对问题的认识和判断是否正确，引用的证据是否恰当，证据是否按照规定的要求收集，证据是否有证明力等。在审计报告编写之前，由审计组集体讨论，确定所查处问题的性质、报告的总体结构、详细布局和措辞，然后再进行编写，再交审计组讨论通过。这样既可以减少审计报告的修改工作量，又可以提高审计报告质量。

（三）审计标准管理

内部审计评价标准必须坚持以下原则：

1. 相互制约原则

处理每一项经济业务的全过程，或全过程的几个重要环节都不能由一个人包办，必须经过几个部门或几个人之手，按一定程序共同分工负责，以充分发挥部门之间和人员之间的相互制约、相互牵制作用。

2. 记录完备原则

对企业的经济业务进行分类、整理、总结、监督应有足够的、合法的、完整的、正确的记录，以保证企业所发生的所有重要经济业务都有详细的记录并反映在会计报表中。内部审计部门的审计活动也应记录完整。

三、内部审计项目管理中的项目计划管理

我国现代企业内部审计计划划分为三个层次，即审计战略计划、审计期间计划和审计项目计划。本节内容中主要介绍内部审计项目计划。

内部审计项目计划是对具体审计项目实施的全过程所做的程序、时间、人员的安排。内部审计部门以企业风险为基础确定了期间审计计划后，具体审计项目计划就要按照期间计划逐项开展，制订项目审计计划也就成为保证期间计划完成和战略计划执行的基础。内部审计机构应根据年度审计计划确定的审计项目编制项目审计计划并组织实施，在实施过程中做好审计项目业务管理与控制工作。

制订项目计划应考虑：经营活动概况；内部控制的设计及运行情况；财务、会计资料；重要的合同、协议及会议记录；上次审计的结论、建议以及后续审计的执行情况；外部审计的审计意见；其他与该项目有关的重要情况等因素。

四、内部审计项目管理机构与项目负责人职责

在审计项目进程中，内部审计机构负责人与项目负责人应充分履行各自的职责，以确保审计质量，提高审计效率。

内部审计机构负责人对审计项目的管理负领导责任，其职责范围主要包括：选派审计项目负责人并对其进行有效的授权；审批项目审计计划；对审计项目的实施进行总体督导；审定并签发审计报告；其他审计事项。

审计项目负责人对审计项目的管理负直接责任。其职责范围主要包括：制订项目审计计划；制订审计方案；组织审计项目的实施；对项目审计工作进行现场指导；编制审计报告；组织后续审计的实施；其他有关事项等内容。

五、内部审计项目管理的常用方法

内部审计机构应采取适当的管理辅助手段，完善和改进项目管理工作，保证审计项目管理与控制的有效性。这些管理辅助手段可以包括以下主要内容：审计工作授权

表；审计任务清单；审计会议议程；审计工作底稿检查表；审计文书跟踪表；其他管理辅助手段。

（1）审计工作授权表是审计经理任命审计组织的一个正式表格，以此来明确审计项目组织的责任和权限，表中注明了他们完成任务的具体安排。

（2）审计任务清单是反映审计执行中的管理细节的清单，包括每日工作、每周工作、审计步骤等详细计划安排。

（3）审计会议议程是组织和开展审计项目的重要环节。在计划阶段，审计小组根据进点前了解的被审计单位情况和以前审计情况召开小组会议，对审计重点和注意事项做统一安排，以便审计成员在实施中有的放矢；在审计进点会上，审计人员要了解被审计单位对单位经营现状以及前期审计报告所提问题的整改情况，在此基础上进行审核就会提高审计效率；审计过程中若发现比较严重的问题或需要小组全体协商、沟通的问题时，召开小组沟通会是很必要的；在现场审计结束后，审计小组需要召开审计发现问题汇总和审计情况小节会议，便于审计组长了解审计总体情况。

（4）审计工作底稿检查表是审计组长进行审计复核和汇总的载体，它可以通过文件形式把审计组长要求审计员纠正与修改的重点和意见传达给审计组成员。

（5）审计文书跟踪表特别适用于那些要求在组织内部将报告发给为数众多的大型内部审计部门，因为并非所有的内部审计部门都采用了正式的报告发送。如果没有该跟踪表，审计中一些重要步骤的某些细节，如审计报告的传递，就可能忽略甚至造成管理失误。

六、内部审计项目的档案管理制度

内部审计机构应当建立内部审计项目的档案管理制度，加强审计项目工作底稿的归档、保管、查询、复制、转移和销毁等环节的管理工作，妥善保存审计档案。

第三节　内部审计质量评价

一、内部审计质量概述

（一）内部审计质量的含义

对于内部审计质量的含义可以从结果和过程两个方面进行解释与说明。

从结果上讲，质量是指产品或服务的优劣程度。内部审计的产品是内部审计报告和内部审计结论。内部审计质量就是审计部门最终提供的审计报告和审计结论的质量，即审计报告和结论对报告使用人的价值贡献程度。对现代企业内部审计而言，内部审计质量就是在为企业防弊、兴利、增值过程中的效果。

从过程上讲，内部审计质量是指在产品或服务生产过程的各项工作的优劣程度。审计质量就是审计部门从事各项工作的优劣程度，是指所有审计工作的总体质量，即各项审计部门组织内部工作的有效程度，包括各项内部管理制度的制定、审计计划的实施、审计人员的选聘及培训与分工、审计档案管理等工作的合理性和有效性等。

内部审计工作的质量是基础，它决定了审计报告和结论的质量，审计报告和结论的质量又体现了审计工作的质量。审计报告和结论的质量首先要由制度基础来保证；其次，合理的人员配置、职责分工以及专业技能的利用也是优良的审计报告和结论产生的前提。

（二）内部审计质量标准的含义

内部审计工作质量标准就是内部审计规范体系，如 IIA 的《内部审计职业道德规范》《内部审计实务标准》；我国的内部审计规范有《内部审计准则》《内部审计人员道德规范》等。内部审计工作质量的评价标准也就是看内部审计部门组织工作、开展审计项目是否严格按照这些规范进行。

内部审计报告和结论质量标准是指审计报告和结论所要达到的水平，也是报告使用人对审计结论的要求。HA 和我国内部审计协会都对审计报告的标准有比较明确的规定。

二、内部审计质量评价的目标

对内部审计进行质量评价，除了评价原则外，我们还应确定内部审计质量评价的目标。内部审计是指遵循非常严苛的职业道德准则，运用一系列的方法来评估并提升组织的风险管理水平、内部控制质量、公司治理结构的有效性。因此，内部审计质量评价应设定两大类标准。

第一目标——相关质量评价主体应当提供内部审计质量评价来评判内部审计活动是否符合国家相关法律法规，是否符合各利益相关方的要求和期望，是否符合组织既定的规章制度，是否符合组织所在具体行业或所在地内部审计协会的职业规范和道德准则。这是内部审计质量评价最基本的目标，实际工作中，这也是内部审计质量评价必须要达到的要求。

第二目标——通过内部审计质量评价，还应加强内部审计活动的可信度。现代企业中，内部审计机构的设置层次、地位都相对较高，独立性也较强，但是企业中其他职能部门可能对内部审计的认识不足，认为内部审计部门没有实际的权力，对企业的审计也不如外部审计专业。因此，被审计单位部门可能对内部审计活动并不是很配合，也不认为内部审计活动能够为企业创造价值。通过内部审计质量评价，可以找出内部审计活动中的不足之处，增进内部审计部门的业务能力和整体素质，提高内部审计质量，提升内部审计在组织中的形象。

三、内部审计质量评价的原则

要对内部审计工作进行较好的质量评价，我们首先应遵循一定的原则。原则的确立对我们评价内部审计质量的目标、方法、程序制定等有相当的指导意义，有了评价的原则，才能明确评价的目标，有了质量评价的目标，我们才能运用更为贴切合适的方法来达到我们的目标，有了方法，为制定质量评价的程序也提供了指引。因此，进行内部审计质量评价，首先应该明确内部审计质量评价的五大原则。

（一）全面性原则

全面性是指内部审计质量评价的范围应当覆盖内部审计工作的方方面面。在质量评价过程中，我们要从内部审计证据的收集、内部审计程序的执行以及内部审计结果的报告等方面进行评价，不能仅就内部审计结果，即内部审计报告进行质量评价，还应从内部审计工作的源头和过程中获得全面的信息，与实际相结合，最终才能得出评价结论。

（二）连续性原则

连续性是指对内部审计质量的评价应当是连续不断的，而不是一次性的。也就是说，评价内部审计质量应当具有周期性，定期进行内部审计质量评价。通常来讲，企业的内部审计对于企业的审计也是周期性的，中审、年审等属于比较重要的事项，对内部审计质量的评价也应跟随内部审计工作的开展而进行，定期评价内部审计的质量。

（三）可衡量性原则

该原则要求对内部审计质量评价的标准应当是一套定量的质量体系，而不是定性的评价。即要求评价标准应当是事先设定的、确切的、反映当前内部审计实际情况的以及可以规责的。只有定量的评价标准才能准确评价内部审计的质量，如果评价标准模棱两可，会导致评价人员工作开展困难、评价质量不符合实际等问题。

（四）增值性原则

该原则要求内部审计质量评价本身能够为股东创造价值，即该活动是增值的。如果内部审计质量评价成本过高，而评价之后为公司带来的效益低下，可能企业没有动力，也没有必要开展内部审计质量评价活动。而内部审计质量评价的增值性主要体现在两个方面：第一，内部审计质量评价过程中，提出的反馈、建议、意见，作用于内部审计，使内部审计的质量得到提升；第二，由于内部审计质量的提升，因此内部审计对企业的效用更大，使整个组织的运营水平提高，为企业创造价值。

（五）可沟通性原则

该原则要求内部审计质量评价信息能够准确、及时、有效地传递。内部审计质量评价人员对评价过程中发现的问题、提出的建议以及评价结果应当及时与相关负责人沟通，以获取准确的信息，为内部审计质量评价结果的准确性提供保障。

四、提高内部审计质量的控制措施

内部审计质量控制措施是指为实现审计目标、规范审计行为而建立的一系列规章制度和相应的技术方法等，它是对审计实施过程的一种行为控制。现代企业内部审计质量控制措施强调的是全过程、全方面控制。

（一）审计主要工作环节的形成

如果审计人员的客观性是目的，独立性就是实现其客观性的必要条件，良好的独立性环境保证了审计部门及审计人员不受干扰地从事工作，所以从内部审计部门的设置和审计人员的安排都要保证独立性，这也是最为重要的质量控制措施。董事会和各级管理层要为内部审计部门及人员能够严格遵守《内部审计准则》和《内部审计人员职业道德规范》营造独立性的氛围。

（二）内部审计人员素质的控制措施

（1）聘用的内部审计人员能力要与其岗位职责匹配；

（2）为内部审计人员提供持续发展的机会和动力；

（3）根据审计项目的具体要求委派相应的审计人员；

（4）参与项目实施的内部审计人员素质要胜任其任务，对有特殊要求的任务要咨询和利用专家的技能。

（三）内部审计过程的控制措施

审计过程的质量控制好坏将直接关系到审计项目结果的优劣，所以对过程的控制就是整个质量控制体系中的关键环节。这些措施有：计划；记录；复核；回避；轮换。

审计计划要做到职责明确，每个内审人员都要对自己完成的任务负责，在此基础上的内部复核制度要能够保证所有的具体审计事项得到审核。

（四）内部审计质量的定期评价

国际内部审计《内部审计实务标准》的1300系统属性标准中，即质量保证和改进项目，规定审计执行主管应制定并坚持开展质量保证与改进项目，该项目应涵盖内部审计活动的方方面面，并不断监督内部审计活动的效果。设计该项目要有助于内部审计活动增加价值、改善机构的经营状况，并确保内部审计活动遵循《内部审计实务标准》与《内部审计人员职业道德规范》。同时，我国《内部审计具体准则第19号——内部审计质量控制》中也规定，内部审计机构应通过持续和定期的检查对内部审计质量进行考核和评价，同时，也要求内部审计机构负责人应按照组织适当管理层的要求，并结合实际情况，建立、实施外部评价制度。

内部审计质量评估的内容主要包括以下方面：

◎内部审计准则和内部审计人员职业道德规范的遵循情况；

◎内部审计组织结构及运行机制的合理性、健全性；

◎审计工具和技术的适用性；

◎内部审计人员配置及专业胜任能力；

◎内部审计业务开展及项目管理的规范程度；

◎各利益相关方对内部审计的认可程度和满意程度；

◎内部审计增加组织价值、改善组织运营的情况。

企业内部审计管理部门对内部审计质量进行的定期评价也是内部审计质量控制的必要措施，包括内部评价和外部评价。

1. 内部审计质量的内部评估程序

IPPF 中标准“1311－内部评估”指出，内部评估必须包括：对内部审计活动执行情况的持续监督，通过自我评估或由组织内部其他充分了解内部审计实务的人员进行定期检查。

（1）持续监督。首席审计执行官负责保证提供恰当的业务监督。监督是一个从计划开始，通过检查、评价、报告和跟踪各阶段的过程，包括保证分配参加业务工作的审计师具备必需的知识、技能和开展业务所需的其他能力。

（2）在计划业务阶段提供恰当的指导并批准业务方案。

（3）监督批准后的业务方案按计划实施，除非有充分的理由并得到授权才能改变。

（4）保证业务工作底稿能充分支持业务发现、结论和建议。

（5）保证业务通报准确、客观、清楚、扼要、及时、富有建设性。

（6）保证业务目标得以实现。

（7）提供发展内部审计人员的知识、技能和其他能力的机会。

持续监督的范围可以延伸到内部审计人员培训和开发、业绩评价、时间和费用控制等领域，取决于内部审计人员的专业水平和经验以及业务的复杂程度。与监督有关的证据应该得到记录和保存。

2. 内部审计质量的定期检查程序

除持续监督外，可由内部审计管理人员进行自我评估，也可由组织内部其他充分了解内部审计实务的人员对内部审计活动进行定期检查。通常被纳入管理内部审计活动的常规政策和实务中，应当利用以下程序来开展：

（1）对业务的监督。

（2）通过清单或其他方式保证内部审计活动采用的程序能够得到跟踪。

（3）客户和其他利益相关方的反馈意见。

（4）项目预算，工作时间计算制度，审计计划完成情况，成本收回情况。

（5）对其他业绩衡量标准的分析，如业务周期、建议采纳等情况。

3. 内部审计质量的内部评价方式

企业内部审计质量的内部评估通常被纳入管理内部审计活动的常规政策和实务中，主要通过以下方式进行：

（1）对审计业务实施日常监督（如审计项目质量管理）。

（2）通过审计管理系统对审计项目实施情况的实时跟踪。

（3）审计工作结束后，由被审计单位和其他利益相关方做出评价或反馈。

（4）由未参与审计项目的其他内部审计人员有选择地进行审计工作底稿互查。

（5）对利益相关方进行深入访谈和调查。

（6）对审计绩效衡量指标（如审计项目预算的控制情况、审计计划完成情况、审计建议采纳情况）考核评估等。

内部审计绩效指标可以包含下列项目：对于促进风险管理、内部控制和治理过程的贡献程度、指定的关键性目标和目的的完成程度情况、对审计工作计划进展的评估、内部审计人员工作能力的提高、审计过程中成本收益率的提升、企业程序重组带来的审计计划数的增加、适当的审计业务计划及监督、符合利益相关者需求的程度、内部审计质量评估的充分性等。

五、不同的外部评估主体实施的外部评估

（1）由外部审计人员进行的外部评估。对内部审计组织的外部检查有时由外部审计事务所进行。在外部审计事务所对内部审计部门进行外部检查时有一种危险：即不能从内部审计从业标准的角度去检查，而是根据事务所从业标准去检查。因此，组织的高级管理层有必要保证审计事务所充分理解和采用内部审计从业标准作为其从业大纲。

（2）同行评估。进行外部检查的另一种方法是由其他公司的资深内部审计人员执行检查工作。几个公司的内部审计部门负责人可以组成一个审计组，轮番对这些内部审计部门进行审计。但是，这种同行评估的方式有可能损害评估的独立性，或至少形式上损害。还有另一个极端，就是可能会有这样的风险，即检查产生的批评可能会在相互检查中导致报复性的批评。高级管理层会觉得同行评估可信度不足，也有可能不希望其他公司分享保密性信息而对这种检查心存戒备，导致检查难以有效开展。

（3）由专家进行的外部检查。许多职业团体都有资深专家，这些专家比其他方式的检查人员更独立于内部审计部门，更能排除实际偏见。但专家评估需要付费，这就涉及专家的独立性是否受损的问题。较明智的做法是由高级管理层支付费用，而不从内部审计部门的预算中支出。

（4）国家进行的外部检查。西方企业的内部审计与国家审计没有任何联系，更谈不上接受国家审计机关的指导。中国的内部审计则是社会主义审计监督体系的一个组成部分，国家审计机关必然将对内部审计的监管纳入自己的工作范围，通过各级审计机关开展对内部审计机构审计业务质量的检查和评估。我国国家审计机关还通过内部审计协会等多种途径指导、监督和管理内部审计工作的标准和质量，完善对内部审计组织的管理。

第四节　内部审计风险防范

一、内部审计风险概述

（一）内部审计风险的概念

关于审计风险的定义，目前国内外审计界还没有形成共识。主要概念见表10－1。

表10－1　　内部审计风险的概念

相关方面	主要解释
国际会计师联合会（IFAC）：国际审计准则第25号	审计风险是指审计人员对实质上误报的财务资料可能提供不适当意见的风险
美国《审计准则说明》第47号	审计风险是审计人员无意地对含有重要错报的财务报表没有适当修正审计意见的风险
中国《审计具体准则第9号——内部控制与审计风险》	审计风险是指会计报表存在重大错报或漏报，而注册会计师审计后发表不适当审计意见的可能性
中国《内部审计具体准则第17号——重要性与审计风险》	内部审计人员未能发现被审计单位经营活动及内部控制中存在的重大差异或缺陷而做出不恰当审计结论的可能性

内部审计风险可以概括为狭义的审计风险和审计职业风险两个方面。狭义的审计风险是指审计人员无意识地发表了不恰当的、偏离客观事实的审计结论并因此遭受损失的可能性。既包括把客观上是正确的东西判断为错误的，并给予否定的风险，也包括把客观上是错误的东西判断为正确的而加以肯定的风险。审计职业风险主要是指虽然内部审计人员根据审计规范采取了正确的审计程序，发表了恰当的审计意见，但因为审计机构和审计人员之外的原因，使审计机构和审计人员受到损失和伤害的可能性。这些原因主要包括审计资源的有限性、被审计单位存在的固有风险等。在内部审计机构所在的组织的管理层对上述原因没有了解的情况下，有可能对内部审计的期望过高，对内部审计职业的发展构成影响。

（二）内部审计风险的构成要素

内部审计是组织内部的一种独立客观的监督和评价活动，其审计对象是被审计单位的经营活动和内部控制。由于对内部控制的测试是内部审计的直接目的，因此，审计风险的构成要素为重大差异或缺陷风险与检查风险。其中，重大差异或缺陷风险是指在审计之前被审计单位经营活动及内部控制中存在重大差异或缺陷的可能性。检查风险是指审计人员未能通过审计测试发现重大差异或缺陷的可能性。

（三）内部审计风险的特征

内部审计风险是组织内部审计工作因为主观上和客观上存在的各种因素的影响，导致审计人员专业能力、审计计划编制、审计程序执行和审计报告的提供及审计质量控制等方面存在可能无法实现其工作目标甚至导致审计失败的可能性。一般具有如下特征（见表10－2）。

表10－2　内部审计的主要特征

特征	内容
客观性	由于抽样审计方法本身存在缺陷，以及被审计单位经济业务的复杂程度、管理人员的道德品质等因素，审计结果与客观实际不一致的情况一般难以消除。审计风险客观存在于审计活动过程中
普遍性	一定的审计活动，通常就有伴随相对应的审计风险。审计活动的每一个环节都有可能导致风险因素的产生。任何一个环节的审计失误，都会增加最终的审计风险，并会最终影响总的审计风险
潜在性	审计风险只有在错误形成以后经过验证才能表现出来。假如这种错误被人们无意中接受，即不再进行验证，则审计人员由此而应承担的责任或遭受的损失实际没有成为现实。只是一种可能的风险，对审计人员构成某种损失有一个显化的过程
无意性	审计风险是由于某些客观原因，或审计人员并未意识到的主观原因造成的，即并非审计人员故意所为，审计人员在无意中接受了审计风险，又在无意中承担了审计风险带来的严重后果。倘若审计人员因某种私利故意做出与事实不符的审计结论，则由此承担的责任并不形成真正意义上的审计风险

二、内部审计风险的主要成因

（一）审计风险的重要成因之一——相关外部环境的影响

（1）社会环境。有关部门、社会公众的审计意识不断增强，对内部审计寄予了越来越高的期望，内部审计部门必须降低审计风险来缩小期望差距。随着内部审计地位的不断提高，人们对审计报告的依赖程度也越来越大，这也会加大审计风险。

（2）经济环境。现代企业面临的经济环境越来越复杂，市场竞争越来越激烈，特别是跨行业经营的大规模企业集团，其经济活动也越来越复杂，从而扩展了内部审计活动的范围，增加了内部审计工作的难度，审计风险也不可避免地增加了。

（3）法律环境。国家审计有《中华人民共和国审计法》作为法律依据，社会审计有《注册会计师法》，而内部审计目前只有审计署颁布的《关于内部审计工作的规定》，法律级次明显偏低。随着内部审计实务的快速发展，内部审计相关法律法规明显滞后，导致一些经济行为无法可依，或虽有法可依，但过于原则化，缺乏可操作性，使一些违规违法行为难以依法定性，内部审计人员进行审计时，大多依靠经验和专业判断，在某种程度上影响了审计结论的权威性和准确性，引发内部审计风险也就难免。

（二）审计风险的重要成因之二——内部审计内部因素的影响

关于企业内部审计因素主要是指内部审计工作可能受到来自内部审计部门机构设置、审计人员为遵守职业道德、管理层不够重视内部审计工作等方面的主体原因和来自内部审计对象的复杂及管理层的要求多样等客体原因。

1. 内部审计风险产生的主体原因

（1）相对于企业经营状况和盈利的高度重视，内部审计主体的风险意识不强。由于审计资源有限，审计任务繁重，再加上内部审计部门业绩评价标准不合理，内部审计人员常常是重完成、轻风险、重成绩、轻处理。如果审计人员风险意识差，从主观上缺乏对问题查处的动力，就会采用不恰当的审计程序和审计方法，或者错误地估计和判断审计事项，对重大错误或舞弊现象就容易忽略，导致发表与事实相反的审计报告就会产生审计风险。

（2）内部审计机构的责权设置限制比较难以保证其组织上和业务上的独立性。内部审计主要是对本组织行使监督、服务与评价，为单位领导决策提供依据。在本部门、本单位主要负责人的领导下开展工作，由于其本身不参与这些部门和机构的业务经营活动，在组织上也不受这些部门和机构的领导，所以能够保持其一定程度上的独立性。但是由于内部审计人员是本单位职工，个人利益与单位利益休戚相关，又受本单位负责人的领导，内部审计审什么、怎么审、审计结果如何处理、审计建议能否落实都要受本单位领导的制约。当审计事项涉及外单位时，往往难以进行调查取证，当审计涉及本单位具体的人和事时，难以遵循回避原则，这就决定了其独立性是有限的。此外，内部审计一般不可能拒绝组织管理层安排的审计项目，即使该审计项目存在极大的审计风险，审计人员依然要进行审计并发表审计意见。这一问题在一部分单位已开展的对拟提拔领导人员任前经济责任的审计中表现得尤其突出。在这类审计中，组织要求审计机构必须履行审计任务，出具审计报告，提出审计结论，发表审计意见。同时，为了保障被审计单位的业务运行正常有序，给予审计机构的审计时间又非常有限。对于这类审计任务，内部审计机构只有完成，“无法因被审计单位可能存在较大的固有风险而拒绝审计”。审计机构对这类审计的审计风险难以控制。因此，前文所述原因必定会影响内部审计客观性和公正性，从此就为未来潜在审计风险埋下了隐患。

（3）内部审计人员的素质不高。审计人员素质的高低是决定内部审计风险大小很重要的因素。由于内部审计涉及经济活动、组织管理的每一个环节，这就要求内部审计人员应当具备相当的专业知识、丰富的工作经验以及良好的职业道德和敬业精神才能在日渐复杂的经济环境中，对审计中发现的问题做出正确的审计结论，以降低内部审计风险。而事实上，目前的内部审计人员综合素质不高、知识结构单一、知识更新较慢、专业胜任能力不强，少数内部审计人员缺乏应有的职业道德观念，表现在徇私情，害怕打击报复，在发现重大问题的时候因与被审计单位、被审计人员的同事关系、熟人关系或者彼此之间有利益关系，不能正确履行审计职责，甚至故意放弃对这些问题的追查和揭露，提供与事实不相符的审计结论。

（4）内部审计人员履行责任与其他监管机构的职能相互重叠。内部审计的主要职能是发现组织内部在运作过程中有哪些管理不完善，哪里内部控制有漏洞，哪里可能产生损失浪费并提出改进建议，从而增加组织价值，这才是内部审计的专长，这与纪检、监察部门对党员、领导干部的反腐倡廉，与组织人事部门的雇员能力、业绩考核有所区别。我国有许多企业将内部审计部门与纪检、监察部门合二为一，对内部审计职能定位不准，部分企业高管层赋予了超出内部审计智能范围的过多的责任，从而人为地加大了内部审计风险。

（5）内部审计人员选用特点审计程序和审计方法的不确定性。由于内部审计也需要强调成本效益原则，审计人员可能会舍弃一些对审计结论影响不大但耗时费力的审计程序，这可能导致审计结论出错，引发审计风险。目前内部审计采用的审计方法是制度基础审计，这种审计方法较大程度上依赖于对被审计单位内部控制制度的测试，本身就蕴藏着一定的风险。

（6）内部审计在取得外部证据方面能力较弱。审计证据是指内部审计人员在从事审计活动中，通过实施审计程序所获得的，用以证实审计事项，做出审计结论和建议的依据。从审计证据的可靠性程度而言，因为外部证据来源于被审计单位外部，没有经过被审计单位的作业系统而直接由内部审计人员取得，其来源的客观性较强，可靠性也较强。取得外部证据，有利于审计人员做出正确的审计结论。但是，因为内部审计机构存在于特定的组织当中，其权力也仅限于在该组织中行使，要取得外部证据，基本依靠被审计单位提供和相关外部单位的配合态度。如果外部相关单位不予配合，则无法有效取得外部证据，因此，内部审计取得外部证据的能力较弱。从审计实践的情况看，被审计单位与外部经济业务纷繁多样、内容庞杂，被审计单位与相关外部单位关系复杂，审计人员在缺少外部证据的情况下，要证明被审计单位发生交易的真实性、合法性与完整性，的确非常困难，由此对审计结论的恰当性造成极大的影响。例如，在国家审计之前，组织一般都要求内部审计先行自查，但因为难以取得外部审计证据，内部审计无法有效发现重大问题。而这些重大问题，在国家审计时，因其取得审计证据的能力强，从而被揭露出来，造成内部审计机构十分被动。

（7）内部审计主体未能建立有效的审计质量保证制度与程序。在当前内部审计实务中仍然选择内部审计部门尚未建立科学、完备的内部审计质量监督和评价体系，对内部审计项目还缺乏贯穿项目所有阶段的具体、详细的管理监督和评价措施，仍缺少事前的审计计划、事中的审计程序和报告期的审计复核，审计工作底稿不完整，一般仅记录审计问题事项，而未记录审计人员认为正确的审计事项，使得审计复核、审计质量控制无从入手，审计报告以协调关系为出发点，以肯定工作成绩为基调，反映问题模棱两可等审计缺陷和不足，自然影响与约束了内部审计工作质量与水平。尤其内部审计本身更是缺乏对其监督的机制，根本无法保证审计活动各个阶段准确地进行，而任何一个阶段的失误都会增加最终的审计风险。

2. 内部审计风险产生的客体原因

（1）内部审计对象更加复杂。客观而言，内部审计对象的复杂性往往会决定和增加内部审计实现其目的的难度，往往会使审计人员难以做出正确的审计判断。被审计单位的经营环境、经济活动复杂程度、企业内部的内部控制强弱差异明显、人员构成复杂都会影响内部审计风险大小。如果被审计单位财务状况不佳、经营管理不善，很有可能提供的经济资料不真实、不完整，甚至串谋舞弊，从而限制了内部审计范围，使审计人员取证难度较大，对其经营管理状况不能准确认定，从而加大审计风险。

（2）管理层对内部审计业务投入资源严重不足。现在大部分企业管理层开始重视内部审计工作但是却不太愿意投入更多的审计资源，主要包括审计机构的人力状况、知识经验、财力和时间等方面与实际内部审计需要之间存在较大的差异。现实中，审计机构人力资源不足、知识结构单一的问题始终没有得到有效解决。人力资源缺乏和知识结构存在缺陷导致审计监督覆盖面小，审计深度不够。一些组织为了弥补人力资源不足的缺陷，尝试采取由审计机构牵头、有关业务部门参加的联合审计方式。但因参加审计组的各业务部门的人员无法由审计部门确定，因此，无法保障参加审计任务人员的质量，从而导致效果并不明显。组织管理层对审计的期望应以现实的审计资源为基础。审计机构也只有在其资源允许的条件下才能发挥作用。超出审计资源的限制，审计机构就难以完成审计任务，审计风险自然会发生。

三、内部审计风险的内容

权责明确是现代企业制度最显著的特征之一，这不仅体现在所有者与管理者之间的权责划分，还可以应用于企业内部各职能部门和员工之间，从而形成分权管理体制和受托经济责任关系。内部审计以相对独立的第三者身份介于其中，起着对受托经济责任的履行情况进行监督与评价的作用。企业所有者对经理以及经理对所属部门经营行为的监督和评价就自然需要由内部审计机构来完成，因此，从事内部审计工作不可避免地存在各种形式的内部审计风险。概括而言，企业内部审计工作中可能存在如下审计风险。

1. 内部审计对象信息可靠性不高的风险

审计人员在收集审计证据的过程中，可能会遇到审计范围受到限制或被审计单位伪造审计证据等情况，从而使收集到的审计证据不足或有悖于客观事实，依此而做出的审计结论和决定就有可能与客观事实相背离。

2. 内部审计人员缺乏独立性与权威性的风险

内部审计在本部门、本单位主要负责人的领导下开展工作，对本单位部门或机构进行审计，内部审计审什么、怎么审、审计结果如何处理、审计建议能否落实都要受本单位领导的制约，这就决定了其独立性是有限的。再加上内部审计人员与被审计部门或机构长期的工作关系，与被审计人员有着千丝万缕的联系，其独立性难免受损。鉴于此，内部审计客观性和公正性必定受其影响，这就为审计风险留下隐患。

3. 内部审计人员的连带责任风险

内部审计人员对组织重大经济活动进行跟踪审计时，如担保合同的签订，有可能会因为对项目研究不够、介入管理职能、越权办理审计事项或审计程序不当，而承担经济活动失败的连带责任，导致审计风险。

4. 内部审计信息沟通受阻的风险

由于内部审计人员没有掌握必要的人际交流和沟通技巧，或在审计过程中没有注重增进与被审计单位人员的交流与沟通，使之产生抵触心态，从而得不到被审计单位的支持和理解，限制了审计范围，加大了审计风险。

5. 内部审计报告信息披露不当的风险

内部审计人员有可能在其出具的审计报告中没有明确审计范围、责任和依据、审计意见的措辞含糊不清或过于绝对，因此导致的审计结果不当或审计失败的风险。

6. 内部重大舞弊行为难以发现的风险

如果企业组织内存在大规模串通舞弊现象，或者多名管理层及相关员工相互间进行串通舞弊，审计人员难以揭露这些对组织影响重大、破坏严重的舞弊行为，从而加大审计风险，影响内部审计的职能发挥及其在组织中的地位。

四、内部审计风险的应对策略

鉴于内部审计风险的复杂性和多样性，内部审计部门及其人员在选择和实施适当审计程序进行风险应对时需要分内部审计整体层面和内部审计业务层面两个层面分别进行。

（一）内部审计整体层面的风险应对策略

1. 企业内部审计必须首先确立部门内部全体审计人员应保持高低风险敏感意识

内部审计人员应当充分认识审计风险的客观性，正确理解审计风险的有利性，时刻注意审计风险的有害性和可控性，谨慎防范和认真控制审计风险。内部审计人员要以应有的职业审慎态度开展内部审计工作。合理评估风险水平的高低是保证内部审计工作质量、降低审计风险的关键。内部审计部门应当建立健全有效的风险评估机制，依据风险评估结果确定审计范围、审计重点及审计方法。随着企业经营风险和财务风险的回避与降低，内部审计风险就会得到有效的控制。

2. 健全内部审计部门，努力提高内部审计人员素质

绝大多数内部审计部门审计任务不断增多与审计人员相对有限的矛盾仍然没有解决，审计部门应切实加强机构建设，适当充实审计力量并加强岗位管理，留住高素质审计人员。要想降低内部审计风险，提高审计质量，还必须努力提高内部审计人员的素质，并加强内部审计人员的后续教育，以内部审计人员的高素质来确保审计工作的高质量，从而达到降低审计风险的目的。

3. 要建立健全审计质量控制制度与程序。狭义的审计质量是指具体审计项目的质量

审计质量控制是指由审计机构和审计人员根据审计质量标准，使审计业务工作按照预定的审计目标，根据规范的审计程序运行，以便达到规定的质量水平，提高审计效率，降低审计风险。如果审计质量管理不严格，会给审计机构提出的审计结论带来不利影响，进而造成审计失败。因此，审计机构必须根据内部审计准则、组织的内部审计工作规定以及基本审计程序建立一套严密、科学的审计质量控制制度，并将其推行到每一个审计人员和每一项审计项目中，迫使审计人员按照专业标准的要求开展审

计工作，努力做到以风险为导向制订审计计划，配置审计资源；在审计全过程中合理考虑并运用重要性标准；根据被审计单位的经营活动情况、内部控制情况以及上次审计情况等，编制项目审计计划；采取恰当合理的方法收集充分、相关、可靠的审计证据，并考虑证据之间的相互印证及证据来源的可靠程度，编制完整、清晰、客观的审计工作底稿，反映审计计划与审计方案的制订情况、审计程序的执行过程及执行结果情况以及取得的审计结论；加强对审计工作底稿的现场复核工作以及有关审计报告的编制与复核工作，建立健全审计报告分级复核制度，并明确规定各级符合的要求和责任。通过审计质量控制制度的建立和落实，将基本审计程序与审计工作有效地联系起来，努力提升审计质量，加强审计风险控制。

（二）内部审计业务层面的风险应对策略

企业内部审计部门管理层要想实现内部审计业务层面的风险应对目标，往往需要涉及方方面面的工作，但需要针对相关内部审计风险采取如下几个方面的有针对性的审计策略。

1. 科学制订审计计划及审计行动方案，严格执行审计程序

内部审计人员之所以需要制订审计计划和方案主要原因在于：（1）内部审计的资源是有限的，审计机构必须紧紧围绕组织的战略目标，以风险为导向配置审计资源，达到资源使用的效益最大化。（2）审计计划中要明确准备开展的审计项目类别及审计目标，从而使组织管理层对审计机构即将开展的每一审计项目的侧重点有深入的了解。

内部审计人员在实施审计前，应做好如下几个方面的工作：（1）应当熟悉与被审计事项有关的法律、法规和政策，充分了解被审计部门的基本情况，并根据审计目的，确定审计的范围和重点。（2）需要精心编制审计计划，应根据对被审计单位基本情况的了解和对内部控制的初步评价，对审计风险做出评估。（3）根据审计项目的特点配备审计力量，并明确工作责任，做到分工明确，各负其责。在审计方案周密制订之后，就要严格按照审计程序实施审计。从制订审计项目计划、发出审计通知书、审计取证、审计报告征求意见到送达审计决定等，每一环节都应严格按规定程序进行。

2. 了解被审计对象的环境及其内部控制状况

内部审计部门了解被审计对象的环境及其内部控制状况主要是指：需要了解经营活动、重大项目运作、内部控制情况及相关法律法规和市场环境状况。概括而言就是在实施审计之前，要做好审前调查工作。通过询问相关人员了解被审计单位管理层的经营理念、被审计单位面临的外部环境与压力、经营活动的性质和复杂程度以及相关人员的业务熟练程度。通过阅读被审计单位的经营业务手册、内部控制手册等资料，了解经营活动的流程以及是否涉及容易受到损失或被挪用的资产，判断内部控制的充分、有效、适当性。通过对被审计单位经营工作、内部管理工作的了解，评估风险所在及其水平高低，从而制订合理的审计方案，规避和降低审计风险。

3. 选择适当审计方法与做好审计证据收集和整理工作

（1）内部审计人员在实施审计时应根据审计项目的特点，采用适合该审计项目的

审计方法。例如，在进行违纪违规项目的专项审计时，应尽可能采用详查法，以防遗漏；在进行经济效益审计评价时，应采取对比分析法等。在审计方法上，可以引进目前最先进的风险基础审计模式，以风险的分析与控制为出发点，以保证审计质量为前提，统筹运用各种测试方法，综合各种审计证据，以控制审计风险。同时，内部审计人员还应重视审计证据的收集和整理工作。审计证据的真实性、充分性和相关性直接决定了引发内部审计风险的可能性大小，所以，内部审计人员要一丝不苟地根据规范的操作程序进行收集整理，绝不能草率行事。

（2）科学应用审计抽样方法，积极探索风险基础审计，降低审计风险。现代审计的一个重要特点是充分运用现代经济统计技术和方法，以抽样审查代替全面审查，以提高审计效率，保证审计质量，降低审计风险。运用审计抽样技术和方法，不仅符合组织规模扩大的客观要求，而且符合成本效益原则。发挥审计抽样的作用，关键是科学、合理地使用审计抽样方法。审计抽样是指审计人员在实施审计测试中，从被审计总体中选取一定数量的样本进行审查，通过样本的审查结果来推断被审计总体特征的一种方法，包括统计抽样与判断抽样。

科学运用审计抽样方法，就是要了解和掌握两种抽样方法的优劣以及使用的范围，在审计中，将统计抽样与判断抽样有机地结合起来使用。一方面，借助内部审计人员对组织业务与内部控制比较了解的优势，利用判断抽样方法，充分发挥内部审计人员的职业判断、经验和职业敏感性，以便能够取得良好的审计效果。另一方面，充分利用统计抽样弥补判断抽样的不足。统计抽样是指审计人员根据概率论原理确定抽查的样本量，随机选取样本并由样本的审查结果推算评估总体的审计抽样方法。它以数理统计为基础，在确定抽样的相关事项时，比判断抽样更具有客观性，由此得出的审计证据客观性也更强。而且随着计算机审计技术的开展，统计抽样将会更加便捷与容易操作。因此，我们认为将统计抽样与判断抽样有机结合使用，可有效保障抽样的合理性，保证审计结论恰当性，从而有效降低审计风险。

4. 遵照中国内部审计准则要求与结合具体情况严格执行的特定审计程序

所谓基本审计程序，是指审计机构通过研究审计项目的特征而总结出来的，适合各类审计项目的基本审计程序。如果没有规范的审计程序，不同的审计人员将会根据自己的职业判断选择相应的审计程序。在此情况下，审计人员的专业能力和职业经验对审计质量具有重大影响，无法保证审计质量，从而无法控制审计风险。若规范基本审计程序，则必要的审计程序都已提供给审计人员，任何省略都需要审计人员做出相应的解释。如此，可以减少审计人员在工作中的随意性，有利于审计风险的控制。

5. 通过持续规范审计报告，化解内部审计风险

审计报告是审计意见的载体，是发挥审计作用的主要手段，是解释审计人员责任的重要依据，是审计档案的重要组成部分，所以它几乎成为影响内部审计风险发生的最主要的因素。规范的审计报告应该做到：态度客观公正，证据确凿充分；内容全面完整，重点突出；语言明晰简练，格式规范；责任界定明确，建议切实可行。做到了

以上各点才能防范和化解因审计报告不规范而引发的审计风险。

6. 凭借积极后续审计，防范审计执业风险

凡是影响组织目标的一切因素都应在审计范围之内，不仅要对本单位及所属单位的财务收支及其经济效益进行监督，更要努力为企业服务，使企业各项经营活动均能有序、高效、经济地运行。此外，还应充分重视后续审计。不进行后续审计，内部审计部门就无法了解被审计单位是否对审计报告中发现的问题和建议采取了纠正措施，就无法了解采取纠正措施的效果如何，进而就无法防范和化解可能引发的审计风险。正因为后续审计对于防范和化解内部审计风险的重要意义，就必须将后续审计作为审计工作程序的一个必不可少的重要步骤来认识，认真搞好后续审计。

7. 建立有效内部审计质量控制，防范系统风险

内部审计质量控制是防范内部审计风险的核心，内部审计部门应建立健全一套科学、严密的内部审计质量控制制度，并把这套制度推行到每一个内部审计人员和每一项内部审计业务，促使内审人员按照专业标准的要求执业，在审计的每一环节上，通过全面、综合地考核与评价，促进内部审计工作质量的提高，达到防范与控制内部审计风险的目的。

第五节　内部审计制度建设

每一家企业应当建立健全内部审计制度、审计工作程序、工作方法、岗位职责、质量管理、职业道德、继续教育等方面的内部审计工作准则和规范，使内部审计工作有章可循，有规可依，为促进内部审计健康、有序发展提供制度保证。

为了保证内部审计部门能够正常、有序地开展内部审计工作，应当具备的内部审计制度包括内部审计章程、内部审计规制制度、内部审计操作性制度以及内部审计配套支持制度四个层次的审计制度，是内部审计工作目标得以顺利且有秩序进行的重要条件，也是现代企业内部审计管理的主要内容之一。为了加强内部审计工作的管理、提升内部审计工作的质量，需要各企业的内部审计部门对上述四个方面的内部管理制度高度重视，并且制订计划逐步建设和完善起来。一套较完善的内部审计制度或系统主要包括如下具体内容：

一、内部审计章程

根据《内部审计具体准则第 24 号——内部审计机构的管理》第六条规定：内部审计机构应当制定内部审计章程。章程应当采用书面形式对内部审计活动的目标、权限和职责进行正式规范，并报经董事会或最高管理层批准。

企业治理层与管理层制定的内部审计章程通常应包括如下主要内容（见表 10 - 3）。

表 10-3　企业内部审计章程的主要内容

序号	方面	内容
1	方向	内部审计部门的工作宗旨是什么
2	权责	内部审计部门在组织中的地位如何及其模式的内容
3	披露	内部审计部门信息传递与报告方面制度（报告机构、形式和具体规定等）
4	协调	内部审计部门与本单位其他部门的检查、监督与监察等部门人员的关系
5	环境	内部审计人员应有的工作环境、工作资源和工作条件
6	目标	内部审计部门的基本职责和主要工作任务
7	权限	内部审计部门的权限，授权审计人员接触与开展业务相关的记录、人员和实物资产
8	计划	内部审计活动的具体工作程序包括计划的审计性质、时间和范围
9	管理	内部审计活动的管理制度，比如审计活动的组织、监督、评价与质量控制管理
10	激励	内部审计活动的业绩评价及其内部审计人员行为的奖惩规定等制度
11	政策	内部审计部门在制定与本单位的内部审计工作有关的规章制度方面的权限与程序

内部审计章程应当与我国的《中华人民共和国审计法》《审计署关于内部审计工作的若干规定》《内部审计准则》等法律法规的原则保持一致，按照组织管理制度的规定，采用书面形式进行正式规范，并报经董事会或最高管理层批准。

内部审计章程有助于定期评估内部审计活动的宗旨、权力和职责是否适当，以确立内部审计活动的作用并为管理层和董事会提供评价这一职能开展情况的依据。如果出现问题，内部审计章程也能提供与管理层和董事会达成的关于内部审计活动在组织中作用和职责的正式书面协议。

二、内部审计操作性制度

内部审计操作性制度是依据组织内部审计章程的有关规定制定的，是关于审计计划、审计程序、审计方法、审计档案等方面的制度，是较之于内部审计章程更为详细、但仍然带有总括性质的制度，对本组织及本组织所属单位具有普遍的适用性。主要涉及审计立项制度、人员委派制度、计划编制规定、主审竞聘制度、主审负责制度、外勤工作管理规定、取证注意事项、工作底稿编制复核制度、审计报告编制复核制度、督导制度、重大问题请示报告制度、审计公告制度等。

三、内部审计工作手册

所谓内部审计工作手册，是指用来规范某一审计内容或者某一有关工作内容的具体指南。内部审计工作手册应当根据组织的性质、规模和特点，对审计程序、审计方法、审计质量控制及相关审计要求做出详细的规定，以帮助内部审计人员开展具体审计工作。内部审计工作手册可以按照审计业务内容设计，如招投标与合同审计、工程项目审计等。

审计工作手册应包括以下主要内容：

（1）内部审计机构的目标、权限和职责的说明；

（2）内部审计机构的组织、管理及工作说明；

（3）内部审计机构的岗位设置及岗位职责说明；

（4）主要审计工作流程；

（5）内部审计质量控制政策与程序；

（6）内部审计道德规范和奖惩措施；

（7）内部审计工作中应注意的事项。

实行内部审计制度的组织，其规模和条件各不相同，因此，对内部审计制度建设的要求也有所不同。但对于规模较大、管理制度较为规范的组织，建立以上内部审计制度体系是必不可少的。对于规模较小的组织，要求可以略为放松，但也要朝着这个方向努力。

四、内部审计配套支持制度

除了上述审计规章、审计工作制度和审计工作手册外，还需要建立起配套支持制度，才能完善内部审计制度体系，才能有利于保证提高审计质量。这些制度主要包括：质量检查考评制度和责任追究制度、审计共建制度、审计联络员制度、审计指导员制度、自我审计制度、审计成果运用制度以及审计报告公开制度、审计意见纠错制度、审计联席会议制度、审计协议制度等。

（1）质量检查考评制度是对正在进行或已经完成的审计业务进行监督、评价，了解审计状况，提高审计质量，是一种事中和事后的监控制度。审计质量的检查可以是企业内部审计部门的自查与互查，也可以是企业内部高层组织的专门针对内部审计质量的专项检查，还可以是内部审计协会质量检查委员会的外部督促检查。科学考评内部审计质量，应该建立考评指标体系，包括定性指标和定量指标，并以此作为奖惩的基本依据。

（2）责任追究制度是一种有效的事后质量控制机制，目的在于促使各级内部审计人员明确职责，强化责任意识，降低审计风险。实施责任追究制度，能够在对违规者进行处罚的同时对遵循者实施保护，从而确认和解除审计人员的审计责任。

（3）审计共建制度。审计部门和每一个被审计单位签署“审计共建协议”，明确双方各自职责：审计部门为被审计单位管理人员提供工程管理、内部控制等审计咨询服务；被审计单位一方面抓生产管理，另一方面配合审计工作。通过审计共建协议的签署，可以减少传统审计带来的误解、偏见和冲突，实现互动性的“双赢”，真正实现审计的管理顾问与经济良医的作用，共同构筑“防火墙”。

（4）审计联络员制度。为最大限度地预防和降低经营风险，应积极推行审计联络员制度，每个部门或分支机构推举一名员工作为本部门的审计联络员，目的是实时了解企业情况，构建审计部门与被审计单位的信息反馈渠道，审计联络员定期以书面形式汇报工作情况，及时向审计部门反映企业存在的困难、问题与风险，使领导及时掌握重大情况，使上下信息通畅，充分发挥审计联络员的桥梁作用。

（5）审计指导员制度。为更好地开展审计工作，规定每位审计人员负责与一定数量的部门开展联络工作，每周安排一天时间去相关部门，了解生产经营情况、财务运营状况、制度建立与执行情况、对外投资情况等，重点掌控大额资金流向。通过这一制度的建立，促进企业建立健全内部管理体制，同时为常规的审计工作做好铺垫，将风险的发生消灭在萌芽状态，有效实行事前和事中的控制。

（6）自我审计制度。审计工作要积极从“要我审计”转变为“我要审计”，充分调动每个部门、每个分支机构的积极性和创造性，促使其定期开展自我审计，并把自我审计报告递交审计机构。对于自我审计发现的问题主动整改，并且把自我整改的情况也向审计部门递交后续审计报告，审计部门不予追究，但以后不能再重复发生。对于存在的问题，如果每个部门自我审计时没有发现，而被审计部门揭露出来，企业将给予严厉惩处。

（7）审计成果运用制度。审计报告中关于问题的处理意见，要纳入部门的达标考核制度、绩效考核制度和干部任命制度；审计报告中关于相关政策、制度的建议，要纳入高层决策机制；相关高层管理者必须审阅审计报告，批阅审计报告，督促被审计单位整改纠正；建立完善审计意见的督查督办和整改机制，纪检监察部门、组织人事部门、财务管理部门和资产管理部门要形成协查协审机制，促使审计成果转化为生产力。

本章习题

一、单选题

1. 为客观评价内部审计活动的情况，下列项目中属于质量保证和改进程序的内容是（　　）。

A. 在一定样本基础上对内部审计工作进行定期监督

B. 只由内部审计师之外的人员进行内部评估，以评价内部审计活动的工作质量

C. 至少每五年进行一次外部评估

D. 定期轮换业务经理

2. 下列项目中，不属于内部审计活动的外部评估的是（　　）。

A. 对内部审计部门章程的遵守情况

B. 对国际内部审计准则框架的遵守情况

C. 对内部审计活动的成本——收益权衡

D. 内部审计活动所采用的工具和技术

3. 当面临外部因素强加的审计范围限制时，内部审计负责人应该做的工作是（　　）。

A. 直到审计范围限制消除后才实施审计

B. 将此范围限制的潜在影响与董事会的审计委员会沟通

C. 对于审计范围受限的业务要多加审计

D. 对此项审计业务安排更有经验的人员

4. 公司制企业中，内部审计活动同管理层与审计委员会往往有双重关系，这意味着（　　）。

A. 管理层应该通过修正并向审计委员会上报审计结果来帮助内部审计活动

B. 内部审计活动应该直接向审计委员会报告，不用将审计结果向管理层确认

C. 审计结果准确性应向管理层证实，并且内部审计活动应向管理层与审计委员会报告

D. 理想情况是，内部审计活动在审计委员会领导下工作，但就有关经营的所有审计情况向首席营运官报告

5. 以下项目中，对于内部审计章程的陈述不正确的是（　　）。

A. 它确定了内部审计部门的权力和职责

B. 它规定内部审计部门所需的最少资源

C. 它为评估内部审计部门提供依据

D. 它应得到高级管理层和董事会的批准

6. 以下（　　）项的主要目的是在对内部审计功能的有效性提供反馈。

Ⅰ. 适当的监督。

Ⅱ. 适当的培训。

Ⅲ. 内部评价。

Ⅳ. 外部评价。

A. Ⅰ、Ⅱ和Ⅲ　B. Ⅰ、Ⅱ和Ⅳ　C. Ⅰ、Ⅲ和Ⅳ　D. Ⅱ、Ⅲ和Ⅳ

二、多选题

1. 下列项目中，属于较为健全的内部审计工作管理体系的基本内容的有（　　）。

A. 支持保障系统　B. 软件管理系统

C. 人力资源系统　D. 业务管理系统

2. 下列项目中，属于企业内部审计机构的部门管理工作主要内容的有（　　）。

A. 年度审计计划　B. 人力资源管理

C. 财务预算　D. 制定审计标准

3. 在下列选项中，属于我国现代企业内部审计计划管理中常见的计划层次有（　　）。

A. 审计战略计划　B. 审计业务计划

C. 审计期间计划　D. 审计项目计划

4. 下列项目中，属于企业内部审计工作中可能遇到的审计风险的有（　　）。

A. 内部审计对象信息可靠性不高的风险

B. 内部审计人员缺乏独立性与权威性的风险

C. 内部审计人员的连带责任风险

D. 内部审计信息沟通受阻的风险

5. 为了保证内部审计部门能够正常、有序地开展内部审计工作，应当具备的内部审计制度包括（　　）。

A. 内部审计章程　　B. 内部审计规制制度

C. 内部审计操作性制度　　D. 内部审计配套支持制度

三、思考题

1. 在一个组织的内部审计项目管理中，内部审计机构负责人、审计项目负责人和一般内部审计人员各自应该承担什么责任?

2. 企业开展内部审计质量评估有什么意义?

3. 内部审计价值、内部审计绩效与内部审计质量有什么样的关系?

4. 企业内部审计部门为什么需要进行风险管理与控制? 应该如何进行有效的防范?

5. 企业内部审计组织的制度管理通常需要包括哪些内容?

课后习题参考答案

第一章　内部审计原理概述

一、单选题

1. D　2. D　3. D　4. B　5. A　6. A　7. D　8. B　9. D　10. A

二、多选题

1. AB　2. ABC　3. ABC　4. AB

三、简答题

1.（1）内部审计的含义：

内部审计是指某一单位或组织内部设立的、服务单位或组织特定目的的一种审计监督行为。它是服务于组织内部管理部门的一种相对独立的检查、监督和评价活动。

（2）内部审计的特征：

由于相对于外部审计，内部审计主要是为加强管理而进行的一项内部经济监督工作，它是由本部门、本单位内部的独立机构和人员对本部门、本单位的财政财务收支和其他经济活动进行的事前和事后的审查和评价。因此，内部审计既可用于对内部牵制制度的充分性和有效性进行检查、监督和评价，又可用于对会计及相关信息的真实、合法、完整，对资产的安全、完整，对企业自身经营业绩、经营合规性进行检查、监督和评价。概括而言，内部审计具有以下五个方面的显著特征：一是审计地位具有相对独立性；二是审计服务对象具有内向性；三是审查监督范围具有广泛性；四是审计程序体现相对简短性；五是审计实施与报告要求及时性。

综上所述，随着内部审计实践活动的不断发展，内部审计的作用已经不再单单只是局限于财务收支的审查，它可以深入公司内部管理的各个方面，充分发挥参谋与助手作用、咨询建设作用、风险管理作用、保护作用、调节协调作用甚至对外提供咨询服务等方面，必将发挥着更加重要的微观经济价值。

2.（1）内部审计目标包括：准确地确定审计评价内容，合理地分析审计评价事项，辩证地做出审计评价结论等。（2）内部审计对象包括：一是对内部控制的监督。内部审计可能包括评价控制、监督控制的运行以及对内部控制提出改进建议。二是对财务信息和经营信息的检查。内部审计可能包括对确认、计量、分类和报告财务信息和经营信息的方法进行评价，并对个别事项进行专门询问，包括对交易、余额及程序实施细节测试。

具体来说，内部审计对象还可以划分成如下几个方面的内容：

（1）以实物为对象。对存货、固定资产或货币资金的时点状态或期间状况进行审计。如存货清查审计、固定资产构建及处置审计、资金收支审计。

（2）以账务为对象。对因提供、销售商品或劳务产生的债权债务的产生依据，期间过程和时点状态进行审计。如账期审计、回款期审计、坏账审批审计。

（3）以规则为对象。对制度、计划、任务、标准、流程等的执行过程及结果进行审计。如目标完成审计、采购审批流程审计、供应商入围政策执行审计、折扣权限与审批审计、预算执行情况审计。

（4）以责任人为对象。对经济责任人进行的期间责任、期末状态进行审计。负责人经济责任审计，责任人目标成本审计。

四、思考题（略）

第二章　内部审计工作程序

一、单选题

1. A	2. A	3. B	4. C
5. C	6. D	7. A	8. B
9. A	10. B	11. D	12. A

二、多选题

1. ABC	2. ABCD	3. BCD	4. ABD
5. ABD			

三、简答题

1. 内部审计业务的准备工作是指审计程序的准备阶段，也就是内部审计正式实施之前的这个阶段，在审计正式开始之前所做的工作就是内部审计业务的准备工作。这些工作主要包括：确定审计目标与范围、获取被审计对象的背景信息、确定审计主体与审计时间、编制审计计划、进行初步调查和下达审计通知书等六个方面的重要环节与步骤。

2. 内部审计中期执行阶段就是指内部审计计划的实施阶段，是内部审计小组按照上级管理层的安排和内部审计工作计划的要求，正式进驻被审计单位，将计划阶段拟定的审计工作方案开始付诸实施、化为实际行动的阶段，是内部审计全过程的最主要阶段。该阶段的关键工作主要包括：进一步了解被审计项目情况、描述内部控制制度、测试内部控制制度、评价内部控制制度、获取被审计对象的有关证据、编制审计工作底稿、编写审计报告等六个相关工作环节。

3. 根据《内部审计实务指南第 3 号——审计报告》第六条规定：编制审计报告应当遵循以下原则：（1）客观性。审计报告应以可靠的证据为依据，实事求是地反映审计事项，做出客观、公正的审计结论。（2）完整性。审计报告应当做到要素齐全，内容完整，不遗漏审计发现的重大事项。（3）清晰性。审计报告应当做到逻辑性强、突出重点，简明扼要地阐明事实和结论。避免使用不必要的过于专业性和技术性的复杂语言。文字应当通顺流畅，用词准确，避免使用“几个、少数、大量”等模糊字眼说明情况。（4）及时性。审计报告应当及时编制，以便组织适当管理层适时采取有效纠正措施。（5）实用性。审计报告所提供的信息，应当有利于解决经营管理中存在的重要问题，并有助于组织实现预定的目标。（6）审计报告不仅应当发现问题和评价过去，而且还应能解决问题和指导未来，应当针对被审计单位经营活动和内部控制的缺陷提出适当的改进建议。（7）重要性。在形成审计结论与建议时，应充分考虑审计项目相关的风险水平和重要性，对于被审计单位经营活动和内部控制中存在的严重差异和漏洞以及审计风险高的领域应当在审计报告中有重点地详细说明。同时，内部审计人员还要考虑被审计单位接受审计建议、采取相应措施的成本与效益关系。

4.（1）内部审计后续跟踪审计是指内部审计项目在经过初期、中期和终期审计等三阶段审计工作之后，进入的一个新的阶段、也是最后的工作阶段。在该阶段完成的审计工作也称为内部审计工作中的后续审计或跟踪审计，是指内部审计部门负责人在项目审计报告发出后相隔一定的时间，为检查被审计单位对审计报告提出的审计问题及建议是否已经采取了及时、适当措施而指派专门审计人员再次前往被审计单位进行检查与评价的审计活动。

（2）后续跟踪审计的任务。

任务之一是检查了解被审计单位对审计报告中所规定的事项贯彻执行的情况，并督促其全面落实与执行；

任务之二是检查了解内部审计机构在经济效益审计报告中所提出的可增加经济效益审计建议的实现程度和趋势，并推动其实现。

任务之三是检查了审计报告中提出的意见和建议是否符合实际。如果发现原来提出的意见和建议不符合企业的实际情况，或者是因为客观情况的变化，影响意见和建议的贯彻时，应及时修正。

第三章　内部审计依据与方法

一、单选题

1. D	2. B	3. A	4. C
5. D	6. D	7. A	8. B

二、多选题

1. ABCD	2. ABCD	3. CD	4. BC
5. ABCD	6. ABD		

三、简答题

1. 内部审计依据按其性质和内容分类

（1）国家的法律、法规和方针、政策。内部审计进行财务审计时，必须以法律、法规作为审计依据；进行经济效益审计时，也常以法律、法规为依据。党和国家的方针、政策，也都是内部审计的重要依据。

（2）上级的指示、文件及本单位的规章制度。

（3）单位的预算、计划和经济合同。

（4）业务标准。经济活动常有许多业务标准，如人员定额、原材料消耗定额、质量检验标准等。这些标准根据其适用性和制定的单位，还可分为国际标准、国家标准、部颁标准、企业标准、客户要求等。这些标准可根据需要作为内部审计依据，特别是作为经济效益审计的依据。

（5）会计制度和会计、审计准则。统一的会计制度和公认的会计、审计准则是内部财务审计的主要依据。

（6）本单位的有关决议和决定。本单位的董事会、职工代表大会、行政会议做出的决议，如关于经营方针、经营目标的决定，本单位主要负责人（如厂长、经理）做出的决定，也可作为内部审计的依据。

2.（1）审计证据的含义：是指注册会计师在执行审计业务过程中，为形成审计意见所取得的证据。审计证据是指审计人员为了得出审计结论、形成审计意见，在实施审计程序过程中根据自己的职业判断所收集的，使用的所有信息（即具有证明力的一系列事实凭据和资料）。包括财务报表依据的会计记录中含有的信息和其他信息。

（2）审计证据分为两类：一是所依据的会计资料；二是佐证信息。而佐证信息包括的种类有：①实物证据；②凭证证据；③书面声明；④函证；⑤口头证据；⑥数学性证据；⑦分析性证据等。

3. 注册会计师应当保持职业怀疑态度，运用职业判断，执行审计业务、应当在取得充分、适当的审计证据后，形成审计意见，出具审计报告。注册会计师应当运用专业判断，确定审计证据是否充分、适当。这里的充分和适当正是审计证据的两大特征。

审计证据的充分性（sufficiency），是指审计证据的数量（quantity）足以使得审计人员形成审计意见，故又称为足够性。

审计证据的适当性（appropriateness or adequacy），是指审计证据的相关性和可靠性。前者是指审计证据应与审计目标相关联；后者是指审计证据应能如实地反映客观事实。审计证据的适当性是对证据质量（quality）所提出的要求。

审计证据的适当性与充分性是密切相关的。审计证据的适当性会影响其充分性。一般而言，审计证据的相关与可靠程度越高，则所需审计证据的数量就可减少；反之，审计证据的数量就要相应增加。但审计证据的适当性与充分性必须同时得到满足，即在保证审计证据质量达到适当性的前提下，还必须保证其数量达到充分性。适当性还包括相关性和可靠性。

4. 所谓实地监盘法又称为监督盘存法，是指在盘点有关财物时，内部审计人员不亲自盘点，而是现场监督被审计单位各种实物资产及现金、有价证券等的盘点，并进行适当的抽查（sample test count）的专门审计方法。即内部审计人员主要是通过对有关盘点手续的观察、财物保管情况的观察及监督，以便证实财物实际存在状况问题的一种盘存技术，也有人将这种盘存技术列入观察技术范畴。这种方法也是盘存方法的一种形式之一，与审计人员参与盘点过程及结果的直接盘点法不同，监督盘点法是一种间接盘点法。在具体内部审计业务中需要对业务的存货进行实地盘点时，多数都采用监督盘存方式，除非是对特别贵重的物品或隐藏有诸多问题的物品才进行直接盘点。一般存货盘存数量的审计问题比较适合应用实地监盘法。

第四章　内部审计实用技术

一、单选题

1. C　2. D　3. C　4. A
5. A　6. D

二、多选题

1. ABCD　2. ABD　3. ABD　4. ABCD
5. ACD

三、简答题

1.（1）审计抽样含义：是指在审计过程中，审计人员对某类交易或账户余额中以低于百分之百的项目实施审计程序，使所有抽样单元都有被选取的机会；这使得注册会计师能够获取或评价与被选取项目的某些项目有关的审计证据，以形成和帮助形成对从中抽取样本总体的结论。

（2）审计抽样的特征：一是对某类交易或账户余额中以低于百分之百的项目实施审计程序；二是所有抽样单元都有被选取的机会；三是审计测试的目的是为了评价该账户余额或交易类型的某一特征；四是对于为了实现审计目标需要进行测试且对其缺乏了解的项目特别适用。

2.（1）统计抽样是指运用概率论和数理统计的方法确定样本数量与构成分布，随机抽取有效样本进行审查，并对所抽取的样本结果进行统计评价，最后以样本的审查结果来推断总体特征的方法。也就是说，统计抽样是以概率论和数理统计为理论基础，将数理统计的方法与审计工作相结合而产生的一种审计抽样方法。运用统计抽样技术可以使总体中每一单位都有被抽选的机会，使样本的特征尽可能接近总体的特征。

（2）统计抽样具有以下优点：①统计抽样能够科学地确定样本规模，避免出现样本过多或过少的现象；②采用统计抽样，总体各项目被抽取的机会是均等的，可以防止主观判断和随意性；③统计抽样能够计算抽样误差在预定范围内的概率，并根据抽样推断的要求，把这种误差控制在预定范围之内；④统计抽样能够客观地评估审计结果。运用概率论和数理统计原理对样本结果进行统计评价以推断总体特征，所得出的审计结论具有科学依据；⑤统计抽样能够提高审计效率，并促使审计工作规范化。

3. 分析性程序的含义与特征：

（1）内部审计中的分析性程序，又称为分析性技术或分析性方法，是指在内部审计业务执行的过程中，审计人员通过分析和比较信息之间的关系或计算相关的比率，以确定审计重点、获取审计证据和支持审计结论的一种审计方法。

（2）分析性程序与技术具有如下特点：

①分析性技术分析的对象是企业组织的关键性经济指标。即是组织部门或单位管理层制订的计划工作中事先所确定的重要金额、比率或趋势。

②分析性技术需要事先确定相关分析对象的预期值。即内部审计人员需要事先通过将信息资料（包括外部的、内部的，财务的或非财务的）间的数量关系或模型，以此推断出金额、比率或趋势的合理期望值。

③分析性技术需要确定单位已记录的差异与预期值的重大差异。即内部审计人员将现实资料与设定的合理期望值进行比对，发现重大差异，并对重大差异进行分析，找出形成重大差异的原因。

4. 审计人员对分析性技术依赖程度取决于如下因素：

（1）分析项目的重要性。分析项目越重要，审计人员越不能仅仅依靠分析性技术来形成结论。

（2）分析性技术预期结果的准确性。对于预期结果准确性较低的项目，不应过多地依赖分析性技术。

（3）内部控制的风险。当内部审计人员了解到部门或单元可能出现很大的风险时，就不应该多信赖分析性技术；而应更多地信赖详细测试，以控制风险的水平。

5. 根据我国的《内部审计具体准则第 21 号——内部审计的控制自我评估法》，控制自我评估主要包括了六项内容，这些条款的具体内容如下：

（1）确定组织整体或职能部门的目标，识别其主要风险；

（2）评估组织内部控制的适当性、合法性及有效性；

（3）确认内部控制重大缺陷或存在严重风险的业务环节；

（4）评估组织非正式的控制及其有效性；

（5）评估组织的业务流程及其运作效率；

（6）对控制自我评估中发现的问题提出改进建议。

四、案例分析题

（1）由于大为公司寄存的 B 材料不是瑞城生物公司拥有的存货，因此小魏应当将其单独摆放，并且在监盘时注意不能纳入瑞成生物公司的存货范围；

（2）瑞城生物公司对废品与毁损品不进行盘点，以财务部门和仓库部门的账面记录为准，是错误的，需要对全部存货进行盘点，并根据实际清查的情况调整公司存货账面的记录。

（3）运输部门有一批产品 D，没有悬挂盘点单，据称该批产品已经出售给 H 公司，对此笔存货必须进行检查，确认盘点时是否已经销售，如果没有销售应当纳入当期盘点范围。

（4）如果注册会计师小魏抽点 C 仓库，发现瑞城生物公司盘点严重有误，则需要建议对方重新进行盘点，并与对方管理层进行沟通，确认错报的金额与性质。

（5）产品 A 存放在全国 38 个城市的零售连锁商店，则可以采取亲自上门、派当地分支机构的会计师代为进行监盘，或者采取函证等方式确认实际存货状况。

（6）注册会计师小魏了解到原材料 B 为辐射性化学物品，则可以采取其他替代方式进行存货的清查，比如购买相关材料批准部门的审批文件和购买合同、付款凭证等文件进行核对和稽查，确定危险品的库存状况。

第五章　经营状况审计

一、单选题

1. D　2. C　3. A　4. C
5. D　6. D　7. B　8. A
9. A

二、多选题

1. BCD　2. AD　3. ABC　4. AC
5. ABCD

三、简答题

1.（1）资产审计的定义：按照我国现行的企业会计准则规定：资产是指企业过去的交易或者事项形成的，由企业拥有或控制的，预期能给企业带来未来效益的经济资源。资产既是企业开展生产经营的基础和重要前提，又是企业资金运用的具体体现。资产按其流动性质分为流动资产和非流动资产。其中，流动资产可分为货币资金、应收账款、交易性金融资产、存货等，非流动资产分为可供出售金融资产、长期股权投资、固定资产、无形资产、长期待摊费用等。

因此，企业资产要素的内部审计主要围绕资产的相关分类的内容来分别进行，即企业资产审计的对象与内容主要有：包含对拥有的货币资金、应收账款、交易性金融资产、存货等对象的流动资产审计；包含可供出售金融资产、长期股权投资、固定资产、无形资产、长期待摊费用等对象的非流动资产会计处理方面是否正确的审计活动。

（2）资产审计的工作目标

①审查企业有关资产方面的内部控制制度等是否建立、健全、有效；

②审查证实资产是否确实存在；

③审查企业资产的所有权是否归企业所拥有；

④资产的计价是否合理；

⑤审查各项资产是否已在会计报表上做出了充分、适当的披露。

2. 企业财务管理审计的内容：

（1）筹资管理活动审计。首先审计筹资方案的合理性，筹资方式是否合法合规，是否存在非法集资或挪用资金改变计划的使用用途等问题；其次审计筹集的资金是否按照计划要求及时到位，资金的使用效果如何，是否能够满足生产经营的需要；最后审计筹资成本、筹资费用是否合理，即筹资的经济性，确认筹资过程的绩效状况。

（2）投资活动审计。首先审计投资决策是否科学、合理，投资决策过程是否规范，投资决策方法是否适当，可行性研究及相关的技术经济评价是否到位等与投资决策有关的事项；其次审计投资过程是否严格执行了投资决策要求，投资过程中的相关管理活动是否规范，投资过程中的各种支出是否合理；最后审计投资效率、效果和效益的实现情况（即后评估审计或称为绩效审计）。

（3）经营活动中的财务收支情况审计。围绕六大经营活动中资金投入的经济性和经营绩效的实现情况来展开。主要审查组织资金的使用是否合理，能否加速资金周转提高资金利用效果。需要的审计资料：财务报表、相关指标的计算结果（如流动资产周转率、总资产周转率、总资产报酬率等）。

（4）企业分配引起的财务活动审计。重点审计利润的真实性，分配的规范性和相关管理工作的适当性等相关内容。

3. 企业成本管理的事前状况审计：成本管理事前审计的重点是对成本决策效益进行审查评价。成本决策包括确立目标成本和规定成本的构成。目标成本是指一定时期内，产品成本应达到的水平，它是根据企业的生产技术经济条件和可能采取的各种措施、方案对未来成本水平及其变动趋势的科学估算。成本决策是成本管理活动的重要环节，对成本管理起至关重要的作用。

（1）目标成本审计。制定目标成本的基础是调查和预测。目标成本的审查，一方面是审查是否进行了认真的厂内外调查，包括向社会、市场和同行企业调查了解用户购买力、产品价格，产品及主要零部件的成本，以及原材料、元器件、外协件的价格变动等情况；另一方面，要审查是否进行了科学的成本预测，即根据企业一定时期内产品品种、产量和利润等方面的目标和生产技术，经营管理、重大技术组织措施，分析过去和当前与成本有关因素的状况，预测成本在一定时期内的发展趋势。目前我国企业制定目标成本的方法，一是根据目标利润和目标产销量的计算；二是根据上年实际成本水平和本年成本降低因素加以调整确定，或根据同行业实际平均成本和本企业条件调整确定。审计时应根据上述不同情况采用不同标准和方法加以评审。

（2）成本构成审计。成本构成是成本中各项目或各费用要素在成本中所占的比重，审计时需要注意两个问题：①不同行业产品成本的构成是不同的，同一行业的不同企业，由于生产技术和组织管理等方面存在的差异，成本构成也不尽相同；②对上期的实际成本构成进行深入的分析，掌握本企业成本形成的特点，计划期的成本构成要明确降低成本的重点，抓住降低成本的关键。

4.（1）舞弊审计含义。注册舞弊审核师协会（ACFE）认为舞弊审计是一种发现舞弊的先发制人的方法，即运用会计记录和其他信息进行分析性复核，识别出舞弊行为及其隐瞒方法。这种针对舞弊行为所进行的审计，就其广义来说，它不仅应包括舞弊发生之后的审计调查，还应当包括针对舞弊正在或将要发生的整个防范和监督活动。

（2）企业运营管理舞弊审计的基本特征：

①舞弊审计目标有一定的局限性。舞弊审计目标十分明确且具体，它负责发现并揭露有意曲解事实的记录和非法占用资产行为。

②舞弊审计工作的性具有重要性。从现象上看，一旦发生舞弊，说明被审计单位内部控制系统出现了薄弱环节，若不加以改进，会影响经营目标的实现。不但危及组

织的生产与发展，而且会侵害国家及社会公众的利益，制约整个社会的正常、有序发展，妨碍人们日常的工作与生活。

③舞弊审计的实施时间具有灵活性。无论何时开展内部审计，审计师都应该考虑存在重大违法乱纪现象或不遵守有关规定的现象的可能性。不断提高专业熟练性，发现有嫌疑的舞弊行为，随时进行检测与调查。

④舞弊审计范围具有广泛性。受经济利益目标的驱使，在注重经济发展的形势下，舞弊行为大肆蔓延，具体表现便是涉及人员众多，从政府部门到企事业单位，舞弊现象无所不在。

⑤舞弊审计的实施过程有风险性。舞弊审计较大的风险性主要表现在审计执行过程及审计报告两个阶段。在舞弊审计过程中，审计人员很难把握深度和职责范围，容易越权审计而触犯有关法律，从而导致审计风险。

5.（1）建设项目管理审计的工作重点：针对企业的业务状况，主要对招投标、合同管理、工程管理、工程造价、竣工验收等内容进行审计，大中型建设工程项目也可以委托具有相应资质的中介机构进行审计。在审前调查阶段，应关注以下方面：建设单位（或代建单位）职责范围或业务经营范围、机构设置、人员编制情况、财务会计机构及其工作情况；项目立项及可行性报告批准情况；项目概算的批准与调整情况；项目年度预算安排情况；项目基本建设程序执行情况（含土地、计划批复情况）；项目勘察、设计、施工、监理、采购、供货等方面的招投标和承发包情况；项目征地拆迁、三通一平等主要前期工程支出情况；项目建设资金筹措计划与实际筹集、到位情况；项目现场管理、财务核算、物资收发、价款结算、合同管理等内部控制制度的建立情况；其他需要了解的情况。

（2）建设项目管理审计的主要方法：

①限时告知。审计组应要求被审计单位建立重大事项告知制度。对需要告知的重大事项，被审计单位均应以书面形式及时告知审计组。

②召开例会。例会的主要内容是听取被审计单位及项目参建单位工作情况汇报，提出审计意见或建议。所提意见或建议需要被审计单位执行或落实的，审计组应于会后补办相关手续。每次例会均应形成会议记录备查。

③应邀参会。被审计单位召开与项目建设有关的重要会议时，审计组应派出人员参加，从审计角度提出意见或建议。所提意见或建议需要被审计单位执行或落实的，审计组应于会后补办相关手续。

④现场检查。根据工作需要，审计组应独立或会同有关方面深入施工现场，适时对施工进度、工程质量、安全生产、文明施工、造价控制、各相关监督部门及参建单位履行职责等情况进行检查。

⑤资料审查。审计过程中，审计组应对建设项目的审批文件和证件、概预算编制资料、征地拆迁资料、工程和设备、材料的招投标与合同资料、工程图纸、设计变更、相关签证、各参建单位资质证书、有关技术人员资格证书、会议纪要及工程管理相关资料的真实性、完整性、合规性进行审查。

⑥数据核查。对预算控制价、各项规费的缴纳标准、建设单位管理费、技术服务费、设计费、监理费等费用的计取标准、所购材料、设备数量和价格、工程量计量、议价项目的价费计取、关键工程部位的检测结果等数据的真实性、准确性、合规性进行全面核查。

⑦账务核查。对项目成本核算、账务处理、交付使用资产的真实性与合规性应逐一进行核查。对实行电子记账的项目，可运用计算机技术辅助核查。

⑧资金审查。对项目建设资金来源、管理、使用的真实性与合规性，资金到位的及时性进行全过程审查。必要时，对参建单位取得的建设资金可进行延伸调查。

⑨驻场办公。根据工作需要，审计组可在项目现场设立办公场所，以便了解项目的进展情况，加强与被审计单位的沟通与联系。办公场所由被审计单位提供。

⑩其他手段。除采用上述手段外，还可以根据项目的实际情况，合理运用访谈、问卷调查、内控测评、统计分析等手段或方法进行审计调查。

四、案例分析题

1. 根据以上资料，审计人员得出：

（1）2010 年 1 月 21 日现金应存数 900 − 150 − 200 + 100 = 650（元），而实存 600 元，短款 50 元。

（2）2010 年 1 月 21 日现金账面余额为 600 + 200 = 800（元）。

（3）2009 年 12 月 31 日现金账面余额应为 800 + 30 800 − 30 500 = 1 100（元）。

（4）2009 年 12 月 31 日资产负债表中的现金不公允，应为 1 100 元，该企业为 1 150元，多记 50 元。

2. 针对长山股份有限公司应付债券的具体情况，审计人员应审查以下内容：

（1）审查债券合同的各种条款，查明公司有无违反债券合同条款；

（2）核实自发行年度起各年末资产负债表中的速动比率，一旦低于 1:1 时，应立即审查高级管理人员的工资是否低于 50 万元：

（3）查明该公司为债券担保财产的种类、数量、价值和投保金额，并向保险公司和有关单位进行函证；

（4）向税务机关进行函证，查明对债券合同规定的资产纳税情况，审查实际纳税额与账簿记录是否一致。

第六章　经济责任审计

一、单选题

1. A	2. D	3. D	4. C
5. A	6. C		

二、多选题

1. ABC	2. ABC	3. ABC	4. ABC
5. ABCD	6. ABCD	7. ABC	8. ABC

三、简答题

1. （1）经济责任审计是指由审计部门对企业或行政事业单位中的经理人及其他行政

事业单位负责人在任职期间因其所担任职务，依相关审计法规对其所从事的相关经济管理活动引起的资产负债、财务收支以及有关经济活动进行监督、鉴证和评价，并最终确定其应当履行的经济管理职责与应尽到的法定义务的一种专项审计监督行为。

（2）经济责任审计的主要作用包括：

①经济责任审计有利于从专业监督角度公正且客观地评价前后任领导的经营业绩和经济责任。

②经济责任审计有利于正确评价和使用高管责任人并加强干部监督管理。

③经济责任审计有利于发现组织或单位的制度缺陷与促进反腐廉政建设。

2. 经济责任审计方式包括：

（1）离任经济责任审计。根据企业领导人员管理的需要，领导人员不再担任所任职务时，应当接受离任经济责任审计。在进行离任经济责任审计评价时，要注意分清离任者与前任的经济责任。

（2）任中经济责任审计。指在领导人员任期内，对其履行经济责任情况进行的审计。领导人员任职满一定年限的，可以有计划地安排任中经济责任审计。

（3）同步审计。根据干部管理监督的需要，企业法定代表人和不担任法定代表人但行使相应职权的董事长（总经理）等主要领导干部进行同步经济责任审计。

（4）经济责任审计与其他审计相结合。经济责任审计与投资项目审计等相结合，实现不同审计项目之间的资源共享。

3.（1）经济责任审计的特点：

①工作基础——财政财务收支审计；

②工作组织——审计部门与纪检、组织、监察、人事等其他监督部门共同组成；

③工作对象——经济责任审计（核心内容 = 对事检查 + 对人评价）；

④工作类型——财务审计和绩效审计；

（2）经济责任审计的范围：

①党政领导干部任期经济责任审计的范围。

②国有企业领导人员任期经济责任审计的范围。

第七章　内部控制审计

一、单选题

1. B　　2. D　　3. D　　4. B

5. C　　6. A　　7. D　　8. A

9. C　　10. A

二、多选题

1. AD　　2. ABD　　3. ACD　　4. ABCD

5. ABCD　　6. ACD　　7. ABC　　8. ABCD

9. ABCD

三、简答题

1. （1）内部控制的含义：内部控制是指一个企业单位为了实现其盈利的经营目标、确保企业的经营行为符合国家法律法规、保护资产的安全与完整、保证会计信息资料的正确与可靠、确保战略经营方针的贯彻执行、保证经营活动的经济性和效率性以及效果性而在单位内部采取的自我调整、约束、规划、评价和控制的一系列方法、手续与措施的总称。

（2）内部控制的目标：内部控制具有一定的目的性，是为达成某种目标而实施的，至少应该包括以下几个方面：

①确保国家法律法规的执行。这既是企业要达到的一个宏观目标，也是具体业务执行过程中要坚决实施的具体目标。

②确保将各种风险控制在适当的范围之内。控制风险是企业经营的具体目标，也是内部控制的核心目标。

③确保自身发展战略和经营目标的全面实施与充分实现，这是内部控制的直接目标。

④有利于查错防弊，堵塞漏洞，消除隐患，保证业务稳健进行，这是内部控制微观目标，是企业内部各部门和各岗位在具体的操作过程中要实现的目标。

（3）内部控制要素。

内部控制包括五要素：内部环境；风险评估；信息与沟通；控制活动；内部监督。

2. 风险评估审计主要包括如下内容：

（1）目标设定审计要点：①组织是否按照战略目标，分别设定相关的经营目标、财务报告目标、合规性目标（遵循目标）与资产安全完整目标。②目标设定是否注意到层级性及相互重叠、相互补充与相互衔接问题。③是否根据设定的目标合理确定企业整体风险承受能力和具体业务层次上可接受的风险水平。

（2）风险识别审计要点：①组织是否在充分调研和科学分析的基础上，准确识别内部风险因素和外部风险因素。是否关注人员素质、管理、基础实力、技术、安全环保等内部风险因素，是否关注经济、法律、社会、科技、自然环境等外部风险因素。②是否采取了有效方法识别风险，如召开座谈会、问卷调查、案例分析、咨询专业机构意见等；是否特别注意总结、吸取组织过去的经验教训和同行业的经验教训，以加强对高危性和多发性风险因素的关注。

（3）风险分析审计要点：①是否从因果两个方面去分析风险发生的可能性和影响程度。因为找不出风险发生的原因，就无法判定风险发生的可能性（或然率）及难以找出预防风险的方法；如果不知道其结果，也就无法判定风险的影响程度（重大性），也就难以确定用多少资源来控制风险。②所采用的定性、定量分析标准和方法是否科学合理。审计人员应重点考虑已识别的风险特征，相关历史数据的充分性和可靠性，管理层进行风险评估的技术能力和成本效益的考核与衡量。③是否根据风险分析的结果，运用专业判断，按照风险发生的可能性大小及其对企业影响的严重程度进行风险排序，其风险排序是否准确，所拟订的风险管理决策是否恰当，有无确定重点关注的重要风险。

（4）风险应对策略审计要点：①是否区别不同情况采取风险回避、风险承担、风险降低和风险分担等风险应对策略。②实行风险回避策略，其风险重大性是否超出了整体风险承受能力或具体业务层次上可接受的风险水平。③实行风险承担策略，其风险重大性是否在组织风险承受能力和接受风险水平的范围之内，在权衡成本效益之后是否无须采取进一步控制措施。④实行风险降低策略，其风险重大性是否在组织风险承受能力和可接受风险水平的范围之内，但又必须采取进一步的控制措施以降低风险，减轻损失或提高收益。⑤实行风险分担策略，其风险重大性是否在组织风险承受能力和可接受风险水平范围之内，但又必须借助他人的力量，采取业务分包、购买保险等控制措施来减轻损失或提高收益。

3.（1）文字叙述是指审计人员对被审部门业务的授权、批准、执行、记录、保管等程序及其实际执行情况，用叙述性的语言记录下来，形成内部控制说明书。对内部控制进行书面叙述时，审计人员应按照不同的业务循环编写，阐明各项工作的负责人、经办人以及相关的文件凭证。

（2）文字叙述法通常用于记录控制环境、一般控制和实物控制等方面的情况，适用于内部控制程序比较简单、比较容易描述的中小企业。其优点是简便易行、比较灵活、不受限制，可对调查对象做出比较深入和具体的描述。但缺点也比较明显：描述文字较冗赘，不能简明扼要地说清内部控制的各个细节。

4.（1）内部控制评价是指由企业董事会和管理层实施的，对企业内部控制有效性进行评价，形成评价结论并出具评价报告的过程。内部控制有效性是指企业建立与实施内部控制能够为控制目标的实现提供合理的保证。

（2）内部控制评价的原则。

①标准一致性原则。内部控制评价应当采用统一可比的评价方法和标准，保证评价结果的可比性。

②风险导向原则。内部控制评价应当以风险评估为基础，根据风险发生的可能性和对企业单个或整体控制目标造成的影响程度来确定需要评价的重点业务单元、重要业务领域或流程环节。

③公允性原则。内部控制评价应当以事实为依据，评价结果应当有适当的证据支持。

④独立性原则。内部控制评价机构的确定及评价工作组织实施应当保持相应的独立性。

⑤成本效益原则。内部控制评价应当以适当的成本实现科学、有效的评价。

四、思考题（略）

五、【案例分析题】

1. 从本案例中可知，杰克公司内部控制疲软、内控监督机制失灵是李敏走上犯罪道路的重要原因。杰克公司存在以下几个管理上的漏洞：

（1）出纳兼与银行对账，提供了在编制余额调节表时擅自报销 32 笔支付现金业务的机会。

（2）印鉴管理失控。财务印鉴与行政印鉴合并使用并由行政人员掌管，出纳在加盖印鉴时未能得到有力的监控。

(3) 未建立支票购入、使用、注销的登记制度。

(4) 对账单由出纳从银行取得，提供了伪造对账单的可能。

(5) 凭证保管不善，会计已开好的7笔收汇转账单（记账联）被李敏隐匿，造成此收入无法记入银行存款日记账中。

(6) 发现问题追查不及时。在清理逾期未收汇时发现了3笔结汇收入未在银行日记账和余额调节表中反映，但由于人手较少未能对此进行专项清查。

2. 杰克公司在内控监督方面的补救措施有：

(1) 复核银行存款余额调节表的编制是否正确，有无遗漏或收支抵销等情况；

(2) 督促有关人员及时、全面、正确地进行账务处理，使收支业务尽早入账，不得压单；

(3) 记账与出纳业务的职责相分离，对现金的账实情况进行日常监督和专项监督，查看库存的现金有无超出限额，有无挪用、贪污情况，保管措施如何；

(4) 出纳与获取对账单职责相分离；

(5) 监督出纳移交工作的整个过程，查看移交清单是否完整，对于遗留问题应限期查明，不留后遗症。

这个案例说明，内部控制的有效执行是企业财产安全的保证，而内部控制监督检查则是内部控制得以有效执行的保障。企业应该充分认识内部控制监督机制的重要性。

第八章　风险管理审计

一、单选题

1. C　　2. A　　3. D　　4. A

5. C　　6. A

二、多选题

1. ABC　　2. ABD　　3. ABCD　　4. ABCD

5. ABC

三、简答题

1. (1) 风险管理的含义：风险管理是对影响组织目标实现的各种不确定事件进行识别与评估，并采取相应措施将其影响控制在可接受范围内的过程。风险管理旨在为组织目标的实现提供合理的保证。

(2) 风险管理的基本要素：①内部环境。内部环境是管理层制定的关于风险的哲学以及风险的偏好。②目标设定。只有先制定目标，管理层才能识别影响目标实现的事件。组织的目标包括组织整体目标以及职能部门的目标两个层次。各层次的目标又包括战略目标、经营目标、报告目标和合规性目标。风险管理促使管理层从组织广泛的战略角度及其风险偏好角度来设定目标。③事件识别。企业经营环境充满不确定性，没有任何企业能够100%地确定特定事项是否发生或何时发生，以及其结果是怎样的。管理者需要考虑影响其策略和目标实现的内外部因素。这些内外部因素既包括风险事件也包括机会事件。对企业有潜在负面影响的风险事项，要求企业的管理者对其进行评估和建立反应方案。④风险评估。风险评估是主体能够考虑潜在事项影响目标实现的程度。管理层通过两个角度——发生的可能性和影响程度，对事项进行评估，并且通常采用定性和定量相结合的方法。应该个别或分类考察整个主体中潜在事项的正面和负面影响。基于固有风险和剩余风险来进行风险评估。⑤风险对策。在评估了相应的风险后，管理层需要选择风险应对策略，并采取一些将风险控制在企业的风险容忍度和风险承受能力之内的措施。⑥控制活动。控制活动是管理层设计的政策和程序，用以合理确保所选取的风险对策得到实施。但是由于每个企业的目标及选择的实现目标方式的不同，管理层设计的控制活动也有所不同。⑦信息与沟通。风险识别与评估，风险应对及控制活动都能提供组织各个层面必要的风险信息，但是与财务信息及其他信息一样，风险信息需要以某种形式在一定期间传递，使员工、管理层以及董事会能够各司其职。⑧内部监督。内部监督要求整个企业的风险管理处于监控之下，并且在必要时进行修正。这种方式不仅能反映风险管理的状况，还能够使之根据条件的变化而变化。

2. 风险管理审计目标：（1）风险管理审计的目标。1）风险管理审计的总目标。总目标是审计主体通过审计活动所期望达到的境地或最终结果。企业风险管理审计的总目标是审计部门和审计人员按照组织风险管理方针和策略的部署，以风险管理目标为标准，审核被审计部门在风险识别、评价和管理等方面的合理性和有效性，在损失可能发生之前做出最有效安排，使损失发生后所需的资源与保持有效经营必要的资源能够达成适度平衡，帮助组织实现预期目标。2）风险管理审计的具体目标（包含一般审计目标和项目审计目标）。前者是所有审计项目必须达到的目标；后者则是按每个风险管理项目分别确定的审计目标，仅适用于某一特定项目的审计。企业风险管理审计的一般审计目标包括：①风险范围确定的合理性，如组织战略范围、业务范围、风险范围等；②风险评价标准与指标体系的科学性，如评价方法、指标设置、指标计算等；③风险识别、评价的科学性；④风险管理措施、计划和程序的合理性；⑤风险实际处理的合理性。

（2）风险管理审计的内容：风险管理审计内容之一——审查与评价组织的风险管理机制；风险管理审计内容之二——审查风险识别的适当性及有效性；风险管理审计内容之三——审查风险评估方法的适当性及有效性；风险管理审计内容之四——风险应对措施适当性和有效性审查。除此之外，内部审计人员还应向组织适当管理层报告审查和评价风险管理过程的结果，并提出改进建议。风险管理的审查和评价结果应反映在内部控制审计报告中，必要时应出具专项审计报告。

四、思考题（略）

第九章　信息系统审计

一、单选题

1. A　2. A　3. B　4. B
5. C　6. D　7. C　8. A
9. C　10. A

二、多选题

1. ABC　2. ABC　3. ABCD　4. ABC
5. ABD

三、简答题

1. 信息系统审计理解为——是根据公认的标准和指导规范，对信息系统从计划、研发、实施到运行维护各个环节进行审查评价，对信息系统及其业务应用的完整、效能、效率、安全性进行监测、评估和控制的过程，以确认预定的业务目标得以实现，并提出一系列改进建议的管理活动。

2. 针对信息系统审计的特殊性，审计人员还应充分考虑以下因素：

（1）高度依赖信息技术、信息系统的关键业务流程及相关的组织战略目标；

（2）信息技术管理的组织架构；

（3）信息系统框架和信息系统的长期发展规划及近期发展计划；

（4）信息系统及其支持的业务流程的变更情况；

（5）信息系统的复杂程度；

（6）以前年度信息系统内、外部审计等相关的审计发现及后续审计情况。

3. 穿过计算机（信息系统）审计是对计算机的输入、处理过程和输出过程进行审计，重点强调对处理过程进行审计。这种方法在“绕过计算机审计”方式的缺陷上加以改进，以对“处理过程”进行审计为重点。组织信息系统日益复杂，输入与输出之间的对应关系越来越模糊，而且联机处理以及在线处理使得数据处理过程几乎没有留下痕迹。审计活动只能通过评价组织系统硬件和软件环境的控制情况来确定“看不到”的操作是否真正可靠。在这种情况下，审计人员不得不进入系统内部，以确定数据处理、内部控制、文件内容的正确性和可靠性。

穿过计算机审计模式的最大优点就是扩大了信息系统审计的深度，扩大了审计范围。它既可以在计算机程序中实现对内部控制的测试，也可以对只有计算机才能识别的电子资料进行测试，由于在面对如今审计所面临是海量数据情况下，它还可以节省在验证输出时的人力、物力和时间上的耗费，为在内部控制评审基础上的抽样审计应用于信息系统提供了科学的依据。正因为穿过计算机审计适应了会计及管理信息系统发展的特点及要求，因此，未来的企业内部审计中，穿过计算机审计应成为信息系统审计的主要方式。

四、思考题（略）

第十章　内部审计管理与控制

一、单选题

1. A　2. D　3. B　4. C
5. B　6. C

二、多选题

1. ACD　2. ABC　3. ACD　4. ABCD
5. ABCD

三、思考题（略）

参 考 文 献

[1] Kurt F. Reding. Internal Auditing: Assurance and Consulting Services. IIA, 2010.

[2] Dean Bahrman. Evaluating and Improving Organizational Governance. IIA, 2011.

[3] Kelli W. Vito. Auditing Employee Hiring and Staffing. IIA, 2011.

[4] PWC. Audit Committee Effectiveness: What Works Best. IIA, 2011.

[5] Larry E. Rittenberg. The Outsourcing Dilemma: What's Best for Internal Auditing. IIA, 1997.

[6] 中华人民共和国审计法 [M]. 中国时代出版社，2006.

[7] 黄乔语，时现. 国际内部审计现状与发展启示——基于 IIA“2010 全球内部审计调查”实证数据的视角 [J]. 中国内部审计，2014（12）：34－40.

[8] 劳伦斯·B·索耶著，汤云为等译. 现代内部审计实务 [M]. 中国商业出版社，1990.

[9] 安德鲁·D·钱伯斯等著，陈华译. 内部审计 [M]. 中国财政经济出版社，1995.

[10] Andrew D. Bailey 等著，王光运等译. 内部审计思想 [M]. 中国时代经济出版社，2004.

[11] IIA 修订，中国内部审计协会编译. 内部审计业实务标准 [M]. 中国审计出版社，1997.

[12] IIA 修订，中国内部审计协会编译. 内部审计业实务标准——专业实务框架 [M]. 中国时代经济出版社，2005.

[13] IIA 修订，中国内部审计协会译. 国际内部审计专业实务框架 [M]. 中国财政经济出版社，2009.

[14] 中国内部审计协会. 中国内部审计规范 [M]. 中国时代经济出版社，2005.

[15] 中国内部审计协会. 内部审计理论与实务 [M]. 中国石化出版社，2004.

[16] 劳伦斯·B·索耶著. 索耶内部审计——现代内部审计实务（第五版）（上下册）[M]. 中国财政经济出版社，2005.

[17] S. 拉奥·瓦莱布哈内尼. 王立彦，李海风等译. CIA 考试指南·内部审计活动在治理、风险和控制中的作用 [M]. 电子工业出版社，2010.

[18] 李越东. 内部审计理论与实务 [M]. 清华大学出版社，2017.

[19] 蔡春. 现代风险导向审计论 [M]. 中国时代经济出版社，2006.

[20] 刘实. 企业内部审计论 [M]. 中国时代经济出版社，2005.

[21] 法约尔．工业管理与一般管理 [M]. 中国社会科学出版社，1980.

[22] 哈罗德·孔茨，海因茨·韦里克．管理学 [M]. 经济科学出版社，1998.

[23] 王光远．管理审计理论 [M]. 中国人民大学出版社，1996.

[24] 潘和平．企业绩效评价指标体系研究 [J]. 安徽农业大学学报（社会科学版），2006 (15).

[25] 潘晓梅．基于风险管理的企业内部控制框架构建 [M]. 经济科学出版社，2010.

[26] 企业内部控制研究组．企业内部控制配套指引——讲解与案例分析 [M]. 东北财经大学出版社，2010.

[27] 时现．内部审计学 [M]. 中国时代经济出版社，2009.

[28] 王宝庆．现代内部审计 [M]. 立信会计出版社，2007.

[29] 王宝庆．内部审计管理 [M]. 立信会计出版社，2012.

[30] 王宝庆．审计工作中的三个管理方法 [J]. 中国内部审计，2011 (8).

[31] 王道成．中国内部审计规范 [M]. 中国时代经济出版社，2005.

[32] 王小龙．浙江内部审计转型创新实务经验与案例汇编 [M]. 中国时代经济出版社，2011.

[33] 王学龙．管理舞弊的种类、成因及其治理——基于上市公司管理舞弊审计研究 [J]. 开发研究，2008 (5).

[34] 张庆龙．我国企业内部审计职业通用胜任能力框架设计研究——基于问卷调查的分析 [J]. 会计研究，2013 (1): 84-91.

[35] 温州市内部审计协会．现代内部审计实务 [M]. 中国时代经济出版社，2007.

[36] 席酉民，赵增耀．公司治理 [M]. 高等教育出版社，2004.

[37] 杨文梅．企业内部审计全流程指南 [M]. 人民邮电出版社，2016.

[38] 叶雪芳．舞弊审计 [M]. 经济科学出版社，2008.

[39] 尹维劫．现代企业内部审计精要 [M]. 中信出版社，2015.

[40] 俞杰．企业内部审计外部化研究 [D]. 苏州大学，2006.

[41] 袁小勇．内部审计怎样才能有所作为 [M]. 经济科学出版社，2012.

[42] 张国亮．浙江温州——国企会计贪污 1 300 余万元被判死缓 [EB/OL]. [2011-10-31]. http://www.chinanews.com/fz/2011/10-31/3426937.shtml.

[43] 叶陈云．公司内部审计 [M]. 机械工业出版社，2012.

[44] 张红英．内部审计 [M]. 浙江人民出版社，2008.

[45] 张慧．舞弊及舞弊审计的理论分析与现实思考 [J]. 时代金融，2011 (9).

[46] 张俊民．内部控制理论与实务 [M]. 东北财经大学出版社，2016.

[47] 鲍国明，刘力云．现代内部审计 [M]. 中国时代经济出版社，2014.

[48] 初得玲．对审计档案资料收集整理的几点建议 [J]. 山东审计，1998 (9): 27.

[49] 崔青华．企业后续审计问题浅析 [J]. 现代商业，2013 (2): 204.

[50] 冯思其．项目审计计划的作用及编制要求 [J]. 广东审计，2000 (3): 39-40.

[51] 黄蕾．试析内部审计实施方案的作用及编制应注意的问题 [J]. 中国市场，2011 (31)：76 -77.

[52] 黄贤东．论内部审计计划 [J]. 科技情报开发与经济，2005，15 (6)：117 -118.

[53] 贾文勤．实质性测试的类型及其运用 [J]. 中国审计，2002 (5)：65 -66.

[54] 姜非．企业内部审计程序探析 [J]. 经济技术协作信息，2009 (5)：8.

[55] 阚京华．后 SOX 法案时代公司内部治理和内部审计变革 [J]. 中国内部审计，2014 (6)：12 -17.

[56] 阚士梅，李淑娟．编制审计方案应把握的原则 [J]. 山东审计，2003 (7)：13.

[57] 李宣．对实施后续审计工作的几点思考 [J]. 经营管理者，2014 (21)：36.

[58] 李宗彦，章之旺．内部审计研究：1998 ~2012——基于 SSCI、CSSCI 的文献分析 [J]. 会计与经济研究，2014 (2)：52 -64.

[59] 刘德运．内部审计帮助企业增加价值——一个框架 [J]. 审计研究，2014 (5)：108 -112.

[60] 刘社兵．编制内部审计报告要点探析 [J]. 科技经济市场，2007 (3)：9.

[61] 王兵，鲍国明．国有企业内部审计实践与发展经验 [J]. 审计研究，2013 (2)：76 -81.

[62] 苏丽．内部审计初始成长之路——以建投控股公司内部审计模式转型为例 [J]. 中国内部审计，2014 (12)：10 -13.

[63] 孙鹏，杨蓉．浅议内部审计报告的编制 [J]. 投资与合作（学术版），2014 (9)：136.

[64] 孙卫东．审计项目计划管理之我见 [J]. 理论纵横，2006 (12)：20 -21.

[65] 万志鹏．如何与被审计单位沟通 [J]. 审计文摘，2007 (12)：56.

[66] 王兵，刘力云，鲍国明．内部审计未来展望 [J]. 审计研究，2013 (5)：106 -112.

[67] 王晏．提高内部审计质量的对策研究 [J]. 山西财经大学学报，2014 (S1)：109.

[68] 文光伟等．后续审计的理论与应用 [J]. 审计研究，2004 (1)：40 -43.

[69] 肖博蓉．审计项目计划编制与执行过程控制 [J]. 审计文摘，2008 (3)：74 -75.